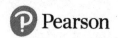

/ 教育治理与领导力丛书 / 　　王定华 总主编

[美]

雷金纳德·莱昂·格林
Reginald Leon Green

著

黄一玲 焦连志

译

教育领导力

Practicing The Art Of Leadership

(Fifth Edition)

 华东师范大学出版社
ECNUP
全国百佳图书出版单位
上海

图书在版编目(CIP)数据

教育领导力:第5版/(美)雷金纳德·莱昂·格林著;黄一玲,焦连志译.
—上海:华东师范大学出版社,2021
(教育治理与领导力丛书)
ISBN 978 - 7 - 5760 - 1239 - 2

Ⅰ.①教⋯　Ⅱ.①雷⋯　②黄⋯　③焦⋯　Ⅲ.①教育管理学—研究
Ⅳ.①G46

中国版本图书馆 CIP 数据核字(2021)第 034920 号

教育治理与领导力丛书

教育领导力(第5版)

丛书总主编　王定华
著　　　者　[美]雷金纳德·莱昂·格林
译　　　者　黄一玲　焦连志

策 划 编 辑　王　焰
责 任 编 辑　曾　睿
责 任 校 对　时东明
封 面 设 计　膏泽文化

出 版 发 行　华东师范大学出版社
社　　　址　上海市中山北路 3663 号　邮编　200062
网　　　址　www.ecnupress.com.cn
电　　　话　021 - 60821666　行政传真　021 - 62572105
客 服 电 话　021 - 62865537
门市(邮购)电话　021 - 62869887
地　　　址　上海市中山北路 3663 号华东师范大学校内先锋路口
网　　　店　http://hdsdcbs.tmall.com

印 刷 者　青岛双星华信印刷有限公司
开　　　本　16 开
印　　　张　25.75
字　　　数　398 千字
版　　　次　2021 年 5 月第 1 版
印　　　次　2023 年 7 月第 2 次
书　　　号　ISBN 978 - 7 - 5760 - 1239 - 2
定　　　价　98.00 元

出 版 人　王　焰

(如发现本版图书有印订质量问题,请寄回本社客服中心调换或电话 021 - 62865537 联系)

本书系 2020 年上海市浦江人才计划阶段性成果之一

（2020PJC043）

总　序

王定华

人类社会进入 21 世纪第 3 个十年后,国际政治巨变不已,科技革命加深加广,人工智能扑面而来,工业 4.0 时代渐成现实,各种思想思潮交流交融交锋,人们的学习方式、工作方式和生活方式发生很大变化。中国正在日益走进世界舞台中央,华夏儿女应该放眼世界,胸怀全局,不忘本来,吸收外来,继往开来,创造未来。只是,2020 年在全球蔓延的新冠肺炎疫情,波及范围之广、影响领域之深,历史罕见,给人类生命安全和身体健康带来巨大威胁,给我国和各国的经济社会发展带来巨大挑战,对世界经济与全球治理造成重大干扰。教育作为其中的重要领域,也受到剧烈冲击。这是一次危机,也是一次大考。教育部门、各类学校、出版行业必须化危为机,抓住机遇,迎接挑战,与各国同行、国际组织良性互动,把教育治理及各项工作做得更好。

一切生命都需要新陈代谢,否则必然灭亡;任何文明都应当交流互鉴,否则就会僵化。一种文明只有同其他文明取长补短,才能保持旺盛活力。[①] 习近平总书记深刻指出:“改革开放已走过千山万水,但仍需跋山涉水,摆在全党全国各族人民面前的使命更光荣、任务更艰巨、挑战更严峻、工作更伟大。……必须坚持扩大开放,不断推动共建人类命运共同体。……我们必须高举和平、发展、

---

①习近平:《深化文明交流借鉴 共建亚洲命运共同体——在亚洲文明对话开幕式上的主旨演讲》,《光明日报》,2019 年 5 月 16 日。

合作、共赢的旗帜,⋯⋯维护国际公平正义。"①这些重要指示为新时代各行各业改革发展、砥砺前行、建功立业指明方向、提供遵循。

在我国深化教育改革和改进学校治理过程中,必须立足中国、自力更生、锐意进取、创新实践,同时也应当放眼世界、知已知彼、相互学习、实现超越。我国教育治理的优势和不足有哪些? 我国中小学校长如何提升办学治校能力、打造高品质学校?② 美国等西方国家的教育是如何治理的? 其管理部门、督导机构、各类学校的权利与义务情况如何? 西方国家的中小学校长、社区、家长是如何相互配合的? 其教师、教材、教法、学生、学习是怎样协调统一的? 诸如此类的问题,值得以广阔的国际视野,全面观察、逐步聚焦、深入研究;值得用中华民族的情怀,去粗取精、厚德载物、悦己达人;值得用现代法治精神,正视剖析、见微知著、发现规律。

现代法治精神与传统法治精神、西方法治精神既有相通之处,又有不同之点。现代法治精神是传统法治精神的现代化,同时也是西方法治精神的中国化。在新时代,现代法治精神包括丰富内涵:第一,全面依法治国。就是各行各业都要树立法治精神,严格依法办事;就是无论官民都要守法,官要带头,民要自觉,人人敬畏法律、了解法律、遵守法律,全体人民都成为法治的忠实崇尚者、自觉遵守者、坚定捍卫者,人民权益靠法律保障,法律权威靠人民维护;就要做到有法可依、有法必依、违法必究、执法必严,自觉守法,遇事找法,解决问题靠法。第二,彰显宪法价值。宪法是全国人民共同意志的体现,也是执政党治国理政的基本制度依托和最高行为准则,具有至高法律效力。严格遵循宪法是建设社会主义法治国家的首要任务和基础性工作。第三,体现人文品质。法律是治国之重器,良法是善治之前提。法治依据的法律应是良法,维护大多数人利

①习近平:《在庆祝改革开放40周年大会上的讲话》,新华网,2018年12月18日。
②2018年1月《中共中央国务院关于全面深化新时代教师队伍建设改革的意见》提出"提升校长办学治校能力,打造高品质学校"。

益,照顾弱势群体权益,符合社会发展方向;执法的行为应当连贯,注重依法行政的全局性、整体性和系统性;法律、法规、政策的关系应当妥处,既严格依法办事,又适当顾及基本国情。第四,具有中国特色。坚定不移地走中国特色社会主义法治道路,坚持党的领导、人民当家作主、依法治国有机统一,不断促进国家治理体系和治理能力现代化,为实现"两个一百年"奋斗目标、实现中华民族伟大复兴的中国梦提供有力法治保障。第五,做到与时俱进。顺应时代潮流,根据现代化建设需要,总结我国历史上和新中国成立后法治的经验教训,参照其他国家法治的有益做法,及时提出立、改、废、释的意见建议,促进物质、精神、政治、社会、生态等五个文明建设,调整公共权力与公民权利的关系结构,约束、规范公共权力,维护、保障公民权利。

树立现代法治精神,必须切实用法治精神推进社会治理创新。过去人们强调管理(Management),现在更提倡治理(Governance)。强调管理时,一般体现为自上而下用权,发指示,提要求;而强调治理,则主要期冀调动方方面面积极性,讲协同,重引领。治理是各种公共的或私人的机构,或者个人管理其共同事务的许多方式的总和,是使相互冲突的或不同的利益得以调和并且采取联合行动的持续过程。① 治理的实质是建立在市场原则、公共利益和认同之上的合作。它所拥有的管理机制不单是依靠政府的权威,还依赖合作网络的权威,其权力是多元的、相互的,而非单一或自上而下。② 治理是公共利益最大化的社会管理过程,其最终目的是实现善治,本质是政府和公民对社会公共生活的合作管理,体现政府、社会组织与公民的新型关系。

政府部门改作风、转职能,实质上都是完善治理体系、提高治理能力。在完善治理体系中,应优先完善公共服务的治理体系;在提高治理能力时,须着力提升公共事务的治理能力。教育是重要的公共事物,基础教育又是其重中之重。

---

① 李阳春:《治理创新视阈下政府与社会的新型关系》,中共中央党校学报,2014年第5期。
② Anthony R. T. et al: Governance as a trialogue: *government-society-science in transition*. Berlin:The Springer Press, 2007:29.

基础教育作为法定的基本国民教育,面向全体适龄儿童少年,关乎国民素质提升,关乎中华民族伟大复兴,是国家亟须以现代法治精神引领的最重要的公共服务,是政府亟待致力于治理创新的最基本的公共事务。

创新社会治理的体系方式、实现基础教育的科学治理,就是要实行基础教育的善治,其特点是合法性、透明性、责任性、适切性和稳定性,实现基础教育治理体系和治理能力现代化。实行善治有一些基本要求,每项要求均可对改善基础教育治理以一定启迪。一是形成正确社会治理理念,解决治理为了谁的问题。基础教育为的是全体适龄儿童少年的现在和未来,让他们享受到公平而有质量的教育,实现全面发展和健康成长。二是强化政府主导服务功能,解决过与不及的问题。基础教育阶段要处理好政府、教育部门、学校之间的关系,各级政府依法提供充分保障,教育部门依法制定有效政策,学校依法开展自主办学,各方履职应恰如其分、相得益彰,过与不及都会欲速不达、事倍功半。三是建好社区公共服务平台,解决部分时段或部分群体无人照料的问题。可依托城乡社区构建课后教育与看护机制,关心进城随迁子女,照顾农村留守儿童。还可运用信息技术、人工智能,助力少年儿童安全保护。四是培育相关社会支撑组织,解决社会治理缺乏资源的问题。根据情况采取政府委托、购买、补贴方式,发挥社会组织对中小学校的支撑作用或辅助配合和拾遗补缺作用,也可让其参与民办学校发展,为家长和学生提供一定教育选择。五是吸纳各方相关人士参加,解决不能形成合力的问题。中小学校在外部应普遍建立家长委员会,发挥其参谋、监督、助手作用;在内部应调动教师、学生的参加,听其意见,为其服务。总之,要加快实现从等级制管理向网络化治理的转变,从把人当作资源和工具向把人作为参与者的转变,从命令式信号发布向协商合作转变,在加快推进教育现代化进程中形成我国基础教育治理的可喜局面。

2019年初,中共中央、国务院印发了《中国教育现代化2035》。作为亲身参与这个重要文献起草的教育工作者,我十分欣慰,深受鼓舞。《中国教育现代化2035》提出推进教育现代化的指导思想:以习近平新时代中国特色社会主义思想为指导,全面贯彻党的十九大和十九届二中、三中全会精神,坚定实施科教兴国战略、人才强国战略,紧紧围绕统筹推进"五位一体"总体布局和协调推进"四个全面"战略布局,坚定"四个自信",在党的坚强领导下,全面贯彻党的教育方针,坚持马克思主义指导地位,坚持中国特色社会主义教育发展道路,坚持社会主义办学方向,立足基本国情,遵循教育规律,坚持改革创新,以凝聚人心、完善人格、开发人力、培育人才、造福人民为工作目标,培养德、智、体、美、劳全面发展的社会主义建设者和接班人,加快推进教育现代化、建设教育强国、办好人民满意的教育。将服务中华民族伟大复兴作为教育的重要使命,坚持教育为人民服务、为中国共产党治国理政服务、为巩固和发展中国特色社会主义制度服务、为改革开放和社会主义现代化建设服务,优先发展教育,大力推进教育理念、体系、制度、内容、方法、治理现代化,着力提高教育质量,促进教育公平,优化教育结构,为决胜全面建成小康社会、实现新时代中国特色社会主义发展的奋斗目标提供有力支撑。

《中国教育现代化2035》提出了推进教育现代化的八大基本理念:更加注重以德为先,更加注重全面发展,更加注重面向人人,更加注重终身学习,更加注重因材施教,更加注重知行合一,更加注重融合发展,更加注重共建共享。明确了推进教育现代化的基本原则:坚持党的领导、坚持中国特色、坚持优先发展、坚持服务人民、坚持改革创新、坚持依法治教、坚持统筹推进。

《中国教育现代化2035》提出,到2035年,我国将总体实现教育现代化,迈入教育强国,推动我国成为学习大国、人力资源强国和人才强国,为到本世纪中叶建成富强、民主、文明、和谐、美丽的社会主义现代化强国奠定坚实基础。建成服务全民终身学习的现代教育体系、普及有质量的学前教育、实现优质均衡的义务教育、全面普及高中阶段教育、职业教育服务能力显著提升、高等教育竞争力明显提升、残疾儿童少年享有适合的教育、形成全社会共同参与的教育治理新格局。

立足新时代、推进教育治理体系和治理能力现代化,应当积极推进教育治理方式变革,加快形成现代化的教育管理与监测体系,推进管理精准化和决策科学化。提高教育法治化水平,构建完备的教育法律法规体系,健全学校办学法律支持体系。健全教育法律实施和监管机制。提升政府综合运用法律、标准、信息服务等现代治理手段的能力和水平。健全教育督导体制机制,提高教育督导的权威性和实效性。提高学校自主管理能力,完善学校治理结构。鼓励民办学校按照非营利性和营利性两种组织属性开展现代学校制度改革创新。推动社会参与教育治理常态化,建立健全社会参与学校管理和教育评价监管机制。要开创教育对外开放新格局。全面提升国际交流合作水平,推动我国同其他国家学历学位互认、标准互通、经验互鉴。扎实推进"一带一路"教育行动,加强与联合国教科文组织等国际组织和多边组织的合作,提升中外合作办学质量。完善教育质量标准体系,制定覆盖全学段、体现世界先进水平、符合不同层次类型教育特点的教育质量标准,明确学生发展核心素养要求。优化出国留学服务。实施留学中国计划,建立并完善来华留学教育质量保障机制,全面提升来华留学质量。推进中外高级别人文交流机制建设,拓展人文交流领域,促进中外民心相通和文明交流互鉴,鼓励大胆探索、积极改革创新,形成充满活力、富有效率、更加开放、有利于高质量发展的教育体制机制。

立足新时代、推进教育治理体系和治理能力现代化,应当全面落实立德树人根本任务。广泛开展理想信念教育,厚植爱国主义情怀,加强品德修养,增长知识见识,培养奋斗精神,不断提高学生思想水平、政治觉悟、道德品质、文化素养。树立健康第一理念,防范新冠病毒和各种传染病;强化学校体育,增强学生体质;加强学校美育,提高审美素养;确立劳动教育地位,凝练劳动教育方略,强化学生劳动精神陶冶和动手实践能力培养。[①] 建立健全中小学各学科学业质量标准和体质健康标准。加强课程教材体系建设,科学规划大中小学课程,分类制定课程标准,充分利用现代信息技术,丰富创新课程形式。创新人才培养

---

① 王定华:《试论新时代劳动教育的意蕴与方略》,课程教材教法,2020年第5期。

方式,推行启发式、探究式、参与式、合作式等教学方式,培养学生创新精神与实践能力。建设新型智能校园,提炼网络教学经验,统筹建设一体化智能化教学、管理与服务平台。利用现代技术加快推动人才培养模式改革,实现规模化教育与个性化培养的有机结合。创新教育服务业态,建立数字教育资源共建共享机制,完善利益分配机制、知识产权保护制度和新型教育服务监管制度。

　　立足新时代、推进教育治理体系和治理能力现代化,应当特别关注广大教师的成长诉求。百年大计,教育为本;教育大计,教师为本。教师是人类灵魂的工程师,是时代进步的先行者,承担着传播知识、传播思想、传播真理的历史使命,肩负着塑造灵魂、塑造生命、塑造新人的时代重任,是教育改革发展的第一资源,是实现中华民族伟大复兴的重要基石。当前,工业化、信息化、新型城镇化、农业现代化迅速发展,国际竞争日趋激烈,国家经济社会发展对高素质人才的渴求愈发迫切,人民群众对"上好学"的需求更加旺盛,教育发展、国家繁荣、民族振兴,亟须一批又一批的好教师。所以,必须从战略高度充分认识教师工作的极端重要性,优先规划,优先投入,优先保障,创新教师治理体系,解决编制、职称、待遇的制约,真正加强教师队伍建设,造就师德高尚、业务精湛、结构合理、充满活力的高素质专业化创新型教师队伍。广大教师和教育工作者需要学习了解西方教育发达国家的新的教育理念和教育思想,并应当在此基础上敢于超越、善于创新。校长是教师中的关键少数。各方应加强统筹,加强中小学校长队伍建设,努力造就一支政治过硬、品德高尚、业务精湛、治校有方的校长队伍。

　　"教育治理与领导力丛书"是华东师范大学出版社为适应中国教育改革和创新的要求、推动中国教育现代化进程,而重点打造的旨在提高教师必备职业素养的精品图书。为了做好丛书的引进、翻译、编辑,华东师范大学出版社相关同志做了大量扎实有效的工作。首先,精心论证选题。会同培生教育出版集团(Pearson Education)共同邀约中外专家,精心论证选题。所精选的教育学原著均为培生教育出版集团和国内外学术机构推荐图书,享有较高学术声誉,被

200 多所国际知名大学广泛采用,曾被译为十多种语言。丛书每一本皆为权威著作,引进都是原作最新版次。其次,认真组织翻译。好的版权书,加上好的翻译,方可珠联璧合。参加丛书翻译的同志主要来自北京外国语大学、北京师范大学、浙江大学、南京大学、西南大学等"双一流"高校,他们均对教育理论或实践有一定研究,具备深厚学术造诣,这为图书翻译质量提供了切实保障。再次,诚聘核稿专家。聘请国内相关专业的专家学者组建丛书审定委员会,囊括了部分学术界名家、出版界编审、一线教研员,以保证这套丛书的学术水准和编校质量。"教育治理与领导力丛书"起始于翻译,又不止于翻译,这套丛书是开放式的。西方优秀教育译作诚然助力我国教育治理改进,而本国优秀教育创作亦将推动我国学校领导力增强。

华东师范大学出版社王焰社长、曾睿编辑邀请我担任丛书主编,而我因学识有限、工作又忙,故而一度犹豫,最终好意难却、接受邀约。在丛书翻译、统校过程中,我和相关同志主观上尽心尽力、不辱使命,客观上可能仍未避免书稿瑕疵。如读者发现错误,请不吝赐教,我们当虚心接受,仔细订正。同时,我们深信,这套丛书力求以其现代化教育思维、前瞻性学术理念、创新性研究视角和多样化表述方式,展示教育治理与领导力的理论和实践,是教育现代化进程中广大教师、校长和教育工作者所需要的,值得大家参阅。

王定华

2020 年夏于北京

(王定华,北京外国语大学党委书记,国际教育学院教授、博士生导师,国家督学、国家教师教育专家咨询委员会副主任委员,曾任教育部基础教育一司司长、教育部教师工作司司长、中国驻纽约总领事馆教育领事。)

前　言

关于新版

学校领导过程和实施过程中所需的技能在不断地变化。在本书的修订过程中，作者试图呈现这些变化，其中一些修订是基于第四版的评审者和读者提出的意见和建议，还有一些修订则是源于作者承诺将一直致力完善本书，旨在为当今学校领导者构建一种以问题为基础的领导方法。

新格式

新的教育领导者专业标准:2015 年通过了新的《教育领导者专业标准》，它取代了 2008 年通过的美国州际学校领导者证书协会(Interstate School Leaders Licensure Consortium，简称 ISLLC)标准。新标准列于第一章，并在全书中引用。

新学习成果:每一章都增加学习成果总结，这些结果可以让读者确定每一章的要点，并设定阅读每一章的期望。

扩展的章末实践:对"付诸实践"进行了扩展，提供了让读者对每个章节的理解和掌握情况进行自我评估的附加说明。

领导力测验练习:在附录中提供了校长资格证书测验①的新测验练习。这些活动以场景化的形式，为读者提供了额外的机会来进行校长资格证书测验练习。

---

①校长资格证书测验(School Leaders Licensure Assessment，简称 SLLA，国内也翻译为学校领导者执照测验)是为了能够更为具体地测量校长专业水平，在《教育领导政策标准(2008)》的基础上，由美国教育考试服务中心研发的一种校长专业测试。"校长资格证书测验"主要是为了测量准入校长是否具备了胜任实际工作的专业知识，测试题目由国家专家委员会和一线教育工作者共同参与制定。由于该测试具有较高的专业性和代表性，能够较好反映校长的专业水平，因此许多州运用该测验来评估校长能力，发放或升级校长资格证书。——译者注

辅助性支持材料：新版书籍提供了新的辅助性支持材料，包括场景、活动、幻灯片演示文稿和各章节的练习问题，这些材料现在都可以从培生教育获取。

章节修订：在吸纳当前教育领导领域的研究成果基础上，重新撰写了第二章和第三章的内容。第二章对当今校长需要知道和能够做的事情进行了详细的阐述，第三章也增加了新的概念和材料。

新的章节内容：每一章节都增加了新的理论概念，以帮助读者加强建立领导行为、风格和性格的理论基础，同时增加了新的图表以增进读者对内容的理解。

与新标准衔接的新材料：与 2015 年《教育领导者专业标准》衔接的新材料已收录在本版中：关于领导者性格的新部分(第四章)，在学校建立群体关系和专业学习社区的重要性(第四章)，以及使用数据来指导领导(第八章)。

视频资料：视频添加在培生发行的电子版版本的每个章节中，所提供的视频能让读者查看相关概念的案例、程序模型和教学策略描述在实际的学校情况。

配套书籍：《校长领导力的四个维度：领导 21 世纪学校的框架》是本书的配套书籍，它描述了学校领导力具体实践的方式，在此方面与本书内容保持一致。该书将领导力理论与研究的融合推动至一个新的水平，它重点讨论学校领导者需要知道和理解怎么做才能有效地提高学生的学习。此外，考虑到领导者和他们所领导的个人之间发生的动态互动，该书列出了学校领导者每天使用的流程和程序，从四个维度概述了 21 世纪学校的领导者需要理解的内容：第一维度，理解自我和他人；第二维度，理解组织运作的复杂性；第三维度，通过关系建立桥梁；第四维度，致力于领导力的最佳实践。

作者希望阅读本书和在这些场景中工作的未来学校领导者和实践者能够从中获益。

当今学校的新领导者

当今学校面临的挑战在频率、复杂性和强度等方面都有所增加，这些挑战影响着学校领导者对新的卓越水平的要求。由于这些要求变得如此重要,以至于领导力预备项目得以重新兴起。许多大学都在更新完善它们的领导力预备项目,将基于标准和问责措施的以实践为导向的方法纳入其中。许多全国性组织和大多数州教育机构都提倡这种改革。美国全国教育管理政策委员会①(National Policy Board for education Administration,简写为 NPBEA)为该改革行动奠定了基础。该组织精心设计的项目为当前的改革定义并提供了一种"新领导模式",它包含了委员会成员们认为当今学校领导所需要的行为。

美国全国教育管理政策委员会通过十项标准为教育领导者提供了专业标准,这是将领导行为与高效学校和提高教育成果联系起来的共同核心要素。这些标准代表了致力于改善学校领导人的技能,并将领导行为与有效的教育成果相结合的努力(NPBEA,2015)。《教育领导者专业标准》提供了"指引,即教育领导者可以据此评估他们是否实施了那些最关乎每个学生学习和表现的领导行为"(NPBEA 2015)。

《教育领导力》一书按照《教育领导者专业标准》设计了一系列领导场景,其中包含了标准所规定的领导行为。本书旨在帮助未来的学校领导者理解这些标准,并发展出将其付诸实践所需的技能和特质。这些理论和过程包含了学校领导者将要面临的具有挑战性的情况。通过理论与实践相联系,使未来的学校领导者有机会了解如何利用理论来解决学校领导面临的问题。值得注意的是,这些理论中有许多已经存在了 30 年、40 年或 50 年,然而,它们仍然是适用的。随着时间的推移而改变的是实践的过程,有关教育领导的标准、能力、问责措施和其他社会需求都使得领导者在使用这些理论原则的过程中必须因事而异。

第二点,也是至关重要的,本书目标是将有关学校领导的标准、理论和当前

---

①国内也有人翻译为美国国家教育行政政策委员会或美国国家教育管理政策委员会,是美国全国性的教育领导者标准的发起组织。——译者注

的著作与现实场景联系起来。在使用的方法上采用了与传统的案例研究模式有很大的不同的方法:传统的案例研究模式探讨的问题是建立在其他问题之上并需要去解决的;相反,本书的编写则基于另一种认知,即明确的行动对学校领导者的成功至关重要,因为它们每天都在一个充满复杂挑战的环境中发挥作用。

本书的使用

本书是为领导力预备和培养项目的高阶课程而设计的。因此,本书内容是基于一个预设,即阅读和使用该书的个人已经掌握了指导领导行为的管理理论和概念的基本知识。当然,在入门或更早的课程中它也是适用的,可以被用来作为对领导理论概念在宽泛意义上的一种补充。同时,对使用本书的读者也需提出提醒:反思推理是不可替代的,使用者必须根据人、情况、所需技能和环境力量之间的相互关系来选择解决学校挑战的办法,理论、反思性思维和规则的适当结合可以提高领导效能。

致谢

我在此感谢我的妻子珍妮和孩子们——辛西娅、斯蒂芬妮、雷吉尼克和雷金纳德对我的帮助、鼓励、支持及做出的牺牲。

另外,本书的成书也离不开下面的因素:首先,我要感谢领导力课程的学生,感谢他们对许多课程内容和场景的思考、帮助和支持,使得本书的内容和情境得到了完善。特别感谢戴安娜·斯塔克,她是本次修订版的研究助理,感谢她为此付出的诸多努力。

此外,以下审读专家的建议也是弥足珍贵的:田纳西大学马丁分校的贝基·考克斯、芝加哥洛约拉大学的约翰·P.杜根和休斯敦大学清湖分校的费利克斯·西米欧三世。

目　　录

导论　一种使用场景的新方法

基于问题的教育领导者专业标准(Professional Standards for Educational Leaders,简称 PSEL)实践是一种新的问题式教学法,在回顾许多基于案例的教育领导力指导书籍时,你可能会发现作者对案例中提出的挑战没有给出正确的答案。事实上,在很多情况下,作者强调没有正确的答案。然而,基于案例的教学指导并非无望地陷入相对主义的泥潭,在管理实践中,有一些观点和方法比其他方法更有效(Merseth,1997,p. 5)。仅仅让参与者进行课堂讨论以培养见解似乎与学校领导力培养的新方向不一致。显而易见,需要制定一种基于场景的教学指导方法,使有抱负的领导者对实践问题更加敏感,而不是简单地提供一种激发讨论的工具(Hoy & Tarter,2007)。

本书就是使用了这种方法。这种基于场景的方法提供了来源和根植于理论和最佳实践的建议性反馈,并通过对场景中所提出的挑战的建议性反馈进行分析,为未来的领导者提供了一个超越单纯反思性讨论的机会。这种做法在法律、商业和医学领域的案例研究教科书中很常见。今天,人们越来越热衷于在教育管理领域使用这种教学指导方法。事实上,许多高等教育机构正在修改他们的领导力培养计划,一些机构正在改变他们的教学方法,将强调理论和临床知识、应用研究和监督实践的场景纳入其中(Murplhy & Hallinger,1993;Richimon & Allison,2003;Wilson,2006;Zintz,2004)。通过使用这种方法,未来的学校领导者有机会对有据可查的回答进行反思、检查、比较和判断。此外,他们可以使用指导领导者行为的标准,将这些标准与特定的理论联系起来,然后将这些理论转化为实践。鉴于教育领导者专业标准倡导基于标准的教学,这种方法似乎是必要的。

本书结构

本书是专为一门高阶课程的使用而设计,该课程为学习者提供经验,以使他们反思以前获得的信息,并使用这些信息来解决复杂的学校挑战。它涉及教育领域中的人、过程和结果,这些场景描述了与学校相关联的个人行为,理论原理对这些行为进行了解释,而标准则描述了更接近的结果。

本书并不试图解释学校领导者的所有职能,相反,它涉及了近期文献中(Frye, O'Neill, & bottom, 2006; Leithwood & Jantzi, 2008; Levine, 2005; Murphy, 2006; Sergiovanni & Green, 2015; Wallace Foundation, 2014)建议学校领导者必须有效地履行自己的角色和责任的五个过程和程序。这五个领域是:(1)领导,(2)沟通,(3)决策,(4)冲突管理,(5)变化。

本书的理论框架如下图所示用圆形的图示来阐述。领导力位于内圈的中心,它由包含决策、变革和冲突管理的三个三角形所包围。与三个三角形相邻的是教育领导者专业标准要素,这表明达到卓越必须具备的各个要素。对教学和学习领导力被置于中心,表明它是学校的焦点。围绕领导层的三个三角形也体现了有效领导者必须具备和擅长的过程和程序。在外圈的是沟通,表明它是连接所有区域的关键,并提供产生情境的驱动力,使它们发挥作用。内部区域代表了学校的内部环境和内部力量的影响。

理论框架

最后是外圆，它反映了影响学校教与学过程的外部环境。本章的内容遵循这个理论框架，将体现实践教育领导力的综合方法。

本书中的相关场景

本书中的场景可以帮助未来和正在实践中的领导者习得批判性分析和解决问题的技能，因为它们涵盖了领导者必须有效地用于每天履行其职责的基于研究的流程和程序。这些情景是关于发生在中心办公室①、学校和教室的真实生活场景，旨在激发思考和激励反思。从本质上说，它们建立了一种环境，在这种环境中，未来的和实践中的学校领导者可以探索多种可能性，并通过将理论与实践联系起来，识别文献中出现的概念与教育领导者专业标准（PSEL）之间的关系，从而提高自己的领导能力。

每章中涉及的标准都将罗列在场景的开头，在标准中强调的行为会在场景中以负面和正面的方式出现，此过程将使你考虑哪些行为是适当的，哪些是不适当的。此外，在本书中出现的场景和案例故事与美国教育考试服务中心在校长资格证书测验计划中的相似，在参加测验之前，你可以有机会使用本书案例分析和多项选择题进行练习。

使用本书的结构框架

本书有多种用途，你可以在整个教育领导力培育课程中使用它。书中提供的场景旨在为教授所做的讲解提供支持，并作为小组讨论、反思性提问、个人问题分析和学生互动的框架。你也有机会审视自己的价值观和信念，形成或完善自己的领导风格。以

---

①在美国，大多数投资组合管理学区教育行政机构的名称为学区中心办公室，但也有少数投资组合管理学区沿用改革之前的名称，比如纽约市的教育行政机构就称为教育局。投资组合管理模式是美国城市学区治理的一种教育公共治理的实践探索，是21世纪以来美国城市学区治理的新趋势，与传统的学区管理相比，投资组合管理模式的特征主要表现为：学区招标与学校多样化、标准化测验与学校问责、中心办公室的核心地位与学校自主权。投资组合管理模式体现的理念是教育服务的提供不应该只由政府承担，教育公共治理应该有多元主体的共同参与。非营利组织和私营机构在教育发展中的作用不仅限于举办私立学校，通过政府采购等方式，它们可以融入公立学校的发展，为公立学校系统实现多样化发展提供助力。参见：翟静丽：《美国城市学区投资组合管理模式及其启示》，《中国教育学刊》，2015年第1期。——译者注

下是使用本书有效方法的说明:

- 阅读章节介绍;

- 回顾教授的讲解;

- 阅读体会场景;

- 小组互动;

- 思考反思性问题;

- 参与一般的课堂讨论。

本书的理论基础

每一章的导语部分都首先列出了本章的一些学习目标,在随后的正文内容中提供了相应的理论基础,据此可以启发你的批判性思维和提升能力,并对照学习目标检验您的学习成果。导语部分还将场景置于领导过程的五个领域之中以帮助您形成对相关概念和原则的实际理解和应用。笔者不希望这一部分内容过于宽泛或者引入和介绍新概念。相反,本书希望能在导论部分建立一个框架,并为解决场景中的问题打下基础,并鼓励唤起对课堂讨论或以前阅读中深入讨论的概念的回忆。

教授的讲解

在课堂上回顾一个场景之前,教授们通常会讲解信息或就该场景中涉及的材料进行讨论。你可以使用这些报告材料重新审视理论概念,并为回应情景中提出的挑战打下基础。

阅读场景

建议每个场景都要阅读两到三次。第一次阅读应该是泛读,以便熟悉内容和其中涉及的个人。在第二次阅读过程中,可以找出关键问题,并阐述这些问题与理论原理和教育领导者专业标准的关系。由于这些标准非常全面,因此在一个章节或场景中可能引用了多条标准。在整个阅读过程中,当你有想法时最好能做笔记,这种做法有助于回忆要点。

第三次阅读时你便可以拟定行动计划,并为应对场景中提出的挑战做好准备。你应该问自己诸如以下的问题:

- 校长下一步应该做什么?
- 在做出回应前,校长应考虑什么因素?
- 如果有的话,校长需要什么额外的信息来做出一个有效的回应?
- 校长可以使用哪些来源以获取额外的信息?

小组互动

在听完教授的讲解(教授应该先讲解)并且阅读了相应场景之后,你可以邀请你的同学参与讨论场景中个人的行为。通过参加小组讨论,你将有机会使用理论原则来分析场景。你还可以将场景中的个人行为与教育领导者专业标准所提倡的行为进行比较。通过这种做法,你可以做出反思性的回应,与他人交换意见,以及针对问题提出立场。建议你:

- 从多个角度考虑场景。
- 确定场景中的关键问题。
- 确定解决问题所需的知识库(模型)。
- 制定一个行动方案。
- 确定所选行动过程的可能结果。
- 确定建议的替代行动的理论原则。
- 检查对每个问题的建议回应和反馈。
- 对书中给出的行动提出替代性建议。
- 向小组成员提出反思性问题。

在一段时间后,每个小组可能会向全班进行演讲展示,从而展开进一步的讨论和分析。你和你的同学也可以选择把活动扩展到课堂之外。这些活动可能包括:

- 编写一份包含设定问题答案的书面分析。

- 将这些问题与自身在过去几年的经历联系起来。
- 将选定的问题与学校改革的内容联系起来。
- 就一些问题撰写一篇报纸文章。
- 开发类似的场景。

付诸实践

"付诸实践"部分主要基于教育领导者专业标准,旨在激发班级成员之间的深度讨论。其中,一些带有反思性的问题将在哲学层面上揭示着相应的教育信念,并提出值得进一步关注的领域。在实践中可以提出不同的观点,并据此给出合理化的回应。这类讨论往往能在理论层面上提供有价值的信息。在讨论问题时,以下的谈话原则有助于建立并巩固团队合作:

- **参与对话**。对话是分享想法和交换有见地的意见。有效对话的关键是仅分享有见地的意见(即,过去阅读、写作、个人反思、经验或讨论问题时所采取的立场)。
- **交换精辟见解**。陈述自己的想法和信念,同时努力持有没有偏见的态度。交谈要保持真诚,以努力形成开放性的对话。
- **不要争论**。试着让你周围的人感到舒适。
- **做一个好的倾听者**。将注意力集中在所讨论的问题上。

建议阅读资料

除了每一章的理论基础部分和在课堂上得到的指导,阅读下面列出的参考资料将为你提供更多关于管理理论、研究和实践的其他背景信息。为了更好地理解内容问题并解决每个场景中提出的挑战,我们建议你使用和阅读以下建议的参考资料。

Bolman, L. G., & Deal, T. E. (2013). *Reframing organizations: Artistry, choice, and leadership*(11th ed.). San Francisco: Jossey – Bass.

DuFour, R., Du Four, R., Eaker, R., & Many, T. (2010). *Learning by doing: A handbook for professional learning communities at work*(2nd ed.) Bloomington, IN: Solution Tree.

Gibson,j. L. ,Ivancevich,J. M . ,& Donnelly,J. H. ,Jr. (2011). *Organizations：Behavior,structure,and progress* (14th ed.). New York：McGraw – Hill/Irwin.

Green,R. L. (2010). *The four dimensions of principal leadership：A Framework for leading 21st century schools.* Boston：Allyn & Bacon.

Hoy,W. K. ,& Miskel,C. G. (2012). *Educational administration：Theory,research and practice*(9th ed.). New York：McGraw – Hill.

Owens,R, ,& Valesky,T. (2014). *Organizational behavior in education：Leadership and school reform*(11th ed.). Boston,MA：Pearson Education.

Sergiovanni,T. ,& Green,R. (2015). *The pricpalship：A reflective practice perspective.* Upper Saddle River,NJ：Pearson Education. Inc.

第一章 标准、能力和问责措施

本章学习目标

在阅读第一章并完成指定的活动后,你应该能够:

- 概述一系列活动,以阐述教育领导者专业标准如何影响学校领导的有效性。

- 列出为制定有效领导实践标准提供相应的领导力的组织。

- 编写体现每条教育领导者专业标准应用于实际学校情况的场景。

- 说明如何使用教育领导者专业标准来指导有效解决实践问题的领导行为。

- 列出学校领导者需有效领导21世纪的学校所必须表现出的行为。

在过去的十年中,为了寻求应对一系列迫在眉睫的教育挑战的方法,美国的公共教育经历了一系列的变化。研究人员、著作者和政府机构以"不让一个孩子掉队法案"、"竞争卓越"计划、"绩效薪酬"、"特许学校"、"共同核心"、"为美国而教",以及重新设计校长预备项目等的名义推出改革举措,以上列举的是其中最为人所知的举措。这些举措都以某种方式来主张某种学校领导者可以用来提高每个学生学业成绩的方法。然而,尽管实施这些举措的学校领导者尽了极大努力,许多学生仍被列为差等生并就读于表现不佳的学校。尽管这一现象已引起了很大的关注,但当发现这些学校的大多数学生都是少数族裔时,这种情况则更令人忧心。这一现象的结果是导致少数族裔和非少数族裔之间的成就差距继续存在,在一些州这种差距还在扩大(Williams,2011)。因此,旨在有效解决美国学校表现不佳学生问题的改革举措仍在继续。公众、州教育机构和政界人士对优秀学校的要求和领导学校者承担更大责任的要求,是此调查探索继续开展的主要原因(Davis,Darling-Hammond,LaPointe,& Meyerson,2007;The Wallace Foundation,2012)。

最新实施的改革举措集中在学校领导方面,它敦促学校领导者承担起"首席学习官"的角色,并对学生的个人学业成就负责。然而,许多全国性组织认为学校领导者没有能力满足当今学校的要求。尽管改革者认同领导当今学校的个人可能已获得相关执业许可证,但越来越质疑他们是否有能力以有效的方式实践教育领导力(Darling-Hamnond,LaPointe,Meyerson,Orr,and Cohen,2007;Levine,2005;Wallace Foundation,2013)。基于这一立场,诸如在项目评估、教学问责制、课程与教学、校长与教师效能等方面的国家标准已被制定出来。这些标准旨在为学校领导者提供使用到的流程和程序,以帮助学生应对全球经济竞争。此外,学校领导的新问责措施已与高标准密切关联,同时,几乎所有州教育部门和学区都获得了新的经费投资,以提高所有儿童的教育质量(全美州基础教育首席官员理事会,2008)。

教育领导者专业标准是学校领导力的一套关键标准。它的制定可以追溯到1996年,一群教育工作者开始了这项工程,最后几乎每个州都采用了该标准。这些标准体现了学校领导者需要知道什么、能够做什么来满足每个学生需求。尽管标准非常明确,但仅凭国家标准就能提高当今学校领导绩效的质量是颇具争议的。尽管如此,这些标准仍被提出并被用于重新设计大学和高校的领导预备项目、更新项目认证,及教育领导者的资格认定和遴选任用(Professional Standards for Educational Leaders;National Policy Board for Educational Administration,2015;Wallace Foundation,2012)。事实上,学校领导者标准运动的基础——"美国州际学校领导者证书协会(ISLLC)学校领导者标准",于1997年引入教育领导领域以来已经更新过两次,一次是在2008年,一次是在2015年,目的是加强和维持学校领导者标准运动(National Policy Board for Educational Administration,2015年)。因此,向正在实践中的和未来的学校领导者介绍学校领导者标准,并向他们解释如何使用这些标准来指导学校领导者行为仍然是有必要的。

本章探讨了学校领导者标准、能力和问责机制的形成,以及它们在提高学校领导效能方面的作用。在内容中总结了使用标准的基本原理,介绍了提出和开发标准的组织,并提出了一套指导学校领导行为和计划的标准。该章还介绍了领导能力和问责措施,并描述了如何使用场景和展现情境的案例将这些标准转化为实践。最后,未来的和实践中的学校领导者可以通过分析场景的内容来评估自己掌握领导 21 世纪学校所需的技能和特质的程度。

学校领导者标准的产生

对学校领导者角色、责任和问责制的思考所发生的重大转变推动了学校领导者标准的出现。学校领导者标准运动的基本原则是对所有儿童均持有高期望,以及对教育者自身所承担的教育责任负责(Lashway,1999;Reeves,2002;Reley,2002;The Wallace Foundation,2013)。该标准被用来建立一套确保能够有效领导学校的基础设施,并确保领导学校的个人获得了解现有条件、创设合作环境、培养所有儿童在社会和政治民主环境中生活和工作能力所需的知识、能力、性格和技能。

学校领导者责任制

考虑到当今学校面临的挑战、一系列问责措施的实施,以及大量有学业问题的学生,很少有人会反对要求学校及其领导人对学生的成功负责。研究人员已经对当今学校领导者需要知道和能够做什么的问题做出了解答(Frye,O'Neill,& Bottoms,2006;Leithiwood,Seashore,Anderson,& Wahlstrom,2004;The Wallace Foundation,2013)。因此,在这个特别重视测试的时代,考量一位要领导学校的领导者是否掌握了相应能力和获得必要的知识和技能,问责制似乎成为十分合理的一种手段。

有人甚至可能会认为,21 世纪学校领导力中包含道德责任。考虑到领导力中的道德责任,人们相信多样性、建立共同愿景和问责制的必要性,以此来确保程序公平和平等地满足所有进入学校的儿童的需要。利用标准、能力和问责措施,领导者可以把学校变成专业学习社区,在此环境中,所有利益相关者的信念、价值观和意见都正受到尊重。显然,领导力是情境性的,每个领导者都是独一无二的。但是,有一些做法和行为可供学习和评估,以确保领导者能有效地实践领导力。这一理论的证据可以在萨乔万尼和格林(2015)、库泽斯和波斯纳(2012)、达林—哈蒙德等人(2007)、麦克斯韦(2005)、杜福尔(2003)以及其他一些研究人员和作者的著作中找到。然而,在实践领导艺术的过程中,上述研究人员的著作中所发现的一个关键因素是对个人成就的评估。因此,要使评估公正、有效并使其道德义务得到实现,必须建立和满足绩效标准。例如,一位学校领导可能针对学校制定愿景,但随之而来的问题是领导者制定的愿景是否恰当,以及向所有利益相关者传达这一愿景的方法是否恰当和有效(Sergiovanni 和 Green,2015)。

如果人们普遍接受这样一个假设,即建立明确的客观标准以说明有效的领导者行为,要比缺乏标准时的模糊不清更好,那么,为了确保标准的有效性,必须明确相应的界定。当明确界定了领导行为的标准——学校领导者应该知道和能够做到的——就可以建立清晰和一致的评价标准,从而,确保未来的或实际的学校领导者行为能够通过目标性的问责措施进行评估,与领导者标准中的卓越水平进行比较。

标准的使用和创建标准的组织

在标准的多种使用方式中,其中三种尤为重要。第一种是标准被用来指导州和地方各级的政策决定。第二种,许多大学和学院的领导力预备培养项目正从以"严格的课程为基础"到"标准驱动"转变。孟菲斯大学城市学校领导力研究中心一项由格林、费和迪亚兹在 2006 年进行的研究显示,许多州已经同时采用了标准和项目指南或其中一项,以为本州的领导预备培养项目和学校的领导行为提供指导。研究进一步揭示,如果领导力预备培养项目的核心不具备高标准的要求,那么它就是不合格的。最后一种方式是标准被用于指导学校领导者评估工具的开发,以试图衡量未来的学校领导者在各个领域的熟稔程度。此外,一些州目前在学校领导者资格认证或学校领导许可证发放中使用这些工具。例如,在亚拉巴马州,标准被使用在三种形式:(1)评估教育管理预备项目的准确性,(2)领导力预备项目的批准,(3)继续聘用、晋级和调整工资待遇。

在堪萨斯州,标准则用来指导地区领导力项目,以及学校层面的职业规划和实践。密苏里州则开发了一套基于绩效的评估系统来评估学校领导者。利用这个系统,他们明确了校长应该具备的技能,确定其专业发展需求,并就校长再认证做出决定。在田纳西州,标准被用来界定有效领导力,并鼓励和赋权地区建立一个由取得杰出成果的学校领导者组成的反馈网络。田纳西州教学领导标准确定了教学领导、教师文化、专业学习与成长以及资源管理等领域的核心绩效指标。美国全国教育管理政策委员会是推动建立学校领导力标准的组织。

美国全国教育管理政策委员会（NPBEA）

美国全国教育管理政策委员会的标准致力于解决的基本问题如下:成为当今学校的有效领导者需要知道和能做的事情,什么样的性格、知识、技能和属性才能使学校领导者有效地发挥作用。为解答这些问题,尤其是明确当今学校领导者所需的能力,美国全国教育管理政策委员会推动了一系列政策标准的出台,这些政策标准可用于明确学校领导力发展项目以及从业人员的行为。表1.1列出了该组织的协会会员名单。

表1.1　美国全国教育管理政策委员会组织会员

美国教师教育学院协会（AACTE）
美国学校管理者协会（AASA）
教育工作者培训认可委员会（CAEP）
州首席教育官员理事会（CCSSO）
全美小学校长协会（NAESP）
全美中学校长协会（NASSP）
美国全国教育管理教师大会（NCPEA）
全国学校委员会协会（NSBA）
大学教育管理委员会（UCEA）

资料来源:A list of NPBEA,members,2014. Retrieved from http://npbea. org/member. php.

美国全国教育管理政策委员会的宗旨是利用其成员组织的集体行动来提高教育管理的专业水平。最初,该组织秉承两个目标:(1)为美国各州学校校长执业许可制定共同的和更高的标准,(2)为国家教师教育认证委员会（NCATE）的高级教育领导力项目制定一套共同的指导方针(NPBEA,2002)。

美国全国教育管理政策委员会与其组织成员的一道努力,推动了"教育领导者专业标准"的制定和实施。这些在全国范围内被认可的标准为学校领导者描绘了新的愿景,其中涉及管理学校领导者发展项目的政策,以及学校领导者要有效地实践领导艺术需要知道和实施的事情。

教育领导者专业标准

1997年,州首席教育官员理事会创建了一套共同核心标准,即美国州际学校领导者证书协会标准(ISLLC)。其中,六项指标中的每一项都下设有三个有效性指标,即知识、态度和表现,将学校领导者行为与有效的学校领导实践联系起来。这些标准既被用来指导大学领导力预备项目的教学内容设计及学校领导者专业发展实践,还被用来作为评估工具在实施了十年后以确定获得新的校长执照和高级认证的人选。

上述标准在实施了十年后得以修订。美国全国教育管理政策委员会和美国州际学校领导者证书协会的成员组成了联合指导委员会负责对该标准进行修订。这项修订工作历时两年,涵盖了美国全国教育管理政策委员会各成员组织的意见,同时囊括了全国研究小组的意见,它们为标准的修订提供研究基础(*Council of Chief State School Officers News*, 2008.6.3)。2015年,教育领导者专业标准(NPBEA,2015)第三次修订版发布。2015年标准的主要焦点是学生的学习和领导的基本原则。为此,标准包含并描述了教育领导者提高学生成就所需的技能和特质。这些标准均进行了详尽地审阅,为有效领导当今学校所需了解和实践的提供了指导和共同愿景。标准为实现绩效问责、反思有效的学校领导实践的重要性和责任提供了可参考的过程。表1.2列出了2015年教育领导者专业标准。

表1.2　教育领导者专业标准

标准1	使命、愿景和核心价值观	有效的教育领导者应为每个学生的高质量教育、学业成功和幸福发展、倡导和制定共同的使命、愿景和核心价值观
标准2	道德规范和专业规范	有效的教育领导者应按照道德规范和专业规范行事,以促进每个学生的学业成功和幸福

标准 3	公平性和文化响应	有效的教育领导者应致力于争取教育机会公平和做出文化响应,以促进每个学生的学业成功和幸福
标准 4	课程、教学和评估	有效的教育领导者应开发和支持知识严谨和连贯的课程、教学和评价体系,以促进每个学生的学业成功和幸福
标准 5	关爱支持学生的学校共同体	有效的教育领导者应建立包容、关爱和支持的学校社区,以促进每个学生的学业成功和幸福
标准 6	学校人员的专业能力	有效的教育领导者应培养学校人员的专业能力和实践能力,以促进每个学生的学业成功和幸福
标准 7	为教师和员工提供专业共同体	有效的教育领导者应建立由教师和其他专业人员组成的专业共同体,以促进每个学生的学业成功和幸福
标准 8	有意义的家庭和社区参与	有效的教育领导者应以有意义、互惠和互利的方式吸引家庭和社区参与,以促进每个学生的学业成功和幸福
标准 9	运营和管理	有效的教育领导者应管理学校运营和资源,以促进每个学生的学业成功和幸福
标准 10	学校改进	有效的教育领导者作为学校改进的代理人,以促进每个学生的学业成功和幸福

资料来源:ISLLC Standards © Copyright 2010 National Governors Association Center for Best Practices and (Council of Chief State School Officers). All rights reserved.

专业标准和绩效评估

一些州政府机构认为,未来的学校领导者在获得学校或学区的执业许可证之前,应该达到熟练掌握专业标准。事实上,许多州要求未来的学校领导者在基于标准的认证评估中表现出一定水平的熟练程度。

这些州使用的评估模型是校长资格证书测验。校长资格证书测验是由美国教育考试服务中心主导的一个项目,它提供了校长资格证书测验和教育主管测验这两个以标准为基础的测验。学校领导者的评估工具内容分为两个部分,时间为 4 小时。第一部分包括 100 个选择题。参加者有 2 小时 20 分钟回答下列相关问题:(1)愿景和目标;(2)教学与学习;(3)管理组织制度和安全;(4)与主要利害相关者合作;(5)道德和诚信。第二部分包括 7 个主观问答题,参加者有 1 小时 40 分钟的时间回答以下相关问题:(1)教育系统;(2)愿景和目标;(3)教学与学习。参与者需阅读和分析各类场景和一系列文件并回答问题,以展示他们对问题透彻、一般或是有限的理解(Educational Testing Service, The Praxis Series™, School Leadership Series, 2016)。

学校领导者评估模型

第一部分	第二部分
100 个选择题(2 小时 20 分钟)	7 个主观问答题(1 小时 40 分钟)

7 个主观问答题包括以下主题

愿景和目标	教学和学习	教育系统
实施	专业文化	内部支持
数据规划	课程与教学评估与问责制	外部支持

资料来源:Educational Testing Service, Listening, Learning, Leading, The Praxis SeriesTM, 2014. Author designed using information from the website of Educational Testing Service.

标准和领导力预备——项目认证

学校领导者标准除了被用于指导政策制定和有效的领导实践,以及以此判断是否向学校未来领导者颁发证书之外,一些学校认证机构利用它们来判断、影响和塑造学院和大学预备项目的质量。美国教育领导力理事会是这一项目的主要推动者,它也是美国全国教育管理政策委员会的成员。

教育领导力理事会标准

美国教育领导力理事会代表美国全国教师教育认证委员会促进了标准的制定,该套标准将在其认证过程中使用。美国全国教育管理政策委员会的成员首先起草了一套指导方针,供美国全国教师教育认证委员会在审查学校管理预备项目时使用。为了保证大学预备项目的一致性,这些标准与教育领导者的标准是一致的。该项目最终的成果是研发出了一套用于评估领导力预备项目的国家认可的标准。

由于制定和实施了这些标准,"学校管理预备项目对学员的评估转为考察其在多大程度上为工作做好了准备,而不只是达成一些课程或教授们列出的课程提纲中的目标"(NPBEA,2002,p.6;see also Frye, O'Neill, & Bottoms,2006)。基于绩效标准有助于个人获得成为有效的学校领导者所需技能和特质的信念,美国全国教育管理政策委员会宣布学校领导者和教授都应该努力达到和符合每一项标准。因此，如果项目、教育行政部门或教育领导部门想要获得美国全国教师教育认证委员会认证，就需要满足和达到这些标准。满足这些标准的教育管理培训项目即获得了美国全国教师教育认证委员会和美国全国教育管理政策委员会"国家层面的认可"（CCSSO，2006）。美国教育领导力理事会标准一览表见表1.3。

表1.3　美国教育领导力理事会标准

标准1	教育领导者认证获得者需要拥有相应知识、技能和能力，即通过促进学校/社区支持的学校/地区学习愿景的阐述、制定和传播，以促进所有学生的成功
标准2	教育领导者认证获得者需要拥有相应知识和能力，即促进和保持积极的学校学习文化，促进有效的教学计划，应用促进学生学习的最佳方式，以及为员工设计和实施全面专业发展计划，以促进所有学生的成功
标准3	教育领导者认证获得者需要拥有相应知识和能力，即以一定的方式来管理组织、运营和资源，以创设安全、高效和有效的学习环境，以促进所有学生的成功
标准4	教育领导者认证获得者需要拥有相应知识和能力，即能通过与家庭和其他社区成员合作，响应社区的各种利益和需求，调动社区资源，以促进所有学生的成功
标准5	教育领导者认证获得者需要拥有相应知识和能力，即通过展示尊重他人的权利和负责任的积极行为，以促进所有学生的成功
标准6	教育领导者认证获得者需要拥有相关知识和能力，即能够通过对更大的政治、社会、经济、法律和文化背景展开阐述、分析和描述，并面向所有学生进行倡导，以促进所有学生的成功
标准7	教育领导者认证获得者拥有相关能力和经验，即通过完成在真实环境中实际的、持续的和规范的工作实习，促进所有学生的成功。该实习为整合和应用知识及标准1到标准6中所列举的实践技能提供了重要的机会，实习学分由机构和学区工作人员统筹指导

资料来源：ELCC Standards © Copyright 2010 National Governors Association Center for Best Practices and Council of Chief State School Officers. All rights reserved.

相关标准

教育领导者专业标准和美国教育领导力理事会标准在内容上是相似的,均体现了一种实践领导艺术的当代方法。这些标准对扎根于实践和有抱负的学校领导有着明确的意义,并在国家层面上对领导行为以指导。正是因为此种认识和信念,我们需要一种新的方式来界定学校领导,这在标准中同样有所体现。我们还需要一种新的途径来确定大学领导预备项目的毕业生是否已为领导实践做好了准备。因此,我们需更深入研究教育领导者专业标准。

解读教育领导者专业标准

州际学校领导者认证协会最初的六项标准包含了 183 项指标。其中 43 项指标描述了学校领导者需要的知识,43 项指标谈到了学校领导者应持的态度,其余 97 项指标涉及学校领导者在有效的领导实践中的绩效表现。相对于每个标准的实施,学校领导者的首要目标是促进所有学生的成功。这三个方面的指标都描述了如果一个学校领导者以一种有效的方式实践领导艺术,他或她应该知道什么以及能够做什么。这些指标并非包罗万象,然而,它们还是能够帮助领导者确定自己是否掌握了有效领导一所 21 世纪学校所需的某些技能和特质。

2008 年修订后的标准数量仍为六项。但是,这些指标被职能所取代。之所以如此修订,主要原因在于这些指标被认为是过于严格,这些指标令学校领导者不由自主地感到压力(Educational leadership Policy Standards,ISLLC,2008)。2008 年修订的标准以及由此确定的职能代表了教育领导者在促进每一个学生成功方面的广泛及重要迫切的主题。这些标准被设计为政策发展的框架,被用来为政策发展和指导领导力预备项目、指导职业发展及提供系统的支持(Educational leadership Policy Standards,ISLLC,2008)。与原有标准不同的是,2008 年的标准具有坚实的研究基础,清晰地阐述了期望,明确了领导者需要知道什么、需要做什么来改进教学和学习。七年来,这些期望构成了学校领导者负责制的基础。

2015 年,美国教育管理政策委员会将"州际学校领导认证协会标准"修改为十项专业标准。这十项标准仍然继续强调学校领导者应该知道和能够做什么来促进每个学生的学业成功和幸福。然而,标准关注的焦点有所变化,已经转移到对该领域要求持续改进的最新文献和最佳实践的体现。借鉴高水平学校的领导力和学校领导者的实践经验,2015年标准提供了一种全新的领导力视角,即学校领导者通过提供方向和指导,把重点放在提高学生成就的教育领导力上。新标准强调教学提高、领导力分配、专业发展、人力资本管理、公平和善恶性、利益相关者有意义的参与,以及技术的使用。

教育领导者专业标准设计协会的成员主张,有效的学校领导力在十项标准中得以体现(NPBEA,2015)。为了取得成效,学校领导者必须分解标准。这样,他们就有机会深入了解这些标准的目的,开发有效地实现标准的可靠程序,并深刻理解按照标准指导规范领导者行为的必要性。此外,他们应该不断地反思和自我评估,以确定是否取得了预期的结果。

你或许希望可以以自己的方式对标准进行分解。然而,有一种方法被证明是有效的,那就是确定和研究这些标准所提倡的过程和程序。例如,你可以将以前有过的教育理念或挑战用在一条标准中作为参考。通过这种方式,你可以对反映上述教育理念或挑战并能用来提高教学方法发展的过程进行回顾与反思。

标准1　有效的教育领导者为每个学生的高质量教育、学业成功和幸福发展、倡导和制定共同的使命、愿景和核心价值观。

有效的领导者需要做到:

A. 为学校确定一项教育使命,以促进每个学生的学业成功和幸福。

B. 与学校和社区成员合作,利用相关数据,为学校制定和倡导一个愿景,该愿景致力于实现每个儿童学业和发展成功,以及促进此类成功的教学和组织实践。

C. 阐明、倡导和培育决定学校文化的核心价值观,并强调以下内容的必要性:以学生为中心的教育;对学生的高期待;服务和支持学生;公平性、包容性和社会公正;开放、关爱和信任;以及持续改进。

D. 策略性地制定、实施和评估行动,以实现学校的愿景。

E. 反思学校的使命和愿景,并根据针对学校不断变化的期望和机遇,以及学生不断变化的需求和情况进行调整。

F. 在学校和社区内推动对使命、愿景和核心价值观的共同理解和投入。

G. 在学校领导的各个层面,在追求学校的使命、愿景和核心价值观方面做出示范。

达到标准1的关键要素是教育领导者创造和实施共同学习愿景的能力。首先,他们必须拥有一个学习的愿景,并与所有利益相关者合作,细致地阐述他们的核心价值观和信念,以完善他们对学校的愿景。此外,领导者必须确定一个使命,以为在组织中为实现愿景而工作的人提供行为指导和期望。在本质上,标准1描述了个体在做什么以及为什么会采取这样的行动。愿景和使命应该反映出领导者、在组织中工作的个人以及学校服务的外部社区的个人共同的核心价值观。一旦学校大家庭确定了其核心价值观并制定了共同的愿景和使命,他们便有了实现有效行动的强有力的框架。这些行动要求他们:

- 拥有系统理论知识。

- 了解学校组织的现状。

- 能够挖掘数据并将其用于决策。

- 了解自己的主观设想、信仰、价值观和行为。

- 能够与学区的中心管理部门保持联系。

- 愿意持续地从事反思性实践,审视自己的假设、信念、行为和实践。

- 能够运用有效的沟通技巧。

- 愿意促进每一个学生高标准的学习。

- 设置流程用以评估自己是否在有效地沟通。

- 设置流程用以确定自己是否为社区的所有成员树立愿景。

- 制定过程用以评估实现愿景的进展。

- 了解学校组织的内部和外部文化。

第二章中的概念旨在为你提供实现该标准的框架。关于实施这一标准的细节也可以从配套书《校长领导力的四个维度:领导21世纪学校的框架》的第二章和第三章中获取。

标准2　有效的教育领导者遵循道德准则和专业规范行事,以促进每个学生的学业成功和幸福。
有效的领导者需要做到:

A. 在个人行为、与他人的关系、决策、学校资源的管理以及学校领导的所有方面,以合乎道德准则和专业规范的方式行事。

B. 提倡并依据正直、公平、透明、信任、协作、坚持不懈、学习和持续改进等专业规范行事。

C. 以儿童为教育的中心，对每个学生的学业成功和幸福负责。

D. 维护和促进民主、个人自由和责任、公平、社会公正、共同体和多样性等价值观。

E. 具有良好的人际关系和沟通技巧，具有社会情感洞察力，理解所有学生和员工的背景和文化。

F. 为学校提供道德指导，在教职员工中提倡符合行为道德和专业规范的言行举止。

教育领导者的主要职责之一是确保道德准则和专业规范渗透到整个组织中。鼓励个人以合乎道德准则的方式行事，并践行公平原则。因此，要满足标准2的教育领导者必须与教师、员工和学生有效合作，以形成以儿童为教育中心的一套共同的价值观和信念。实质上，都要形成和实施一套指导每个成员行为并提供道德指引的职业规范。这些规范强调处理同侪关系，维护和促进民主的价值，并指导如何处理开放性和亲密关系。它们形成了对个人自由、社会正义和多样性的保护。

当标准2被完全地付诸实践时，所有成员都知道并理解是非对错，并知道自己在组织中应该如何表现。要实现这一点，教育领导者必须培育一种信任的文化，让每个个体都有相同的权利，享受共同的特权，受到公平和平等的对待，文化、服饰、语言和宗教的差异均被尊重，并被视为一种组织力量。

在某些情况下，为了实现这个标准，教育领导者将不得不向他人表现出他们愿意使自身利益从属于学校共同体的利益。他们还必须公开所有来源的信息，以培育信任和尊重文化。这个过程要求学校领导者：

- 了解教育的目的和领导力在现代社会中的作用。

- 评估自己的价值观、信仰和态度是否激励他人取得高水平的绩效。

- 评估自己的管理行为对他人的影响。

- 评估自己是否保持尊严和尊重地公平、公正对待每一个人。

- 践行利益最大化原则和平等尊重原则。

与本书中提到的其他技能一样，正直、公平和合乎道德准则的领导方式是一种需要实践的技能。你可能同时需要通过回顾和反思第五章中的情景内容，以更深入地了解遵循道德准则及促进他人道德正直行为的领导行为的重要性。根据作者的经验，这是一个有效的学校领导者不能不去掌握的技能。在第六章"决策：质量和接受"概述了几种强调道德规范、专业规范、公平和正直重要性的实践。

标准3　有效的教育领导者致力于争取教育机会公平和做出文化响应,以促进每个学生的学业成功和幸福。

有效的领导者需要做到:

A. 确保每个学生都得到公平和尊重,并理解每个学生的文化和背景。

B. 承认、尊重并利用每个学生的长处、多样性和文化作为教育和学习的财富。

C. 确保每个学生都能公平地获得有效的教师、学习机会、学业和社会支持,及成功所需的其他资源。

D. 制定学生行为准则,以正面、公平、公正的方式处理学生不端行为。

E. 正视并纠正一些制度偏差,比如学生边缘化、学校赤字运转,以及与种族、阶层、文化和语言、性别和性取向、残障或特殊身份有关的低期待问题。

F. 推动学生为在全球化社会的多元文化背景下生活,并为这个社会做出贡献做好准备。

G. 在交际互动、决策制定和实践活动中表现出文化胜任力和文化响应。

H. 在领导的各个层面处理好公平和文化响应问题。

为了达到标准3,教育领导者必须解决学校中存在的文化差异,目的是创建一个所有利益相关者都能认可的学校社区,一个有文化能力的社区,一个人都能得到公平和公正对待的社区。学校里的个体间必须相互关联;他们必须以个人和团体的形式相互合作,同时必须在社会、经济和学业方面体现出合作的意义。教育领导者有责任确保在学校中推进公平和文化响应的原则。每个文化群体的个人都必须被理解和尊重,并确保他们的想法和忧虑被知晓。总之,要达到标准3,教育领导者必须提高所有人的生活质量。他们可以通过以下方式实践:

- 对文化差异保持敏感。

- 将课堂教学与文化规范和社会互动相适应。

- 推动促进学业追求的特殊体验。

- 保持社会联系并在文化上尊重他人。

- 与所有利益相关者保持开放的对话,让自己有机会从各种想法、价值观和文化中受益。

- 了解政治、社会、文化和经济制度对学校的影响。

- 展示自己认识到多元化的思想、价值观和文化。

- 评估自己是否与学校社区就方向和问题进行沟通。

在第三章"教育领导者的理论与方法"中,讨论了集中强调道德、公平和正直重要性的实践。要查看关于这个主题的全面介绍,可以参考萨乔万尼和格林合著的《校长学:一种反思性实践观》的第一、五、八和十五章。

标准 4 有效的教育领导者开发和支持知识严谨和连贯的课程、教学和评价体系,以促进每个学生的学业成功和幸福。

有效的领导者需要做到:

A. 实施一套连贯的课程、教学和评价体系,以促进学校的使命、愿景和核心价值观,体现对学生学习的高期待,符合学业标准,并具有文化响应能力。

B. 在年级内部和跨年级层面,使课程、教学和评价体系形成合力,促进学生的学业成功、对学习的热爱,培养学习者的个性和习惯,以及健康的自我意识。

C. 提倡与儿童学习和发展理论、有效的教学方法以及每个学生的需求相一致的教学实践。

D. 确保教学在智力上具有挑战性、忠实于学生体验、认可学生优点,并且体现差异化和个性化。

E. 提高对科学技术的有效利用,使其为教师教学和学生学习服务。

F. 应用符合儿童学习和发展理论以及测量技术标准的、有效的评价方式。

G. 在技术允许的情况下,合理地运用评价数据,以掌握学生的进步程度,提升教学水平。

为了全面实施标准4,教育领导者需要对所服务的学生和他们来自的社区有深刻的理解。基于这种理解,领导者就可以制定课程和评估计划,其中包括与学生的个人经历及其学习方式相关的教学挑战。当然,其中的重点必须是提高学生的高期望,并挑战他们执行现实的任务和活动,而这些任务和活动是在真实生活情境来衡量的。这个过程要求教育领导者:

- 观察学生和家长表达自己的方式。

- 了解并尊重社区中存在的多样性。

- 了解可能对学校社区产生潜在影响的新问题和趋势。

- 了解学生个体的文化。

- 知道如何使用基于研究的教学策略。

- 进行形成性和总结性评估,分析数据并将其用于指导教学决策。

- 评估学生个体的需要。

- 忠实地执行课程和评估策略。

要满足标准 4 的过程,就要求教育领导者尊重多样性,在课程设计、开发和实施方面保持敏感。第八章"教学领导力与变革"将在以上方面展开,让读者从中受益。

作为在教学方面的领导者,校长必须在培养高效率的教师方面更加投入,因为教师承担着为每一位学生设立高标准和期望,并帮助他们达到这些标准和期望的责任。这就意味着教育领导者必须深入了解与文化相关的教学方法,并了解用于评估教师效能的新模块。他们还必须发展和建立相关问责制,以评估学生的进步和教学计划材料的有效性。这个过程要学校领导:

- 具备教学理论和教学模式的知识。

- 知道如何管理和开发人力资源,实现人尽其才。

- 以能实现组织目标的方式管理自己的时间。

- 知道如何使用技术来支持教学和学习。

- 愿意承担风险以改进学校的教学计划。

- 知道如何使用数据来指导教学决策。

- 愿意对学生的成绩负责。

- 设计教学程序并加以管理,使成功学习的机会最大化。

- 了解组织发展的原则。

- 定期监控教学过程并根据需要进行修改。

- 评估他们是否在使用具有文化适宜性的教学法。

要对促进有效实施标准 4 的领导者行为更深入的理解,请参阅配套书的第四章、第五章和第六章。

标准 5　有效的教育领导者培养包容、关爱和支持性的学校共同体,以促进每个学生的学业成功和幸福。

有效的领导者需要做到:

A. 建立和维持安全、关爱和健康的学校环境,满足每个学生的学业、社交、情感和身体需求。

B. 创造和维持积极的学校氛围,使每个学生都能被了解、接受和重视、信任和尊重、关心,同时被鼓励成为学校社区中活跃且负责任的成员。

C. 提供一系列连贯的系统,囊括社会支持、服务、课外活动以及食宿供应,以满足每个学生的各种需求。

D. 推进成人与学生之间、学生和学生之间、学校与社区之间关系的发展,确保这些关系能珍视和支持知识学习和积极的社会与情感发展。

E. 培养和加强学生在学校的参与度,鼓励他们在学校积极表现。

F. 将学校所在社区的文化和语言融入学校的学习环境之中。

标准5有效的实施将带来积极影响,即学校内外的个体间富有成效的协作工作关系。为了完全达到标准5,教育领导者必须为学生、教师和家庭创造充满关怀和支持的社区。整个学校必须积极参与提高每个学生及其家庭和整个社区学业成就的实践、过程和程序中。在每一个学校社区,都拥有可以被学校领导者用来理解和推广学校计划的智力资源。然而,为了有效地获得和利用这些资源,学校必须与个人、家庭和看护者建立富有成效的关系。人际关系是建立一个包容、关爱和支持的学校社区的基础。一旦该社区得以建立,教育领导者就可以与其成员共同工作,促进每个学生的学业成功和幸福。

要达到该标准,协作是需考虑的关键,而它却经常被认为是理所当然的概念。我们不能假设所有人都了解用于有效协作的流程和过程。正如其他领导技能一样,协作技能也必须加以培养。除了加以培养外,该技能还必须得到有效的实践。通过合作,学校领导者获得社区兴趣和需求知识,并动员必要的力量来支持满足这些需求。学校社区是多样化的,学校领导者必须尊重这种多样性,并采取合适的方法来支持社区以及教师和其他管理人员的合作的增加。这个过程要求他们:

- 了解可能对学校社区产生影响的新问题和趋势。
- 能够认识到允许利益相关者参与学校决策过程的必要性。
- 评估自己是否被高度关注。
- 评估自己是否积极参与。
- 评估自己与更大社区沟通的有效性。
- 评估是否信任与自己价值观和观点冲突的个人和团体。
- 评估自己是否认识到并珍视多样性。

实现标准5的过程要求领导者是一个有效的沟通者,对合作文化有深刻的理解,并能运用自己的沟通技巧,将学校的学习环境与外部社区的文化和语言融合起来。第三、四和五章将有助于读者更深入了解这些方面。

标准6 有效的教育领导者培养学校人员的专业能力和实践能力,以促进每个学生的学业成功和幸福。

有效的领导者需要做到:

A. 招聘、雇用、支持、发展和留住有能力和有爱心的教师和其他专业人员,并使他们成为具有教育效能的教育工作者。

B. 为职员的岗位调整和职位交接做好计划和管理,为引进和指导新职员提供机会。

C. 在对教育专业和成人学习与发展理论的理解之基础上,通过各种学习和发展机会,发展教师和其他职员的专业知识、技能和实践。

D. 促进个人和集体教学能力的持续改进,以实现每个学生的预期结果。

E. 通过有效的、以研究为基础的监督和评价体系,对教学和其他专业实践提供可操作的反馈,以支持教师和员工的知识、技能和实践的发展。

F. 赋权并激励教职员工向专业实践的最高水平发展,并不断学习和改进。

G. 推动教师以及学校其他成员领导力的提升。

H. 促进教职员工的个人和职业健康、福祉及工作与生活的平衡。

I. 通过反思、学习和改进,提高自身学习和效能,平衡工作与生活的关系。

教学计划的每一个组成部分都必须得到如实地执行。为了做到这一点,学校必须具备教学能力。因此,一个教育领导者要达到标准6,要完成的基本任务是招募、选择、雇用和留住高质量的教师队伍。为了促进每个学生的学业成功和幸福,每个教室都需要配备一名高效的教师。之后,必须要促进教师的专业成长,首先需通过资源获取和活动支持来提高教师个体的自我效能,其次是通过资源获取和活动支持来提高教师和员工的集体效能。此外,教育领导者必须积极沟通并以身作则,让教师知道所有学生都是有希望的,当学生处于鼓励包容性行为和反对破坏性行为的文化中时,所有学生都是可及、可教和可成的。关系是该平衡的关键部分,因为教师需要得到来自学校领导者的支持。因此,教育领导者必须为初任教师和高级教师提供有效的支持体系,他们需要确保所有教师都拥有必要的资源,以保证他们能够提供高质量的教学,满足每个学生的具体需求。一旦此种情形得以实现,学校的教职员工无论是从个人还是集体方面,都将拥有必要的教学能力以实现为每个学生所预想的结果。

这个过程要求教育领导者：

- 有强烈的自我效能感。

- 了解教师个体及其学生。

- 了解各种动机理论。

- 了解如何开发和/或选择与文化相关的课程。

- 具备数据的相关知识和运用数据做出教学决策的技能。

- 了解有效教学的原则。

- 能够促进变化的过程。

- 示范行为来展示学生学习是学校的根本目的。

- 提倡自身和他人终身学习是实现目标的关键理念。

- 制定了适当的程序来评估学生和教师自我认同。

- 制定了适当的程序来评估对学生和教师的高期望是否已成为学校的共识。

- 制定了适当的程序来评估学生和员工的成就是如何被认可和称颂的。

- 制定了适当的程序来评估课程决策是否基于研究的最佳实践。

- 制定了发展人际关系的技能。

- 制定了了解可用于加强协调和协作过程和程序的知识。

综上所述，领导者成功达到这一标准的关键在于他或她能否建立信任关系，能否始终如一地、持续地监督和评估学生的需求。深入理解第二章中所论述的路径目标和期望理论，以及第三章中的社会系统理论，将增强以执行该标准的能力。同时，你还需要密切关注文化是如何由信念、价值观和实践以及教职员工、家长、学生和利益相关者们的人为环境相互交织的模式所界定的，了解他们是谁并理解他们是如何发挥作用的。

标准7　有效的教育领导者应培养由教师和其他专业人员组成的专业共同体，以促进每个学生的学业成功和幸福。

有效的领导者需要做到：

A. 为教师和其他专业人员创造工作环境，促进有效的专业发展、实践和学生学习。

B. 根据学校的使命、愿景和核心价值观，赋权并委托教师和员工共同负责满足每个学生的学业、社会、情感和身体需求。

C. 建立并维护一种具有归属感、投入感的专业文化,包括以下内容:全人教育理念下共享的愿景、目标;对专业工作的高期待;符合道德规范且公平的实践活动;信任和公开交流;合作、集体效能,以及个人和组织持续的学习和发展。

D. 提升教师和其他专业人员的共同责任感,以促进每个学生的成功和学校的高效运转。

E. 发展和支持领导者、教师和员工中开放的、富有成效的、关爱的、相互信任的工作关系,以提升专业素养和实践改进。

F. 与教职员工合作设计并实施工作嵌入①和其他专业学习机会。

G. 提供集中检查实践活动、集体反馈和集体学习的机会。

H. 鼓励教职员工发起的对学校项目和实践的改进。

标准7的意义在于其涉及文化、风气、协作、承诺和责任,以及专业学习社区的所有特征。为了满足促进每个学生学业成功的需要,专业学习社区已经成为教育者最认可的发挥作用的社区环境(DuFour,DuFour Faker,& Many,2010)。在一个专业的学习社区,信任将在整个学校中生根发芽,从而促进合作,为实现学校目标而共同承担责任。从本质上说,教师和员工之间存在着一种专业文化。教师被赋权,他们相互合作,不断地改进自身实践,互相支持,互相学习。在与所有员工建立关系的学校领导者的推动下,规范从孤立转向成为互动的专业精神。这些关系在教师的有效性中发挥着至关重要的作用,最终促进集体问责制,提高学生的成就(Routman,2012)。

为了达到这一标准,教育领导者必须:

●与所有利益相关者保持开放的对话,让自己有机会从各种想法、价值观和文化中受益。

●促进最佳实践的传播。

●建立合作的学校文化,并使合作在一种有意义的方式下进行。

---

①工作嵌入是个体和组织内外所有与工作相关的情境之间所形成关系网络的密切程度,它从非主观和工作之外的因素入手,为我们理解组织行为提供了一个全新的视角。工作嵌入的概念最早由美国心理学家 Mitchell 于2001提出并引入雇员主动离职研究领域。工作嵌入概括了使得雇员继续留在工作上的有关组织与社区相关的因素,这些因素会使得雇员依附或嵌入于他们所在的工作中,即使出现工作不满意或可供选择的工作机会,雇员仍会留在组织工作而不产生离职行为。工作嵌入概念的提出有效地拓展了离职模型中前因变量的研究范围。——译者注

- 关注结果。

- 了解变革和冲突解决的模式或策略。

- 展示自身对多样性的思想、价值观和文化的认同。

- 进行反思性实践,展示共享领导。

在制定用于实施标准7的流程时,请留意第四章的内容。该章明确地阐述了"组织对领导力的影响"。第五章中讨论的获得有效沟通的知识和减少沟通障碍也是关键因素。当有效沟通存在障碍时,在学校层面实现目标可能变得非常具有挑战性。最后,本书的第七章为读者提供更深入了解关系的重要性以及如何有效地发展关系的机会。

标准8 有效的教育领导者以有意义、互惠和互利的方式让家庭和社区参与进来,以促进每个学生的学业成功和幸福。

有效的领导者需要做到:

A. 易于接近,平易近人,对家庭和社区成员表达欢迎。

B. 与家庭和社区建立并维持积极、合作和富有成效的关系,以使学生受益。

C. 与家庭和社区就学校、学生、需求、问题和成就进行定期和公开的双向沟通。

D. 积极参与社区活动,以了解社区的优势和需求,发展富有成效的关系,并利用其资源为学校服务。

E. 为学校社区创造与家庭合作的方式,以支持学生在校内外的学习。

F. 了解、重视和利用社区的文化、社会、智力和政治资源,以促进学生学习和学校改进。

G. 让学校成为家庭和整个社区的一种资源。

H. 为学校和学区代言,倡导教育和学生需求在家庭和社区事务中的优先性和重要性。

I. 呼应学生、家庭以及社区的需求。

J. 与公共和私立部门建立并保持富有成效的伙伴关系,以促进学校改进和学生学习。

让家庭成员和社区其他成员参与进来是教育领导者为促进每个学生学业成功和幸福所做的一项重要工作,这是一种共同的责任。因此,教育领导者必须与家长、家庭成员和更大社区的成员建立合作和富有成效的合作关系。随着对学生和学校工作人员安全的日益关切,必须对家庭和社区团体所起的作用进行明确界定和认真执行。在大多数情况下,要达到预期的效果,教育领导者需要成为社区中的常客,举行规划性的

会议以确保所建立关系是协作性的,并将其发展成得富有成效。当家庭和社区成员与学校建立合作关系并共同工作时,所有相关的个人都将从中受益。为了达到这一标准,教育领导者必须:

- 制定一个让父母参与孩子教育的明确的计划。

- 与社区机构发展合作关系。

- 与家长和社区领导者建立积极的人际关系。

- 制定定期与家长沟通的系统流程。

- 在社区成员之间建立重要的沟通工具。

- 在学校里建立可以让家长感到自在并可以处理事务的场所。

- 确保家长和社区领导者参与制定愿景和使命,并有机会参与实施任何变革举措。

标准9 有效的教育领导者善于管理学校运营和资源,以促进每个学生的学业成功和幸福。

有效的领导者需要做到:

A. 建立、管理和监督可推进学校使命和愿景的运营和管理体系。

B. 战略性地管理员工资源,将每个人安排到最能发挥专业才能的岗位上,以满足每个学生的学习需求。

C. 寻找、获取并管理财政资源、物质资源和其他资源,以支持课程、教学和评价;支持学生学习社区;支持专业能力和专业团队;支持家庭和社区参与。

D. 负责任、有道德地管理学校的经济及非经济资源,高效参与预算和会计事务。

E. 保护教师和其他工作人员的工作和学习免受干扰。

F. 应用科学技术来提高学校运行及管理的质量和效率。

G. 开发和维护数据及通信系统,为课堂和学校改进传递可执行的信息。

H. 了解、遵守并帮助学校社区理解当地、州和联邦的法律、权利、政策及规章制度,以促进学生的成功。

I. 发展和管理与附属学校和相关学校的关系,以维护招生管理和课程与教学的衔接。

J. 与学区中心办公室和学校董事会发展和维系富有成效的关系。

K. 开发和运行能够公平公正地管理学生、教职员工、领导者、家庭和社区之间冲突的系统。

L. 统筹管理过程和内外部政治,以实现学校的使命和愿景。

为了实施标准 9 中的运营和管理,学校领导者应关注三大点:一个是确保整个学校始终存在有效的领导;另一个是有效和高效地管理学校资源;第三个是创造促进每个学生的社会适应和学业学习的氛围。

由于全国各地的学区中存在大量表现不佳的学校,教学领导行为的重要性是毋庸置疑的。然而在 21 世纪的学校,为了实现学校的愿景、使命和目标,在某些领域中必须加以管理,并战略性地利用资源。教育领导者必须促进教学和学习,但是他们也必须确保资源使用得当,学校的环境对教学和学习来说是安全和有利的。

教育领导者必须创建管理学校日常运营的程序,制定计划,管理财政资源,设计和利用数据系统。而这些只是必须进行管理的部分系统和资源,因为学校领导者应负责监督和评估学校的各个方面。

在经营和管理领域,人际交往能力至关重要。因此,学校领导者有必要与所有利益相关者建立积极的关系。因为,归根结底,是个体和群体之间存在的关系促进了有效的教学与学习,并影响着个人所支持相关的法律和政策。如果教育领导者要管理经营政策,处理财务和物质资源,确保促进有效教与学的安全健康的环境条件,建立积极的人际关系是必要的。为了完全达到标准 9,学校领导者必须:

- 了解组织的理论和模型。

- 了解组织发展的原则。

- 懂得如何管理和开发人力资源,实现人尽其才。

- 了解如何使用技术支持管理功能。

- 愿意为学校改进承担风险。

- 愿意信任别人及他们判断。

- 培养积极的人际关系技巧。

- 设计运营程序并加以管理,使成功学习的机会最大化。

- 建立确保对所有财政资源问责的制度。

- 经常性地监督所有组织系统,并根据需要进行调整。

- 评估自己是否在使用团体过程和建立共识的技能。

- 确保建筑清洁、安全和牢固。

- 确保以学习为中心管理学生的行为。

要了解如何促进标准9有效实施的领导者行为,请参阅第二章关于领导者个性、特征和行为的部分。这些原则也在第四章、第五章和第六章中有所讨论。

标准10 有效的教育领导者将自己定位为持续改进的代理人,以促进每个学生的学业成功和幸福。

有效的领导者需要做到:

A. 努力使学校对每一个学生、教师、员工、家庭和社区都产生更大效能。

B. 运用持续改进的方法,实现学校的愿景,完成学校的使命,树立学校的核心价值观。

C. 使学校和社区为学校改进做好准备,提升成熟度,这是为改进所必需的,互相渗透义务和责任,发展成功所需要的知识、技能和动机。

D. 让其他人参与持续的循证调查、学习、战略目标设定、规划、实施和评估过程,以持续改进学校和课堂。

E. 采用情境适宜的改进策略,包括在不同的情况下使用的转换、渐进、适应的方法。

F. 鼓励教职员工评估最新教育趋势和有关学校及其改进的研究所蕴含的价值和可行性,并对这种能力予以评价和培养。

G. 开发技术上适宜的数据收集、管理、分析和应用系统,并与学区办公室和外部合作伙伴建立联系,以支持学校的计划、执行、监督、反馈和评价。

H. 采用一种系统的视角,促进学校改进工作以及学校管理、计划、服务等方面的一致性。

I. 以勇气和毅力管理各种不确定性、风险、竞争性举措以及政策变动,提供支持和鼓励,为学校改进需要做什么努力、过程是什么、结果是什么进行公开讨论。

J. 培养和提升教师和员工在调查、实验、创新、执行等方面的领导力,并发起实施和改进。

呼吁提高学生成绩方面更大的责任感的需求,要求学校和学区中心、管理部门中均有持续不断地改进学校和以教学为导向的学校领导者。这些领导者必须了解系统、组织和个人的变化过程,并愿意为提高所有学生的学业成绩负责。

符合标准10的教育领导者认为改变是一个持续的过程,而不是一个独立事件。他们会制定一项卓越的标准,确定当前现状并分析现状和愿景之间的差异。然后,他们令组织许多人一起工作,把不同的要素结合在一起,协调成一项促进每个学生学业成功和幸福的学校改进计划。完成后计划必须包括一套针对学生和工作人员的相关项目,这些项目涉及课程、教学、评估和持续学习。在发展的过程中必须包含愿意为提高学生成绩而共同努力的个人。此外,领导者们必须同意对履行自愿作出的承诺负责。总之,他们需要:

• 与所有利益相关者保持开放的对话,让自己有机会从各种想法、价值观和文化中受益。

• 了解变革和冲突解决的模式或策略。

• 展示自己对多样化思想、价值观和文化的认识。

• 评估自己是否与学校社区就趋势、问题以及学校所处环境的潜在变化进行沟通。

对于标准10"学校改进"的实施,教育领导者必然要考虑到许多对领导力的期望。其中一个或许不是最重要但依然举足轻重的是——期望校长成为教学领导者、即学校的首席学习官,对提高所有学生的学业成绩负责。在这种新的期待下,学校的教学重心已经从教学转向了学习,对教育领导者的期望变成了建立一个能帮助所有学生设立高期望的组织体系,为老师建立一个协作的学习环境,并在该环境中学习是一个持续的过程。在第八章"教学领导与变革"中,有几项实践强调了变革过程和持续改进学校的重要性。此外,若要全面了解可用于实现标准10的实践、流程和程序,请参阅萨乔万尼和格林合著的《校长学:一种反思性实践观》。

教育领导者的十个专业标准为有效的学校领导实践提供了依据。针对学校领导者被提出的新要求做出了回应,要求他们:(1)成为学校的教学领导者;(2)提高学生成绩;(3)培养能够更好地为未来做准备,并能在不断变化和具有挑战性工作环境中发挥作用的高中毕业生。这些标准旨在通过影响领导实践和政策来提供全面的指导和愿景。接下来的每一章都将详细介绍学校领导者可以运用21世纪学校领导者提倡的方式来有效地实施标准的过程、程序和行为。图1.1提供了每项标准基本要素的示意图:

标准1
使命、愿景和核心价值观

1.使命
2.合作
3.愿景
4.核心价值观
5.文化

标准2
道德规范和专业规范

1.道德
2.正直
3.公平
4.透明
5.信任
6.协作
7.毅力
8.道德
9.持续改进
10.责任
11.社会正义
12.社区
13.多样性

标准3
公平和文化响应

1.确保平等
2.社会支持
3.公平性
4.限制低期望
5.纠正制度偏差
6.文化能力
7.文化响应
8.多样性

标准4
课程、教学和评估

1.教学连贯性
2.教学实践
3.智力挑战
4.有效评估
5.监控学生进度
6.文化反应
7.不同年级衔接

标准5
关爱支持学生的学校共同体

1.安全的培养环境
2.学业和社会支持
3.积极的人际关系
4.学生参与

标准6
学校人员专业能力

1.留住有效能和有爱心的老师
2.指导新员工
3.差异化的学习机会
4.集体教学能力
5.可付诸行动的反馈
6.教师赋能和激励
7.教师领导力
8.反思性实践
9.监督和评价

标准7
教师和员工的专业共同体
1.参与和承诺的文化
2.集体效能
3.相互责任
4.积极的工作关系
5.积极的工作环境
6.教师赋能
7.专业发展
8.集体责任
9.高期望
10.道德实践
11.信任
12.开放的沟通
13.协作

标准8
家庭和社区的有意义参与
1.平易近人
2.易于接近
3.热情
4.富有成效的关系
5.双向沟通
6.富有成效的伙伴关系
7.利用社区资源
8.倡导
9.可见性

标准9
运营和管理
1.监督运营
2.战略性管理员工资源
3.优化专业能力
4.管理资源
5.运用技术
6.开发和维护数据和通信系统
7.开发和维护富有成效的关系
8.管理冲突
9.行政管理系统
10.了解法律、权利、政策
　　和法规

标准10
学校改进
1.使用持续改进的方法
2.为学校和社区改进作准备
3.鼓励各方参与
4.采用适当的情境策略进行改进
5.发展员工能力
6.开发合适的数据收集技术系统
7.开发和提升教师和员工的领导力
8.实施调查、实验和创新及发起项目
9.管理变革:不确定性、风险和
　　竞争性项目
10.促进一贯性
11.采用系统方法

图1.1　各标准的基本要素

关于州标准的特别说明

　　除了美国教育领导者十项专业标准之外,一些州还制定了州标准以指导本州教育领导者,使他明了应该知道以及能够做什么。然而,在大多数情况下,州制定的标准会与教育领导者专业标准相一致。因此,使用州标准的读者可能会发现使用他们所在的州标准来处理本书中的场景同样是有益的。此外,本书中的所有反思性问题和调查的设计方式都可以使用州标准来解决。因此,强烈建议按照本书对美国教育领导者专业标准的解读方式来解读州标准。

将标准转化为实践

许多组织正在使用美国教育领导者专业标准作为重塑领导力预备项目的模式,其中值得注意的两个组织是孟菲斯大学和佐治亚州亚特兰大市南方地区教育委员会。

州际学校领导认证协会标准是2002年到2006年间孟菲斯大学城市学校领导力中心开发项目的基础,现在它们被美国教育领导者专业标准所取代。在该标准的基础上,一项包括高质量的课程和研讨会,同时与13项基于研究的核心能力相结合的领导力预备项目得以确立。这些核心能力强调了每项标准的原则,确保项目参与者获得在学校有效实践领导艺术所需的技能和属性。同时它们指向领导力的深度,并表现出他们所描述行为的领导者权力。通过对文献的全面回顾,发现这些能力使学校领导者能够在学校环境中做出重大贡献;并在杜福尔和艾克(1998)、梅(2004)、马扎诺(2003)以及很多其他的著作中被提及。由格林(2006)编制"领导行为量表",该量表可用于评测学校领导者和教师对在学校环境中学校领导者表现出的由上述能力所决定的行为,以及这些能力与学校效能关系的认识程度。对上述能力相关行为的评测结果和其他学术著作中得出的结果表明,能熟练掌握这些能力并表现出相关行为的学校领导者很可能达到甚至超过教育领导者所提倡的标准(Battle,2015;Crane,2012;Farmer,2010)。上述能力列表见表1.4。

表1.4 基于研究的13项核心能力

有远见的领导力	鼓励教师在自己的方向上表现出信心和信任,并在他们的转变过程中予以帮助
目标统一	使得员工对单个目标认同和坚持,并保持其行为与促进目标实现活动的一致性
教学领导(教与学)	使用数据驱动的决策设计教学程序,并以支持学业成就的方式协作
课程和教学	课程与教学实施课程注重学生个人需求
建立学习型社区	鼓励每个人在学习和表现方面相互支持,并确认在整个组织中的领导力分配
组织管理	对有效的沟通和资源运用来管理工作流的流程进行概述

协作	与兴趣不同的人合作,提高学生成绩
评估	建立包含学生成就计划的评估程序
多样性	消除不公正和不平等的环境
专业发展	参与旨在保持专业人员精力充沛、积极主动、见多识广和渴望高水平表现的教育活动
反思	花时间思考专业实践,并关注专业提升
调查	审视当前的研究,以确定应对特定情况时应使用的最佳实践
专业含义	展示符合教育专业人员技术规范和道德规范的行为

资料来源:Instructional Program Competencies Defined by Reginald Leon Green for use at the Center for Urban School Leadership, University of Memphis, 2002 – 2006. Reprinted by permission.

为了更好地掌握这些核心能力,我们设计并通过 13 个项目模块进行教学活动。每个模块都嵌入了州际学校领导认证协会各项标准原则及部分精选的核心能力。这种方法与传统的领导力预备项目有很大的不同。通过使用模块,教授们能够从整体的角度为课程参与者提供学校领导经验。另外,教授们能够以此评估初级学校领导力所需的知识和技能的获得情况,这也同样重要。表 1.5 为上述模块的列表。

表 1.5　城市学校领导力中心的 13 个课程模块

模块 1　体验式学习	模块 2　研讨会	模块 3　实地考察
模块 4　项目导师	模块 5　项目教练	模块 6　商业指导
模块 7　社区组织导师	模块 8　会议/专业会议	模块 9　案例分析
模块 10　选读	模块 11　个人项目	模块 12　团队项目
模块 13 群体关系		

资料来源:Instructional Program Modules Designed by Reginald Green for use at the Center for Urban School Leadership, University of Memphis, 2002 – 2006. Reprinted by permission.

在执行每个模块的组成部分时,需要考虑到:(1)参与学区的需求,(2)从有关创新预备项目的文献中吸取的经验,(3)大学传统项目中需要改变以便未来领导者能够应对当今学校的挑战的领域。多年来,随着标准的不断修订,更多的模块被添加到该项目概念中。

通过参加城市学校领导力中心项目,超过63人已经受训并在田纳西州西部学校担任校长。在大多数情况下,他们面临在学校发挥领导作用,为成绩不佳学生服务的挑战。他们已经成为掌握核心能力和使用标准规定的实践和程序的教学领导者。通过遵循标准所规定的领导行为准则,他们已经成为成功的校长,其中一些人已经晋升到田纳西州西部学区的高层管理职位,他们的发展中与掌握核心能力和标准有关的部分,在整本书中都将被使用。

南方地区教育委员会是另一个促进领导预备项目内容、组织方式和内容交付方式改革的组织。南方地区教育委员会与其合作的16个州的大学和学区共同开发了13个关键成功因素,为16个课程模块建立了框架。这些模块的设计意图是帮助州立机构和大学的预备项目关注校长和其他学校领导者在努力提高学生成绩时需要努力了解和实践的内容。这些模块强调合作和建立伙伴关系,以培养新一代的学校领导者。在发展过程中,南方地区教育委员会项目设计中包含的相关模块和关键成功因素与当时的州际学校领导认证协会标准一致。利用这些模块和关键成功因素,许多学区已经能够与项目参与者分享学校领导者为提高所有学生的学业成绩所需要的特质。关键成功要素见表1.6,课程模块见表1.7。

表1.6 南方地区教育委员会的13项关键成功要素

1. 制定一项提高学生的成绩的坚定使命,及学校、课程和教学实践的愿景,从而尽可能实现更高的成就
2. 为所有学生设定更高水平的学习目标
3. 理解并鼓励良好的教学实践,激励学生并提高他们的成绩
4. 建立这样一个学校组织,在这里,教职员工都能理解每个学生的重要性,每个学生都能得到有爱心的人的支持
5. 利用数据着手并持续改进学校和课堂实践,提高学生成绩
6. 让每个人都了解并关注学生的成就

7. 使家长成为学生教育的合作伙伴,并为家长和教育工作者的合作提供组织支持

8. 理解变革过程,并具备有效管理变革的领导力和发展能力

9. 了解成人如何通过高质量的持续专业发展来学习和推进有意义的变革,从而提高学生的成绩

10. 以创新的方式使用和组织时间和资源,以达到学校改进的目标和目的

11. 明智地获取和使用资源

12. 从中心办公室、社区及家长代表获得对学校改进计划的支持

13. 不断地向同事学习,并寻找那些能让他们跟上最新研究和拥有成熟实践经验的同事

资料来源:SREB Critical Success Factors. Southern Regional Education Board, Atlanta, GA. Reprinted by permission.

表 1.7　南方地区教育委员会的 16 个课程模块

模块 1　利用数据集中改进

模块 2　创建高绩效的学习文化

模块 3　利用根本原因分析①减少学生失败

模块 4　提供专注和持续的专业发展

模块 5　为以学习为中心的学校组织资源

模块 6　与利益相关者沟通,参与学校改进

模块 7　领导学校变革,促进学生进步

模块 8　学校改进辅导

模块 9　建立有所作为的教学团队

模块 10　对课程进行优先排序、规划和监控

模块 11　设计评估系统以提高学生的学习能力

模块 12　使教师任务和学生学习符合严格的标准

模块 13　学校满足个性化需求以让学生投入学习

模块 14　领导全校的读写能力计划

模块 15　领导全校的计算能力计划

模块 16　学业评价的严谨性,确保年级水平的熟练程度和大学入学预备程度

资料来源:SREB Critical Success Factors. Southern Regional Education Board, Atlanta, GA. Reprinted by permission.

---

①根本原因分析是一项结构化的问题处理法,用以逐步找出问题的根本原因并加以解决,而不是仅仅关注问题的表征。根本原因分析是一个系统化的问题处理过程,包括:确定和分析问题原因,找出问题解决办法,并制定问题预防措施。在组织管理领域内,根本原因分析能够帮助利益相关者发现组织问题的症结,并找出根本性的解决方案。根本原因分析法的目标是找出:(1)问题(发生了什么),(2)原因(为什么发生),(3)措施(什么办法能够阻止问题再次发生)。——译者注

城市学校领导力中心在 2002 年至 2006 年开展的工作以及孟菲斯大学领导学系和南方地区教育委员会正在进行的工作是组织运用标准使学校领导者获得 21 世纪学校所必需的技能和属性的两个案例。在这些项目中,13 项核心能力和关键的成功要素在这一过程中发挥了作用。表 1.8 展示了 13 项核心能力和新的教育领导者专业标准的相关性。

表 1.8 专业标准与行为能力

专业标准	行为能力
标准 1:使命、愿景和核心价值观	有远见的领导力 目标统一
标准 2:道德规范与专业规范	专业主义
标准 3:公平与文化响应	协作 多样性 专业发展
标准 4:课程、教学和评估	教学领导 课程和教学 评估
标准 5:关爱支持学生的学校共同体	协作 反思
标准 6:学校人员专业能力	专业发展
标准 7:教师和员工的专业共同体	目标统一 组织管理 专业发展
标准 8:家庭和社区的有意义参与	建立学习型社区 协作
标准 9:运营和管理	组织管理
标准 10:学校改进	目标统一 教学领导 多样性 专业发展 反思 调查

资料来源：Author created, based on the 2015 Professional Standards for Educational Leaders.

学校领导行为

一些学校领导者可能会发现很难在一个学年里执行全部十项专业标准。为了全面实施这十项专业标准并达到预期的效果,一些学校领导者可能需要两到三年时间。因此,在深入了解每个标准及其所明确的行为之后,可以以学年为基础选择性地部分标准。例如,标准 1、2、3 和 4 可以在第一年实施,标准 5、6、7 和 8 可以在第二年实施;标准 9 和 10 可以在第三年实施。任何单一的标准或标准的组合都可能在任何一年实施。这个实施过程中的挑战在于,教育领导者和教师必须理解该标准的目的,制定实施该标准的过程,以及认识达到该标准所带来的好处。学校的情况和学区中心行政部门的绩效要求评估也可能是影响因素。然而,如果学校领导者选择分阶段实施标准,那么,在他们实施这些标准的同时不断进行反思则至关重要。

本章总结

社会正在发生多种变化,这给当今学校的领导者带来了新的挑战。许多个人和组织都认为,一些学校领导者没有准备好应对这些挑战(The Wallace Foundation,2012)。因此,统一的国家标准被制定出来,并被用于指导政策制定和学校领导实践。

当我们展望学校领导者的未来时,认识到学校的变化与领导者个人直接相关十分重要,而他们所需要具备的领导力均已经呈现在标准中。其中,由美国国家教育管理政策委员会(NPBEA)制定的标准影响最为深远,并领导了改革运动。因此,对于实践中的和有抱负的学校领导者来说,了解和理解这些标准,并概括出有效利用这些标准的程序和过程十分必要。由于教育领导者专业标准与学校领导者、国家层面的应用和持久性有直接的关系,在后面的章节中还将对其进行阐述和具体操作。

付诸实践
教学改进计划

在近期下午 3 点召开的一次全体教职员工会议上,威廉姆斯校长提出了一项新的学校改进计划,该计划是由教师委员会讨论制定的成果。他向教职员工们展示了七个课程领域任务的内容,每位教职员工都被分配了一组任务。这个计划的重点是让教师全面了解学校未来 5 年的发展方向。许多任务涉及教学改进、专业发展和教师对成绩不佳学生使用的策略选择。该计划看起来非常全面,因为制定计划的委员会使用了过去 5 年管理中的评估数据来收集每个年级、科目和教师的详细信息。

说明:指出该场景中被支持以及未满足的标准,使用体现的标准中,被引用的要素来验证自己的选择。

了解自我

• 你将如何确定自己是否已经获得了满足每个标准所需的技能和属性?

• 你最大的领导才能是什么? 这项能力符合哪一标准?

深化理解

以书面形式描述和讨论你将如何为连续四年未达到国家规定标准的学校制定、阐明、实施和管理共同愿景,确定至少五个必须考虑的因素。

校长资格证书测验练习

多项选择题

1. 琼斯校长第一次进入学校时就知道,如果他想成功,就必须支持他的教师和社区的利益相关者。然而,他意识到,一刀切的模式是不会有效的,他想要一种能反映学校和社区文化,以及地方、州和国家标准的模式。哪些教育领导者专业标准最能指导琼斯校长的困境?

A. 标准 5   B. 标准 10

C. 标准 7   D. 标准 8

2. 在担任校长四个月后,华莱士先生意识到他需要招聘几名新教师,并与所有利益相关者建立强有力的沟通渠道。此外,他需要建立一个领导团队,共同承担改进教学的责任,并发展和培育有利于学生学习的文化。要完成这些任务,华莱士先生将促进实施哪项标准?

A. 标准 8   B. 标准 2

C. 标准 10   D. 标准 6

主观问答题

假设你要开始制定领导学校的个人理念。当你确立自己理念的时候,思考它将如何与教育领导者专业标准保持一致。

参考网站

如欲获得更多有关本章内容的资料,可浏览以下机构的网站:

- 州首席教育官员理事会(Council of Chief State School Officers)

- 全美小学校长协会(National Association of Elementary School Principals)

- 全美中学校长协会(National Association of Secondary School Principals)

- 美国全国教师教育认证委员会(National Council for Accreditation of Teacher Education)

- 美国全国教育管理政策委员会(National Policy Board for Educational Administration)

- 南方地区教育委员会(Southern regional Education board)

第二章　建立领导力框架

关于教育的文献充满了对学校挑战性的描述,在提出的所有挑战中,最明显的是提供必要的领导类型,协助学校扩大其传统界限,以满足每个学生的需要。

随着社会变得越来越复杂,学校也变得同样复杂,对学校领导者也提出了更高的个人要求。但什么是领导力?领导者有特殊的个性和特质吗?领导者是否会告诉人们该做什么,并密切关注他们的行为,如果事情没有按照规定去做,他会并警告他们吗?领导者在与他人互动的过程中是否会表现出一系列特定的行为?领导者是否清晰地表达了一个愿景,并激励组织的其他成员分享这个愿景?或者,也许领导者能与人建立一种特殊的关系,使每一个人都觉得自己独一无二。

为了寻求这些问题的答案,并建立一个清晰的领导力定义,理论家、研究人员和著作者花费了一个多世纪的时间来研究和分析这个主题。他们对上面列出的每一个问题都做出了回应,提出了以下理论:(1)领导者的个人特质或特征,(2)领导者行为模式,(3)领导者获得下属支持的方式,以及其他领域不胜枚举的理论。

本章的目的是回顾上述各领域的一些主要理论,并探讨它们对当今学校领导的影响。此外,本章还确定了历史上的领导力理论与"教育领导者专业标准"之间的关系。本章还包括一些场景,这些场景提供了一个分析领导者的特征、特质、行为和风格的实践方面的机会。为了帮助读者将这些标准与场景中展示的行为联系起来,本章将在每个场景的讨论中引用这些标准。

领导力的界定

本书将领导力定义为这样一个过程,即领导者为组织成员的共同努力设定目标,同时引导成员在相互尊重和信任的环境下协同工作。在这个过程中,领导者帮助个人了解和适应组织的环境,培养他们的能力,使他们的才能和贡献得到充分展现。

当今学校的有效领导者具有自我效能感;他们自信,知道自己是谁,想要完成什么,并且主动去实现想要的结果。他们对学校组织需要达到的目标有一个愿景,并能激励其他人分享这个愿景(Professional Standards for Educational Leaders,NPBEA,2015;Wallace Foundation,2015)。此外,他们对自己以及他人的技能和禀赋有深刻的了解,能够推动和激励与他们一起工作的个人使用其技能和禀赋来实现共同的愿景(Bennis,1995a;Green,2010;Lashway,2002)。一个信任的环境被创造出来,有助于管理变革过程的行为模式取代了阻碍进步的无效行为模式,从而达到任务与关系之间的微妙平衡(Bryk,2010;Green,2010;Lezotte,1997)。

这种领导力的假设与教育领导者专业标准的要求是一致的,而这一标准提出了当今学校的领导者应该履行各种各样的职能。总的来说,这些职能需要学校领导者去发展、提倡、促进表达、合作、回应、支持、收集和分析数据,并设计、实施和管理程序(NPBEA,2015)。在履行这些职能时,他们与学校内部和外部环境中的个体合作,通过相应的过程和程序最大程度利用组织成员的集体智慧。因此,上述假设的原则在本书中得到了广泛的应用,提倡合作式领导是 21 世纪学校最有效的领导方式。

协作领导

因为大多数"教育领导者专业标准"要素(如果不是全部的话)都涉及两个或多个个体之间建立某种类型的关系,所以本书的内容是围绕协作领导展开的。协作领导是一个人说服下属超越常规政策、程序和指示,用承诺取代遵从性和合规性的一种有影响力的行为,其重点是跨组织边界达成成果所需的领导技能和特性(Evans,2001)。学校领导要明确他们的优势,以及他们需要加强的领域,然后,他们与可以弥补他们不足的人合作。例如,如果校长的优势在于课程和教学,他或她可能会聘用一位在财务管理方面有长处的校长助理。践行合作是领导力的一个重要方面,这要求领导者了解自己的局限性和他人的长处。在学校中,合作是显而易见的,领导者培养和引导利益相关者朝着一个共同的愿景努力,了解个人的技能和态度,并创造一种氛围,在这种氛围中,所有利益相关者感到被重视,并自由参与学校活动(Collins,2001;Despain & Converse,2003;Green,2010;Protheroe,2011)。在《在自我理解中进行领导》和《在对他人的理解中进行领导》的配套书章节中,对这一概念进行了详细的探讨。

领导力研究的历史视角

学校领导者是个体,他们有着不同的教育背景,不同的行为举止,他们用不同的方式来实现可确定的目标,因此即使在特定的学校情况下也不存在一种最好的方式。在一种情况下对一个人有效的方法在另一种情况下可能对同一个人无效。领导者和下属的习惯、风格和行为都必须被考虑在内。

在 20 世纪的研究中,许多理论、过程和程序都提供了领导者应该如何在学校组织中实践领导艺术的信息:这些研究分析了领导者的特征、行为以及使用的风格。然而,在 21 世纪,研究人员、著作者和学者正在倡导一套不同的理论、实践和程序,这些理论、实践和程序可以构成有效的学校领导者(Bryk,2010;Marzano,Waters,& McNulty,2005;Senge,2006;Sergiovanni & Green ,2015;Tilling & Fadel,2012;Wallace Foundation,

2012）。早期的研究为领导理论、领导实践以及当今学校领导者所倡导的程序奠定了基础。因此，首先要从历史的角度来看待领导力。我们鼓励你从历史的角度去探索，收集信息，从而获得最适合的领导风格。

领导者的个性和特征

早期的领导力研究是由特质理论家进行的。在这一时期，领导者被认为是一群经过挑选的人，他们把注意力集中在确定的任务上，其主要职能是告诉人们该做什么，监控他们在工作上的进展，确保组织的规章制度和程序得到遵守。此外，他们还会奖励那些表现优秀、纪律严明、但表现不佳的员工。

在这些早期的研究中，组织是以等级化的方式设计的，处于领导角色的个体在等级的顶部或附近发挥作用；组织的工作被清晰地界定，任务被分解为关键的部分。领导者的权力来自他们在组织中的地位，而有效性是通过组织的产出来判断的。组织在实现其目标方面越有成效，这个领导人就被认为越有效。

关于特质理论的假设是，有些人天生具有使他们成为成功领导者的特质。通过领导者的个人特征（按性格、能力、成就、责任感、参与度和地位进行分类），确定是否可以用性格特征把成功的领导者和失败的领导者区分开来（Stogdill，1948），虽然一些特质被确定为与有效领导一致，然而相关特质通常与情境变量有关（Stogdill，1948）。因此，这些早期研究的结果是模棱两可的，揭示了一组特质不能用来区分领导者和非领导者（Gibbs，1954；Stogdill，1948）。

当今的许多学校都是以等级制的方式组织和运作的，类似于早期特质研究中的组织，而当今的学校领导者也经历了与研究发现类似的结果。学校领导者制定目标并概述实现目标的过程。有正式的政策、程序和职位描述来指导这些过程，并界定教职员工的角色和职责。在高风险考试①和问责运动的压力下，学校的成果和学校领导者的

---

①高风险考试是用严格的标准来决定学生升学和毕业与否的考试，也称作高利害关系考试。在21世纪初，政策制定者正在倡导以标准为基础的改革，以帮助低学业成就的学生，通过为学生设立以内容为基础的标准，让教育者和学生负有责任。政策制定者在州范围实行大规模的风险考试来确保实现责任（Picklo & Christenson，2005）。——译者注

有效性都是通过学生在考试中的表现来判断的。

　　早期的自上而下的等级观受到了批评,因为它意味着领导者在团体中的优越地位。同样的批评今天依然存在,在当今的学校中,等级式领导的目标可能是通过建立明确的目标、专业化的工作和有计划的监督来获得组织效率和责任感。然而,在许多情况下,这种类型的结构并不受欢迎。等级式领导最大限度地减少下属的贡献,并降低他们帮助实现组织目标的动机水平。此外,正如早期特质研究的结果所显示的那样,在今天的学校里,单一的一组特质不太可能在所有的学校考试中被证明是有效的(Gibbs,1954;Stogdill,1948)。正如我们在对协作领导的讨论中所述,具有特定一组特质的学校领导者在一种学校情况下可能有效,但在另一种学校情况下则无效。

　　前面的讨论代表了消除这种想法的一种尝试,即使用一组特质而不考虑实际情况就可以用来把有效的领导人和低效的领导人区分出来,或者用单一的一套确定的特质就可以用来为当今的学校领导者做准备(Gardner,1993)。尽管如此,还是有一些特质倾向于增加领导者成功的可能性,而这些特质在有效的领导者身上一直存在(Collins,2001;Dafit,1999;Wallace Foundation,2007)。此外,在教育领导者专业标准中也提到了这些特质。因此,下一节将讨论有效领导者一贯表现出来的特质。在讨论之前,你需要确定你目前拥有的五个领导特质,这些应该是你确信可以提高你作为领导者的效能的特质。然后,在表2.1中写出所选的特质。在本章的后面部分中,你将被问及你的五个特质。

表2.1　我的基本领导特质

列出五个能提高你的领导效能的特质。在哪种种情况下,这些特质表现得最好?

1.

2.

3.

4.

5.

　　资料来源:A Seminar Worksheet Designed by R. L. Green for use in Educational Leadership seminars. Copyright © 2003 by Educational Services Plus,Reprinted by permission.

特质、性格和领导效能

对当今的学校领导者来说,重要的是要优先考虑影响学校效能的特征、性格和特质。巴斯(2005)、布莱克(2010)、柯林斯(2001)、格林和库珀(2012)、柯克帕特里克和洛克(1991)的研究以及其他许多的研究都表明:特质和性格始终与那些为他们自身、下属,以及他们所领导的组织产生积极结果的领导者有关,柯林斯(2001)在其畅销书《从优秀到卓越》中写道,在五阶序列中最高的五级领导人具有谦逊、进取和专业意志的特质。"教育领导者专业标准"也明确了有效的学校领导者应该具备的特质。这些标准往往反映了领导者的个人素质,并参考了有效工作所必需的性格类型。他们提倡愿景、知识、有效沟通、公平和尊严,还强调尊重、承担风险、值得信赖、承担责任、有道德、有爱心、接受后果、合作、成为一个共识构建者。另外,激情、魅力、自信和灵活多变的能力也经常出现在有效的领导者身上(Marzano et al.,2005;Maxwell,2005;Nanus,1995)。表2.2列出了最近研究中确定的和教育领导者专业标准中提到的两组特质。

在教育领域内外,卓有成效的领导者都表现出这些特质,已故的沃尔玛创始人山姆·沃尔顿就是这样一位领导者。根据沃尔顿和休伊(1993)的研究,沃尔顿具有激情和远见,是一个有效的沟通者,给下属赋权,并激励他们共享他的愿景。基于他的愿景,他能够通过赋予权力和创造归属感、责任感影响和激励他人。沃尔顿通过语言和行动向他的下属传达他的激情和愿景。这些特质也是表2.2中教育领导者专业标准所提倡的学校领导者特质之一,如今许多卓有成效的学校领导者都以这些特质为标杆。

表2.2　有效领导者的特质

近期领导力研究中的领导特质	2015年教育领导者专业标准中的领导特质
抱负	愿景
领导欲	知识
诚实	有效的沟通技能
自信	公平
智力	尊严

（续表）

近期领导力研究中的领导特质	2015 年教育领导者专业标准中的领导特质
与工作相关的知识	尊重
远见	承担风险
激情	诚信
勇气	承担责任
正直	道德
品格	关怀
诚信	接受后果
道德	协作
沟通	有效建立共识

资料来源：Based on Council of Chief State School Officers(2008). Educational Policy Leadership Standards：ISLLC，2008.

表 2.2 中的性格和特质及其有效性在本书的各个场景中得到了验证。在分析这些场景时，你可能会发现将它们与表 2.1 中列出的个人特质进行比较是有用的。

学校领导者的性格

一个有效领导者的另一种品质是他或她的性格。一些研究人员摒弃了传统观念，认为领导者倾向于以某种方式行事，并且通常是在他们的信念和价值观的指引下行事（Combs，1974；Fullan，2002；Perkins，1995；Reavis，2008；Schulte & Kowal，2005）。性格还表现为坚持不懈、自信、有动力、重视诚实和正直等个人品质（Kirkpatrick & Locke，1991）。例如，麦格雷戈的理论认为一个领导者可能有 X 型性格或 Y 型性格。X 型性格领导者的行为方式是强制式和指导式的，而 Y 型性格领导者的行为方式是民主式和授权式的（Lunenburg & Ornstein，2004）。

学校领导者的性格是一种控制性和感知性品质，它决定了他或她本性的或通常的思维方式和行为，并影响他或她对教师、学生、家庭、同事和社区的行为（National Council for Accreditation of Teacher Education，NCATE，2002；Usher，2002）。学校领导有可能拥有一些有效的技能和积极的领导特质但缺乏关键领导气质。因此，这个空白会积极或消极地影响学生的学习和发展、教师的激励水平，以及领导者自身的专业成长发展（Deal& Peterson，2009）。

最重要的是，领导者对学校、教师、儿童、家长和社区的信念构成了学校改进领导力的基础（Horton，Green，& Duncan，2009）。当学校领导者从不同的选项中做出选择时，他们会表现出对特定价值观、兴趣和信仰的偏好（Horton，Green，& Duncan，2009）。为了有效地在21世纪学校中实践领导艺术，满足教育领导者专业标准，领导者必须了解他们对人们和整个学校的影响。通过深入了解自我和自身性格的影响，如果他们愿意领导者可以改变他们的信仰和价值观以提高领导学校的效能。

领导者行为研究

随着人们对特质研究兴趣的下降，领导行为学中有涌现了一系列的领导理论。以前人们关注的是如何识别有效领导者的特质，而现在的问题变成了："有效领导者表现出什么样的行为？"为了寻找这个问题的答案，研究人员研究了领导者完成组织任务时使用的不同行为模式。他们着重于确定目标的方式、明确角色和任务要求的方式，以及领导者如何激励下属朝着实现目标的方向前进。在这些研究中出现了领导风格的概念，这一概念被认为是一个人在与组织中的其他人互动时表现出的典型行为方式。

在开展的众多行为研究中，有三项研究提供了对学校领导行为的深刻见解：艾奥瓦大学、俄亥俄州立大学和密歇根大学进行的研究。这些研究确定了领导者行为的几个关键因素，并为教育领导者专业标准所包含的许多领导原则提供了理论解释。

领导者行为风格

艾奥瓦大学研究了三种领导行为的风格或模式：独断型、民主型和放任型（Lewin、Lippitt & White，1939）。独断型领导者非常直接，决策和权力集中在领导者角色上，具有这种风格的领导者几乎或根本不允许他人参与决策过程，并且倾向于承担从任务开始到完成的全部责任。当一个领导者使用民主型领导风格时，重点放在共同决策和平等看待下属上，鼓励团队讨论和做出决策。放任型领导者给了团体完全的自由，对完成工作几乎不关心，而下属只能自己做决定。

在不同的情况下,不同的风格对下属有不同的影响。然而研究结果表明,民主型风格被认为是最有效和最受下属青睐的,接下来是放任型风格,而独断型风格是下属最不喜欢的(Lewinet al. ,1939)。这些风格的图形描述见表2.3。

表2.3 领导行为的三种风格

领导风格	描述	对21世纪学校的启示	绩效表现
独断型	领导者表现出直接的独断行为 决策集中 领导对任务完成负全责	环境是高度结构化①的 几乎或根本没有合作 下属被细致管理 指令是最重要的	恐惧和害怕的气氛 士气低落 扼杀创造力
民主型	共同决策很重要 下属被视为平等的 鼓励团队互动	明确指示 提倡包容性决策 有双向沟通 制定卓越计划	在教职员工中培养创造力 教职员工士气高涨 培养了一个学习者社区 协作环境 基于信任的文化 领导力分布到整个学校
放任型	教职员工有完全的自由 几乎不关心任务的完成 很少或根本没有给教职员工指明方向 几乎或根本没有一致性	教职员工很少或没有方向 环境非常灵活 几乎不关心任务完成	教职员工自己做决定 很少结构化 混乱的环境 (对绩效)缺乏聚焦

资料来源:Adapted from Patterns of Aggressive Behavior in Experimentally Created Social Climates,by K. Lewin,R. Lippitt,and R. White,1993,Journal of Social Psychology,10,pp. 271 – 299.

---

①结构化程度是指对某一决策问题的决策过程、决策环境和规律,能否用明确的语言(数学的或逻辑学的、形式的或非形式的、定量的或定性的)给予说明或描述的清晰程度或准确程度。按照决策问题的结构化程度不同,把决策问题分成结构化问题、非结构化问题和半结构化问题三种类型:(1)结构化决策问题。结构化决策问题相对比较简单、直接,其决策过程和决策方法有固定的规律可以遵循,能用明确的语言和模型加以描述,并可依据一定的通用模型和决策规则实现其决策过程的基本自动化。(2)非结构化决策问题。非结构化决策问题是指那些决策过程复杂,其决策过程和决策方法没有固定的规律可以遵循,没有固定的决策规则和通用模型可依,决策者的主观行为(学识、经验、直觉、判断力、洞察力、个人偏好和决策风格等)对各阶段的决策效果有相当影响。往往是决策者根据掌握的情况和数据临时做出决定。(3)半结构化决策问题。半结构化决策问题介于上述两者之间,其决策过程和决策方法有一定规律可以遵循,但又不能完全确定,即有所了解但不全面,有所分析但不确切,有所估计但不确定。这样的决策问题一般可适当建立模型,但无法确定最优方案。——译者注

在一般意义上,教育领导者专业标准包含了艾奥瓦大学研究的结果,这些标准不鼓励直接的、高度任务导向的、等级化的、专制的领导方式,允许教师和员工很少或根本不参与决策过程。相反,他们支持民主领导者的行为,这种行为提供了方向性和高度包容性,允许下属在影响他们的决定中发言,但也不鼓励自由放任的领导行为,它很少或没有提供方向,并允许下属完全自由。这种风格在今天的学校里不太可能有效,也不可能受到下属的青睐。

鉴于这一时期的高风险考试和学生成绩问责制,学校领导需要与教职员工合作,分析数据、设定目标、实施基于研究的战略,并采取行动步骤来监测学生的进步。为了在当今的学校中发挥作用,强烈主张领导者使用民主的做法,将恐惧从工作场所赶出来,培养一个在所有重大问题上合作的学习者社区(Bryk,2010;Ryan & Oestreich,1998;Wallace Foundation,2013)。这种风格是将学校文化塑造成一种促进教学和学习过程的积极因素(Bryk,2010;Deal & Peterson,1998;Ryan & Oestreich,1998)。这其中的一个关键的因素是建立使用这种风格的基础。

领导者行为维度

在俄亥俄州立大学,研究人员(Stogdill and Coons,1957)将领导力定义为一个人在指导一个团队实现目标时表现出来的行为。他们对领导者行为的测量包括两个维度:主动结构维度和关怀维度。

主动结构维度(任务导向的领导者行为)包括与领导者定义其行为的程度和下属完成组织内任务的行为相关的行为。其重点是领导者在建立完善的组织模式、沟通渠道、方法和程序方面所采用的方式,包括维持绩效标准、执行工作期限和安排等行为。

关怀维度(以人为本的领导行为)包括与领导者对组织中其他个人的福利表达关心程度相关的行为。具体行为包括平易近人,表现出热情、信任和尊重,以及在做出决定之前愿意与下属协商。

运用领导行为描述问卷①对个体行为进行二维评估,研究人员认为这两个因素似乎是对立的和不同的,据此形成了四个领导象限(见图2.1)。

象限1
高关怀/低结构

象限2
高结构/高关怀

象限3
低结构/低关怀

象限4
高结构/低关怀

图2.1　领导力的四个象限

资料来源:Adapted from Leader Behavior:Its Description and Measurement(pp. 87 – 90),by R. M. Stogdill and A. E. Coons (Eds.),Columbus:Bureau of Business Research,Ohio State University,1957.

从这些研究中得出的结论是,高结构/高关怀的组合比其他三种组合更能提高领导者的满意度和绩效。然而,这些结论有足够的差异表明,在某些情况下,各种组合可能都是有效(Halpin,1966)。

综上所述,这些研究的结果通过教育领导者专业标准影响了当今学校的领导者,教育领导者专业标准指导领导者高度重视学校内外个人的价值观和需求,并努力确保安全、高效的校内有效学习环境。在学校中,有时使用各种维度的组合是合适的,例如,如果领导者仅仅专注于为完成任务的主动结构,那么许多学校目标可能会实现,而个人的需求则无人关注。相反,如果领导者对个人和团体非常关心,但对学校的目标漠不关心,那么个人和团体的需求可能会得到满足,但学校的目标就不太可能实现。

---

①20世纪50年代初,由美国俄亥俄州立大学开发了"领导行为描述问卷"(Leader Behavior Description Questionnaire 简称LBDQ),该量表最初由库恩斯和汉姆菲尔设计,后经哈尔平等人修订完成,用来测量领导行为的两个基本维度:主动结构维度(Initiating Structure)和关怀维度(consideration)。主动结构维度是所有勾画领导和下属关系建立界限分明的组织模式、沟通渠道和程序方法的领导行为。关怀维度是指领导者与下属之间建立信任、友谊、互相依赖、互相尊重的行为。前者倾向一种关注任务的行为,而后者则更倾向重视领导者与下属关系的行为。参见:赵德成,郭亚歌:《领导力研究综述》,《全国教育管理学术研讨会暨中国教育学会管理分会第六届常务理事扩大会议论文集》,2013 年。——译者注

学校领导者面临的挑战是以一种能产生双赢局面的方式来调整两个维度的适当组合。

组织维度

利用对格泽尔和古帕(1957)提出的组织理论的解释,我们可以更深入地理解前面章节中描述的两个维度。他们认为学校是一个由两个独立和相互作用的维度组成的组织,即规范性维度和描述性维度①。作为一个组织,学校要发挥作用,并且社会对该角色有一些期望(规范性维度)。为了实现既定的目标并满足利益相关者的期望,个体被雇佣到学校工作(描述性维度),这些个体的个性和需求必须得到满足。学校领导者面临的挑战在主动结构和关怀维度方面与以前的情况有些相同。它涉及领导行为,在强调学校角色要求的表现以及与学校相关的个体和团体的需求表达之间达到平衡(Getzels、Lipham、Campbell,1968)。在建立这种平衡的同时,领导者还必须激励下属花费必要的精力达到学校目标,并根据他们的成就奖励他们(Bass & Avolio,1994)。这不是一项简单的任务,然而,当领导者了解各种情况并与教师和学校服务的个体建立融洽关系时,他们可能会遇到挑战(见图2.2)。这里简要讨论了这个理论,并会在第四章中进行重新讨论。

平衡组织维度:规范性维度和描述性维度

作为一个组织,学校有一个被期望的角色和作用

规范性维度 ← → 描述性维度

图2.2 组织的维度

资料来源:Adapted from "Social Behavior and the Administrative Process," by J. w. Getzels and E. G. Guba,1957,School Review,65,p. 429.

---

①在描述性维度上,科学具有优先性。但除了自然领域之外,人类的生活更多居于规范性层面上。对于规范性来说,最直接的理解就是道德和法律。道德告诉我们应该做什么,法律告诉我们禁止做什么,这是规范性最突出的表现。参见:王珍:《"科学为王"的时代,哲学有什么价值——韩东晖教授在复旦人文智慧课堂的演讲》,《解放日报》,2018-04-17(011)。——译者注

任务、关系和参与式领导行为

在密歇根大学,研究人员对领导者的行为进行了进一步的研究。这项研究以利克特(Likert)(1961、1967)的组织理论为基础,探讨领导者行为、群体过程与群体绩效测量之间的关系。最初和随后的研究表明,三种类型的领导者行为将领导者有效性与无效性区分开来:任务导向行为、关系导向行为和参与式领导行为。这些行为描述如下:

1. 任务导向行为。有效的领导者关注下属,制订高但可达到的工作标准,精心组织任务,确定执行这些任务的方法,并密切监督下属的工作。在这些研究中发现的任务导向行为的重要性与俄亥俄州研究中发现的主动结构行为的重要性非常相似。

2. 关系导向行为。有效的领导者强调人际关系的发展,同时关注下属的个人需求,以及能够激励下属制定和实现高绩效目标的各种关系的发展。关系导向行为的重要性与俄亥俄州研究中的关怀导向行为相似。

3. 参与式领导行为。有效的领导者广泛运用群体监督,而不是对每个下属进行单独监督。密歇根大学的研究人员在实验中相当重视团队的作用。利克特建议,领导者在团队会议中的作用应该是加强下属参与决策、沟通、合作和解决冲突(Likert,1967年)。在团队会议期间,领导扮演着指导性、建设性和支持性的角色,允许在团队工作方面有一定程度的自主权。研究人员得出结论,当下属参与决策时,他们往往能够达到更高的满意度和绩效水平(Likert,1967)。

对密歇根大学研究中描述的领导者行为的分析表明,有效的领导者通常以任务为导向,设定高绩效目标,并专注于规划、协调和促进工作等行政职能。研究还发现,有效的领导者重视良好的人际关系,允许下属在一定程度上自主决定如何开展工作以及以何种速度开展工作。以关系为导向而不是以任务为导向的领导者往往拥有最富有成效的工作团队。在某些情况下,高昂的士气并不会带来高生产率。然而,由于领导者采用了导致高生产率的各种做法,其结果往往是士气高涨(Likert,1967)。

从密歇根大学的研究和随后的其他研究中,出现了一个关于共同关系的强有力假设。人们将注意力集中在允许下属参与影响领导者决策过程的领导力上,并以当今学校中活跃的方式参与分配领导力、权力共享、权力下放、民主管理和共享决策的运动。

具体地说,在当今的学校中,一个常见的做法是建立专业学习社区。在委员会中工作的员工作为年级团队的成员在各个部门中工作,并以各种可能的方式将个人知识与改善学生学习的目的结合起来。教育领导者专业标准支持这种教育实践,并表明学校领导者必须尊重多样性,信任人们及其判断,与利益相关者、家庭和社区成员合作,让他们参与学校的管理过程。

布莱克和莫顿的管理方格理论

另一个关注领导者取向的二维理论是关心生产和关心人的布莱克和莫顿的管理方格理论。布莱克和莫顿(1985)确定了领导行为的两个维度:(1)关心业绩(任务),或领导对任务完成的关心程度,设定明确的目标,并建立实现这些目标的过程和程序;(2)关心人(关系),以及领导者在选择用于完成组织任务的方法时,考虑到下属的需求和利益的程度,与 X 理论和 Y 理论(定义见第四章)两个具体维度有所不同,布莱克和莫顿(1985)的理论认为,领导者行为介于关心业绩和关心人这两个维度之间。按照到这一推理,他们使用 1.1 到 9.9 等分在一个网格上绘制了五个位置,每个位置都描述了一种独特的领导风格。标出的五种领导风格如下:

1. 俱乐部型管理(1.9,高关心人/低关心生产):采用这种领导方式,即使业绩低于预期,领导也将重点放在发展同事之间的良好关系上。

2. 专制型管理(9.1,高关心生产/低关心人):领导者利用权力、权威和控制来突出。

3. 贫乏型管理(1.1,低关心生产/低关心人):领导者完成保持就业所需的最低要求。

4. 小市民型管理(5.5,中等关心生产/中等关心人):领导者保持现状,表现出"顺其自然"的态度。

5. 理想型管理(9.9,高关心生产/高关心人):领导者强调高度关心任务完成和与人保持积极的人际关系(Blake & Mouton,1985)。

在所标出的五种风格中,理想型管理风格(据称在所有情况下都同样有效且同样适用)被认为是优于所有其他风格的管理风格(Blake& Mouton,1985)。这种风格与专业标准9一致,后者主张教育领导者应管理组织、运营和资源,以建立一个安全、高效和有效的学习环境。使用这种风格的领导者强调既关心任务完成也关心人们的需求。这与巴斯(1985年)提出的变革型领导风格密切相关。伯恩斯(1978)将变革型领导定义为"具有特定动机和目的的人调动资源,以激发、参与和满足下属的动机"时发生的事情(P.18)。这篇论文与教育领导者专业标准相一致,主张当员工参与决策过程时,他们能够更好地理解组织的挑战,并愿意致力于解决这些挑战。建立一个基于信任和相互尊重的团队环境可以提高绩效水平(Ciancutti & Steding,2001)。

学校领导必须关心教师的需求和愿望,他们也必须关心要完成的任务。争论的议题围绕着"他们对其中一个或另一个关心多少"这个问题展开。对任务完成的关心可能会增加生产而降低士气,而对人的关心可能会增加士气而降低生产。布莱克和莫顿(1985)设计的管理方格是一个工具,学校领导者可以使用它来确定他们是高度任务导向,还是高度以人为本,或是介于两者之间。表2.4中显示了这些主题词的图形概述。

表2.4　布莱克和莫顿领导行为指标

领导者的行为	领导者对人的关心	领导者对生产的关心
9.1 专制型管理 很少关注员工需求 控制和支配 高度交易性	低	高
1.9 俱乐部型管理 高度重视人与安全	高	低
9.9 理想型管理 感觉自己是团队的一部分 高变革型	高	高
1.1 贫乏型管理 很少有责任 很少有创新	低	低
5.5 小市民型管理 妥协:兼顾人与生产	中	中

资料来源:Adapted from Managerial Grid by R. R. Blake and J. S. Morton Houston. Gulf Publishing Company.

我们可以从先前的研究中得出结论,领导者行为可以分为两个维度:任务或关系。如果基本前提是完成任务,领导者的主要关注点是学校及其有效性(规范性)。然后,领导们开始组织并把重点放在业绩(任务——译者注)上。例如,威廉姆斯校长为全体教职员工保留30天的出勤记录。期末,他会给那些在这段时间内没有迟到或缺席的教职员工发一封感谢信。此外,他还会给迟到或缺席的教职员工发一封鼓励信(一种训诫)。这种做法显示出校长对出勤率的关注,但对教职员工生活中可能发生的事情却很少关注。

如果基本前提是与下属的关系,领导者的主要关注点是教职员工(描述性)。然后,领导者会体谅下属,关注他们的需求。例如,威廉姆斯校长可能为所有教职员工保留30天的出勤记录,并且在这段时间结束时,向在这段时间内没有迟到或缺席的教职员工发一封感谢信。此外,他还可以拜访迟到和/或缺席的教职员工,并询问他是否可以向他们提供帮助和/或支持。这样的做法不仅会显示出校长对全体教职员工每天都出勤的关注,也会显示出对个别教职员工的关心。但是,全体教职员工可能不是领导关心的主要问题,因此,不同教职员工不会受到同等待遇。有一些研究描述了领导者将教职员工分为两个不同的群体,即内群体和外群体①。在下面的部分,我们将回顾这样一个研究。

领导者—下属关系

从俄亥俄州和密歇根大学的研究发现,领导者的关系行为非常重要。事实上,在学校里,没有比校长和组成教师队伍的教师个体之间更重要的关系了(Barth,1990)。在学校里发展的人际关系可能对教学产生负面或正面影响(Green,2010)。教职员工

---

① "内群体"(in-group)与"外群体"(out-group)的概念最早是由美国社会学家 W. G. 萨姆纳在《民俗论》(1906)一书里提出的。"内群体"又称为"我们群体",简称"我群",是指一个人经常参与的,或在其间生活、或在其间工作、或在其间进行其他活动,并且具有情感认同和强烈归属感的群体。"外群体"泛指内群体以外的所有社会群体,是人们没有参与也没有归属感的群体。内群体和外群体的划分是相对的,二者之间的范围是不断变化的。在一定的条件下,内群体与外群体之间可能发生相互转化。——译者注

中一些人说校长有自己的喜好,而每个人都没有得到公平、公正或相同的对待,这种情况并不少见。例如,有些教职员工似乎与校长的关系比其他教职员工更密切。这些人似乎受到了校长的信任,承担了更大的责任,被分配了更重要的任务,并因他们的工作得到了极大的回报。相比之下,其他教职员工被分配的任务意义不大,责任较轻,似乎没有得到校长的尊重或晋升。对于这种情况,一个适当的问题是,"为什么会发生这种情况,它对校长的领导效能有什么影响,同样重要的是,对教师的效能有什么影响?"

对这个问题的回答可以通过回顾领导—成员交换理论来确定。这一理论解释了领导者和下属之间关系的发展。它提出领导者与组织成员建立不同的关系,从而形成两个不同的群体,一个是内群体,另一个是外群体(Robbins & Judge,2013)。内群体中成员受到领导的青睐,受到领导的关注和信任,承担重大责任,具有较高的绩效等级。这组成员的离职率较低,因为他们的工作满意度较高。相反外群体成员不受领导者的青睐,即使有也不受信任,而且责任感也较低(Robbins & Judge,2013)。个体成为哪个群体成员的决定因素尚不清楚。然而,有证据表明,这在很大程度上取决于个体与领导者之间的关系。此外,个体的个性和个人能力是主要因素(Phillips & Bedeian,1994)。这种关系在个体成为教职员工后很快就开始建立了。根据塞伯特、斯伯瑞和利登(2003)的研究,该过程分为三个阶段:

第一阶段——角色代入:一旦一个人成为教职员工,领导者会评估该个体的能力和才能。这次评估的结果可能会带来不同层次的机会。在这一阶段,他必须展示自己的能力,记住永远不会有第二次机会留下良好的第一印象。

第二阶段——角色扮演:在第二阶段,教职员工有机会建立信任和承诺,因为他或她正在一个非结构化和非正式的过程中建立和完善他或她在学校组织中的角色。领导者和成员之间的心理契约已经形成,即给予个人利益和权力以作为对奉献和忠诚的回报。在这个阶段,建立信任是非常重要的,任何背叛的感觉,特别是对领导者的背叛,都会导致成员被降到一个权力和影响力较小的群体。

第三阶段——常规化:在这个阶段,领导者和教职员工之间建立了常规的行为模式。在一个有权力和影响力的群体中,通常要求成员在许多方面与领导者相似。信任和尊重是两个主要因素。获得权力和影响力地位的成员往往具有同情心、耐心、理性和敏感度,善于观察其他人,尤其是领导者的观点。被视为具有侵略性、以自我为中心的观点或品质的个人,通常落在一个权力和影响力很小或几乎没有的群体中。

学校领导力意味着教师的满意度和表现水平,以及校长在建立教师集体效能方面的有效性。校长对教师的重视和校长与教师关系的性质是最主要的问题。这种关系会影响教师的士气、承诺、工作满意度和绩效。因此,领导者意识到他或她与教师关系的认识对领导效能以及最终的教学过程都是有价值的。

在本章的前几节中,我们的讨论围绕着领导者行为的两个维度展开:任务和关系。然而,在这一时期的标准、能力和问责措施中,很难仅仅与这两个维度中的任何一个保持一致,让我们现在转向另一组主张权变和情境领导行为的理论家。

权变领导理论①与情境领导理论

20 世纪 70 年代末,一些理论家开始探索一系列变量,这些变量被认为会影响领导风格之间的关系、下属对这些风格的反应以及领导者所处情境的特征。这些研究产生了一系列情境和权变理论。主要的焦点从个人转移到下属、情境和领导者使用的风格。基本假设是,领导者的行为在某种程度上是由情境决定的(Yukl,2012)。因此,情境理论包括可用于解释为什么在不同情况下行为对结果的影响不同的干预变量(Yukl,2012 年)。在以下章节中,简要描述了五种被广泛讨论的情境理论:(1)费德勒权变模型,(2)弗鲁姆—耶顿规范决策模型,(3)弗鲁姆—杰戈修订模型,(4)路径—目标理论,(5)赫塞—布兰查德情境领导理论。在介绍这些理论时,作者意识到,领导者了解下属、了解相关情况,并允许下属和相关情况的知识影响他们的行为,可以带来哪

---

①国内也翻译为领导权变理论(contingency theories of leadership)。——译者注

些好处。

费德勒权变模型①

费德勒的权变模型理论上认为,领导风格有两种:任务导向型和关系导向型。以任务为导向的领导者主要关注完成任务,而以关系为导向的领导者则通过与下属建立积极的关系来完成任务。费德勒认为,这两种领导取向都不理想,因为表现出任何一种风格的领导者都可以根据情境的偏好能力来实现团队效能(Fiedler,1967)。从本质上讲,领导者的有效性是两个因素相互作用的结果:领导风格和形势的有利性(Fiedler,1967)。

第一个主要因素——领导风格,是指在特定情况下,领导者和团队之间发生的一致的互动。为了确定一个人的领导风格,费德勒制定了一个名为"最不喜欢的工作伙伴量表"的指数。这个量表有一组 16 个双极形容词,按 8 分制排列。领导者使用这个尺度来完成一个三步的过程。第一步,他或她被要求思考与他或她一起工作的所有人,下一步,描述他或她最不喜欢与谁一起工作。此人可以是过去的某个人,也可以是当前与领导者一起工作的某个人。完成清单后,第三步要求领导者用双极量表描述个体。如果用积极的词汇来描述最不喜欢的工作伙伴,那么领导者被认为是关系导向型。如果相反,则认为领导者是任务导向型(Daft,1999)。量表示例如下:

---

①心理学家费德勒于 1962 年提出了一个"有效领导的权变模式"(Contingency model of leadership effeveness),即费德勒模式。这个模式把领导人的特质研究与领导行为的研究有机地结合起来,并将其与情境分类联系起来研究领导的效果。他提出:有效的领导行为,依赖于领导者与被领导者相互影响的方式及情境给予领导者的控制和影响程度的一致性。费德勒认为,领导者的行为及其所要追求的目标具有多样性。这种多样性的存在,是由领导者之间在基本需求方面的差异决定的。因此,应当而且必须以此种需求结构来界定领导方式。这是费德勒权变理论的基本出发点。所以,费德勒将领导方式(领导形态)归纳为两类,即"员工导向型"领导方式和"工作导向型"领导方式。(也被翻译为"关系导向型领导力方式"和"任务导向型"领导方式)前一领导方式以维持良好的人际关系为其主要需要,以完成任务之需要为辅。后一领导方式则以完成任务为其主要需求,而以维护良好的人际关系之需求为辅。——译者注

支持	8	7	6	5	4	3	2	1	充满敌意
令人愉快	8	7	6	5	4	3	2	1	令人讨厌
紧张	8	7	6	5	4	3	2	1	轻松
冷漠	8	7	6	5	4	3	2	1	热心
友好	8	7	6	5	4	3	2	1	不友好

第二个主要因素与情境有利度有关——特定情境使领导者能够对一个群体施加影响的程度。决定有效风格的情境因素有三个:(1)领导者与成员关系的质量,(2)任务结构①,(3)职位权力。

1. 领导者与成员关系是指领导者和下属之间的关系,它指的是领导者被下属接受并得到他们忠诚和支持的程度,一个被下属接受的领导者比一个不被下属接受的领导者处于更有利的地位。下属信任领导者,并相信他或她的能力,引导他们实现目标。相反,如果存在下属不信任和不尊重领导者,那么领导者与成员的关系就很差,而且领导过程更具挑战性(Daft,1999)。

2. 任务结构是指任务被标准化、记录和控制的程度。如果团队的任务是非结构化的,没有很好的界定,并且领导者不知道如何完成任务,那么任务结构是不利的。当任务是结构化的和明确界定时,情况被认为是有利于领导者的(Daft,1999)。

3. 领导者职位权力是领导者有权评估下属的表现并给予奖励或惩罚的程度。领导者的权力越大,形势就越有利(Daft,1999)。

当这三种领导特征结合起来时,就会产生八种领导情况,其中领导者要么处于非常有利的位置,要么处于非常不利的位置,要么处于两极之间。表2.5列出了八种可能情况的描述。费德勒理论对21世纪学校领导者的启示是,他们需要了解自己的领导风格、自己的特殊情况以及与下属的关系。如本书所讨论的,了解自己和他人以及组织生活的复杂性,为费德勒所提倡的有效领导奠定了基础。

----

①任务结构是指团体目标与任务的界定是否充分明确而妥当,它包括目标对成员来说是否清晰,成果的可测度如何,解决问题的方法是否具有正确性及完成任务的途径或手段之多寡等。——译者注

表 2.5　费德勒理论的八种可能情况

(领导)情境①类型	领导者的有利性	领导者与成员关系、任务结构、领导者职位权力
情境类型 1	领导者的地位非常有利	领导者与成员关系好、任务结构高、领导者职位权力强
情境类型 2	领导者的地位非常有利	领导者与成员关系好、任务结构高、领导者职位权力弱
情境类型 3	领导者的地位是中级的	领导者与成员关系好、任务结构低、领导者职位权力强
情境类型 4	领导者的地位是中级的	领导者与成员关系好、任务结构低、领导者职位权力弱
情境类型 5	领导者的地位是中级的	领导者与成员关系差、任务结构高, 领导者职位权力强
情境类型 6	领导者的地位是中级的	领导者与成员关系差、任务结构高、领导者职位权力弱
情境类型 7	领导者的地位非常不利	领导者与成员关系差、任务结构低、领导者职位权力强
情境类型 8	领导者的地位非常不利	领导者与成员关系差、任务结构低、领导者职位权力弱

资料来源：Based on The Effects of Leadership Training and Experience：A Contingency Model interpretation，by F. E. Fiedler，1972，Administrative Science Quarterly，17，p. 455.

弗鲁姆—耶顿规范决策模型

　　弗鲁姆和耶顿(1973)分析了领导者行为对决策质量和下属接受度的影响。理论上认为，决策质量和下属对决策的接受程度是影响团队绩效的干预变量。进一步推测，情境的各个方面都会缓和决策程序与干预变量的质量和接受度之间的关系。这两

――――――――――

　　①领导情境，国内也翻译为领导情势，亦称"团体—任务"情境，是指发生领导行为所处的人际环境。它包括领导者与成员之间的相互关系、任务结构和职位权力三个要素。费德勒认为，一个领导者，无论他采取何种领导方式，其最终目的都是为了获取最大的领导效能，要想取得理想的领导效能，必须使一定的领导方式和与之相适应的领导情势相配合。——译者注

个重要因素的界定如下:

1. 决策接受度是下属对有效执行决策的承诺程度。

2. 决策质量是指除了决策接受的任何影响之外,影响团队绩效的决策的客观方面。

该模型的基本假设是,参与会增加决策接受度。此外,下属的影响力越大,他们就越有动力执行决定(Yukl,2012,P. 113)。

表 2.6   弗鲁姆—耶顿模型中概述的决策有效性取决于哪些方面

弗鲁姆—耶顿模型表明,在给定的情况下,决策的有效性取决于:
● 领导者和下属拥有的相关信息量
● 下属之间关于所需替代方案的分歧程度
● 决策/问题的结构化或非结构化程度,以及需要创造力的程度
● 如果允许参与,下属合作的可能性
● 下属接受独断决策的可能性

资料来源: Based on The Reading of Leadership in Organizations(1st ed. ,pp. 220 – 229),by G. A. Yukl,1981,Upper Saddle River,NJ:Prentice Hall.

研究人员推断,没有就决定接受咨询的下属可能既不理解决定,也不理解决定的原因,因此,下属可能认为这个决定对他们的利益有害。此外,如果一个决定是以独断的方式做出的,下属可能会怨恨不参与,并拒绝接受该决定,因此,群体决策可能导致更大的决策接受度。当存在多种备选方案时,领导者应关注决策质量,所选方案对团队绩效具有重要影响。当选择最佳方案时,决策具有高质量。弗鲁姆—耶顿模模型假定,当下属拥有相关信息并愿意参与决策过程时,将导致更高质量的决策。该模型概述了在特定情况下决策有效性可以依赖的五个方面(Yukl,2012)。表2.6列出了这些方面。

该模型还提供了七条规则,领导者可以结合这些假设来应用这些规则(Yukl,2012)。规则见表2.7。

弗鲁姆—杰戈修订模型

弗鲁姆和杰戈(1988)后来开发的模型对原始模型进行了修改,修订后的模型提出了领导者不应该采取的行动,但避免建议要采取的行动。它还包含一些特性,这些特性使领导者能够优先考虑不同的标准,从而将原始模型中使用的可行集合减少为单个过程。为了描述修订模型的情况,领导者需要区分五种选择(不、可能不是、也许、可能是、是)。此外,弗鲁姆和杰戈模型考虑了时间限制、下属的地域分布和下属的信息量。相比之下,弗鲁姆和杰戈模型在达成决策时仅使用两个结果标准:决策接受和决策质量。

弗鲁姆和杰戈模型已通过大量研究进行了测试,并发现了一些弱点。然而,在情境领导理论中,它可能是最受支持的。该模型将重点放在行为的特定方面,处理有意义的干预变量,并确定允许调节行为和结果之间关系的情况因素。

在当今的学校里,决策对领导效能至关重要。因此,本书第五章完全致力于制定大多数下属都能接受的高质量决策的过程。然而,在这一点上,我们开始讨论一系列理论,这些理论提出了领导者可能用于激励目的的过程和程序。

表 2.7　指导领导者确定决策中使用的领导者行为类型的规则

1. 如果下属掌握了领导者没有的重要相关信息,那么独断决策就不合适了,在这种情况下,领导者会根据不充分或不完整的数据做出决策

2. 如果决策质量很重要,并且下属不分享领导者对任务目标的关心,那么团队决策就不合适。团体参与对潜在的不合作或敌对的个人带来了太大的影响

3. 当决策质量很重要,而领导者缺乏解决问题所需的信息和专业知识,且问题是非结构化的,则应在拥有决策所需相关信息的人员之间进行合作

4. 当决策接受很重要,而下属不太可能接受独断的决定时,那么领导者就不应该做出独断的决定。下属可能无法有效地执行这样的决定

5. 当决策接受很重要,且下属之间可能就最佳选择存在分歧时,不建议采用独断决策程序和个人协商。这种行动不太可能解决下属之间以及下属和领导者之间存在的分歧

6. 当决策接受是关键的并且不太可能由独断决策产生,并且决策质量不存在问题时,唯一合适的程序是群体决策。在这种情况下,决策接受最大化而不会有决策质量风险

7. 当决策接受很重要,但不太可能发生在独断决策中,并且下属共享领导者的任务目标时,应在决策过程中给予下属平等的伙伴关系。由此,决策接受最大化而没有决策质量风险

资料来源:Based on The Reading of Leadership in Organizations(1st ed. ,pp. 220 – 229) ,by G, A. Yukl,1981 ,Upper Saddle River,NJ:Prentice Hall.

期望理论

期望理论认为,学校教师的激励水平取决于他们对以下方面的心理期望:(1)成功完成指定任务的能力,(2)达到预期绩效水平的能力,以及(3)完成指定任务后获得奖励的可取性(Vroom,1969)。该理论是个性化的,以满足个别教职员工的需要和目标。如果预期的回报是他们高度重视的,并且他们相信付出努力将产生预期的绩效水平,那么成员们可能会被激励更加努力地完成一项任务。但是,如果教职员工认为他们可能因为无法完成任务(例如,时间限制不足以完成任务)而不能获得期望的奖励,或者奖励没有意义,那么尝试的动机就不太可能如此强烈。该理论主张个人的努力、高绩效的可能性以及在高成功水平完成任务所带来的奖励的可取性之间存在联系(Vroom,1969)。在下一节中,我们将介绍一个场景,说明期望理论如何在实际学校环境中运行,并在一个方向而不是另一个方向上影响个体的行为。

查尔斯·哈里斯的评估

为了确保所有教师都能够分析学生成绩数据,确定适当的教学策略,并有效地应用这些策略,校长威廉姆斯要求教职员工查尔斯·哈里斯为全体教职员工设计和举办一系列的专业发展课程。在提出请求时,威廉姆斯校长通知哈里斯老师,他将有三个月的时间完成任务,他的成功将取决于每个教职员工在三个月结束时通过自我评估工具衡量的绩效水平。他还暗示哈里斯老师,如果他成功完成了任务,他将被推荐担任空缺的副校长职位。

哈里斯老师刚刚在当地大学完成了一年的学习,提高了他在数据分析方面的知识和技能,确定了基于研究的策略,并将这些策略与评估的学生需求相协调。在考虑了这一请求后,他确定3个月将是完成任务的充分时间,因为他已经学习了几个可以使用的过程,其中任何一个或所有过程都可以在三个月内实施。哈里斯老师的职业目标是成为一名副校长,他接受了这项任务,因为他相信这是他实现目标的绝佳机会。

哈里斯老师有自我效能感,并渴望成为一名副校长,因此他有动机执行专业发展任务。他致力于为组织和自己实现一个目标。

路径—目标理论

豪斯(1971)的理论认为,领导者的行为对下属的表现和满意度有影响。豪斯认为,领导者的激励作用是明确下属必须走的路线,以实现工作目标,并消除任何可能存在的障碍或陷阱。他认为,这种领导行为提高了工作绩效,增加了下属在实现工作目标的过程中获得个人满意度的机会。

豪斯(1971)进一步提出了一个理论,领导者为激励下属并为下属带来满足而表现出的行为类型取决于情境,这为多种因素的平衡增加了另一个维度。下属的能力和个性、工作环境的特点和工作团队偏好等因素都有助于提高下属的满意度和激励水平,必须予以考虑。豪斯根据这一理论的原理提出,领导者根据具体情况可以选择四类行为。豪斯建议的四类行为见表2.8。

表2.8　豪斯领导者行为分类

- 支持型领导:支持型领导平易近人,保持良好的工作环境,体贴周到,关心下属的需求和福祉

- 指导型领导:指导型领导制定绩效标准,让下属知道对他们的期望,安排工作,并制定具体的指导方法

- 参与型领导:参与型领导与下属就工作相关事宜进行协商,并在决策时考虑他们的意见

- 成就导向型领导:成就导向型领导强调卓越的绩效,设定具有挑战性的目标,并对下属实现具有挑战性的绩效标准的能力表现出信心

资料来源:Based on A Path – Goal Theory of Leader Effectiveness, by R. J. House, 1971. Administrative Science Quarterly, 16, p. 323.

这一理论对学校的有效管理有许多启示。使用该理论的基本目标是增加员工的动力、授权和满意度,使他们成为组织中富有成效的成员。评估教职员工的能力,了解个人性格,识别环境中影响学校转型过程的因素,可以证明对学校领导实现既定目标具有相当大的益处。有了这些知识,领导者就可以建立合适的条件;然后,教学计划的一致性,从教职员工那里获得承诺,并激励他们为学校组织目标的实现而工作将不再是一个问题。

教育领导者必须了解,教师对他们所获得支持的看法与他们的动机水平有关。总

的来说,教师只会在他们认为领导者会帮助他们朝着目标前进,清理通往这些目标的道路,以及促进对他们有价值的奖励的实现的情况下,对领导者采取有利的行动(House,1971年)。因此,领导者必须牢记,一般来说,教职员工希望在实现对他们重要的目标方面获得帮助。

赫塞—布兰查德的情境领导理论

另一个适用于教育领导者的理论是保罗·赫塞和肯尼思·布兰查德(1996)的情境领导理论。这些研究者试图通过在费德勒(1967)的权变因素中加入成熟度①变量,来理解有效的领导风格与下属成熟度②之间的关系。他们认为,要想使领导行为有效,领导者必须考虑到下属的成熟程度。在他们的研究中,成熟度水平被定义为下属展示完成任务的能力(工作成熟度)和他或她接受完成任务的责任(激励水平)的意愿程度。

就像俄亥俄州立大学的研究一样,赫塞、布兰查德和内特梅尔(1979)使用类似的设计提出了一种领导效能模型,该模型由两个维度的领导行为组成:任务行为和关系行为。两种不同行为的定义如下:

- 任务行为是领导者通过解释要做什么、如何做以及何时完成来进行单向沟通的程度。

- 关系行为是领导者进行双向沟通以提供支持性和便利性行为的程度。

利用两个维度的所有可能组合,领导行为排列在四个象限中(见图2.3)。

———————————

①"成熟度"(readiness)是指人们对自己的行为承担责任的能力和愿望的大小。它取决于两个要素:工作成熟度和心理成熟度。工作成熟度包括一个人的知识和技能,工作成熟度高的人拥有足够的知识、能力和经验完成他们的工作任务而不需要他人的指导。心理成熟度指的是一个人做事的意愿和动机。心理成熟度高的个体不需要太多的外部激励,他们靠内部动机激励。提出这一概念的赫塞(Paul Hersey)和布兰查德(Ken Blanchard)认为,下属的"成熟度"对领导者的领导方式起重要作用。所以,对不同"成熟度"的员工采取的领导方式应有所不同。——译者注

②下属成熟度是赫塞—布兰查德的领导生命周期理论中的一个概念,是指一种衡量下属接纳或拒绝领导者的命令,以及在完成领导下达的任务或指令时候的表现情况的指标。下属成熟度有四个阶段,赫塞—布兰查德的领导生命周期理论对下属成熟度的四个阶段的定义是:第一阶段:这些人对于执行某任务既无能力又不情愿。他们既不胜任工作又不能被信任。第二阶段:这些人缺乏能力,但愿意执行必要的工作任务。他们有积极性,但目前尚缺足够的技能。第三阶段:这些人有能力,却不愿意干领导者希望他们做的工作。第四阶段:这些人既有能力又愿意干让他们做的工作。——译者注

象限1:高任务—低关系——命令型领导风格

象限2:高任务—高关系——说服型领导风格

象限3:低任务—高关系——参与型领导风格

象限4:低任务—低关系——授权型领导风格

图2.3　领导方式

资料来源:Adapted from Management of Organizational Behavior:Utilizing Human Resources(4th ed.),by P. Hersey and K. H. Blanchard,New York:McGraw – Hill,1982.

根据领导者、下属之间关系的状况和情况,领导者可以选择使用四种风格中的一种:命令型、说服型、参与型、授权型。以下是每种风格的建议领导行为:

●当领导者选择使用命令型风格时,他们会向下属提供关于完成任务的具体指示,并在整个过程中密切监督他们的表现(高任务—低关系)。

●如果领导者选择使用说服型风格,他们会给出具体的指导,密切监督任务,解释指导方法,征求建议,并支持任务完成的进度(高任务—高关系)。

●当选择参与型时,领导者促进和支持下属完成任务的努力,并与他们分享决策责任(低任务—高关系)。

●领导们可能会发现,把制定方向和解决问题的责任移交给下属是可以接受的。在这种情况下,领导者行为被称为授权型(低任务—低关系)。

运用情境领导理论或权变理论取得成功的主要因素是选择适合具体情况和相关人员的领导风格(Hanson,2002)。在追寻这种风格的过程中,学校领导者必须深入了解每个教职员工的技能。有了这种理解,领导者可以选择具有特定技能的个体,并授权他们形成已确定的任务。

在不断寻找正确的方法来影响期望的行为结果方面,许多理论家关注的是下属的成熟程度、情境和领导者的特征。然而，就像研究性格特征和领导者行为的理论家一样，结果仍然没有定论，领导效能的产生可能有多种原因。在决定不同的风格时，领导者要明智地分析其权力的来源和使用方式。

权力和权威

权力及其来源是影响领导效能的重要因素。权力、影响力和权威的性质和使用往往决定着领导者的有效性。约翰·弗伦奇(1993)提出了领导者可能获得权力的四个来源。很明显，一个来源是所在的职位（法定权力或职位权力）。领导者在组织层级中的地位或角色具有法律权力。你将在本章后面的章节中看到罗宾逊主管使用这种权力。

另一种权力来源于领导者的人格（参照性权力或人格权力）。许多领导人能够影响下属，是因为他们的个性力量。这种权力也被称为魅力。约翰·F.肯尼迪总统和马丁·路德·金博士就是拥有这种权力的领导人的例子。

第三种领导权力来源被称为强制性权力（也译为惩戒权力——译者注）。利用这一权力来源，领导者可以控制、惩罚不遵守领导者指示的下属，或者奖励他们所选择的行为。如果你看过电影《铁腕校长》①，乔·克拉克校长就表现出了这样的力量。如果你没有看过这部电影，你可以参考那些遵循科学管理和特质理论的领导者的做法。

领导权力的第四个来源是专家权力，它来源于领导者所拥有和下属所需要的特殊能力和/或知识。在第三章场景2"改变我们教授科学的方式"中，约翰逊校长展示了这种力量。

不管权力来源如何，领导者行使权力和权力的方式在某种程度上决定了领导者的有效性。根据其使用方式，组织中的下属在接受领导者的影响和指示时，会巩固并赋予领导者额外的权力（通过共识）。此外，处于高职位的人在给领导者分配任务和分担责任时，会巩固并授予领导者权力。这两个来源是相互依存的。当一个变强，另一个很可能变得更强；相反，当一个变弱，另一个也会变弱（见图2.4）。

---

①《铁腕校长》是一部1989年上映的美国电影，影片的导演是约翰·G.艾维尔森。主人公乔·克拉克是一名曾被调离了原来的工作单位的中学教师，后来被派往一所叫布兰登的学校任校长。这所中学因毒品、暴力犯罪、纪律败坏而臭名昭著。校长乔·克拉克以铁腕手段治理学校，与暴力团伙做斗争，虽然他的决心与作风引起社会与警方的不满，但最后他获得胜利，改变了学校的形象。——译者注

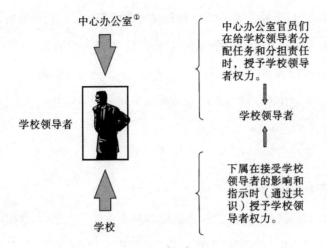

图 2.4 管理权力流

资料来源：A Seminar Worksheet designed by R. L. Green for use in Educational Leadership Seminars. Copyright © 2003 by Educational Services Plus. Reprinted by permission.

图 2.5 有效学校领导者的权力来源

资料来源：A Seminar Worksheet designed by R. L. Green for use in Educational Leadership Seminars. Copyright © 2003 by Educational Services Plus. Reprinted by permission.

———————————

①美国大多数投资组合管理学区教育行政机构的名称为中心办公室，但也有少数投资组合管理学区沿用之前的名称，比如纽约市的教育行政机构就称为教育局。本书用"中心办公室"指代投资组合管理学区的教育行政机构。投资组合管理模式是 21 世纪以来美国城市学区治理的新趋势，对美国基础教育，尤其是城市基础教育的影响很大。与传统的学区管理相比，投资组合管理模式的特征主要表现为：学区招标与学校多样化，标准化测试与学校问责，中心办公室的核心地位与学校自主权。参见：翟静丽：美国城市学区投资组合管理模式及其启示，《中国教育学刊》，2015 年第 1 期。——译者注

在过去的几年里,有效领导者的行为和权力使用得到了广泛的研究(见图2.5)。基于对领导者行为的结构化观察的最新文献表明,有效的学校领导者使用法定权力(职位权力)和参照性权力(人格权力)的组合(Collins,2001;Fullan,1993;Newstrom & Davis,2014)。他们使用变革型领导风格来激励下属为了组织的利益而超越自己的利益。

架起过去和现在的桥梁

正如本章前面提到的,先前提出的领导力理论由来已久,已经并将继续提供对当今学校有效领导力实践的深刻见解。关于任务完成、领导者行为和下属在使用特定领导风格时的行为的知识将贯穿全文,因为他们支持当今教育领导者所倡导的许多行为。从表2.9的回顾中,你可以开始将过去的理论、行为和实践与当今学校教育领导者的建议联系起来。为了有助于建立这种联系,第三章将注意力引向当今学校领导们所使用的一些其他的理论和方法,这些理论和方法包含了前面提到的那些概念。

相关场景

在"孤立工作的后果"的场景中,一个富有创造力和创新精神的领导者进入一个既经历过成功也经历过失败的学区。领导者的风格、行为和特征都在此间得以展示。该场景说明了领导者的行为如何影响学区和他们的有效性。通过该场景,您有机会体验利益相关者对组织领导的影响的利弊,以及领导特质、风格和性格对学校组织内外要素的影响。此外,还可以分析标准2、8、9的原则。在阅读这个场景时,你可以反思你的个人领导风格,并评估它对于与你一起工作的人的影响。

表 2.9　领导力研究和理论

理论	理论和模型的提出者	主要关注点	基本假设	对学校领导的启示
早期特质理论	拉尔夫·M.斯托克迪(1948)	确定有助于个人发挥领导作用的特定特质	相对于他们的有效性,领导者具有特定的特质和/或特征,使他们与他们领导的人区别开来	领导者的特质不一定对他们的表现有很大的贡献。一个人不会因为拥有某种特质的组合而成为领导者
行为理论	加里·A.尤克(2012)、俄亥俄州立大学、密歇根大学和艾奥瓦大学、管理方格(Blake & Mouton,1985)	领导者的活动模式和行为类别:领导者做什么?有效的领导者如何表现?	领导行为对团队绩效有影响。一种领导行为风格可以在所有情况下得到发展和应用	领导者在追求目标的过程中充满活力和毅力。他们有自信,有个人认同感,有影响他人的能力
权变理论	豪斯路径目标理论	情境因素对任务完成的重要性以及下属和过程的心理状态	领导者行为是由情境因素塑造和约束的	当领导者的特质与情境相匹配时,领导者能有效地实现组织目标。领导者的个性与产生领导者效能的有利情境之间必须有良好的契合
	弗鲁姆—耶顿规范决策模型	决策和程序	参与增加决策接受度	当下属参与决策过程时,他们可能会接受决策结果
情境理论	赫塞和布兰查德(2012)	有效领导风格与下属成熟度的关系	领导者的有效性取决于领导者的行为、情境和下属的成熟度之间的匹配	领导行为随着个人或团队的成熟程度而变化,从而产生领导效能
权力理论	约翰·弗伦奇和伯特伦·拉文(摘自卡特赖特和赞德,1968;尤克,2012;亨利·明茨伯格,1983)	领导者如何有效地使用权力:来源、数量和领导者对下属的权力使用	领导者通过从各种渠道获得的权力影响下属。领导者的行为和领导者对下属的影响取决于权力的来源和使用	参照性权力(人格权力)和专家权力的结合应该会带来更高的下属满意度和绩效

资料来源:Pearson Education.

场景1
孤立工作的后果

<hr>

标准2

有效的教育领导者应按照道德规范和专业规范行事,以促进每个学生的学业成功和幸福。

<hr>

标准8

有效的教育领导者应以有意义、互惠和互利的方式吸引家庭和社区参与,以促进每个学生的学业成功和幸福。

<hr>

标准9

有效的教育领导者应管理学校运营和资源,以促进每个学生的学业成功和幸福。

<hr>

查尔斯·威廉姆斯是爱乐学区的学区主管,他在推动学区向大多数选民满意的方向发展方面取得了巨大进展。令许多选民惊讶的是,他因接受了另一个学区的管理者工作离开了爱乐学区。学区在失去领导的情况下努力保持由威廉姆斯已经开始的进步。为了填补这一空白,爱乐教育委员会进行了全国性的筛选,寻求新的创新、有活力和创造性的领导。

随着筛选的进行,一些候选人被确定并列入了一个简短的名单。每位候选人都被告知威廉姆斯主管所取得的进展,以及该区目前面临的一些挑战。例如,高中辍学率在50%以上,小学的不及格率极高,许多小学多年来没有达到地方、州或国家标准。事实上,一些学校的学生成绩很差,以至于这些学校受到国家接管的威胁。

经过数月的考查,该学区聘请罗宾逊博士担任主管,他是位富有创造力、创新精神、知识渊博、充满激情的教育专家。罗宾逊博士毫不犹豫地立即开始工作,实施新的计划,从其他学区引进学校领导者,形成联盟,并将自己与学区内外的教育界隔离开来。联系他开会或提供与地区问题、计划或实践相关的建议几乎是不可能的,利益相关者的看法是,他表达了"我说了算"的态度。

他的一些最具争议性的做法是在纪律、出勤率、学生升学程序上的改变,以及由学区外经验很少或没有经验的人担任校长。

虽然罗宾逊博士似乎取得了巨大的进步,但他的领导风格受到了许多个人和团体的质疑。恐惧和恐吓是如此普遍,以至于高层管理者不愿对进展(或缺乏进展)发表评论。在第一年内,高层管理者开始在区外寻找职位,以寻找机会退出他们认为压力很大的环境。然而,教育委员会和当地报纸高度评价罗宾逊博士的工作,称他正是该地区所需要的。

第三年后,社区领导对罗宾逊主管所表现出的孤立和不尊重感到厌倦,并开始质疑他的决策实践。他们问自己为什么被忽视,为什么该地区的行政人员感到害怕。他们在恶劣的环境中工作,并且在可能的情况下离开学区,他们还质疑罗宾逊博士的一些决定,并质疑为什么许多学区学校受到国家接管的威胁。他们说:"罗宾逊博士的一些决策和做法不会提高学生的成绩,相反,它们会增加该地区面临的挑战。"他们还质疑大量学生停学和雇佣缺乏经验的管理人员。

反思性思考

领导者行为的关键方面

- 学校领导者信任那些价值观和观点可能发生冲突的个人和团体。
- 学校领导者承认学校和社区作为合作伙伴互相服务。
- 学校领导者公平对待社区利益相关者。
- 学校领导者使用有效的团队流程和建立共识的技能。

教育领导者专业标准 2、5、8 和 9 的要素

有效的领导者能够做到:

2B:遵守并促进诚信、公平、透明、信任、协作、坚持不懈、学习和持续发展的专业规范。

2D:维护和促进民主、个人自由和责任、公平、社会公正、共性和多样性的价值观。

2E:具有人际和沟通技巧、社会情感洞察力,并了解所有学生和员工的背景和文化。

2F:为学校提供道德指导,促进教师和员工的道德和职业行为。

5F:利用学校社区的文化和语言,为学校的学习环境注入活力。

8A:易于接近,平易近人,对家庭和社区成员表达欢迎。

8B:与家庭和社区建立并维持积极、合作和富有成效的关系,以使学生受益。

8C：与家庭和社区就学校、学生、需求、问题和成就进行定期和开放的双向沟通。

9A：建立、管理和监督能促进学校使命和愿景的运营和行政系统。

9B：策略性地分配员工资源，分配和安排教师和员工的角色和职责以优化他们的专业能力，从而满足每个学生的学习需求。

9H：了解、遵守并帮助学校社区了解当地、州和联邦法律、权利、政策和法规，以促进学生成功。

9I：发展和管理与附属学校和相关学校的关系，以维护招生管理和课程与教学的衔接。

9J：与学区中心办公室和学校董事会发展和维系富有成效的关系。

9K：开发和运行能够公平公正地管理学生、教职员工、领导、家庭和社区之间冲突的系统。

9L：统筹管理过程和内外部政治，以实现学校的使命和愿景。

反思性问题与场景分析

1. 如果可以的话，什么时候学校领导者有权将自己与更大的社区隔离开来？用本章的标准和段落来证明你的回答是正确的。

2. 你对罗宾逊主管的领导行为有何看法？他的行为是否适合在爱乐学区使用？哪种专业标准说明了他的领导行为？

3. 作为校长的顾问，你会给他什么建议来提高他在爱乐学区的领导能力？

4. 考虑到该地区所面临的挑战，罗宾逊主管是否应该建立起一个官僚、等级结构，并以独断的方式进行管理？用本章的标准和段落来证明你的回答是正确的。

5. 如果可以的话，什么时候学校领导可以利用恐惧和恐吓来获得和维持学业进展？哪种专业标准说明了这种领导行为？

6. 列出一些学校领导所采用的做法，这些做法使表现不佳的学校朝着积极的方向发展。根据本章的内容，将列出的每一个实践与理论原则保持对应。

7. 考虑到该场景的内容，你认为教育委员会和当地报纸提供强有力支持的原因是什么？以一个或多个专业标准支持你的推理。

解决关键问题

专业标准2、8和9规定,21世纪学校领导者的领导风格应是专业化地促进规范社区的领导风格。此外,他们的风格应该是促进家庭参与,确保有效和高效地管理学校或学区,以促进学生的成功和幸福。因此,关键问题是:(1)罗宾逊主管的领导风格,(2)与社区利益相关者建立有效的关系,(3)让利益相关者分享其对该地区的愿景,(4)发展分配领导力、运营和资源的能力。

罗宾逊主管的领导风格

当一个人进入一所学校或学区并打算进行管理时,他或她应该对组织需要实现的目标有一个愿景,并且能够激励他人分享这个愿景。根据纳努斯(1995)的观点,"没有比吸引人、有价值和可实现的未来愿景更强大的引擎来推动一个组织走向卓越和长期成功,这一愿景被广泛分享"(P.3)。在制定和实施这一愿景的过程中,领导者应该对自己的技能和品质有深入的了解,并且有一种行之有效的方法来获得他或她将与之共事的个体的技能和品质的知识(Green. 2010)。

在当今学校里,重点是跨越组织边界上实现成果所需的领导技能和品质(Evans,2001)。通过让其他人分享他们的愿景,领导者将自己定位为建立教学改进的能力。这并不意味着使用等级制的自上而下的风格,因为这样的风格会最小化下属的贡献,可能会降低他们帮助实现组织目标的动机水平(Evans,2001年)。罗宾逊主管似乎并不关心发展共同愿景或参与协作领导和建立领导能力;相反,他正在利用自己的职位权力来实现他已经确立的目标。

正如前面提到的,在最有效率的领导者身上发现了一系列特质,而罗宾逊主管表现出了许多这种特质。然而,对21世纪学校领导者提出的许多特质都没有表现出来,这就提出了一个问题:如果领导者没有表现出21世纪学校领导者的特质,他们是否有可能发挥作用?

显然,过去的研究中有证据支持使用民主型领导风格(Lewinet aL.,1939)。然而,罗宾逊主管并没有表现出这种领导能力。相反,他似乎高度以任务为导向,对他的下属很少关心或考虑。众所周知,给下属带来最高水平满足感的是一种在结构化维度和关怀维度方面都很高的领导风格(Halpin,1966)。爱乐学区显然需要任务结构化,但这种结构化是否应该以牺牲下属为代价? 如果一个教学领导者要建立改进教学的能力,必须考虑利益相关者的需求,爱乐学区面临的问题必须得到改善,但是校长和教师的价值观和需要,也必须受到尊重。一个人不能比其他人更重要,领导者必须寻求一种平衡,激励下属花费必要的精力去实现学校的目标,并且必须根据他们的成就来奖励(Bass & Avolio,1994)。当领导者强调高度关注任务完成和与人保持积极的人际关系时,他们达到了最高的效率水平(Blake & Mouton,1985)。

未能与地区利益相关者建立有效的关系

教育中的问责运动在学校领导努力达到地方、州和国家标准的过程中,对他们施加了越来越大的压力。达到标准的压力已经变得非常大,一些领导者开发了一个学校改进的任务结构,并将该任务结构落实到位,利用他们的地位和强制力来实现既定目标。在某些情况下,他们会被成功的愿望蒙蔽双眼。这是罗宾逊主管行为的一个可能解释。

在制定这些行动时,必须建立信任,此时,领导者要防范先入为主的观念。此外,他还必须与家庭、看护人和社区伙伴建立并保持积极的关系(专业标准8)。如果不这样做,可能会导致领导风格的独断专行、自我导向和自私自利。当没有向下属咨询决策意见时,他们可能无法理解决策或制定决策的原因(Yukl,2012)。

从所有迹象来看,罗宾逊主管正在接受教育委员会的指示,并确信如果他与他们保持积极的关系,其他一切都无关紧要。作为一个21世纪的学校领导者,这是一个充满风险的职位,因为仅靠知识很难实现组织目标。组织目标是通过与他人合作或通过他人实现的(Green,2010;Owens & Valesky,2014)。因此,必须与各级利益相关者建立关系。通过关系,学校领导者可以发展出一种纪律严明的学校文化,在这种文化中,人们以纪律严明的思维工作,并采取纪律严明的行动(Collins,2001),必须了解将要完成的工作以及在组织工作的人员与组织服务人员之间的关系(Green,2010;Owens & Valesky,2014)。领导者可以拥有的最重要的技能之一是在利益相关者之间建立足够实现预期目标的关系。任何级别的新领导都必须首先考虑发展关系。

在第三章中,仆人式领导被概括为领导者为下属的最大利益行事,罗宾逊主管可能会觉得他是为了下属的最大利益而工作的,他的感觉可能是准确的。然而,领导者的有效性是两个因素相互作用的结果:领导风格和情境的有利性(Fiedler,1967)。目前,爱乐学区的情况对领导者不是很有利。

罗宾逊主管没有建立关系,而是在利用职位权力。当领导者单独使用职位权力时,他们必须防止利益相关者认为他们滥用权力、利用权力牟取私利或指导其解决与组织目标不符的问题。

让地区分享愿景

当领导者通过恐惧和恐吓进行领导时,组织愿景就不会被分享。人们不确定组织的发展方向,因此,他们不会因愿景而变得精力充沛,也不会因其成就而受到鼓舞。即使愿景是为了组织的更大利益,如果下属不理解它,他们也不太可能被它的成就所激励(Nanus,1995)。

当下属理解愿景并感受到其发展的一部分时,他们能够以支持的方式将愿景传达给其他利益相关者(Nanus,1995)。推动组织走向卓越的强大引擎是对未来的广泛共享愿景(Nanus,1995 年)。正如本章前面所述,虽然学校领导者受雇是为了满足组织的需要,但为了有效地满足组织的需要,他们必须满足在组织中工作的个体的需要。当所有利益相关者共享愿景时,发生这种情况的可能性更大。

罗宾逊主管以恐惧和恐吓的方式领导,采用命令和控制权力的方法,这表明他对完成任务的兴趣大于对人的关心。21 世纪领导者所提倡的是通过赢得尊重来获得实现目标的承诺(Goleman,2006;职业标准 2),对无可争议的权威几乎没有容忍。也许爱乐学区没有一个共同的愿景,这或许可以解释罗宾逊主管不愿与利益相关者公开沟通。相反,这个愿景可能只属于他。一个人的行为来自信仰和价值观,一个人的信仰和价值观决定了一个人的行为,以及他或她的对他人的期望。正是人们的信仰和价值观影响了行为(Green,2010)。如果主管认为他为教育委员会工作,应该只回应他们的关切,那么他不太可能重视与社区成员举行会议。然而,这与专业标准 8 相反,该标准规定学校领导者应促进家庭和其他利益相关者参与社区。罗宾逊主管应该尝试将他的创新想法与该地区现有的计划联系起来。通过这种方式,他可以向利益相关者表明,他的计划代表了学校正在为努力提高学生成绩迈出了自然的一步。之前威廉姆斯主管的工作被认为取得了进步,现任主管罗宾逊应该尊重而不是贬低这项工作(Dufour、Dufour、Eaker 和 Many,2010)。在第 3 章的"改变我们教授科学的方式"中可以看到建议行为的一个例子。

发展授权式领导力

鉴于学生成绩是爱乐学区的首要关注点,授权式领导是一种可接受的做法。这是一种参与型领导形式,要求领导者支持其下属,并将其纳入决策过程。当实行授权式领导时,学区领导共同承担教学计划各方面的责任。团队建立起来,所有团队成员都致力于确定教学挑战的解决方案。因此,学区中心办公室管理人员、校长、教师和其他人员都有权完成任务并做出决定。通过这一过程,该组织充分利用了整个地区所有人的力量和热情。如果罗宾逊主管将领导力分配到整个学区,他很可能不会被视为一个孤岛或者一个能够回答所有学区教学挑战问题的领导者。相反,他将被视为一个领导者,认可该地区各级同事的价值的领导者。第 3 章对授权式领导进行了更深入的探讨。

罗宾逊主管面临的挑战和该地区成功的关键是确保所有利益相关者都能做正确的工作(Elmore,2003)。如果爱乐学区要成为一个有效的学区,首要工作就是建设学区作为专业学习社区的集体能力(Dufour et al., 2010)。柯林斯(2001)发现,大公司的领导者不是魅力四射的人物,而是把组织的伟大作为他们的首要关注点。为了取得伟大成就,他们认识到有必要建立本组织在他们不在时取得成功的能力。

本章总结

为了建立一个理解领导力重要性的理论框架,我们探讨了三个主要类别的理论:特质理论、行为风格理论和权变理论/情境理论。虽然这些理论都没有明确地定义领导力,也没有明确区分领导力与非领导力,但也有一些理论做出了不同的贡献,加深了我们对领导力的理解。

从对领导特质的研究中发现,没有一组特定的特质可以用来区分领导者和非领导者(Gibbs,1954;Stogdill,1948)。此外,人们认识到,等级制的领导观并不受欢迎。同样重要的是,尽管没有一套单一的特质可以用来识别有效的领导者,但人们可能会接受这样一个前提:抱负、领导欲、诚实、正直、自信、智力、与工作相关的知识、远见、热情和勇气是许多有效领导者所具有的特质(Collins,2001;Daft,1999;NPBEA,2015),无论如何,任何领导特质的好处似乎都是它对下属的积极影响。

在艾奥瓦大学、俄亥俄州立大学和密歇根大学进行的其他研究表明,当领导者在展示出民主原则、主动结构、关心下属以及在适当时允许下属参与决策过程时往往最有效(Likert,1961、1967;Stogdill & Coons,1957)。此外,还确定了三种领导风格:独断型、民主型和自由放任型(Lewin et al.,1939)。

在这些研究的基础上,其他作者和研究者发现了各种影响领导者行为的因果关系和变量。情境或权变理论、费德勒的权变模型、弗鲁姆—耶顿的规范决策模型、路径目标理论和赫塞—布兰查德的情境领导理论经常被引用来解释为什么在某些情况下,一种领导方式比另一种更受欢迎。

此外,研究也讨论了权力及其使用。研究者已经确定了四种主要的权力类型:人格权力、职位权力、强制权力和专家权力(French,1993)。虽然权力经常被误解和误用,但它是影响和说服个人实现组织目标的必要变量。在使用权力时,专家权力和人格权力的结合被证明是最有效的(French,1993)。

总而言之,这些研究提供了两个关于有效领导的基本要素:关心人和关心任务完成,在这两个要素之间找到微妙的平衡似乎是领导者的挑战(见表2.10)。

表2.10　领导行为的两个要素

要素1:任务导向行为	要素2:关系导向行为
以任务为导向	关系
独断者	民主/参与
结构	关心
关心生产	关心人
权力	影响

资料来源:Pearson Education.

付诸实践

考虑到你的领导特质、行为和学校里发生的各种情况,把你自己设想成校长的角色,并解决以下问题:

- 找出罗宾逊主管不符合"教育领导者专业标准"的特质。

- 确定并定义在学校环境中可能出现的四种领导行为。然后,使用二分法描述最初选择的四种行为中每种行为的相反行为。最后,在所选择的行为中,找出那些当今学校的有效领导者表现出来的行为。

- 写一份自我评估报告,说明你的领导风格。确保它反映了你的信仰体系。

- 列出10种学校中的情况,在这些情况下,你将把完成任务的责任委托给教职员工或其他个体。

- 如果你是爱乐学区的主管,你将如何在整个学区建立关系?

了解自我

- 你有哪三种力量并可以一直有效地使用?

- 你的领导风格的哲学基础是什么?它是如何形成的?

- 你使用什么策略来影响个体在完成你领导的项目或活动时进行协作?

深化理解

写一篇自我评估报告,强调你的优势和在成为高效的学校领导者之前需要解决的挑战。

校长资格证书测验练习

多项选择题

1.下列哪一种理论最有可能为罗宾逊主管提供有关如何获得内部领导人员忠诚的信息?

    A.特质理论   B.费德勒理论   C.行为理论   D.组织理论

2. 一个有效的学校领导应该理解职位权力是：

　　A. 下属授予

　　B. 比魅力力量更有效

　　C. 赋予特定职位或角色的权力

　　D. 因某一特定学科的知识而获得的权力

3. 学校领导者的风格是：

　　A. 领导者如何看待自己的能力。

　　B. 当领导者试图影响全体教职员工的行为时，教职员工所感知到的领导者所使用的行为。

　　C. 当领导者向下属提供他们需要的东西时。

　　D. 领导者在任何时候的行为。

4. 在四个领导力象限中，你将把罗宾逊主管放在哪一个象限中？

　　A. 象限1：高结构/高关怀。　　　　　B. 象限2：高结构/低关怀。

　　C. 象限3：低结构/低关怀。　　　　　D. 象限4：低结构/低关怀。

主观问答题

如果罗宾逊主管真的在使用独断风格和职位权力，那么他的行为会以什么方式阻碍校长及其员工的创造力？

如果罗宾逊主管意识到他已经达到了在学区建立共识的必要阶段，他向你征求意见，那么请找出并描述三种你会建议他使用的方法。

场景分析

利用第1章和第2章中提出的理论、概念和策略，分析并制定附录中题为"构建有效教学的学校"中场景。这项启发性的活动将帮助你为校长资格证书测验做准备。

参考阅读

Bryk,A. (2010). Organizing schools for improvement. Phi Delta Kappan 91(7),23 – 30.

DuFour,R. ,DuFour,R. ,Eaker,R. & Many,T. (2010). Learning by doing:A handbook for professional learning communities at work(2nd ed.). Bloomington,IN:Solution Tree.

Elmore,R. (2005). School reform from the inside out:Policies,practices,and performance. Cambridge,MA:Harvard Press.

Green,R. L. (2010). The four dimensions of Principal leadership:A Framework for leading 21st century schools. Boston:Allyn & Bacon.

Nanus,B. (1995). Visionary leadership:Creating a compelling sense of direction for your organization. San Francisco:Jossey – Bass.

Owens,R. & Valesky,T. (2014). Organizational behavior in education:leadership and school reform (11th ed.). Boston,MA:Pearson Education.

参考网站

Alabama Best Practices Center.

Doyle,M. E. & Smith,M. K. (2001). Classical leadership,The encyclopedia of informal education.

Southwest Educational Development Laboratory,"Leadership Characteristics that Facilitate School Change. "

第三章 学校领导力的理论与方法

本章学习目标

在阅读第三章及完成指定的活动后,你应该能够:

- 列出 21 世纪学校领导者的角色和职责,并引举每个角色的案例。

- 举例说明如何把领导力的四个维度付诸实践,以提高教育领导者的效能。

- 找出六种不同的领导风格,描述在特定的学校情境中使用每种风格所带来的好处,并举例说明 21 世纪的学校领导者如何利用期望理论、协同理论和领导—成员交换理论的原则来提高自身效率。

- 描述 21 世纪学校领导者可能用来有效领导学校组织的几种方法。

- 比较和对比领导和管理,因为这两个概念与 21 世纪的学校领导力有关。

在早期理论者、研究人员、著作者和组织领导者的工作基础上,新的学校领导方法被建立起来(Elmore,2003;Fulan,2007:Leithwood,McAdie,Bascia,& Rodrigues,2006:Lezotte & McKee,2006;Marzano,Waters,& McNulty,2005;Sergiovanni,2007;The Wallace Foundation,2012)。这些研究者、著作者和组织领导者的作品提供了一条思路,除了关注任务的完成之外,教育领导者应表达对人的关心,并提供一种能够激发员工对工作的承诺和优异表现的领导力。个人不能决定一切,因此,领导效能取决于期望结果与领导者激励个人产生期望结果的能力之间的平衡(Elmore,2003;Fullan,1993;Sergiovanni & Green,2015;The Wallace Foundation,2013)。

教育领导者关注的主要焦点是人的因素以及协助他们领导学校组织的个人和团体的参与。领导原则应该适用于大多数(如果不是全部)利益相关者。教师、学生、家长和其他利益相关者在参与学校事务时必须感受到个人尊严和目的感(Bryk,2010;Du Four &Eaker,1998;The Wallace Foundation,2013)。由于参与其中,他们获得了信心,体验了成就感,建立了自我效能感,并致力于实现组织目标(Bennis,1995a;Protheroe,2011)。

本章的目的是让读者了解 21 世纪学校领导者的角色和职责。我们还将讨论领导者个人正在使用的领导风格、方法和实践。在文中提出了几种不同的领导风格、方法和实践,旨在加强学校中实施领导艺术的方法。此外,这些风格、方法和实践与教育领导者专业标准之间的关系也将被讨论。在本章内容中,将首先讨论学校领导者的角色和职责,接着对领导风格、方法和实践展开研究,最后给出了一些场景,让读者有机会分析在学校实践领导艺术中发挥至关重要作用的因素。为了帮助读者将教育领导者专业标准与场景中展示的行为关联起来,在整个章节和每个场景的讨论中都会引用这些标准。

21 世纪学校领导者的角色和责任:学习型领导者

21 世纪学校领导者的重点是教学改进、平等、公平程序、授权式领导、关系构建和发展由学习者社区构成的学校组织。当前的著作者、研究人员和组织领导者描述了促进型、远见型、授权型、变革型、交易型和仆人型领导风格,而在过去的理论研究中同样支持该阐述。上述类型领导人会使用的一些方法和做法包括:进行合作对话、组建团队、进行调查和评估、授权他人以及发展学习型社区。这些方法和实践并非包罗万象。然而,他们结合了教育领导者专业标准倡导的行为,并出现在 21 世纪学校领导者的角色和职责的叙述中。

21 世纪学校领导者的角色

采用并利用上述风格的领导者能够建立足够的信任,从而说服他人抛开个人顾虑,去追求围绕共同愿景而制定的学校目标(Bolman & Deal,2003;Du Four & Eaker,1998;Fullan 2002,Lezotte,1997;Lezotte,1997;Sergiovanni,1996;Spillane,2005;The Wallace Foundation,2013)。因此,21世纪的领导力是关于建立具有凝聚力和目标导向的团队,通过团队的共同努力实现目标,最终完成学校使命。领导者建立的团队培养了密切的人际关系,成员们团结在一起致力于通过团队解决问题(Ciancutti & Steading, 2001;Pepper,2010)。

针对标准、能力和问责的运动呼吁学校领导者衡量他们在多大程度上履行了自己的角色和责任。这一运动的核心,尤其重要的就是雇佣能够促进最大限度地提高学生学习的教学类型的教育领导者。这个新角色要求领导者深入调查每个学生的需求,然后为满足这些需求的教学计划的设计和实施提供领导。这种范式的转变对未来的以及实践中的教育领导者产生了巨大的影响,因为它重新定义了他们的角色和责任(Sergiovanni & Green,2015)。

如果教育领导者要达到当前的专业标准,他们必须成为有远见的个人,在整个组织中协作、影响、激励和分配领导力。同时,他们必须有目标地进行领导,了解可用于实现该目标的经过验证的流程,并在头脑中预设期望的结果,进而启动流程的使用(Bryk,2010;DuFour, DuFour, Eaker, & Many, 2010;Green, 2010;Protheroe, 2011)。从本质上讲,21世纪学校的领导者必须拥有不同的技能,从不同的角度看待教育,这不仅影响学校里的个人和群体,也影响社区里的个人和群体。他们必须建立一个目标,并使用一个确定的过程来达到预期的结果(见图3.1)。在关注有效领导者所使用的风格和方法之前,我们先仔细看看21世纪领导者的职责是什么。

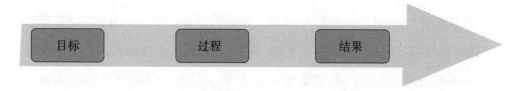

图3.1　21世纪学校领导者的职责

资料来源:Based on the research and writings of Reginald Leon Green. Copyright ? 2003 by Educational Services Plus. All rights reserved.

在过去的十年中,许多研究人员、著作者和组织领导者通过明确教育领导者的新职责,为标准和问责运动增加了深度(Bryk et al. , 2010; DuFour et al. , 2010; Green,

2010；Hull，2012；NPBEA，2015；Pepper，2010；Protheroe，2011；Sergiovanni & Green，2015；The Wallace Foundation，2013）。这些研究人员、著作者和组织领导者的工作揭示了教育领导者的关键职责。这些职责被认为与学生的成就显著相关，由此形成了一个前提，即通过他们的行为，教育领导者可以对学生的成就产生积极的影响。事实上，教育领导者的影响仅次于课堂教学（Leithwood，Shore，Anderson，& Wahlstom，2004）。

在新的职责中，最重要的职责之一——即使不是最重要的——就是成为一个教学领导者，也就是领导学习者。领导者要承担起领导学习者的责任，必须把重点从教学转移到学习，建立强有力的沟通渠道，树立共同的办学理念和社区意识，并在学校建立一套卓越标准来管理学校运作流程和日常工作。（Hull，2012，Institute for Educational Leadership，2006；Lashway，2002，National Association of Elementary School Principals，2007；NPBEA，2015；The Wallace Foundation，2013）。

此外，领导者必须了解当前的课程、教学和评估实践，并在必要时愿意积极挑战现状（Leithwood et al.，2006）。他/她还必须能够影响教师使其专注于核心课程，使学生评估与标准保持一致，然后帮助教师建立使用数据的能力，以此来明确有效满足每个学生需求的策略（DuFour 2002；NPBEA，2015；Protheroe，2011；The Wallace Foundation，2012）。最后，领导者应该让教师参与决策和制定政策，特别是当决策和政策包含课程的设计和实施以及对学生学习的评估时。要使这一实践成为现实，必须为所有教师提供有针对性的专业发展机会。

21世纪的学校领导被要求履行一些重大的责任。对许多人来说，上述的责任似乎已经任务繁重了。不过，有效的领导者仍存在实践中创造协作的环境，建立强有力的沟通渠道，以为提供能履行这些职责的机会。他们应作为学习领导者发挥作用，分配领导责任并建立问责措施，以提高所有学生的学业成绩（Bennis 1995a；DuFour et al.，2010；Fullan，1993；Lashway，1999；Marzano et al.，2005）。很明显，这些责任的确定为标准和问责运动增加了深度。

在本章的剩余部分将讨论的领导风格、方法和愿景，再加上第二章中讨论的理论，构建了学校领导力的理论框架，向教育领导者明确了将这些新职责付诸实践的风格、方法、过程和程序。领导力的四个维度为本讨论奠定了基础。

领导力的四个维度

多年来,孟菲斯大学的研究人员一直在学校领导力领域展开研究。为期 8 年多的研究评估了学校领导者和下属行为以及领导行为对学生学业成就的影响(Farmer,2010;Fee,2008;Green,2010;Hunter – Heaston 2010;William – Griffins,2012),这些研究和其他研究的结果表明,学校领导力存在四个维度:(1)理解自我和他人,(2)理解组织生活的复杂性,(3)通过关系建立桥梁,(4)参与领导力最佳实践(Farmer,2010;Fee,2008;Green,2010;Hunter – Heaston,2010)。下文将简要介绍这四个维度。

理解自我和他人

第一个维度以理解自我和他人为特征,反映了领导者必须获得的关于自己和下属的深度知识。格林(2010)认为,领导者的效能在一定程度上取决于他们对自己的信念和价值观以及下属的信念和价值观的理解程度。领导者通过:(1)理解自己的行为如何影响下属的行为,以及下属的行为如何影响自己的行为来提高自己的效能;(2)确定自己的优势和下属的优势;(3)确定引导自己行为的期望和假设;(4)为自己和下属确定专业提升的领域。

为了让领导者明确自己的信念和价值观,并确定专业发展的领域,格林(2010)确定了一系列的自我评估活动。这些评估工具的综合结果能为领导者提供对自己和他人的理解。该过程所取得的结果是组织的集体效能,这是领导者领导的基础。有了这种集体效能感,就有了一种信念,即组织的愿景和组织成员对实现这一愿景的忠诚度是可能实现的。第一个维度的基本假设是:(1)一个人的信仰和价值观影响着他的行为;(2)领导者的行为影响下属的行为,下属的行为影响领导者的行为;(3)每个人都有自己的优势,如果这些优势被发现,个体就可以利用这些优势成为一个积极的自我激励的人,从而推动组织使命和目标的实现。

理解组织生活的复杂性

第二个维度的特征是理解组织生活的复杂性,假设领导者的效能与他们理解学校组织内外环境中个人的文化、氛围、架构和互动的程度直接相关。该维度的具体目标是:(1)深入理解学区/学校的文化、氛围和架构,以及个人在该架构中的互动方式;(2)发展对构成本组织架构的要素的认识;(3)通过将学区/学校当前的愿景与不符合专业学习共同体①标准和特点的领域进行协调,为学区/学校确立一个令人信服的目标和方向,及(4)识别支撑学区/学校文化和扩大低于既定标准差异的领域的关键因素。

第二个维度的基本假设是学校组织由各种各样的人组成。尽管人们看起来很相似,但实际上他们是非常不同的,而这些差异使他们独一无二。组织由不同文化的个人组成,每一种文化都必须受到尊重。当个人的文化受到尊重时,领导者便可以营造出一种积极的氛围,创建有效和高效的架构,并促进组织中工作人员以及组织服务人员之间的互动,而正是人与人之间的互动使组织得以运作。当组织内运作的个人的需要得到满足时,组织内部环境就将积极发展,而完成使命、任务和目标的愿望也将在内部形成。

通过关系建立桥梁

第三个维度为通过关系建立桥梁,是指学校领导者和其他利益相关者之间存在的关系。格林(2010)的理论认为,要有效地领导一个组织,领导者和下属之间必须建立关系,通过这些关系,可以建立一个良好的学校环境。他提出了四种对领导过程至关重要的关系类型:(1)校长—教师;(2)教师—教师;(3)教师—学生;(4)学校—社区。这些关系在学校内部和外部环境中形成了牢固的联系,正是通过这些联系,组织目标得以实现。

从这个维度出发,学校领导者应认识到有必要利用协作关系,将学区和学校与影

---

①专业学习共同体是以自愿为前提,以"分享(资源、技术、经验、价值观等)、合作"为核心,以共同愿景为纽带把学习者联结在一起,进行互相交流和共同学习的组织。1997年,美国西南教育发展中心首次发表了关于专业学习共同体的描述,并介绍专业学习共同体是由具有共同理念的管理者与教师构成的团队,他们致力于促进学生的学习,并且是进行合作性、持续性的学习。作为一种组织形式,专业学习共同体被认为是促进教职工发展的有力途径,并成为学校变革与改善的有效策略。此后,美国西南教育发展中心在与阿帕拉契教育中心的合作下制定出"专业学习共同体问卷",将其划分为五个主要维度:支持与共享的领导,共同的价值观与理念,合作性学习及其应用,支持性条件和个人实践的共享。——译者注

响学校目标实现的内外因素联系起来。支撑这一维度的三个基本假设是：(1)组织成员将接受他们信任的领导者的政策和做法；(2)相互尊重有助于营造积极的工作环境；(3)公平及实现公平的过程能促进对组织目标实现的承诺。从本质上讲，有效的领导力等同于积极关系的存在，因为它们对于建立和维持获得学校期望成果所需的基础至关重要(Sergiovanni & Green,2015)。

参与领导力最佳实践

第四个维度是参与领导力最佳实践，指在教学过程中使用经过验证的、基于研究的实践，假设在分析数据和确定学生需求时，确定和实现满足每个学生需求的适当策略。学校领导者会评估学生的个人需求，了解经过验证的、基于研究的实践，并有效地实施这些实践。

这四个维度中的每一个维度都包含明确的主体行为原则。它们单独实施时会对学校的计划产生重要影响。然而，当它们同时在学校环境中实施时，就能为有效的领导打下了基础——提高领导效能，促进教师和员工之间建立积极的关系，并使用经过验证的教学实践来提高学生的学业成绩(Green,2010)。

领导者可以选择下文将要讨论的任何一种领导方式。但无论选择哪种方式，如果这四个维度能被有效地实践时，领导者效能都可能得以提升。

领导风格

校长作为学校的领导学习者，肩负着教学领导者的特殊角色。在履行这一角色时，他们将遇到完全可以控制的变量、几乎无法控制的变量和无法控制的变量。在处理这些变量时，确定使用一种风格十分重要，只要被认为能促进每个学生的成功和福祉，即可用来使它们为学校组织增加价值。在第二章中，我们讨论了几种领导理论，并确定了使用这些理论所提倡的风格所能带来的好处。在下一部分，我们将阐述仆人型、变革型和交易型三种领导风格的实际含义。我们之所以选择这些风格，因为它们反映了在新的教育领导者专业标准中展示的主要原则。然而，在选择一种领导风格时，人们常常会对此纠结不已：当我从中选择一种最好的风格时，它能够给我带来什么最好的成效？

服务型领导[1]概述

服务型领导非常尊重与他们共事的个人。他们通过强调和保护学校的价值观来发挥领导作用。在该种领导模式下,权力和权威的使用是不必要的,因为领导者的角色是由他们的下属赋予的(Greenleaf,2002)。他们通常被视为其组织的人力、财力和物质需求的谦逊管理者,并通过优先考虑同事和服务对象的需求,为其组织取得成果(Greenleaf,2002)。例如,一些学校的领导者和教师们一起走访社区,敲开学生家长的门,向家长介绍自己并进行有意义的对话。也可以通过社区内的巴士之旅让教师有机会熟悉他们所服务的人。此外,对更大社区的访问为服务型领导者和他或她的教职员工提供了评估社区需求和了解利益相关者对学校期望的机会。一旦了解了社区的需求,就可以将其纳入决策过程。另一个同样重要的方面是,这一过程向社区的利益相关者传递一个信息:他们学校的领导者尊重他们的价值,并想要满足他们的需求。

教育领导者专业标准中的标准8,其前身为美国州际学校领导者证书协会标准,它提倡教育领导者以有意义的、互惠的、互利的方式让家庭和社区参与其中。为了充分履行这一标准的原则,教育领导者不仅必须与社区利益相关者合作,还必须致力于满足他们的需求。这个标准可以通过使用服务型领导方式来实现。当采用服务型领导风格时,利己主义被服务他人的利益所取代,而成功可以通过追随力[2]的质量来衡量(Greenleaf,2002)。

在下文中,我们将讨论另外两种领导风格:变革型和交易型。我们鼓励你对这两种风格进行对比和比较,并尝试在其中一种风格的实践中发现一些仆人型领导的原则。

---

①国内也有人翻译为仆人型领导。——译者注

②关于追随力的定义,目前得到大部分研究者认同的当属学者撒奇在2006年提出的追随力的定义。追随力定义为:有效执行领导者的指令、支持领导者工作的能力,其目标是达到组织目标最大化。B·凯勒曼(2008)对此概念又做了补充,他从关系的角度对追随力进行定义,认为追随力就是指上下级之间的关系,及上级对下属的行为反应。追随力与领导有效性之间是相互促进的,没有一种绝对有效的领导方式,也没有一种绝对有效的下属模式,只有二者的有机整合才能促进领导有效性的提升。提升追随力要靠领导者领导方式的改进,而追随力的提高必然能够带来领导有效性的不断提高,提升员工的追随力无疑是提升领导有效性的一个比较有效的途径。——译者注

变革型领导与交易型领导

1978 年,伯恩斯(Burns)提出了两种领导方式:变革型领导和交易型领导。在下面的内容中将简要介绍这两种类型。

变革型领导

变革型领导者对组织的未来拥有一个愿景,能够有效地将该愿景传达给下属,并能够让他们理解实现愿景的重要性。交易型领导者让下属参与交流,以获得合作并确保任务完成。这两种领导方式对标准、能力和问责运动都有重要的影响。

伯恩斯(1978)将变革型领导定义为"具有特定动机和目的的人调动资源,以激发、参与和满足下属的动机"(p.18)。这种类型的领导方式发生在领导者与下属互动的过程中,领导者和下属的行为都被提升到更高的动机和道德水平。变革型领导最终会逐渐道德化,因为它提高了人类的行为水平和领导者与被领导者的道德愿望,因此它对两者都有转化作用(Burns,1978)。

使用某种变革型的风格,领导者将与学校内外的下属建立积极的关系。更具体地说,这些关系是指领导者和下属围绕共同的信仰、价值观和规范而联结在一起的关系(Green,2010)。领导者授权下属做出决定和创造文化,使他们能够以协作的方式参与进来。在本质上,他们分享自己的权力,领导分配的任务,并鼓励他人领导、创造、管理和实施满足所有学生需求的教学计划。标准 6 和标准 7 明确提及了变革型领导。这些标准主张教育领导者赋予教师和员工权力和集体责任,以满足每个学生的学业、社会、身心需求。此外,上述标准还提倡教育领导者"为教师和其他专业人员创造工作环境,促进有效的专业发展实践和学生学习"(NPBEA,2015),对这一理论及其实现过程更深入的理解可以在配套书的第一章中找到。

交易型领导

为了实现组织确定的目标,交易型领导者会与下属进行交易。下属有他们努力要实现的需求和愿望,领导者则有努力要实现的目标。因此,交易型领导者与下属达成交换协议:作为以令人满意的方式完成工作绩效任务的交换,下属将获得经济或社会性奖励(金钱、物质或晋升)。领导者和下属之间的关系是较为狭隘的;然而,双方之间仍存在着一系列的相互期望。作为交换协议的结果,领导者能够让下属完成指定的任务,下属则能够获得一系列的经济和/或社会利益。

在某些情况下,教育领导者采取交易型风格是必要的,尽管变革型领导风格是首选。本质上,教育领导者必须能够平衡变革型和交易型领导风格,有效地利用这些理论所倡导的技能和属性,为利益相关者建立明确的期望和目标,为学校的项目带来可预测性和秩序,最终促进学生成绩的提高(Lezotte & McKee,2006)。在使用其中一种、所有三种或任何其他领导风格时,建议充分考虑所使用的领导方法和实践。

领导方法及实践

一些研究者和作家提供了描述当今学校领导者应该知道和能够使用的方法和实践(Bennis,1995a;Irby,Brown,Yang,2009;NPBEA,2015;Sergiovanni & Green,2015;Spillane,2005;The Wallace Foundation,2012)。他们主张,领导者应该发展和管理与学区中心办公室人员和学校董事会成员的富有成效的关系。他们还描述了领导者应该展示的行为,并提供了证据以证明领导者行为的道德和伦理对确保学校组织的公平和多样性的重要性。无论是这些实践还是其他实践都是为积极影响当今学校教育领导者的效能。下面的内容将介绍一些值得关注的主要领导方法。

授权型领导

对于个人而言,领导一所学校走向卓越已经是难度不小的任务。当今的学校领导者中有一大批拥有各种技能的人才,他们能够在以非传统方式构建的学校中发挥作用(Spillane,2005;The Wallace Foundation,2012)。当前对学校领导者的要求需要他们了解学校人员,了解当前的趋势,增进学生和教师之间的文化理解,支持使用多样化的教学方法。因此,领导者和下属必须分担领导责任,考虑所处环境的关键方面,包括组织惯例、结构和工具（Spillane,2005；The Wallace Foundation,2012）。

在教学领域，分担责任的过程被称为授权型领导，学校领导者在领导团队成员之间分享教学计划的各个方面。正是意识到"领导者—跟随者"模型是带有严重局限性的，领导团队才得以组建，团队中的各种成员从事分析学生成绩数据，确定教学策略，指导专业发展活动，开展行动研究，以确保教学程序满足每个学生的需求。在某些情况下，教师成为教学促进者、领导型教师、教学影响小组成员、教师导师，并以其他做决策的形式来进行服务。

集体效能

在整个学校组织中，领导能力分配的一个主要要求是全体教职员工的集体效能。教职员工们必须拥有共同的信念，即他们所在集体有能力产生所期望的结果。当然，从教师的角度来看，他们认为自己的努力总体上会对所确定任务的结果产生积极影响（Goddard,Hoy,& Hoy,2000），然而，这是一个21世纪的教育领导者理所当然应该产生影响的行为，因为为了实现改善教学的目的，教师必须具备参与变革的能力（Fullan,1999）。当全体教职员工认为他们有能力执行对学生产生积极影响所需的行动时，集体效能就产生了。他们愿意分担教学改进的责任，并且对实现目标的承诺得以加强（Bandura,2000；Goddard et al.,2000）。在标准6的内容中，提倡采用更多的实践和程序来有效地分配领导责任。

在学校组织中找出某个合适的人选，能够有效分担和提高每个学生学业成绩的工作和责任，这已成为一种普遍做法。在配套书的第九章中，详细介绍了一个分布式领导①模型，以阐述这一概念。该模型被称为"教学影响团队模型"，正在被广泛用于改

---

①"分布式领导"也翻译为"授权式领导"，根据台湾学者赖志峰对"分布式领导"这一名词的文献学分析，指出与"分布式领导"类似的名词颇多。麦克贝思、奥杜罗与沃特豪斯（2004）认为授权领导、分散式领导、分享式领导、合作式领导、民主式领导、教师领导等是六种领导名词。阿罗史密斯（2005）认为分享式领导、合作式领导、民主式领导、分散式领导是类似的名词。斯皮兰（2005,2006）认为人们经常将合作式领导、分享式领导、共同领导、民主式领导、团队领导、情境领导、分布式领导交错运用，同时也被视为等同转型领导或其某一类型来做讨论。参见：赖志峰，分布式领导理论之探究——学校领导者、下属和情境的交互作用，国民教育研究学报，2008年第20期，第91－92页。——译者注

善成绩不佳的学校。利用这个模型,学校领导者建立全体教师的集体效能,选择对实施和维持教学变革有共同愿景的教师领导者,并与他们合作以加强教学改进(Green,MCNeal,& Cypress,2009)。

领导力的道德维度

有许多著作者认为,21世纪的学校领导者必须是道德代言人,他们应准备好解决学校中出现的道德困境(Fullan,1999;Goodlad,1998;Sergiovanni & Green,2015;Strike,Haller,& Soltis,2005)。这些著作者认为,客观的伦理思考是可能的,并应该被学校领导者使用。对其推理提供支持的两条原则是利益最大化和平等尊重。

利益最大化原则

每当学校领导者面临一个选择时,最好和最公正的决定是能够给大多数人带来最大利益的决定(Strike et al. ,2005)。这一原则根据行为的后果来判断行为的道德性(Strike et al. ,2005)。一旦领导者意识到什么是标准,最佳决策就是既满足标准,又最大限度地提高质量结果的决策。例如,根据教育领导者专业标准,每个学生的学业成绩是体现有效学校的基本特征,因此这是一个应该最大化的特征。

当今学校的领导者应该拥有共同的目标和愿景,寻求共同的目标。在支持道德化领导时,他们应该考虑学生、教师、家长和自己的最大利益,然后作出决定,从而促进大多数学生的学业成就。最能吸引人们的领导,是首先拥有服务他人的愿景,并且在必要时愿意牺牲个人,以实现他们的想法的类型(Greenleaf,2002)。领导者应该承担责任,使大家感到受欢迎、被需要,并成为他们所属学校的一部分:这是领导力的心脏、头脑和双手(Sergiovanni & Green 2015)。

平等尊重原则

这一原则认为,学校领导的行为方式应尊重道德主体的同等价值(Strike et al. ,2005)。它要求他们将人视为具有自身内在价值的人,并用相应的态度对待他们(Strike et al. ,2005)。要在当今的学校中遵循这一原则,学校领导者必须尊重他人的信仰和价值观。学校领导者不能把他人当作实现学区或学校既定目标的手段和工具,就像案例中的罗宾逊主管那样。相反,领导者必须承认他们的下属有自己的信仰和价值观,即使与领导者的不一致,这些信仰和价值观也必须得到尊重。另外,针对下属的能力或才能,即使每个人有差异,学校领导者也必须平等地对待他们(Strike et al.,2005)。阻碍进步的无效行为模式必须被有助于管理变革的过程所取代,领导者的行为必须在完成组织任务和与利益相关者建立关系之间寻求微妙的平衡。最重要的是,领导者对学校、教师、儿童、父母和社区的信念构成了学校改进领导力的基础(DuFour et al.,2010)。

当今学校领导者所面临的挑战似乎证明,应该使用利益最大化和平等尊重的原则。此外,教育领导者专业标准的第2项和3项同样提倡使用这两个原则。表3.1列出了有效学校领导者应具备的同时与标准2和标准3相关的构成概念罗列出来。你可能希望浏览此列表内容以确定对自己有意义的结构概念。在后面的章节中也将再次探讨领导者行为的道德方面内容。

表 3.1　构成有效领导者性格的领导力概念

同情	正直	信任	沟通
说服力	性格	知识	机智
洞察力	坚韧	远见	外交
敏感度	激情	管理	预见性
尊重	承诺	尊严	勇气
创造力	智慧	一致性	决断力
和谐	道德	公平	公正
诚信	魅力	多样性	诚实
组织	坚韧	计划	开放
道德	谦逊	及时性	适应性
支持	想象力	责任感	
推理	准确性	判断	
可靠性	影响	逻辑	

资料来源:© Reginald Leon Green.

协同领导

学校领导力的主要方面之一是目标的统一,它围绕着共同的愿景和使命,以及共同设计的目标。当共同的愿景和任务以及共同设计的目标被确立,协同作用就在组织中得到发展。有了团队合作,教职员工个体与他人的合作便变得富有创造性,不同的意见也将得到重视。团队成员均乐于接受新的想法,团队中的消极能量会被成员寻求相互理解的氛围所取代,同时也促进了更好的职位浮出水面。教育领导者专业标准第7项主张有效教育领导者应"培养专业社区的教师和其他专业人员,以促进每个学生的学业成就和幸福"(NPBEA,2015)。具体来说,该标准规定,有效的教育领导者应"建立和维持参与式的专业文化,并致力于完整儿童发展的教育有关的共同愿景、目的和目标的参与和承诺;对专业工作抱着高期望;开展道德和公平的实践;开展信任和开放的沟通;并致力于协作、集体效能和持续的学习和改进。"(PSEL 7C,NPBEA,2015)。当组织中存在协同作用时,上述情况更能得以实现。图 3.2 展示了学校组织中的协同作用。

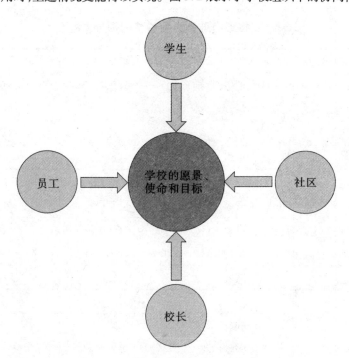

图 3.2　学校组织中的协同关系示意图

资料来源:Author created.

与传统教育领导实践有所不同,与多样性和性别平等相关的思想和问题已被提到人们眼前。正如教育领导者专业标准第3项所提倡的,教育领导者应确保发展公平和有文化响应的学校组织。女性在领导角色中的地位是一个发生了明显变化的领域。当今,女性领导者的贡献得到了认可和表彰。曾经由男性主导的职业也已经逐渐变得更开放、多样化,正直、公平、透明、信任、协作、坚持不懈、学习和不断改进的专业规范正在得到发展(PSEL 2)。

运用所提倡的实践和程序,教育领导者将四种主要组织力量的相互依赖要素提到了眼前:(1)领导行为,(2)组织结构,(3)外部力量,(4)个人的态度、信念和价值观(Leonard & Jones,2009)。伦纳德和琼斯(2009)在报告中提到,艾尔比、布朗和杨(2009)将这些组织力量进行了定义:

领导行为:在操作上被定义为处于领导地位的男性和女性都具有的特征性行为,其范围可能从独断式到培养式。

组织结构:从操作上被定义为组织结构的特征,其范围从协作的男女平等主义风格到严格的官僚主义风格。

外部力量:在操作上被定义为组织外部且不受组织领导者控制的因素。

态度、信念和价值观:在操作上定义为指导原则的基础,通过行动来影响领导行为。

在深入理解了协同领导的原则之后,领导者可以构建相应的理论框架,将多样性作为有效学校领导力的一项有意义的贡献因素。运用这些原则,领导者利用组织中所有个体的才能,认识到女性在不使用攻击性风格或男性行为方式的情况下同样能进行领导。相反,他们可以有效地使用协作方法做出具有挑战性的决策,同时牢记为组织服务的个人需求(Irby et al. ,2009)。

领导者—下属关系

罗伯特·丹泽(2000)的研究与仆人型领导相一致,在本章的前面已经提到此内容。根据丹泽(2000)的观点,领导者能够与下属建立和发展关系是至关重要的。学校是一个社会系统,在此系统中,个体之间存在着互动。因此,领导者如何与下属互动是影响其效能的一个因素。这个过程的关键不是领导人说什么,而是他们做什么。丹泽认为领导者应该表现出九种力量:(1)品质,(2)创新,(3)灵感,(4)毅力,(5)激情,(6)性格,(7)魅力,(8)精力,(9)热情。这些力量与十项教育领导者专业标准所倡导的职责相一致。若把它们付诸实践,学校领导者就可以制定共同的愿景,建立学习社区,并激励下属成为有创造力的、有创新意识的思考者。

沃伦·本尼斯的领导理论①

另一位更深入地探讨 21 世纪学校领导者应该如何领导的理论家是沃伦·本尼斯。本尼斯(1995b)在花了数年时间研究领导力后,从领导与管理区别的角度指出,领导是做正确的事,而管理是正确地做事。正确地做事包括计划、组织和监督等活动,而做正确的事则要管理包括注意力、意义、信任和自我四个方面(P.396)。根据本尼斯(1995b)的观点,领导者通过高度致力于强烈的愿景来管理人员的注意力。他主张,当领导者使用语言和图像使想法看起来真实和切合实际时,他们就可以管理意义;领导者可以通过证明自己的信念是可靠的、一致的和始终如一的,以此来管理信任;而关于第四个方面的自我,领导者则可通过了解自己的技能并有效地运用它们来进行管理。他们应从错误中学习,并专注于成功,而非失败(P.397)。掌握了十项教育领导者专业标准后,有抱负的学校领导者很可能能够有效地管理这四个领域。

史蒂芬·柯维②的领导力成长路径

另一位学者史蒂芬·柯维概述了一系列适用于当今学校领导者的领导特征和品

①沃伦·本尼斯(1925—2014)是美国当代杰出的组织理论、领导理论大师。他认为领导者都具有的四项能力是:注意力管理、意义管理、信任管理和自我管理。注意力管理的要点是有效的愿景,这一愿景是别人愿意共同享有的,并且能够提供通向未来的桥梁。意义管理则要求有能力成功地传达愿景。而信任对所有组织都是根本性的,其核心是可靠性(或者说是坚定性)。自我管理意味着知道自己的技能并能有效地运用。——译者注

②史蒂芬·柯维在《高效能人士的七个习惯》一书中总结了高效能人士的七个习惯:习惯一,积极主动——个人愿景的原则;习惯二,以终为始——自我领导的原则;习惯三,要事第一——自我管理的原则;习惯四,双赢思维 ——人际领导的原则;习惯五,知彼解己——同理心交流的原则;习惯六,统合综效——创造性合作的原则;习惯七,不断更新——平衡的自我更新原则。该书中文版由中国青年出版社 2011 年出版。——译者注

质。柯维(2013)解释道,高效能的人会养成七个习惯,它们跨越了从依赖期到相互依赖再到独立期的连续过程。习惯可以分为三个部分:(1)内在的或自我的感知、理解与诠释,(2)与环境的互动,(3)自我更新。从依赖走向独立阶段,高效能人士将变得积极主动、以终为始、要事第一。当人们即将走向相互依赖时,将具备双赢思维,知彼解己,并努力实现统合综效。一旦这些习惯形成,他们就会不断地"磨快锯子",这就是自我更新。在下文内容中将简要介绍这七个习惯应如何应用于21世纪的学校领导者中。

柯维七个习惯的内涵

积极主动 柯维说,高效能人士是积极主动的,他们试图了解自己和他人。然后,他们主动采取行动并对自己的行为负责,因为他们认为,重要的不是发生在自己身上的事情,而是应如何应对发生的事情。当领导者进入学校时,他们必须为领导力打下基础。正如之前在"领导力的四个维度"一节中所讨论的,为了有效地发挥作用,学校领导者必须主动培养对自我的理解。通过发展自我理解,他们可以扩展他们的个人素质,这将提升成功的潜力。

以终为始 柯维建议,领导者在开始推进领导的过程时,要对预期目标有清晰的认识。通常,这个习惯被教育领导者专业标准当作组织未来的愿景。在本章前面也讨论了目标、过程和结果。以终为始,领导者一开始就制定一个目标,并且可以确定始终围绕此目标的过程方式来实现。在这种情况下,这个从开始就被制定的目标被称为"终点"。不管它叫什么,如果不了解期望的目标,就很难确定明确的方向和实现期望目标的过程和程序。因此,教育领导者必须掌握提倡有效的教育领导者提出并制定共同的使命、愿景及高质量的教育和每个学生的学业成功和幸福核心价值观的教育领导者专业标准1。

要事第一 设定事务优先等级是有效领导的一个重要因素。有效的领导者必须时刻控制自己的时间并知道如何利用时间。在组织中工作的个体都会有需求和愿望,为了满足这些需求,他们会对领导者提出要求。理解他人并了解他们的需求,领导者可以相应设定优先级,并投入时间以发展关系,最终实现目标。

双赢思维 由于学校工作的相互依赖性,领导者必须发展关系来完成任务。因此,柯维的双赢思维习惯是可适用的。通过养成这一习惯,领导者意识到应在决策中与每个人合作能帮助提升取得成果的可能性。因此,在做每一个决定时,领导者应该关注通过双赢的思维来建立和维持积极的关系。

知彼解己　有效的沟通是维系学校组织的黏合剂。因此,学校领导者应深入了解下属的基本想法以作为参照标准,倾听他们的想法,以理解和认识到重要的不在于信息的发送者传达的信息本身,而在于信息接收者的理解。教育领导者专业标准 8 探讨了学校领导者成为有效沟通者的必要性,第五章对此进行了更深入地探讨。

统合综效　让学校组织中的人一起工作来实现预期目标是一种有很大好处的做法。它是一种协作形式,促进了分配型领导,并促进了对建立教师集体效能的需要的承认。有效的领导者认识到,整体大于其各部分的总和,因此,他们努力实现协同统合综效。

不断更新　学校领导艺术是非线性的,因此,即使选择了一种最好的方法也未必能很好地工作。当领导者对自己的行为进行反思时,得到对领导者行为的反馈是非常有益的,这种反思成为持续学习过程的一部分(Sergiovanni & Green,2015)。因此,有效的学校领导者应该不断地提升个人素质,这对于发展和维持有效的学校组织是至关重要的。

除了以上七个习惯外,柯维(1992)在《领导者准则》第一章中提出了以原则为中心的领导的八个特点。他指出,"以原则为中心的领导者"要:(1)不断学习,(2)以服务为导向,(3)保持积极的精力,(4)相信他人,(5)平衡生活,(6)把生活看成一场冒险,(7)是协同思维者,(8)不断更新自己。这八种强大的品质建立在七个习惯的基础上,并在之前引用的许多理论家的文献中得到强调。

21 世纪学校的角色

本章对 21 世纪学校领导者的个人素质和风格的理论和实践进行了着重的阐述(见表 3.2)。考虑到本书的主要重点是教育领导者专业标准所明确的领导学校的个人行为,因此这是合理的。然而,在考虑到教育领导者专业标准 9 的内容,本书对学校领导者的管理职能也进行了讨论。

管理在 21 世纪学校中的作用

达夫特(1999)提出管理需要组织架构来完成既定的计划,为该架构配备员工,制定政策、程序和系统,指导员工并监督计划的实施。它是一个产生稳定、可预测性、秩序和效率的过程。良好的管理有助于组织持续取得短期成果,并满足各种利益相关者的期望(Daft,1999)。在回顾教育领导者专业标准 9 时,你可能会注意到达夫特对管理的定义与该标准所倡导的一致,该标准中同样提到了组织、操作、资源、安全、效率和效能等概念。这些概念引用的元素在学校中至关重要,很难否认它们的重要性。

彼得·德鲁克为管理职能的重要性提供了支持,他指出教育领导者应该执行的 14 项管理实践:(1)计划和组织,(2)解决问题,(3)明确角色和目标,(4)通知,(5)监督,(6)激励和启示,(7)咨询,(8)委托,(9)支持,(10)发展和指导,(11)管理冲突和团队建设,(12)交流联络,(13)认可,(14)奖励。德鲁克(1995)将他的功能列表分为三类:(1)任务导向行为,(2)关系导向行为,(3)变革导向行为。本书第二章对任务和关系的二分法进行了清晰的描述。

领导当今的学校

为了提高学生的学习成绩,教育领导者必须履行各种管理职能。他们必须雇用一支高素质的教学队伍来监督学生的进步,以便在必要时进行教学改革,制定计划以使教师知道和理解行动的顺序,并建构有效的教学和学习组织。此外,他们必须参与制定政策和程序,指导个人的行为,协调角色和职能,促进沟通和决策。最后,由于学校有大量的项目在运作,他们还必须制定预算,使财政资源与项目需要保持一致。

当有效的管理实践和程序被实施时,学校领导者可以向学区中心办公室管理人员、利益相关者、家长和其他社区领袖保证,学校正在以高效和有效的方式被领导。

除了本章提到的领导风格、实践和方法外,还有许多其他的方法、实践和假设可以阐述有效的学校领导者的素质和属性。其中许多将在后面的章节中讨论。

接下来的场景让你有机会进一步了解领导者的性格,并应用于表 3.2 中列出的一些概念以及本章所讨论的理论原理。本章中出现的支撑理论有助于进一步为所选择的概念和其他对领导力产生的组织影响力奠定基础。

表3.2 21世纪学校领导的领导风格和理论

理论	研究和模型的作者	主要关注点	基本假设	对学校领导力的启示
领导力的四个维度	格林,2011	21世纪学校领导的性质和复杂性与领导者的行为、他们对下属的影响、组织架构以及影响学生学业成绩的其他因素有关	当学校领导者在四个维度的实施变得高效时,他们将增强有效领导21世纪学校的能力。这些维度为领导者提供了一种协作领导学校的综合方法	学校领导者应该培养对自我和他人的理解。了解组织生活的复杂性,通过关系建立桥梁,并参与最佳领导力实践
仆人型领导	格林利夫,2002	领导者把主要关注点放在满足下属的需求和获得他们的信任和尊重上的一种领导风格	当领导者高度重视下属时,就没有必要使用权力和权威,因为下属愿意接受领导者的领导	学校领导应该以全体教职员工的最大利益为出发点,总是做出有效的努力来评估和了解他们的需求
变革型领导	伯恩斯,1978	领导者的动机和目的在于调动资源,以调动、参与和满足下属的动机	领导者通过与其他个体互动,从而将自身和下属提升到更高的动机和道德水平	学校领导者应与教职员工建立积极的关系,赋予他们决策权,并创造使他们能够以合作的方式参与进来的组织文化
授权型领导	斯皮兰,2005	学校的教学职责由教职员工共同承担	所有教职员工都应该在解决决策问题上发挥作用,特别是在他们必须执行这些决策或将对结果负责的情况下	学校领导者可以评估教职员工的能力,培养教学和/或教师领导者,并影响他们使其分担向学生提供教学服务的责任

（续表）

理论	研究和模型的作者	主要关注点	基本假设	对学校领导力的启示
期望理论	弗罗姆,1969	一种侧重于下属能力的动机理论,激励他们愿意为完成一项任务花费精力,重视对完成任务所带来利益	如果教师有能力达到预期的结果,他们就会有动力去完成任务,并会得到他们珍视的奖励	学校领导可能会确定下属的兴趣和能力,并相应地分配任务,确保个人将得到的奖励对他们来说是有价值的
协同领导	艾尔比等,2009	多样性的重要性和在职场中女性的话语权	通过尊重多样性,领导者可以建立一个有效的框架	学校领导者应该尊重所有教职员工,并给予他们话语权
领导—成员交换理论	克莱门斯等,2009	领导者和组织其他成员之间建立的关系	领导者和组织成员之间的积极关系是提高领导者效能的一个重要因素	学校领导者应该鼓励与学校组织内外人员建立积极的关系

资料来源:Based on The Four Dimension of Principal Leadership:A Framework for Leading 21st Century Schools by Green,R. L. (2010). Boston:Allyn & Bacon.

相关场景

在场景 2 中,领导者对她的风格进行了一些调整,以适应教职员工态度的变化。这展示了成人动机、学校文化和氛围的影响,以及在与传统教师合作方面有效的领导行为。此外,该场景还展现了如果领导者远远走在下属前面会发生什么。在该场景中探讨了教育领导者专业标准 2 和标准 9。

在场景 3 中,雪莉·约翰逊校长对科学课程进行了重大变革,并得到了全体教师的配合。她所使用的领导风格和策略是有远见的,并反映了教育领导者专业标准 1 所提倡的风格和策略。

通过研究这些场景,你有机会比较和对比两种不同的领导风格,并分析教育领导者专业标准 1、2 和 9 在实际使用情况中所起到的作用。

场景 2
弗罗斯特的新校长

标准 1

有效的教育领导者应为每个学生的高质量教育、学业成功和幸福发展、倡导和制定共同的使命、愿景和核心价值观。

标准 2

有效的教育领导者应按照道德规范和专业规范行事,以促进每个学生的学业成功和幸福。

标准 9

有效的教育领导者应管理学校运营和资源,以促进每个学生的学业成功和幸福。

弗罗斯特小学位于美国南部大都市的内城区,拥有 1100 名学前班到六年级的学生。这所学校学生人员的种族/社会经济构成是非裔美国人和穷人。教职工中白人占45%,非洲裔占 55%。尽管学区已经废除种族隔离多年,弗罗斯特的招生仍然完全是非洲裔美国人。

与城市和州其他学区学生相比,该校在用来衡量学生进步工具的成绩测试分数上多年来一直处于该学区的最低水平。肖先生在学校担任校长 15 年,大多数教职员工认为他是一个爱孩子、最关心孩子的人,他总是在社区里向父母传达他对孩子、学校和社区的关心。肖先生学识渊博,与教师们一起努力完善学校的教学计划。然而,尽管他付出了努力,成绩仍然很差,违反纪律事件发生率也很高。在他任期的最后 5 年里,学生的平均日出勤率在84%到86%之间波动。不论如何,他的传统教学计划还是得到了教职员工的大力支持。此外,这所学校负债数千美元,而且几乎不存在筹款活动。

随着新校长的任命以及教育改革和学校重建①的推进,肖先生退休了,斯特林博士

---

①原文为 restructring,也译为"学校重整"。自 1980 年代以来,美国对于学校教育的环境与结果不满意,于是兴起了第二波的教育改革,"学校重整"成为新的教育运动。透视学校重整的运作,可发现其受到民主参与、市场机制、绩效责任、专业自主等意识形态影响甚深,故而重建并不仅涉及学校内部组织的重组,教与学的核心以及教师、家长、学生的彰权益能皆是重要内涵。哈林格,墨菲与豪斯曼(1993:22)即曾指出学校重整是在根本地转变教育系统中的基本要素,这个重新改造学校教育的过程同时涉及三个层面:(1)学校组织结构的分权化(例如学校本位管理);(2)教师、家长、学生的彰权益能,并据以重塑教育系统(如侧重学校计划、提升学校决策中教师与家长的发言权、教师的新角色与责任);(3)教室中教与学过程的转变。墨菲和贝克(1995)整理了美国学校本位管理的三类模式:行政控制模式、社区控制模式和专业控制模式。——译者注

被任命为校长。在被任命后,她收到指示,要用某种形式的校本管理①来提高弗罗斯特小学学生的成绩。在她工作的第一周,她向全体教职员工发送了以下备忘录。

弗罗斯特小学

致教职员的备忘录

发件人:帕特丽夏·斯特林博士,校长

回复:学校改善专责小组

日期:2011 年 8 月 21 日

　　我想请求大家报名志愿者加入一个专责小组,以制订行动计划,改善弗罗斯特的教学项目。专责小组的职责之一是调查全体教职员工,以确定他们对项目改进的想法、建议和意见。专责小组的工作非常耗时,然而,这些成果将推动我们进入 21 世纪甚至走得更远。

　　如果您有时间,请在 2011 年 9 月 1 日前通知我的秘书。感谢您在此事上的合作。

---

　　9 月 1 日,斯特林博士向她的秘书索要志愿者名单,但发现没有得到回应。有传言说,新校长为全体教职员工准备了大量的工作,而全体教职员工在维持纪律上已经疲于应对了。

组建专责小组

　　由于没有招募到志愿者,校长从每个年级挑选了一名教师加入工作组。被选中的人对此感到不太情愿,然而,他们还是接受了校长的邀请,并参加了 2011 年 9 月 5 日的第一次会议。随后的会议(斯特林校长和专责小组之间)每周举行一次,一直延续到 10 月 2 日,该计划已有部分付诸实施。

---

　　①校本管理,即以学校为本位的管理。《美国教育百科全书》的解释是:"校本管理就是一种通过向学校系统下放权力以提高公立学校质量的策略。在实施校本管理的地方,应把相当大的决策范围的权力,诸如经费预算、人事管理和课程设置下放给地方单位、校长、教师和家长,每个人都参与决策。"(Edward L Dejnozka and David E Kapel. American Educators' Encyclopedia[M]. Greenwood Press,1982.)也就是说,校本管理的实施主要在于通过将决策权力层层下放至最基层单位——学校,以此达到提高教育管理效率和教育质量的目的,从而我们可以将校本管理的特点简单概括为"三点一线"。三点,即财政自主、人事自主和课程自主,一线,即共同参与决策。扩大学校管理的自主权是校本管理的核心,财政、人事和课程可以说是一所学校最核心的三个工作要点,这三点决定着学校的兴衰成败,因此也就是抓好学校工作的关键点。(参见:韩伏彬,董建梅:《美国特许学校的校本管理》《现代中小学教育》,2007 年 07 期)——译者注

制订计划

专责小组花了约40小时来拟订该计划。在阅读过布拉德利的《学校全面质量管理》后,校长向专责小组介绍了亲和图①、鱼骨图②和帕累托图③。阅读布拉德利的书将有助于你充分了解实施这些技术的过程,这是在评估一所学校的普遍条件中会使用的好方法。对这些技术的总结见第五章。

弗罗斯特小学的教职员工使用亲和图进行头脑风暴,并明确了需要解决的问题。亲和图使斯特林博士能够组织专责小组使用头脑风暴会议的成果。运用这种设计,所有的信息都可以被整合。鱼骨图(因果关系图)被用来获得如何从当前现实到既定目标的整体图景。使用这种设计,可以确定可能导致问题的元素及其因果关系。帕累托图(一种简单的排列图)时被用来确定各种具有挑战性的学校问题的优缺点(对问题进

---

①亲和图(KJ法/Affinity Diagram),为日本川喜田二朗所创,亲和图也叫KJ法/A型图解,KJ分析法的工具是A型图解(A型图解只适用于需要时间研究解决的问题,不适用于要立即解决的简单问题),就是把收集到各种大量的数据、资料,甚至工作中的事实、意见、构思等信息,按其之间的相互亲和性(相近性)分类综合分析,使问题明朗化,并使大家取得统一的认识,有利于问题解决的一种方法。在解决重要问题时,将混淆不清的事物或现象进行整理,以使问题得以明确,使用亲和图是很有效的一种方法。通过亲和图的运用,可使不同见解的人统一思想,培养团队精神。KJ(亲和图)法的核心是头脑风暴法。——译者注

②鱼骨图(fishbone Diagram)(又名因果图、石川图),指的是一种发现问题"根本原因"的分析方法,由日本管理大师石川馨先生所发明,故又名石川图。鱼骨图是一种发现问题"根本原因"的方法,问题的特性总是受到一些因素的影响,通过找出这些因素,并将它们与特性值一起,按相关联性整理而成的层次分明、条理清楚,并标出重要因素的图形就叫特性要因图,它看上去有些像鱼骨,问题或缺陷(即后果)标在"鱼头"外,在鱼骨上长出鱼刺,上面按出现机会多寡列出产生问题的可能原因,有助于说明各个原因之间是如何相互影响的,因其形状如鱼骨,所以又叫鱼骨图。它是一种透过现象看本质的分析方法,又叫因果分析图。其特点是简捷实用,深入直观。——译者注

③帕累托图(Pareto chart)是将出现的质量问题和质量改进项目按照重要程度依次排列而采用的一种图表,是以意大利经济学家V. Pareto的名字而命名的。帕累托图又叫排列图、主次图,是按照发生频率大小顺序绘制的直方图,表示有多少结果是由已确认类型或范畴的原因所造成。帕累托图可以用来分析质量问题,确定产生质量问题的主要因素。从概念上说,帕累托图与帕累托法则一脉相承,该法则认为相对来说数量较少的原因往往造成绝大多数的问题或缺陷。帕累托法则往往称为二八原理,即百分之八十的问题是百分之二十的原因所造成的。帕累托图在项目管理中主要用来找出产生大多数问题的关键原因,用来解决大多数问题。帕累托图能区分"微不足道的大多数"和"至关重要的极少数",从而方便人们关注于重要的类别。通过对排列图的观察分析可以抓住影响质量的主要因素。——译者注

行排序,并将主要问题与次要问题分开),并确保所选择的实施方案将是有效的。最后将研究报告提供给教职员工,而教职员工又向专责小组提供关于他们工作的反馈。在已确定的问题中,最主要的是学生纪律问题。因此,专责小组向校长提出建议,改善全校的纪律应是首要处理的问题。斯特林校长接受了这一建议,在全校范围内提高学生的行为表现成了当务之急。

实施计划

斯特林校长认识到教师需要专业发展才能有效地推行学科领域的新计划,因此再次要求专责小组评估教师的专业发展需要。绝大多数的教师都选择接受各种方法的培训,这些方法包括为当前的儿童而采用的严格的纪律、有尊严的纪律以及纪律技巧。此外,教师们要求斯特林校长正式制定全校范围的纪律计划,并在教师会议期间安排研讨会,以便教师们能够开始在课堂上实施各种方法和技巧。他们还要求斯特林博士积极招募男性教师,以便为学生提供男性榜样。在总结他们的工作时,专责小组明确表示:"为了使新项目取得成功,所有教职员工都必须参与其中,没有例外。"

在随后与专责小组举行的会议上,通过了开放学校和家庭之间的联系渠道的决定,以便家长们不会感觉自己没有共同参与到这一过程中。斯特林校长还宣布实施一项"开门交流"政策,定期召开学校会议,向家长通报学生的表现适当和不适当的行为。与家长的沟通包括电话、教师笔记和每月的信息日历。学校安装了自动电话系统,并建立了一个网站,让家长了解学校的所有活动。

计划的结果

计划实施的第一年里,因学校纪律严明,80名学生被停学。家长们非常沮丧,并表示前任校长在职时他们从未有过这样的问题。然而,管理部门、教师和员工们都很坚定。学校举办了以为人父母的技能和行政、教师和工作人员正在执行的公平、坚定和一致的政策为话题的家长讲习班。第二年,校外停学人数下降到10人。纪律得到了改善,教职员工们能够专注于教学计划。

在纪律开始改善之后,斯特林校长转向了教师们列出的第二项问题:课程、教学和评价。她再次要求个人志愿申请加入一个委员会,而这一次的反应却和上次大不相同,16 名员工自愿参加。斯特林校长顺理成章地接受了所有 16 名志愿者,委员会开始工作。经过三周的讨论,委员会决定学校必须进行彻底的改革。学生经历了一个夏天后成绩的倒退(未能保留前一年的资料)抵消了他们在前一年取得的任何成绩,因此全年制教育①被确定为学校追求的教育方向。

继续推进改革

为了继续在弗罗斯特小学作出改进,学校成立了小组委员会,负责推行各项计划,并经常举办筹款活动。教师在社区与家长会面,教学规划会议也在持续进行。随着全年制教育的规划和实施,弗罗斯特小学成为教育界的热门话题。当地大学的教授对这所学校很感兴趣,经常要求能被允许帮助实施项目。来自其他城市、州和国家的学校的参观者经常来参观,斯特林校长收到并接受了各种地方、州和国家层面的会议邀请。斯特林校长任职的第四年结束时,学校纪律得到了改善,全年制学校的概念已经实施,大部分教职员工支持本地化管理理念。然而,教师流动率在 10% 以上,有些是校长主动提出的,有些是教师主动提出的。

反思性思考

领导行为的关键方面

• 学校领导者制定战略计划,进行沟通,建立共识,并运用谈判技巧持续改进学校。

• 学校领导者运用动机理论,了解系统、组织和个人的变化过程,并表现出指向学生学习是学校教育的根本目的的行为。同时,他们也认识到学校的文化是变革过程中的一个因素。

• 学校领导者通过自己的行为展示了共同利益的理想实践,并愿意为了学校的利益而牺牲自己的利益。他们以建设性和富有成效的方式利用自己的办公室,为所有学生和家庭服务,并建立了充满爱心的学校社区。

---

①美国的全年制教育(Year-round education)是区别于一学年两个学期,三个月暑假的传统学制的教育教学组织形式,全年制教育的共同特点是将三个月暑假分散在全学年中,以期达到提高教育教学质量的目的。——译者注

教育领导者专业标准1、2和9的要素

有效的领导者需要做到：

1B：与学校和社区成员合作，利用相关数据，为学校制定和促进共同愿景，以实现每个儿童学业和发展成功，及促进上述成功的教学和组织实践。

1D：策略性地发展、实施和评估行动，以实现学校的愿景。

1F：在学校和社区内建立对使命、愿景和核心价值观的共同理解和承诺。

2C：以儿童为教育的中心，对每个学生的学业成功和幸福负责。

2E：具有良好的人际关系和沟通技巧，具有社会情感洞察力，了解所有学生和员工的背景和文化。

9B：战略性地管理员工资源，分配和安排教师和员工的角色和职责，优化他们的专业能力，从而满足每个学生的学习需求。

9G：开发维护数据和通信系统，为教室和学校的改进提供可操作的信息。

9I：发展和管理与附属学校和相关学校的关系，以维护招生管理和课程与教学的衔接。

反思性问题和场景分析

1. 你将如何描述斯特林博士对弗罗斯特小学的愿景？你将如何评价她向全体教职员工阐明这一愿望的效能？

2. 斯特林博士的领导特质和特征与教育领导者专业标准1和标准2的要求以及本章所讨论的理论在多大程度上是吻合的，请阐述观点。

3. 你认为她在弗罗斯特小学加强教学的努力中，哪些特质和特点是产生最大益处的？

4. 考虑到教育领导者专业标准1的要求和本章所讨论的理论，如果你选择作为弗罗斯特小学校长，你会采用哪种领导行为？你将要如何解释使用这些行为？

5. 作为校长，如果你想最大限度地提高对学校改进的自主权和责任感，你会修改最初的备忘录吗？如果会的话，如何修改？

6. 斯特林博士有权指派教职员工加入这个特别专责小组吗？这不是专制行为的

表现吗？这种行为在当今的学校里可以接受吗？

7. 在这个场景中,协同领导理论在多大程度上得以显示？引用场景中的段落来证明你的看法。

解决关键问题

在弗罗斯特小学的领导艺术实践中,关键的问题是:(1)校长的领导风格类型,(2)教师的成熟度和准备程度,(3)校长的决策方法。

斯特林校长的领导风格

斯特林校长进入弗罗斯特小学,并试图与教职员工们建立积极和支持的关系。她邀请他们成为一个特别专责小组的成员,该专责小组是为满足和面对教师、员工、学生和社区的需求和挑战而建立的。然而,教职员工们最初没有反应。为了履行主管的职责,她把自己的领导风格改成了指导型领导方式①。她选派教职员工加入专责小组,向他们提供具体的指导,并密切监督他们的工作。在取得一定程度的成功并获得了教师们的信赖、信任和支持之后,她再次改变了自己的风格,将其变为参与型领导方式。

赫西和布兰查德(2012)将斯特林博士的行为描述为情境型领导方式。她考虑了教师的成熟度,并将自己的行为调整到与之相同的成熟度水平。随着教师的成熟度和激励水平的变化,她也相应地改变了自己的领导行为。

教职员工成熟度

情境型领导者要想取得成功,需要考虑的主要因素是选择适合该情境和所涉及群体的个人的领导风格(Hanson,2002)。像斯特林博士一样,以校长身份进入一所学校,对教师的成熟度水平进行评估至关重要。没有这样的评估,任务的完成就会变得极其困难。

教育领导者专业标准 1 规定,学校领导者应协助制定及推行计划,确保计划清楚

---

①指导型领导方式,也译为指示型领导方式,是豪斯的路径——目标理论中对领导方式分类的一种。其他三种领导方式是支持型领导方式、参与型领导方式和成就导向型领导方式。指导型领导方式是指领导者应该对下属提出要求,指明方向,给下属提供他们应该得到的指导和帮助,使下属能够按照工作程序去完成自己的任务,实现自己的目标。——译者注

体现目标及策略,以达成理想及目标。为了达到这一标准,领导者需要了解将要完成的工作(情况),以及教职员工个体的专业知识和特定技能(成熟度水平)的领域。有了这些信息,个体则可以被分配到特定的任务。当领导者评估教师和员工的能力,了解个体的个性,并确定影响教学和学习过程的环境因素时,领导者就是在执行豪斯(1971)的路径——目标理论的原则,并提升了实现预期目标的可能性。

斯特林校长遵循这一理论的原则,她的行为对教师的绩效和满意度产生了积极的影响。她采取了必要的行动来激励教师,明确任务,以消除实现目标的障碍。

教职员工的准备水平

当斯特林校长来到弗罗斯特小学时,教师们还没有准备好积极参与这一重大的变革过程,甚至有人可能会质疑教师的集体效能。在实施一项重大改革努力之前,必须考虑的关键因素是工作环境的特点和教职员工参与改革进程的能力。工作环境和教师的能力往往会表明教师对变化的准备程度(Conley,1997)。

弗罗斯特小学的员工刚刚失去了一位非常支持他们的校长。虽然在他的领导下,学校的条件不太好,但是教师们信任他,对他有信心。至少可以说,他是一个大家熟知的人物,而斯特林本则是一个未知的对象。即使在最好的情况下,一位新校长也可能会提高教职员工的焦虑水平,因此,就有必要与教职员工建立关系。当进入一个新的任务环境时,领导者花时间了解情况和建立关系是有必要的。与教职员工建立个体间和集体性的积极关系,更有助于领导者实现教职员工能力发展与完成任务之间的同步(Clemens,Milsom & Cashwell,2009)。

决策方法

最初,斯特林校长要解决弗罗斯特小学问题的程序和方法是专制的。她的决定可能是有效的,然而,它并没有被教师们所接受,这从他们对第一份备忘录的反应就可以看出。教师之所以不参加志愿者可能是因为他们不求理解并不想参与。值得赞扬的是,她启动发起了项目,任命了专责小组,给专责小组指定了具体的方向,并在教职员工、专责小组和她的办公室之间建立了沟通渠道。她还收到专责小组的报告,并重新评估他们的工作。斯特林博士运用管理技巧,促进了全体教职员工的初步参与,然后又回到领导实践中来。

接受决定

在弗罗斯特小学，当教职员工们积极参与时，对变化过程的接受程度就随之提高了。当校长接受了他们的想法并付诸实践时，他们的参与程度进一步提高。斯特林博士接受了专责小组的初步要求，显示了对教师能力的信心，她尊重他们的判断，支持他们的建议，并关心他们的福利。从本质上说，领导者成为下属，下属成为领导者。

从一开始，斯特林校长在弗罗斯特小学的改革方法是高度结构化的。然而，她也非常体谅教师们，尊重他们的专业知识以及他们对改进过程所能做出的贡献。她的行为在全体教职员工中引起了一定程度的满意。教师们对学科计划的接受程度以及他们愿意为第二个专责小组服务，表现她的行动是成功的。当使用高结构和高关怀的方法时，领导者通常是成功的（Hoy & Miskel，2012）。为了充分理解弗罗斯特小学所发生的事情，并强调实现决策接受所必需的领导者行为类型的重要性，你可以回顾教育领导者专业标准2。

场景3
改变教授科学的方式

标准1
有效的教育领导者应为每个学生的高质量教育、学术成功和幸福发展、倡导和制定共同的使命、愿景和核心价值观。

标准6
有效的教育领导者应培养学校人员的专业能力和实践能力，以促进每个学生的学业成功和幸福。

在本学年的第一次教职员工会议上，约翰逊校长通知她的教职员工，为了让学生为下学年末的科学能力测试做准备，应该考虑采用不同的科学教学方法。她建议使用亲身实践且以探究为中心的方法。约翰逊校长在说明开设这类课程的必要性时有理有据，具有说服力。她说，此次的目标是帮助沃尔顿小学的所有学生掌握科学知识。她赞扬了沃尔顿小学在过去两年中在巧妙实施数学课程教学中所做的出色工作，并谈到沃尔顿小学员工的奉献精神和优势。约翰逊校长告诉全体教职员工，朝着新的科学

目标迈进将使沃尔顿有机会站在科学教育变革的最前沿。此外,她建议:"我们会处理大家过去提出的关注问题,并满足大家在教学过程中经常提到的愿望。"她还提出,教师将获得专业发展机会,而学区将会为教师支付相关费用。

在分享了沃尔顿作为科学教学新方法的引领者的未来愿景后,她询问了教师们如何实现这种变革。教职员工们的意见和问题都得到了详细的讨论。约翰逊校长听取了所有的意见,并把它们记在图表纸上,全体教职员工有机会协助解决这些问题。

沃尔顿小学成立了讨论概念、制订教学计划和实施策略的教师委员会。在深入了解教师对实施新科学课程的准备程度之后,委员会确定了在两个星期后的一天就科学教学主题进行报告、交流意见和组建咨询小组。许多教职员工对这个想法很感兴趣,但不是所有人。一些人表示,他们担心这项工作不可能在一年内完成。会议结束时,约翰逊校长注意到部分教职员工们似乎流露出对这个新想法的不满。

第二天,约翰逊校长单独邀请这些教师到她的办公室。在听取了每位教师的意见后,她给每位教师发了几篇文章让他们阅读,并给他们分配了一项适合自己长处的具体任务。然后,她邀请已经在使用新的亲身实践方法教授科学的教师到她的办公室,请他们协助推进这个想法。

在接下来的两周里,约翰逊校长参观了教室并留下了许多积极的评价。她给教师邮箱里发送了一些与管理变化和实际经验教训相关的短文,希望能对他们有帮助。两周后,她焦急地等待着委员会的报告。

两周结束后,本年度第二次教职工大会召开。会议的议程已在几天前发出,新的科学课程是会议的唯一议程。当约翰逊校长走进会议室时,她感到了弥漫在会议室中的兴奋感。全体教职员工都出席了会议,各委员会主席都准备好了他们的报告并会分发给大家。教师们在互相聊天,她看得出他们在提出问题,讨论科学新课程的可能性。在宣布会议开始之前,约翰逊校长在会议室里走来走去,礼貌地与每个人交谈,并围绕各种学校和个人活动进行了交流。她向每个人打招呼后就正式开始了会议。

约翰逊校长在开幕致辞中感谢大家在过去两周内的合作,并指出,所有人都通过参加会议和分享他们在科学领域的专业知识和经验的方式进行了积极的合作。然后她要求各委员会分别做报告。

委员会主席们热情而激动地分享了他们的报告。其中,一份报告介绍了关于内部环境需要的内容和建议,另一份报告介绍了关于在外部环境中建立伙伴关系的可能性的内容,还有一份报告是关于教职员工的专业发展需求。在每一个报告中,委员会都讨论了关键问题并提出了建议。约翰逊校长在听取了所有报告后,以一种非常有魅力的方式建议和回应全体教职员工,并表明她将带头对相关建议进行分类,寻求批准,获得必要的财政资源,并为新计划的设计制定时间表。最后,她建议,"我希望学校的成员组成一个特别专责小组与我一起工作。"

会议结束时,许多教职员工都表达了加入专责小组的愿望。

反思性思考

领导行为的关键方面

学校领导者制定了包含高标准学习的愿景,并采取行动确保学生拥有成长为成功成年人所需的知识、技能和价值观。学校领导者还确定和支持高水平的个人和组织绩效所需的工作。

学校领导者信任员工和他们的判断,并通过让利益相关者参与管理过程来改进学校。

教育领导者专业标准 1 和 6 的要素

有效的领导者需要做到:

1B:与学校和社区成员合作,利用相关数据,为学校制定和促进共同愿景,以实现每个儿童学业和发展成功,及促进上述成功的教学和组织实践。

1D:策略性地制定、实施和评估行动,以实现学校的愿景。

1G:从领导力的各个方面出发树立和追求学校的使命、愿景和核心价值观。

6C:在理解专业和成人学习继续与发展的指导下,通过不同的学习和成长机会,培养教师和教职员的专业知识、技能和实践。

6D:促进个人和集体教学能力的持续改进,以实现每个学生的预期结果。

6E:通过有效的、以研究为基础的监督和评价体系,对教学和其他专业实践提供可操作的反馈,以支持教师和员工的知识、技能和实践的发展。

6F:赋权和激励教师和员工开展最高水平的专业实践,并不断学习和改进。

6G:为教师及学校社区其他成员领导力发展进行能力方面开发,并提供机会和支持。

6I:通过反思、学习和改进,提高自身学习和效能,平衡工作和生活的关系。

反思性问题和场景分析

1.如何描述约翰逊校长在向全体教职员工介绍她的愿景时所采用的方法?什么样的领导行为对她的成功最有帮助?

2.如何描述约翰逊校长的权力来源?引用场景中的文字段落来说明你的观点。

3.描述约翰逊校长为认识、澄清和解决阻碍她实现愿景的障碍而采取的行动。

4.结合你对教师抗拒变革的认识,以及学校领导者和教师之间建立积极人际关系的需要,请描述约翰逊校长没有遭遇教师抗拒的原因。详细描述你的原因,并找出本章讨论的理论来支持你的观点。

解决关键问题

对校长来说,最重要的领导活动之一就是不断地参与到与教师、员工、学生、家长和整个社会分享未来愿景的动态过程中(Owens & Valesky,2014),通过自己真正表达关切的行为,让他们相信这一愿景。有效的领导者以结果为导向,能够说服他人分享他们的愿景,从而使他们投入资源和精力使愿景变为现实(Nanus,1995)。约翰逊校长的行为就是这种领导风格的一个例子。

在沃尔顿小学实践领导艺术中,关键问题是:(1)校长的领导特点;(2)用以阐明学习愿景的方法;(3)校长激励教师敬业精神的方法。

约翰逊校长的领导特点

约翰逊校长是一位高技能、积极主动的校长,是一位遵守教育领导者专业标准1的教育领导者的典范。她的行为表现出对生产(即业绩——译者注)和人的关心。她对科学教育的未来有着敏锐的洞察力,她用一种积极主动的模式向全体教职员工展示了这种洞察力。经过仔细地计划,约翰逊校长向全体教职员陈述了工作,在这一过程的每个阶段都对教职员工的需求进行了认识分析并保持了灵活性。她始终开放沟通的渠道,她与教职员工之间产生了一种高度的融洽关系。她对职务范围的认知,以及她处理信息、发挥影响和倾听的能力,都使她的演讲更加完善。

阐明愿景

约翰逊校长在向教师们展示她的愿景并推进其实施时,使用了莱斯伍德(Leithwood)(1993)所称的转型方法。她表达了高表现的期望,提供了适当的模式,并展示了其对新计划及其有效性的理解。校长要对学生达到既定标准所必须具备的条件有所了解,然而,为了使愿景得以有效地实施,教师、员工、学生、家长和整个社区必须共享这一愿景。"简而言之,领导者要取得成功,既需要形式又需要功能,既需要过程又需要目标,而这一切都始于对本组织未来的明确设想"(Nanus,1995)。

分享愿景

也许你没有考虑到将使用什么方法来促进受到学校社区支持的共同的学习愿景的发展、阐明、实施和管理。如果目前你还处于这种阶段,那么你应该开始考虑使用的方法,以及该方法将对下属产生的影响。

校长约翰逊所表现的行为类型符合豪斯(1971)阐述的路径——目标理论。她通过消除所有的障碍,影响沃尔顿小学教职员工,让他们接受并帮助自己实现愿景。她让教职员工知道应该做什么,并了解将从中将得到的利益,沟通对项目的期望,然后安排和协调工作。这些行为是指导型领导行为的特征(House,1971)。这并不是说指导型行为是表达和实现愿景最合适的方式,相反,它表明有时有远见卓识的校长也可能会在向全体教职员工展示想法时展现指导型风格。

约翰逊校长在沃尔顿小学的情况与斯特林博士在弗罗斯特小学的情况不同。因此,她们使用的领导方法也是不同的。约翰逊校长的行为激励并给她的下属带来了满足感。她考虑了教师的能力和个性、工作环境的特点以及工作群体的偏好。事实证明,约翰逊校长的行为对她成功地推动学校愿景的发展、表达和实施大有裨益。

激励沃尔顿小学员工

起初,沃尔顿小学的一些教师不愿意采用新的科学教学方法,这时要解决的问题是:领导者如何激励教职员工认同愿景,并承担新的角色、责任和挑战。就目前而言,对这一问题的讨论和思考,领导者必须考虑系统、组织和个人的变革过程(第八章),并使用期望理论的原则来进行指导。

为了更深入地理解这一理论的原则,以及领导者的行为如何激励一个安于现状的学校教师接受新的职责,你可以对比教职员工们对弗罗斯特小学和沃尔顿小学两位校长提出的要求的不同反应。在上述的案例中,当任务或要求是落于教师的专业范围内,当教师对时间框架感到满意,并且能获得的奖励是有意义的时候,他们的反应都是积极的。而当这些情况并不明朗清晰时,教师的积极性就没有那么高。

另一个可能能证明对激励教师参与和承诺有益的理论是公平理论。这一理论的基本原则是,每个人都应该感到自己受到了公平和公正的对待。教育领导者专业标准2提倡这种做法,因为教师对学校领导者对待自己的方式有自己的看法。当一所学校的教师意识到他们在努力工作以获得与他人同样的奖励时,他们就会产生一种不公平待遇的感觉。另一方面,那些不必像其他人一样努力工作就获得同样报酬的人可能会产生一种负罪感。

本章总结

当代的研究人员、著作者和各类组织提出,21世纪的学校领导者应该是与有利益相关者共同拥有相同愿景的教学领导者(Barth,1990;Covey,2013;DuFour et al.,2010;Fullan,1999;Goodlad,1998;Lashway,1999,Marzano et al.,2005;NPBEA,2015;Senge 2006;Sergiovanni,1996;The Wallace Foundation 2013)。这些著作者和研究人员认为,客观、道德的推理是可能的,并且应该被当今学校的领导者所使用。在实践领导艺术的过程中,当今的学校领导者应该敏感地意识到在工作场所需要开放的沟通渠道、多样性、对个体的价值观的接受以及信任的关系(Clemens et al 2009;DuFour et al.,2010;Leonard & Jones,2009)。

显然,学校领导者的角色和责任已经发生了变化。根据对学校领导者的角色和责任的界定,学校领导力可以分为四个维度:(1)了解自己和他人,(2)了解组织生活的复杂性,(3)通过关系搭建桥梁,(4)参与领导力最佳实践(Green,2010)。这些领导实践的力量和效能存在于四个维度的共同实施中。还有其他的当代理论家认为领导者是运用变革型的方式为他人服务的(Burns,1978;Greenleaf,2002)。还有一些人讨论了领导力的道德层面,这是工作场所公正和公平程序形成的重要因素(Sergiovanni,1996;Strike et al.,2005)。

此外,当今学校的领导者应该发挥全体教职员工的集体效能,并在整个学校组织中发挥领导作用。在寻求这些领导者所提倡的特质和品质时,可以参考柯维(2013)的《高效能人士的7个习惯》或本尼斯(1995b)的《领导力的四种能力》。这两位研究者都提出了一套符合教育领导者专业标准的原则。除了上述实践,有抱负的和实践中的学校领导者可能会认同本尼斯的理论(1995b),他认为领导者应该具备四种能力——管理意义的能力、信任、注意力和自我,然后他们可以使用这些能力来确保组织有明确的目标和组织架构,并能为下属提供足够的自由。正是这种相互融合使得教育领导者能够体验成功,更重要的是,教育领导者能从中理解促进每个学生幸福的过程和程序。

付诸实践

回顾本章中的场景,利用各种情境的优缺点,找出几种你将用来解决下列学校相关问题的方法。将自己想象成校长,并为所选择的行为阐明论据。

• 将斯特林校长和约翰逊校长的行为进行比较分析,找出两位领导风格的异同。举例说明这些差异的合理性。

• 假设你在一所大型的城市中学担任校长已经八个月了。当你接受这份工作时,学区的主管希望你可以在第一年任职期内实行某种形式的长时间教学计划。但管理学校的日常工作就很具挑战性,你可能无法在实施这一概念方面取得很大进展。然而,主管希望在你的年度审查期间收到一份项目进展报告,报告需要在4个月后提交。请描述你在未来四个月将采取的行动。

• 撰写一份自我评估报告,阐述自己领导风格,并确保它反映了你的自我信仰体系。在你的报告中,需要体现你的各种领导特征,并为每种特征提供支持性理由。

- 设计一套可用于组织有效的学校计划、战略计划。

- 列出五项可以交给教师、员工或其他人负责的学校计划或活动。

- 如果要说服教师接受自己的一个创新的想法,你将采用什么步骤,请阐述说明。

- 如果你要为学校制定一个共同的愿景,你将采取什么步骤。

- 概述你将用来调整教师的优势与学校计划需求的过程。

了解自我

- 在一张纸的中间画一条线。在线条的一边,罗列在处理领导问题时遇到的挑战。在另一边,写出专业标准中提倡的最能减少所面临挑战的做法。

- 你从本章中学到了什么你愿意分享给他人的领导能力、观点或实践经验?

- 撰写一份自我评估报告,分析和突出自身的长处以及在成为有效领导者之前所需解决的挑战。

深化理解

阐述至少五种理论来指导当今学校的领导实践。描述这些理论是如何指导领导实践的,并提供一个实际的学校案例来说明你的观点。

校长资格证书测验练习

多项选择题

1. 在晨曦学区,一些中学由于没有达到国家标准而面临着被州教育部门接管的危险。学区主管已受命负责执行一项紧急的行动计划。你被任命来管理一所学校名叫艾伦海茨的中学。数据显示,艾伦海茨中学连续七年没有取得任何明显的提升。请从下列选项中选出你将采取的用来改革该学校的方法,并为阐述你的理论依据。你会采取以下哪一种方法?

A. 以仆人型领导风格进入学校　　　　　B. 以授权型领导风格进入学校

C.进入学校,评估教师的能力 D.进入学校,开除所有副校长

2. 在新学年的教职工大会上,一位充满活力的演讲者被邀请为新学年开幕词。在他的演讲中,他将校长称为"老板、最终的决策者"。在之前的几次与教职员工的会议上,校长都与他们讨论了协作领导的问题,她邀请这位发言者的目的就是要加强和巩固这一概念。为了让教师了解协作领导风格的好处,讲者应该讨论:

A. 自我效能感观念

B. 培养教职员工的集体效能

C. 校长是"老板、最终的决策者"这一概念的正确性

D. 教职员工应追随其领导的理念

主观问答题

周一早上7点40分,你正忙于学校和学生开始上课的工作,这时,一位非常愤怒的家长走进办公室,要求和你谈谈。为了让她平静下来,你停下手头的工作,邀请她到办公室来。她坐下后,便毫不客气地要求把她的儿子转到另一个地区的学校。你非常清楚这是不被地区政策所允许的,并告知了她。但她一直坚持要把儿子转走,并回应说"政策是人制定的,政策是可以改变。"在与她交涉了很长一段时间后,你告诉她这就是最终决定,你必须结束和她的会面并开始工作。她怒气冲冲地大声说:"我们走着瞧,我会搞定的。"

在当天上午10点15分左右,你的秘书告诉你学区主管打来电话。主管告诉你,那位家长到学区中心办公室来了,并且很生气。他认为你应该同意让这个学生转学。你知道按政策规定,学生转学时需要转出学校的校长签字。

A. 你如何回应学区主管?

B. 你对这次转学将采取了什么行动?

场景分析

运用本章提出的理论、概念和策略,分析附录"四年级的新教师"中的场景。该场

景分析将帮助你为校长资格证书测验做准备。同时，书中还提供了一些反思性的问题，以辅助你进行分析。

参考阅读

Bryk, A. S. , Sebring, P. , Allensworth, E. , Luppescu, S. , & Easton, J. (2010). Organizing schools for improvement: Lessons from Chicago. Chicago, IL: University of Chicago Press.

Green, R. L. (2010). The four dimensions of principal leadership: A framework for leading 21st century schools. Boston, MA: Pearson Education.

Marzano, R. J. Waters, T. , & McNulty, B. A. (2005). School leadership that works: From research to practice. ?

Alexandria, VA: Association for Supervision and Curriculum Development .

Pepper, K. (2010). Effective principals skillfully balance leadership styles to facilitate student success: A focus for the reauthorization on ESEA. Planning and Changing, 41(1 – 2),42 – 56.

Wallace Foundation (2013). The school principal as leader: Guiding schools to better teaching and learning. Perspective (Expanded ed.). New York: Author ?

参考网站

- Southwest Educational Development
- Laboratory: Leadership Characteristics that Facilitate School Change
- Exploring the Theory – Practice Relationship in Educational Leadership Curriculum Through Metaphor
- Education Northwest

第四章　组织对领导力的影响

本章学习目标

在阅读第四章及完成指定的活动后,你应该能够:

- 详细说明组织的几种定义之间的共同点,这些定义清楚地描述了当今的学校是如何组织的。

- 说明四个具体的组织特征如何使学校变得复杂。

- 列出影响学校组织中有效领导力实践的四种理论的原则。

- 描述学习型组织的特点,并解释为什么它们可以培养一种加强教学与学习的文化和氛围。

- 列出影响学校组织中校长负面认知的三个因素,并描述他们如何表现出尽量减少负面认知的行为。

在当今的学校,重要的是学校领导者要发展和维持一种有利于学生成功和幸福的学校文化、环境气氛和教学计划。他们也有责任发展学校人员的能力(PSEL 7 和 PSEL 9)。虽然学校看似相似,但在规模、人力和物力资源的可用性以及所服务社区的组成方面存在差异。此外,所服务的构成群体对领导学校的个体也有特定的期望。因此,被指派领导某一学校组织的个体必须了解其内部职能的复杂性,以及个体的需要、价值和期望。这种理解的结果是领导者可以利用一种有效的领导风格,运用必要的方法和战略,来发展和维持一种有效满足所有学生需求的学校组织文化和氛围。

本章的目的是讨论学校的内外环境中的力量如何影响学校组织的氛围、文化和结构。这些力量也会影响领导者的行为，促使他们选择特定的领导风格或使用一种策略而非另一种，同时也关注了学校组织中教职员工和学生的动机、组织关系以及其他影响参与者行为的因素，这些组织影响汇总在图4.1中。

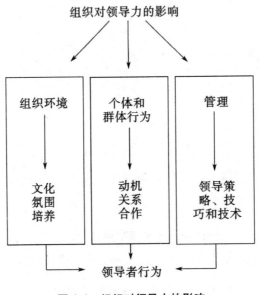

图4.1　组织对领导力的影响

为了达到本章的目的，我们给组织下了一个定义——学校也被定性为组织——并将氛围、文化和结构作为每个学校独特的组织特征来讨论，同时，提出了四种理论来解释具有这些组织特征的学校中可能存在的领导行为类型，最后，通过具体场景讨论了满足教育领导者专业标准的学校组织类型的指导原则。通过这些场景，你将接触到领导者可能用来了解自己以及学校内外的其他个人和团体的各种方法。此外，本章还探讨了领导者倡导、培养和维持有利于学生学习和教职员工专业成长的学校文化和教学计划所需要的特质。

组织的定义

一个组织可以用多种方式定义。希恩(1979)将组织定义为通过分工和职能以及权力和责任的等级制度,为实现某种共同目标而对若干人的活动进行的理性协调。卡茨和卡恩(1978)将组织定义为一个开放的社会系统,它从外部环境接收资源(输入),通过内部系统(吞吐)转换输入,并将其返回到外部环境(输出)。从另一个角度看,赫塞、布兰查德和约翰逊(1996)提出组织是一个社会系统,由许多相互关联的子系统(行政、经济/技术、信息/决策、人类/社会)组成,这些子系统与外部环境相互作用。斯科特(2003)从另一个角度将组织定义为个体为支持特定目标的协作追求而创建的社会结构。

贯穿这些定义的共同点是组织是一个具有结构的社会系统,由相互依赖和相互关联的部分(个体)组成,各部分(个体)相互作用以实现组织目标,而结构控制着这种相互作用,提供了关于各部分功能和行为的可预测性。虽然上述所有定义都充分描述了一个组织,但其共同脉络与本书宗旨是完全一致的,因此,这也是后续讨论的基本前提。

作为组织的学校

学校是复杂的社会和技术组织系统。技术方面是指输入的类型(从外部环境获得的资源),内部转换过程(教学和学习)的性质以及输出(提供给社区的服务)。这方面要求领导者从管理角度关注学校:(1)确定任务,(2)确定适当的工作分配,(3)实施各类监督,(4)考虑与该组织有关联的个体之间的相互关系。社会方面涉及人类对技术的使用。这方面要求领导者发展个人的专业能力和实践,并确定他们如何很好地利用这些技术(参与者之间的互动),并在必要时进行适当的改变(Gorton & Schneider,1994;PSEL 6)。

这些领域的有效性有助于满足教育领导者专业标准,它倡导学校领导者开发和维护一个安全和有效的学习环境,以促进每个学生的学业成功和幸福。要完全满足这些标准,领导者需要深入了解影响参与者行为的组织要素,并确定协作学校文化的特征。形成这种理解的三个关键因素是组织氛围、文化和结构(Owens & Valesky,2014)。

学校的组织氛围

氛围被定义为学校整体环境的特征(Tagiuri,1968)。塔居里(1968)将环境的许多要素分为生态、(个人所处的)社会环境、组织和文化四个维度。每个维度的简要说明如下:

- 生态是指学校建筑的外观特征以及用于教学和学习的设备。

- (个人所处的)社会环境指的是学校组织中的人力资源及个体间彼此互动的方式,以及与他们提供服务的个体之间的互动方式。

- 组织是指学校的结构方式。这包括个体的社交互动:沟通,决策和解决问题的方式。

- 文化是指组织中个体的价值观,规范和行为,这些层面代表了组织中个体的看法,反映了作为组织文化一部分的规范、假设和信念(Owens & Valesky,2014)。

这些维度的特征为校内外的个体所感知并据此形成了对学校的看法。此外,个体之间的互动也可以被校内外从事教学和学习的人以及在校内经营业务的人观察到——他们也据此形成了对学校的感受以及对学校人员提供服务的态度。

因此,个体的感知和关于学校生活的判断影响了他们对学校氛围的看法。这些看法可以源于接待区的大小,接待人员接待他们的方式,会见学校领导者之前必须回答的问题,墙上的图片,或来自报纸、学生、家长或教师的报告。例如,在访问学校之后,一个人可能会发表诸如“在该学校工作的人态度不友好”、“那所学校的气氛不是很愉快,我不觉得受欢迎和被视为学校的一部分”等声明。在同一所学校工作的人可能会有完全不同的观点。例如,他或她可能会报告说,学校是一个很好的工作场所,教师会受到有尊严和尊重的对待,并参与影响到他们的所有决定。

因此,人们可能会得出这样的结论:氛围是对学校内生活质量的描述,这种生活质量是由于行为、态度和情感的反复出现而产生的(Owens & Valesky,2014)。它代表了组织成员集体态度的共同认知,或在学校经营业务的个体的态度、感受和行为的共同认知。从本质上讲,它是学校组织的个性(Owens & valesky,2014)。因此,教育领导者应该促进那些重视和支持学业学习以及积极的社会和情感发展的成人—学生、学生—

同伴和学校—社区关系(PSEL 5)。这些氛围要素是学校文化的一部分,因此,文化影响着学校的氛围,氛围也影响着学校的文化(Deal & Peterson,1998;Schein,1992)。

学校的组织文化

学校组织的文化包括全体教职员工的共同价值观、信仰、设想、仪式、传统、规范、态度和行为,正是这些纽带把学校的各个方面联系在一起。当谈到学校的文化时,人们指的是教师和工作人员就组织应该如何运作达成的共识,这些共识影响着发生的一切。每个人都有一个基本假设的模式①,这些假设是他们在解决组织问题时学会使用的,这些假设能够在应对组织问题时起作用(Deal & Peterson,1998;Owens & Valesky,2014;Phillips & wagner,2003;Schein,1992)。因此,在处理组织出现的问题时,它们被作为正确的理解、思考和感受的方式加以操作并传递给新成员(Schein,1992)。具体地说,学校文化描述了学校组织中的工作方式、教师和员工愿意如何花费时间、他们关心什么、他们如何相互交流、他们如何庆祝成功,以及他们如何对每一件事表示赞赏(Deal & Peterson,1998)。迪尔和彼得森(1998)、欧文斯和瓦莱斯基(2014)、菲利普斯和瓦格纳(2003)、希恩(1992)等人的研究和著作提炼了构成学校文化的共同要素。这些要素如下:

1. 组织价值观——组织成员集体持有的真实、宝贵的且被认为重要的要素。例如,所有的教师和工作人员都应该参与决策过程,能够就影响学生成绩的问题发表意见。

2. 信仰——组织成员对某一问题或情况所持有的观点,但没有严格的证据来支持他们的观点或他们认为是真实的东西。例如,教师经常提倡的行动表明,每个孩子都可以学习,或者每个教师都有专业知识,可以为实现学校目标做出有意义的贡献。

3. 假设——以前使用的有效的实践和程序,它们被认为是理所当然的。例如,在一所学校,出勤率可能被视为学生学业成绩的一部分。如果罗杰在一个学期中缺课9天,他将无法获得及格的分数。

---

①希恩(Schein,国内也翻译为沙因)在他的名著《组织文化与领导》一书中,把组织文化定义为:"一种基本假设的模型由特定群体文化在处理外部适应与内部聚合问题的过程中发明、发现或发展出来的由于运作效果好而被认可,并传授给组织新成员以作为理解、思考和感受相关问题的正确方式。" Schein. Organizational Culture Leadership[M]. SanFrancisco:Jossey-Bass Inc.,1992:15-26.——译者注

4. 态度——一个人对某个问题真正的和真实的反应方式;一个人对某个情况表达感情的性格或方式。例如,海伦是一名新手老师,她不应该抱怨教了六个班;教师不得在学生食堂用餐;或者教师应该有免税的午餐和一个单独的用餐设施。

5. 行为——学校组织中个人对问题、事件、活动做出反应的方式。例如,某所学校的一名教师可能有一种固定的方式与他人交流。詹姆斯敦中学的教师公开交流、尊重个体差异、鼓励诚实和信任。

6. 仪式——一次次以同样的方式进行的活动或行为。例如,学生在午餐室就座的顺序或年级班级吃午餐的顺序。皮博先生的班级首先进入午餐室,接着是杰克逊夫人、沃克先生和哈里斯女士的班级。

7. 传统——在学校组织中作为可接受的行为方式而代代相传的实践。例如,高年级话剧总是由教授大学预修课程的 12 年级英语老师来指导,或者由高年级班长在班级之夜做开幕词。

8. 规范——由教师和工作人员制定的规则,明确和指导学校组织中可接受和不可接受的行为,以传达学校中的行为方式。例如,女学生在毕业舞会上不穿燕尾服。这一规则可能不成文,但被认为是理所当然。

9. 人为事物——建筑物的外观方面、学校设施的布置方式,或用于开展业务的任何可见材料。例如,人为事物可以包括图书馆的年刊、校长办公室的布局,以及学校的吉祥物或描绘学校历史的图片。

在实践领导艺术的过程中,许多学校领导者由于无法分析和评价学校的文化而面临挑战(Schein,1992)。文化在任何学校组织中都是一股强大的力量,对一个有着根深蒂固的文化基础的学校组织进行变革是十分困难的。因此,学校领导者必须明了并理解他们所领导的学校的文化。

学校中的协作文化

当今的学校领导者提倡促进过程和参与活动,以确保他们的学校组织包含一种协作文化,其中个体被授权,任务和决策被共享(DuFour et al.,2010,DuFour & Fullan,2013)。人们作为个体受到重视,他们所代表的时代受到尊重。当一种协作文化存在时,个体相互支持,表现出合作、信任、开放、专业和服务所有学生的愿望(DuFour et al.,2010,DuFour Fullan,2013)。教师抛开自己的个人地位,让同事参与专业对话,发现课堂问题,分享和交换想法,参与发现问题的解决方案,并共同努力实施,从而提高了变革和改进的能力(Deal Peterson,2009,Fullan Hargreaves,1996)。

与许多学校的文化类型截然不同,教育领导者专业标准提倡学校领导者培养一种协作文化,并将沟通扩展到社区(PSEL 8),应就可能影响学校内部运作的趋势、问题和资源的相互交流以及外部环境的潜在变化进行合作对话(PSEL 8)。学校的领导者应该树立开放意识,并传达让家庭和其他利益相关者参与决策过程的意愿(PSEL 5)。

当学校不接受社会利益相关者的参与时,学校的潜力就会受到限制,造成一种"双输"的局面,而处于其中的学生损失最大。第二章中罗宾逊总监的情况就是这样。相反,当学校开放与社区合作时,可以与各种各样的个体建立联系,创造双赢的局面。合作是互惠的——学校为社区做出贡献,社区为学校做出贡献(DuFour et al.,2010)。

协作文化不容易发展,一旦形成,就会带来巨大的收益。有关存在协作文化的学校正在进行的活动的列表,请参见表4.1。对标准5、标准7和标准8的回顾还将使您了解建立协作学校文化的实践。

表4.1　协作文化下学校的持续活动

1. 学校治理结构通过团队、委员会和全体教职员工会议来决定学校关键的教学、计划和预算问题

2. 为了推动学校的发展,整个学校社区形成了一个共同的愿景

3. 教师团队为学生计划和实施课程和评估

4. 团队合作检查多个数据源以确定挑战,然后使用探究过程开发全校范围的解决方案

5. 教师团队和其他团队通过规章制度来查验学生和教师的工作

6. 学习小组每月开会调查学校面临的挑战

7. 全体教职员工讨论研究小组提出的建议,并就如何实施建议的改革达成共识

8. 所有团队都通过定期更新进度和发布会议记录和议程来了解其他团队的工作内容

9. 学生、老师和家长都知道全校的挑战和目标

资料来源：Pearson Education.

学校的组织结构

影响学校行为的另一个因素是组织结构。组织结构是指学校组织和协调的方法,其职能是规范个人和团体在学校的行为,提供秩序、活动的一致性并制定规章制度,目的都是为了保持组织效率和效力,以实现既定的组织目标(Robbins & Judge,2014)。

学校可以有许多不同的架构,学校的架构往往反映出学校领导的思想、信念和愿景。学校的架构展示了学校的一天是如何组织的、课程是如何分配的、个体是如何分组的,以及发生的许多其他活动(Green,2010)。从本质上说,这种架构建立了学校运作的基础,并确定了个人提供的各种组织功能以及他们对组织活动的影响程度(Jacobides,2007)。

最常见的两种架构方法是学科领域和年级。在初等教育阶段(即小学阶段),学校通常分为初级班和中级班。初级班由学前班至三年级①组成,通常采用包班制②;中级班由四至六年级组成,可以是分班制③、包班制,或两者兼而有之。在初中教育阶段,最常用的学制是六至八年级结构。但如果采用另一种初中学制,则初中是七至九年级。两种初中

---

①美国公立学校提供的基础教育一般称为"K-12"教育(类似于国内的"九年义务教育制"),指的是从学前班到十二年级一共十三年基础教育的总称,由美国的学区政府监督。"K-12"中的"K"代表 Kindergarten(相当于国内的幼儿园大班),"12"代表十二年级(相当于国内的高三),K12是指从幼儿园大班到十二年级的教育。美国中小学教育属于地方分权,各州学制并不完全一致,各学区可以自行制定各学校的学制。如:有采用六三三教育学制,即小学6年(学前班到五年级)、初中3年(六年级到八年级)、高中4年(九年级到十二年级),有些学区采用七三三教育学制,因此实际情形各地不同。——译者注

②美国小学包班制(Self-contained classes)是指一个教师统揽本班一切教学任务和教学时间里学生的一切活动。——译者注

③美国小学分班制(departmentalized classes)是指实行一种非固定同学的分班制度,具体来说:就是所有的同年龄的学生,在就读同一学校期间,其班级同学的组成不固定,每年更换。比如一年级的同班同学到了二年级,大多数同学都被交换到其他班级,到了三年级,又有一些新同学被交换过来,直至小学阶段结束。美国小学采取的分班制度与美国各种族裔、各种肤色、带有各种文化背景相互交融的社会文化多元性有关,旨在打破因肤色、族裔、文化以及宗教不同造成的樊篱,如何让孩子们从小就适应社会的多元化,如何引导他们学会包容,学会交流和适应。美国小学的分班制度,从某种角度折射出这个国家的教育理念。——译者注

学制都采用分班制或半分班制①。在某些情况下,也存在学前班至八年级的学制。

大多数高中的年级学制是九到十二年级或十到十二年级,这取决于初中采用的学制。近年来,一些学区把九年级分开了,在这种情况下,九年级被称为学院。不管有没有九年级,高中都可以通过多种方式进行细分,因为这种学制架构是为了适应教学项目的提供而设计的。因此,一个人最有可能观察几个部门,传统的部门包括语言艺术部、社会研究部、数学部、科学部、外语部、美术部和体育部等。教师们被分成由教师领导的学科小组。在许多情况下,教师领导举行的会议被称为专业化学习社区。本章后面将详细讨论这个概念。

前面提到的每一种组织架构都是基于一套哲学信念,即在满足不同层次学生的教学需求时使用最合适的方法。学校领导者可以运用一种特定的哲学信仰来影响个体的行为,组织学校进行有效的教学。虽然目前不同学校使用的结构列表非常广泛,但表4.2还是概述了一些最常见的结构。

表4.2 学校结构的类型

类别	年级结构
学前项目(Pre‐School Programs)②	3‐4岁学生
小学低年级(Primary)	学前班至三年级(K‐3)
小学(Elementary)	学前班至六年级(K‐6)
小学(Elementary)	学前班至八年级(K‐8)
初中(Middle School)	四到六年级,五到七年级,七到八年级,或六到八年级
初中(junior high)	七到九年级
高中(high school)	九到十二年级,十到十二年级
九年级学院(Ninth Grade Academy)	只有九年级

资料来源:Pearson Education.

---

①美国的学制有所不同,在初中阶段有两种学制。一种是六年级到八年级,一般就称为middle school,采取这种学制的进入高中后需要四年时间。另外一种则是取七到九年级,一般称为junior high school,之后进入高中(senior high school)就读三年即可。

②在美国,学前项目(Pre‐School)是指3到4岁儿童,而kindergarten一词指的是5—6岁的儿童,与国内幼儿园大班匹配,但"kindergarten"实际已纳小学阶段(Primary School)。因此与国内学前教育体制不是完全吻合。——译者注

氛围、文化和结构影响着学校组织中人的行为,最终影响着学生的学业成绩。这些组织要素中的任何一种变化都可能促进个体行为方式的变化,以及人与人之间的互动。这些因素还可以影响组织所服务的人员以及外部环境中其他个体的看法。此外,他们影响人们对学校效能的判断。一所学校的文化、氛围或结构的变化可以引起人们对学校的看法、判断或态度的变化。因此,校长应该谨慎地处理这些要素中的任何一种更改。

影响实践的理论

许多早期的理论提出了组织中行为类型的原因,并为当代关于学校组织应该如何构建以及领导者应该如何在不同结构中发挥作用的观点奠定了基础。其中最著名的是古典组织理论、社会系统理论、关系理论、授权型领导理论、催化型领导理论、开放系统理论、转换/交易理论和学习型组织。这些理论为理解当今学校中影响领导者行为的因素提供了指导框架(Bass,2005;DuFour et al.,2010,Hanson,2002;Levine & Lezotte,1990;Owens,1995)。第二章和第三章介绍了这些理论提出的一些原则。然而,为了证明学校的结构、氛围和文化之间的关系,并为教育领导者专业标准要素的重要性提供理论依据,这些理论将在以下几节中进行更详细的探讨。

古典组织理论

古典理论家认为,一个组织可以通过采用一套固定的原则来达到最大的效率和效果,其中两个原则是建立一个官僚结构和实施各种组织控制制度,由此明确了管理人员和工人的活动,并制定了控制组织运作的准则,重点是为提高效率而组织结构和为完成任务而组织个体工作(Owens,1995)。该管理运动中突出的三种领导方式是科学管理、行政管理和官僚结构。

科学管理

古典组织理论往往是从科学管理的角度来看待组织的。科学管理之父弗雷德里克·泰勒(1911)认为组织可以通过确定执行任务的"最佳方法"而变得高效。他的理论是,利用科学原理对组织内的工作进行仔细分析,可以确定执行工作的"最佳方法"。

在确定了最佳方法之后,下一步是选择和培训专门从事这项工作的人员。在第三步管理协调中,泰勒建议管理部门应协调工作,以确保工作正在按照规定进行。最后,他建议工作任务应该在管理者和员工之间进行分配,让管理者负责计划、组织和决策,而员工则执行分配的任务。

行政管理

古典组织理论的第二个视角是行政管理,它侧重于管理整个组织的概念。亨利·法约尔、林德尔·厄威克、卢瑟·古利克、马克斯·韦伯是这一观点的主要贡献者(Hanson,2002)。他们的工作涉及专业化、责任授权、控制范围和权力的原则。

法约尔主张管理者履行五个基本职能:计划、组织、指挥、协调和控制。此外,他还将管理描述为一个连续的过程,通过设计 14 项管理原则,强调指挥系统、公平、效率、稳定和权力分配。他的理论认为,当使用这 14 项原则时,一个组织可以实现效率和有效性(Fayol,1949)。在这些原则中,分工、权威、纪律、统一指挥、秩序、公平是学校领导者应该注意的。

古利克和厄威克进一步阐述了法约尔的工作并拓展了他的职能研究。他们确定了管理者应该履行的七个职能:预算、计划、报告、组织、协调、指挥和人事(Lunenburg & Ornstein,2004)。这些职能中的每一项都反映了当今许多学校领导所表现出的管理行为。

官僚结构

韦伯(1947)在这些人的研究基础上进一步推进了管理理论的研究,成为创建古典组织理论的主要贡献者之一。韦伯阐述了官僚结构的概念,他的研究工作重点是固定的分工、职位等级、管理绩效规则、雇佣条款、寻求人员的技术素质以及个人权利和财产的分离(Scott,2003),他认为官僚模式是确保大型组织在性质复杂情况下实现效率的最佳结构。他的论点是,使用这样一个模型将以有效和高效的方式影响个人的行为,提高组织目标的实现能力(Scott,2003)。

具有古典组织视角的领导者

古典组织理论对当今学校组织及其领导者产生了巨大的影响。目前大多数学区都采用这种模式(Gorton & Schneider,1994)。当采用古典领导方式时,组织结构支配着议事日程,严格的规章制度管理着学校和/或学区的运作。组织管理的重点是完成任务,在工作场所很少关注个体或群体,领导者被认为对系统中的一切都拥有最终的权力和责任。专家受雇于特定领域的工作,并根据任务专业化进行分组,组织管理的关键概念是结构、规章制度和程序、组织控制和效率(Gorton,1987)。

采用古典领导方式管理学校的领导者会谈论"照章办事"或"严格管理",并被认为对学校发生的每件事都拥有最终的权威和责任(Hanson,2002)。领导者会在他或她的行动中表现得非常具体和直接,很多时候表现出独断的行为。问题不太可能通过他人来解决,因为这样的领导者认为自己是问题的解决者。利益相关者可以参与到影响学校的决策中,但这种参与不会是领导层关注的焦点,信任和尊重他人的判断也不会是主要关注点。

虽然可以使用古典组织理论框架中描述的实践方法来实现学校的有效运作,但教育领导者专业标准提倡学校领导者的是一种更具包容性的实践。它建议学校组织的结构应反映所服务社区的文化,领导者应该尊重这种文化,学校的努力应该最大化所有学生成功学习的机会。通过掌握标准9,你可能会提高在当今的学校使用的管理技能。

社会系统理论

另一种被证明对理解学校中个体和群体的行为非常有用的方法是将学校组织解释为一个社会系统的理论。社会系统理论是在一系列理论原则的基础上发展起来的,它被定义为一组相互关联的要素,以特定的方式发挥作用,从而达到特定的目的。这一理论提供了一种将组织视为一个整体从而考虑组织各部分之间的相互关系及其与内部和外部环境的相互作用的方法(Hanson,2002)。

社会制度的构成

如前所述,在古典组织理论的框架内,组织的需求和工人的需求被认为是一致的;如果公司兴旺发达,工人也会兴旺发达。而与这一推理方式截然不同的是,社会系统理论家认为组织的需求和工人的需求之间存在着根本的区别。

重点必须放在整体(全体教职员工)、整体的部分(教职员工成员)以及各部分之间的关系(教职员工之间的关系)。汉森(2002)提出的观点是这样的：如果领导者考虑周到,尽可能使用民主程序,保持开放的沟通渠道,管理层和员工可以就各自的问题进行讨论,并以友好、友善的方式解决问题(P.7)。

前面提出的组织定义的共同之处是,它制定了一个管理在组织中发挥作用的个体和群体的结构,它还提供了一种关于其活动和行为的可预测性。考虑到这种关系的影响,在这一点上,讨论领导者是否需要认识到在组织中发挥作用的个体和群体的权力和影响似乎是合适的。

个体和群体的权力和影响

社会系统由若干个体和群体组成,在系统框架内,每个个体和/或群体都有能力形成一个权力基础,并利用它在相当程度上影响教学和学习,而不受领导者需求的影响(Hanson,2002)。这些个体和群体在校内外环境中都发挥着作用。因此,学校领导者应该兼顾个体和群体,培养他们之间的凝聚力。由于这些个体和群体对教学与学习的影响,在接下来的三个部分中,我们将列举一些他们对领导者行为影响的例子。

外部环境的影响

由于学校外部环境的力量影响着学校内部的教学与学习,领导者必须保持灵活性,愿意并能够不断地调整学校内部的运作。例如,如果州教育委员会颁布了要求课程结业考试的政策,那么为了应对这项新政策,领导可能需要与教师合作改变学校的课程和/或教学方法。这一变化将影响到许多人,可能需要修改他们的工作任务。虽然领导者无法掌控政策的制定,但是领导者必须以一种加强教学与学习的方式对该政策做出回应。

学校领导者还必须准备好应对诸如帮派、毒品、贫困、饥饿和贫困住房等因素。尽管这些问题似乎是无法克服的,但研究表明,如果建立一种学生的协作文化,就可以取得进步(Wallace Foundation,2013)。因此,学校外部环境的力量需要学校领导者的持续关注。公民的需求和愿望、不断变化的人口结构、新的法律和其他因素始终是规划进程的一部分,社区必须参与这一进程。由于个体对领导者所使用或应该使用的做法有不同的看法,所以他们经常组成小团体并参与活动,以他们喜欢的方向影响领导者的行为。因此,领导者必须捍卫民主、公平、正义、共性和多样性的价值观(PSEL 2)。此外,它们必须促进一种集体指导、共同参与和相互问责的文化(PSEL 7)。考虑各团体能够获得的权力和影响以及他们对教学和学习的影响,教育领导者专业标准2和7是一种挑战,这需要一些很高的领导技能和素质。

内部环境的影响

学校里的个体既是教职员工(正式团体)的成员,也是教职员工中存在的子团体(非正式团体)的成员。没有任何两个作为教职员工的人会把相同的风格或个性带入他们的角色。他们的性格是不同的,因为他们受到各种因素的影响,其中一些因素是历史上特定时间框架(时代)所独有的(Boyatzis & Skelly,1995)。一所学校的教职人员很可能由不同时代的人组成,他们的时代跨度可能长达50年,而每个时代的人对学校应该如何运作都可能有不同的看法。

博亚特兹和斯凯利(1995)认为,个体的才能或者能力会对他工作表现的绩效产生重要的影响。一个人带入学校的思想、道德、信仰、价值观和行为也会有这种潜力并受到他所代表的时代的影响。这些人组成了教职员工队伍,并在实现学校目标方面发挥着重要作用。因此,似乎有理由假设,如果领导者要做出信任他人及其判断的管理决策,并且这些决策支持组织中所有个体的提高,那么领导者必须理解所有教职员工的信仰、想法和价值观。他们必须决定他们的行为会对全体教职员工产生什么样的影响,无论是个体的还是群体的,如果没有这样的理解,非正式团体的发展很可能会持续下去(Green,2010)。表4.3包含了组成学校教职员工队伍个体的代表,并提供了他们可能承担与学校相关问题的职位的理由。由于个体很可能组成群体来促进个体关心的问题得到解决,因此简要讨论非正式团体及其在学校形成的原因是很重要的。

表4.3　个体在社会系统中的功能

人/时代	特征	道德	价值观	主导信念	行为
早期婴儿潮一代,62—71岁 1946—1955年出生 成长于20世纪50年代和60年代	社会修复议程 顾家 家庭主妇/丈夫工作 经济增长	职业道德:自上而下的管理 自我实现 以人为中心 保护环境	关注自我和员工的幸福,努力工作 向上流动 对组织的忠诚	如何"战胜现行制度"的多元模式 自下而上的规划 忠于自己的领域 重视家庭需要	自我取代了组织;不会主动尊重权威
后婴儿潮一代,53—61岁 1956—1964年出生 成长于20世纪60年代和70年代	竞争 务实 过程为导向	自我实现(我想要我的,得到我的那份)	赢,而不是输 自知之明 竞争力	通过共同的信念实现组织认同 成本—效益 乐观的前景	对权威愤世嫉俗 不是团队合作者 得到我的那份
X一代(X世代), 42—52岁, 1965—1975年出生,成长于20世纪70年代和80年代	接受多样性 社会实用主义 排斥规则 结果导向	授权 全身心投入工作和一起工作的团队以及他们的上司 忠于家庭 平衡工作道德	个人混合议程 自主和独立 压力较小的生活方式	相信技术 个人议程 健康和健身 怀疑的前景	战略定位,略具竞争力的性质给他们的工作,让他们自己去做家庭类型的活动
千禧一代,40岁及以下 生于1977—1998年 成长于20世纪90年代	崇尚多样性 团队合作 受过良好教育 成就导向	互动的人际关系,团队导向	结构化、支持性的工作环境,个性化的工作,为需求做好准备,高期望 重视健康和健身	亲和技术 快速的多任务处理 家庭和朋友的合作	乐观的/现实的 自我激励/个人主义 受过良好的教育 职场新人需要并感激指导

资料来源:Based on the writings of Boyatzis and Skelly(1995),and Thielfoldt and Scheef(2004)

非正式团体

在一个社会系统中,由于共同的价值观、共同的兴趣和获得支持的愿望,个别教职员工成为小团体的成员,以实现可能与正式组织所寻求的目标不同的个人目标的愿望(Hanson,2002)。由于他们的构成,这些小团体往往是很强大的。因此,为了从教师那里获得最大的生产力,学校领导者必须敏锐地理解这些团体中个体的行为模式,这些知识对领导者在决定这些团体以何种方式使用他们的权力和影响力时非常有用。学校领导者不太可能消除这些团体,也不应该把消除这些团体作为首要考虑。学校领导者关键是要意识到这些团体的存在,了解他们的愿望和权力来源。为了阐明和强调这些团体对实现学校目标的重要性,我们用以下方式总结了社会体系的各个维度。

社会系统的维度

正如上一部分所指出的,在许多情况下,学校中个体和小团体的目标和特殊利益与正规学校组织的职能目标相冲突。詹克伯·盖茨尔斯和埃根·古柏(1957)的理论认为,社会系统有两个独立和互动的维度,它们将组织和在组织中发挥作用的个体区分开来,他们把组织称为正常的或机构的维度,而把个体称为具体的或个人的维度。制度维度描述了正式组织的角色和期望,以及组织中的个体在追求既定目标时的行为方式。在学校里,这些角色是通过教学任务、工作描述、特殊职责要求和各种绩效标准建立的期望来概述的。

第二个是个人维度,它是指个体的本性和个体人格,以及个体需求倾向。没有两个人是相同的——他们对其他人和不同的情况有不同的反应。这些差异可以根据个体的个性来分析,因为在某种程度上,一个人的个性是由信念、价值观和需求决定的。因此,一个人的性格倾向于在特定的情况下以特定的方式行事(Getzels & Guba,1957)。

致力于组织目标的实现

在学校里,个体的价值观在很大程度上决定了他们接受任务的意愿,以及他们为有效完成任务所付出的努力(Boyatzis & Skelly,1995)。个体的价值观阐明了他们对组织的承诺,并影响他们与同事和接受组织服务的人的关系。从本质上说,组织中个体价值观与组织文化固有价值观之间的兼容性是个体与组织建立社会或心理契约的基础(Boyatzis & Skelly,1995)。这种社会或心理契约反映了个体对组织工作和生活的信念、期望和假设,并建立了个体发挥作用的参数。

例如,一名高中科学教师扮演着特定的角色,并被期望达到某些既定的标准。然而,教师有他或她想要实现的需求,以及学校在帮助他或她实现这些需求方面应该扮演的角色的期望。这些都是个体需求和期望,但可能与学校或科学部的期望和要求有很大的不同。因此,期望的任何差异都可能对教师的表现产生负面影响;相反,如果与期望存在相容性,教师的表现可能会受到积极的影响(Getzels & Guba,1957)。当个体的需要与组织的目标相一致时,这是理想的;然而情况并非总是如此,如果不是这样,个体与组织之间的冲突就会加剧(Getzels & Guba,1957)。

具有社会系统视角的领导者

一个具有社会系统视角的学校领导者会利用妥协、讨价还价、退让和改变等策略,寻求聘用具有与学校使命和目标相适应的需求倾向的个体。在学校和社区中,领导者都努力最大限度地提高相互敌对和冲突的小团体的生产力。领导者努力传达学校的愿景,给出明确的方向而避免引起敌意。领导者不是"孤家寡人",相反,领导者应该主要关注组织和组织中人员的成长。问题是通过与人合作来解决的,因此,必须有一个连接,并且必须连接系统的所有部分。当系统的所有部分都连接起来时,就形成了一种相互依赖的关系,这种关系必须存在于所有个体和群体之间。

由于工作绩效是相互依赖的,因此在学校建立和维持关系至关重要。例如,一个人责任的履行往往取决于其他个人履行责任的程度。因此,互动性成为学校生产力的一个重要因素。为了创造一种相互尊重的氛围,学校领导者必须培养一套与所分配学校的复杂性相适应的技能。构建一个框架来明确领导者行为,使其与特定学校的复杂性一致时,可以利用许多理论中的原则。此外,还必须掌握教育领导者专业标准2、6和7。然而,在那些有效地实践领导艺术的人当中,你很可能会发现他们利用了他们所遵循的理论中的原则。

关系理论

关系理论强调的是,要使教学与学习有效,领导者和下属之间必须建立关系。围绕关系理论建立自身领导理论基础的领导者拥有促进和激励下属理解并接受设定高期望和承担风险完成任务的重要性所需的技能和素质。他们的主要目标之一是帮助所有人充分发挥他们的潜力,因此,他们关注那些符合高伦理和道德标准行为的个人表现。这种行为最有可能在领导者使用参与式风格时表现出来。为了全面实施关系理论,掌握标准5的要素将会大有裨益。

参与型领导理论

使用基于参与型领导理论框架来实践领导艺术的个体对他们的下属高度支持,经常让他们和其他利益相关者参与决策过程(Wagner,2007)。因此,整个组织中的个体在本质上变得不那么有竞争性,而更具协作性。他们也觉得自己受到重视,并高度致力于实现组织目标。

采用参与型领导方式有很多好处,但是如果领导者向下属征求意见和想法,然后没有使用,这种领导方式可能是无效的。如果下属不具备以可接受的方式执行任务所需的技能集,那么它也可能是无效的。此外,两种广泛使用的加强参与框架的领导理论是授权型领导和催化型领导。

您可以通过掌握教育领导者专业标准6的要素来获得这些技能。授权型领导理论在第三章重点讨论领导力时进行了阐述。我们在这里重新讨论它,以表示它对组织行为的影响。

授权型领导理论

新标准和问责运动以及促进教学改进的努力更加强调校本领导①,重新界定了学校领导者和教师的角色和责任。这种重新定义使得学校领导者有必要找到将领导职能分配给教师的方法,从而要求教师更多地参与决策过程,并为学校的各个方面提供领导。本质上,他们也被要求以自己的权力成为领导者——教师领导者。

---

①校本领导(school - based leadership)观点认为:学校变革的本源性问题的解决要立足学校,在教师层面,要重视教师学习,这是应对学校教育变革的核心与关键,因此学校领导者应当着力解决学校发展的本源性问题,力争把权力归还给教师,让教师自主学习;创设学习共同体,让教师在团队学习中体验成功。在学生层面,要关注个体差异,满足不同学生的学习需要,使每个学生都能到充分的发展。——译者注

在分配领导责任时,学校领导者必须在命令下属和授权下属的行为之间寻求平衡。领导者必须让教职员工就他们的新角色进行合作对话,而不是发号施令。通过这个过程,他们可以影响教职员工个体接受一个前提,即他们的新角色不是可有可无的,因为学校目标的实现可能要求他们放弃或推迟一些个人偏好。此外,学校领导者也不能把授权型领导视为双重角色,即一个是管理者,一个是教职员工。要展开授权型领导,所有的角色组之间必须有真正的联系,必须认识到这些角色团体的努力是相互依存的,而且往往要消除角色界限。例如,学校领导者可以引入一种新的教学策略,但是教师必须在课堂上实施这种策略。当学校领导者和教师在新策略的选择、设计和实施以及结果的评估方面进行合作时,可能会产生最大的好处。在这种情况下,两个团体的人的技能集都得到认可、重视和尊重。你会注意到,这一立场在第三章的场景中很明显,该场景涉及弗罗斯特和沃尔顿小学的领导行为以及教育领导者专业标准5、6.和7 的要素。

催化型领导理论

为了有效地领导当今的一所学校,一个教育领导者必须培养许多个人素质,其中一些素质的影响要大于其他素质。对于教育领导者来说,十大专业标准都提倡最有效的标准之一是学校领导者促进流程和参与活动的能力,这些活动激励他们的下属超越自我利益,注重学习、教学和学生发展方面的知识以用于管理决策。从本质上讲,学校领导者被要求成为催化者,表现出提高学校教师集体适应、解决问题能力和提高学生成绩能力的行为(Conley Goldman 1994 ; DuFour, 2002 ; Lashway, 1999 ; Wallace Foundation,2013)。学校领导者在使用催化型领导风格时可能会使用几种策略,但最关键的是集体调查(DuFour 2000 - 2001)。在当今的学校里,成功的关键是领导者培养协作团队的能力,并促进所有利益相关者的参与。通过这一过程,学校的愿景和使命可以由所有利益相关者共同制定、交流和实施(DuFour et al. ,2010 ;Protheroe,2011)。教育工作者明白,学生的学习取决于他们自己的个人学习,学习过程是一个有意为之的过程,这对学校社区来说是非常重要的(Hirsch,2012)。

可供催化型领导使用的还可以包括以下一些策略:(1)为方案的实施获取必要的

资源;(2)确定向利益相关者提供反馈的适当方法;(3)管理合作过程中与利益相关者以及利益相关者之间发生的任何冲突,以及仅仅因为改变过程本身而出现的冲突。学校领导者还需要制定策略,用于创建有效的沟通网络和践行协作政治(Conley & Goldman,1994)。

使用催化型策略要求学校领导者发展对其下属的价值观、兴趣和专业知识的理解,并促进他们在各个级别的集体参与度。很明显,催化型领导的作用方式与传统领导不同。在传统的领导风格中,领导者使用自上而下的职位权力,单方面地确定任务并分配给下属。在一个催化型的氛围中,等级制度保持不变;然而,权力是通过相互作用和协同作用获得的,它向多个方向流动。任何下属都可以发起一项任务,并招募其他个人参与完成任务。因此,领导者使用他们的权力来支持这类专业行为(Dunlap & Goldman,1990)。

催化型领导的过程依赖于非正式的谈判和沟通,而不是学校领导者单方面做出决定。这一过程鼓励下属询问面临的挑战并提出竞争性观点。学校的目标是通过与人合作而不是通过人来实现的。因此,与大多数当代领导方法一样,建立以信任为基础的文化是必要的先决条件,这种文化必须是这样一种文化:领导者可以自由地放弃控制,下属愿意独立行动,为实现目标分担责任,而不用担心遭到报复。

除了关注学校的内部环境,领导者还必须关注外部环境的力量。有效的学校领导者能够理解和应对外部环境的力量,因为这些力量能够对教学产生巨大的影响(Green,2010)。换句话说,学校不仅仅是社会系统;相反,它们是开放的社会系统,要求学校领导者理解和应对外部环境和内部环境的力量,外部因素和内部因素都会影响教学与学习。

开放系统理论

作为一个开放系统运行的组织具有一组与其外部环境交互的相关部分,因此能够自我维护。系统接收来自外部环境的输入,并将该输入转换为产品(输出),该产品(输出)返回到外部环境并最终作为输入返回。这种吞吐对系统的生存能力至关重要(Buckley,1967)。该系统与外部环境的特点密切相关,其复杂性和差异性结构由吞吐决定。通过获得比输出更复杂的输入,系统可以改变其实践方式或完全改变其结构(Pondy & Mitroff,1979)。

作为开放系统的学校

学校不是以单独的实体运作的,它是一个更大系统的一部分,因此必须对影响内部教学的各种外部力量做出反应。因此,为了有效地管理学校的项目、响应不同的兴趣和需求、调动社区资源,领导者必须与校内外的个人和团体合作。这种互动的有效性受到以下因素的影响:

(1)组织机构;(2)领导的行为;(3)组织成员的行为,作为正式团体和非正式团体的成员分别发挥作用;(4)感知各种行为的方式;(5)个体激励水平;(6)权力的分配方式;(7)组织的需要。这些因素影响着教学和学习,并常常给领导者带来挑战,这就需要对学校结构进行调整。因此,成功的关键是确保这些因素始终被纳入领导等式。这些因素的摘要见图4.2。

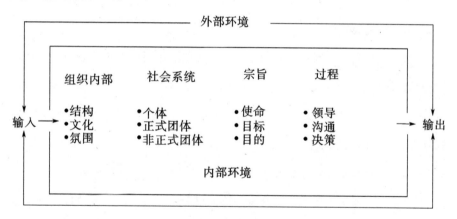

图4.2　影响学校运营的主要因素

资料来源:Adapted from Getzels and Guba(1957),Hanson(1996),and Schein (1970).

学习型组织

在过去的 20 年里,许多理论学家、研究人员和著作者都从全面的角度研究了组织中个体的行为(Clay,Soldwedel,& Many,2011;DuFour,2000 – 2001;DuFour & Dufour et al.,2010;Garvin,1995;Hanson,2002;Hord,2009;Manz & Sims,1990;Senge,2010)。他们

认为学校或学区不是由一个单一的权力和权威中心管理的。相反,它是由一些具有半自治权力的权力中心管理的,这些权力中心对学校或学区的发展方向做出了重大贡献。与参与式领导理论的思想相一致,这些理论认为,所有的个体都有价值,都可以为组织的成长做出重要的贡献。圣吉(2010)认为领导者有责任帮助个体提高塑造未来的能力;从本质上讲,领导者要对下属的学习负责。他建议,"将高层决策人员视为思想家和地方行动者的旧模式现在必须让位给在所有层面上整合思考和行动的模式。"

另一项建议是,当今学校的领导者应该花时间鼓励个人和团体,帮助他们跟上组织的变化和需求,以便他们能够理解实现学校愿景的好处(Green 2010;NPBEA,2015;Sergiovanni & Green,2015)。此外,领导者必须为组织成员提供从失败中学习的机会,当失败发生时,与相关人员进行沟通而不是捕风捉影,这是至关重要的,捕风捉影会阻碍高质量的工作并且个人就会退出,从而使得组织丧失创造力(Ryan & Oestreich,1998)。以这种方式运作的组织有多种定义方式,但它们通常被称为学习型组织。

学习型组织的界定

学习型组织是人们不断地提高自己的能力并创造他们真正渴望的结果的地方,是培养新的、广泛的思维模式的地方,是集体愿望自由的地方,是人们不断学习如何在一起学习的地方(Senge,2010,p.3)。在学习型组织中,环境氛围和文化使个体感到受重视、尊重和欣赏。团队学习得到了加强,沟通过程促进了成员充分参与,每个人都感到为组织成长做贡献的重要性。领导者寻求一个共同的愿景,并担任设计师、教师和管理者。一个重点是作为组织内的教育者进行学习,另一个是致力于为自己和所有学生实现高水平的学习(DuFour et al.,2010)。

学校作为学习型组织

本尼斯和比尔德曼(1997)、柯维(1992)、杜福尔(2000 - 2001,2002)、杜福尔等人(2010)、圣吉(2010)、萨乔万尼(1999)以及其他一些人的研究和著作认为学校应该成为学习型组织。其基本原理是基于这样一个前提,即通过创建这样的组织,学生的成绩将显著提高(Senge,2010)。然而,学校要想成为学习型组织,学校领导者就必须花时间和精力关注学校的结构、为学校服务的个人以及他们与学生和彼此之间的关系。

成为学习型组织的学校领导者已经采取了这些行动。格林(1997)指出了这类学校存在的 13 个特征。这些特征分为四个主题,与提倡学习型组织的主题相一致(见表4.4)。在后来的研究中(Green,1998;Williams – Griffin,2012)表明,这些主题的存在程度——本质上是教育领导者专业标准 7——在一些学校可能对学生的成绩、出勤率和行为产生了积极的影响。

表4.4 培育学习型学校的 13 个特征

主题 1:学生—老师关系
- 师生之间存在着相互信任和积极互动
- 教师对学生的校内外生活有深入的了解
- 教师以关心学生的态度为榜样

主题 2:行政、教职员工中的专业精神
- 每个人都有一种关心他人的意识和对学生成功的集体责任感
- 自我实现的需要得到尊重和鼓励
- 教师表现出对学科的热爱,不断追求能力提升

主题 3:学校和教室的环境
- 学校里存在着一种社区意识和家庭意识,专业人士之间也有协作
- 每个人都重视个体差异,并且每个进入环境的个体都会受到尊重和培养
- 人们认识到各种各样的人才和赋予个人权力的必要性
- 学校吸收社区的价值观,让社区参与孩子的教育

主题 4:学生对自己的感觉
- 学生有自我价值感和认同感
- 学生感到安全并参与到他们的教育中
- 学生重视自己和他人

资料来源:Based on the research of Reginald Leon Green. Copyright © 1996 by Educational Services Plus.

赛普拉斯(2003)认为,当这些学校的特征与类似学校的特征不同时,学校的教学计划存在显著差异。这些特征如共同愿景、积极安全的学校文化、有效的协作领导、有效利用资源、利用数据推动改革以及家长和社区成员的参与等在学生达到既定标准的学校比那些学生达不到既定标准的学校更为突出,所有这些特征都与已经成为学习型

组织的学校相一致。

加尔万(1995)也描述了作为学习型组织的学校的特点。他提出,创建学习型组织的学校领导者正在培养参与式治理、使用系统的解决问题技术并尝试新的教学方法。他们还从自己的经验和过去的历史中学习,从其他人的经验和最佳实践中学习,并在整个组织中快速有效地传播知识。

对蓬勃发展的学校进行研究的其他研究人员报告说,这些学校的领导者正在实施校本管理的管理理念,开放沟通渠道,让所有利益相关者都有机会参与学校的治理。在某种程度上,人们可以自由地表达自己的观点,并愿意付出和接受;言行一致,传达的信息得以执行,人们真诚地相信自己受到重视和尊重;每个人都得到平等的待遇,学校的目标是增进社会幸福(Etheridge Green,1998;Sergiovanni & Green,2015;Wallace Foundation,2013)。

当代的许多假定为当今学校的领导者提供了支持,即认为把学校组建成学习型组织是提高学生成绩的最有效方法之一。领导者使用前面描述的品质来确保组织中的个体共享愿景、理解当前的现实、识别创造性张力①,并寻求实现共同的愿景。当组织成员清楚地了解组织当前的状态和愿景时,就会产生创造性张力。这两种观念之间的差距造成了一种天然的紧张关系(Senge,2010),创造性张力通过将愿景移向当前现实

①创造性张力是经济管理领域中与情绪性张力相对应的一个概念。期望与现状之间的差距会产生张力,它实际上代表着期望与现状之间差距的大小。张力越强,差距越大;反之亦然。差距的缩小存在着两种实现的途径:一是将现状推向期望,二是将期望拉回现状。前者需要毅力,后者只需放弃。如何完成自我超越,攻克期望与现状之间的障碍,其原动力来自现状与期望之间的差距导致始终不渝地追求而产生的创造性张力。创造性张力是企业家在竞争市场中认清现状与期望之间的差距后,产生的一种正面的、由现状趋向期望的推力。但是,在创造性张力产生作用的过程中,往往伴随着焦虑、悲哀、气馁、担忧,甚至会产生绝望的感觉,以至于一些意志薄弱的人很容易将创造性张力转化为情绪性张力。情绪性张力是指与创造性张力相互消长的负面拉力,它的存在将削弱创造性张力的产生。创造性张力和情绪性张力是企业家在市场竞争中所经常遇到的两个侧面。创造性张力的产生,将推动追求目标期望的行动,追求在激烈的市场竞争中自我超越,产生持久而富于朝气的动力,去追求更高、更好的目标期望。而情绪性张力的产生,寻求的是缓解压力,导致的是降低目标期望值。周而复始,目标将越来越低,最终是不能在激烈竞争的环境中生存而被市场抛弃。参见:陈戈止:《企业在市场博弈中的创造性张力》,《财经科学》2005年第3期。——译者注

或将当前现实推向愿景来降低这种紧张关系。

对于领导者来说,理解内部组织、社会系统中个体和群体的互动以及外部环境的影响是至关重要的。从本质上讲,有效的领导者在为建立学习型组织奠定了基础之后,选择了一种将当前的现实向愿景移动的方法(参见图4.3)。在下一部分中,我们将讨论一种可以被学校领导者用来创建学习型组织的方法,在这种组织中,当前的现实可以朝着愿景发展。

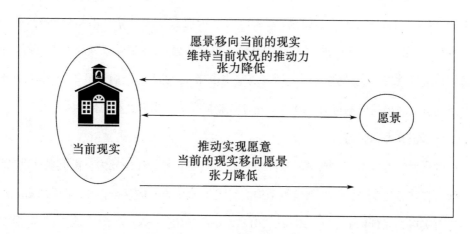

图4.3　学校中的创造性张力

资料来源: Adapted from Peter Senge(2010).

在学校创建学习型组织:学校领导者的角色

在学校领导者努力创建学习型组织的过程中,他们面临着三个基本的挑战:(1)促进合作,(2)获得下属的承诺,(3)分享领导力和学习。

培养协作

在建立学习型组织的过程中,学校文化是建立学习型组织的基础,不能掉以轻心(DuFour et al. ,2010)。使用前面描述的催化型领导风格,学校领导者的角色不是指示他人,而是创建一种促进协作决策的学校文化。一旦学校领导者建立起一种协作文化,个体就可以在各个层次上形成多个团体,参与各种活动以达到他们的目的,对学生的学习承担集体责任。这种类型的合作是通过反思式的对话进行的,在这种对话中,工作人员参与关于学生教学和学习的对话;他们还合作澄清挑战并确定这些挑战的解决方案。

获得下属的承诺

为了获得承诺,领导者和下属之间必须存在信任,这种信任必须以互惠的方式发展。信任通常是通过领导者的一致行为发展起来的,因为他们塑造了期望的行为,并为其他人树立榜样,分享领导、权力和权威(Ciancutti & Steding,2001)。对获得承诺而言,尤其重要的是领导者对待下属的方式。如果下属认为领导者平等对待每一个个体,为他们提供支持、建议和鼓励,那么他们很可能会做出承诺。巴斯(2006)、霍德(1997)、赫希(2012)、和琼斯和格林(2015)支持这一思路,他们建议领导者应该邀请下属参与决策过程,表现出支持学生学习的坚定承诺,不断表达他们对员工的承诺,并努力影响员工做出同样的行为。教育领导者专业标准 7 也支持这种思路。

分享领导力和学习

对建立学习型组织感兴趣的学校领导者应该以一种能让领导力分配到整个组织、包括所有利益相关者的方式来组织结构。组织中的领导力应该分散,以增强所有人共同努力实现共同目标的能力(Hirsch,2012;Senge,2010)。通过权力下放的过程,领导者加强了他们自己和下属之间的真正互动,他们影响专业互动过程,使个人和团体能够参与有意义的决策。通过权力下放,当工作人员和个体对学校的现状和实现愿景的过程有共同的理解时,就会产生重大的变化(Green,2010)。

教育领导者专业标准支持学习型组织的建立,主张当今学校的领导者应该坚持"所有的学生都能学会"的理念,把学生学习作为学校的根本目的,理解多样性及其对教育计划的意义。领导者还应该考虑到每个人在学校的需求和专业知识,以及这种结构对学校内外文化的影响。

观念的影响

学校领导者和利益相关者的认知影响着学校组织中存在的行为。个体的价值观和信念对期望的观念也有影响。一个人的价值观、对自己的看法、对他人、孩子的看法以及学校的宗旨构成了一个人的倾向。倾向会影响领导行为,领导者的行为影响下属的行为(Green,2010)。因此,对自我和他人的了解有助于个体了解自己的倾向,使他们对如何应对组织中的人和挑战有更深刻的理解(DuBrin,2013)。因此,这种影响是领导效能的关键因素。

领导者的观念

领导者如果不能了解自己以及自己的行为如何影响他人,就会不断地犯错误(Brewer,Ainsworth,Wynne,1984;Green,2010)。他们还必须清楚地理解利益相关者对组织的看法,这种说法的前提是领导者的成功依赖于下属的支持,而下属的看法影响着领导者的行为。学校领导者的工作不是孤立的,领导者获取实现组织目标的足够信息和资源的能力受到领导者和组织成员之间关系类型以及许多其他环境因素的影响(Brewer et al,1984)。领导者必须认识到,组织内外的利益相关者(作为个人与正式和非正式团体的成员)的看法可能会受到领导者行为的积极或消极影响;在某些情况下,学校领导者的行为可能会影响利益相关者的行为,在其他情况下,利益相关者的行为可能会影响学校领导者的行为。因此,认知变得非常重要。

在这个标准、能力和问责措施的时代,当领导者被要求成为催化者,在整个组织中分配领导力时,他们对个人完成指定任务的意愿程度的看法是一个主要的关注点。偏见和先入之见应该消除,组织内的每个人都应该有机会欣赏和建设性地利用彼此的差异和相似之处。为了深入理解认知的概念及其对学校中人的境况的影响,我们将考察麦格雷戈的 X 理论和 Y 理论。

麦格雷戈的 X 理论和 Y 理论

道格拉斯·麦格雷戈(1960)的理论认为,人们可以从两种有说服力的影响中选择一种来看待个体。一个被他称为 X 理论,另一个被他称为 Y 理论。信奉 X 理论的人认为一般人厌恶工作,需要被领导强迫才能有效地工作;信奉 Y 理论的人认为人们喜欢工作、致力于实现组织目标,不需要来自组织领导层的任何激励(如果有的话)。

当学校领导者决定他们将如何与下属互动,以及他们将在多大程度上让下属参与决策时,这些态度差异最为明显(Owens,1995)。

X 理论的领导者可能会强调政策和程序,直截了当地给出指示,并要求以公开的惩罚威胁来采取行动。如果领导者的行为发生了错误,那么很可能是在任务完成的一边。

Y 理论的领导者很可能是一个促进者,一个对过程和结果同样感兴趣的人。决策过程倾向与人合作,创造一个有利于自我导向和内在动机的环境。如果领导者的行为中出现了错误,那很可能是在关怀和建立关系方面。教育领导者的职业标准所倡导的行为,大多表现为具有 Y 理论特征的领导者。

领导当今的学校

本书以及第二章和第三章中介绍的理论、假设和实践支持了许多指导领导行为的原则,这些原则是满足教育领导者专业标准所必需的(这些理论总结见表 4.5)。接下来的场景让你有机会运用这些以及其他的理论、假设和实践,来评估你的领导力素质,并为以后在学校中发挥作用的个人行为提供理论依据。在分析这些场景的内容时,你应该记住,当今的学校提倡的是管理学校运营和资源的领导者,以促进每个学生的学业成功和幸福。

相关场景

在场景 4 中,主管要求哈里斯校长在本学年内完成两项任务:制定学校改进计划和建立一个校本管理团队。一年过去了,在没有取得足够的进展完成任何一项任务后,哈里斯校长采取行动在要求的时间内完成这两项任务。要注意领导者的行为对学校环境的影响以及下属在这种环境中的作用。

在场景 5 中,校长处理了一个涉及不同时代教师的问题。这一问题对环境中的人际关系构成了威胁,并可能剥夺学生宝贵的学习经验。在这种情况下,关键因素是领导者影响下属态度变化的能力。

场景 6 处理两个关注协作和管理的标准。从这个场景中,你应该能够辨别出一个学区的领导行为、氛围和文化,以及外部环境的影响是如何造成威胁教学的情况的。在处理这些场景时,你有机会在实际情况下回顾教育领导者专业标准的要素。

表4.5　组织理论

理论	理论家	定义	对领导的启示
古典组织理论	弗雷德里克·泰勒,亨利·法约尔,路德·古里克,马克斯·韦伯	确定管理人员和工人的活动,并制定控制组织运作的准则	重点是完成任务;很少有人关注与下属建立关系。教育领导者专业标准不提倡这种组织结构
社会系统理论	彼得·圣吉	有一组相互关联的要素以特定的方式发挥作用,以达到特定的目的	领导者关注的是整体(全体教职员工),部分整体(个别教职员工)以及各部分(教职员工)之间的关系
开放系统理论	罗伯特·欧文斯	一个作为社会系统运作的组织有一系列相互关联的部分,这些部分与其外部环境相互作用,因此能够自我维持	领导者应该准备好对影响内部教学和学习的各种外部影响做出反应。他们还应发展通过变革过程将投入转化为产出所需的技能
参与型领导理论	詹姆斯·斯皮兰	领导者愿意将领导、权力和权威分配给组织中的个人。领导者选择与组织内的个人分享领导角色	领导者应该认识到组织中不同层次的个人可以为实现目标做出贡献。因此,领导角色应该是共享的。有许多方法可以共享领导角色,学校领导者应该确定他(或她)领导组织最有效的方法
关系理论	理查德·杜福尔	个体表现出达到高道德标准的行为	领导者应该与学校内外环境中的个人发展关系。通过人际关系,学校领导可以把自己和那些能积极影响教学和学习的人联系起来
学习型组织	理查德·杜福尔,彼得·圣吉	在这样的地方,人们不断地提高创造他们真正渴望的结果的能力;培养新的开阔的思维模式;释放出集体的愿望,人们不断地学会共同学习(Senge,2010,p.3)	学校领导者有必要把时间和注意力放在学校的结构、为学校服务的个人及其与学生的关系以及彼此之间的关系上

资料来源:Based on a collection of leadership studies and writings in contemporary literature. Definition and implications are based on the work of the theorist cited.

场景 4
理解和预测学校中的个人和团体行为

标准 7

有效的教育领导者应建立由教师和其他专业人员组成的专业共同体,以促进每个学生的学业成功和幸福。

标准 9

有效的教育领导者应管理学校运营和资源,以促进每个学生的学业成功和幸福。

哈里斯就任华盛顿高中校长后,学区主管格洛弗建议他,全区的战略计划要求每个学校的行政部门、教职员工和家长建立一个校本管理团队,并实施一项符合该地区战略目标的教学改进计划。然后,格洛弗主管给了他一份学区战略计划的副本,并建议他建立一个校本管理团队,制定当地学校的改进计划,并在他任期的头两年内将该计划付诸实施。

当哈里斯校长进入新学年并开始履行他的职责时,他一直致力于执行主管的指示以及他将如何与教职工和社区合作来设计一个适合学校的计划。然而,适应一份新工作和运作一所大型学校的压力是非常大的,似乎从来没有时间来发展校本管理团队或讨论学校的新教学设计。他很少离开办公室,因为各种文件令他应接不暇。

当哈里斯校长的第一年任期即将结束,很明显,除非他立即采取行动,否则学校到年底将不会有一个校本管理团队或学校改进计划。因此,他召开了一个他和他的两个副校长爱丽丝·哈蒙和威廉·约翰逊的会议。他和他们一起回顾了任务,要求约翰逊研究并制定一个建立校本管理团队的计划,并要求哈蒙女士制定一个学校改进计划的框架。

当约翰逊先生静静地坐着接受他的任务时,哈蒙女士激烈地反对她的任务。她向哈里斯校长建议说,时间太短了,由于大多数教师没有足够的时间来研究今年下半年课程改革的想法,因而无法有质量地完成任务。她还反对建立一个校本管理团队,说在他被任命之前,许多教职员工都表达了这样的感受:除非有额外的工资和/或实际的教学时间,否则他们宁愿不从事任何额外的委员会工作。

哈里斯校长对在这么短的时间内要做这么多表示遗憾,他建议他的助手们尽快完成任务。哈蒙女士说出了她拒绝哈里斯校长指示的理由,生气地离开了办公室。她说:"我们将拭目以待。"约翰逊先生没有发表任何评论,而是回到他的办公室开始考虑这项任务。

在后来的教职员工会议上,哈里斯校长向教职员工建议,学校职员将推行校本管理模式,而约翰逊先生将负责领导这项工作。他还向全体教职员工建议,学校改进计划的设计由哈蒙女士担任领导。他接着说,他相信教职员工会领会这两项新措施的必要性,因为它们是整个地区提高学生成绩努力的一部分。他请求教职员工的支持,并向他们保证,他们反过来会得到他办公室的支持。

两周后,在每月定期召开的学科部主任会议上,哈蒙女士与小组成员一起审查了校长提出的要求,然后她问是否有人对如何开始这项任务有什么建议,至少有三个人(英语、数学和科学部主任)反对这个时间框架,主张等到秋天再开始任何新的项目。社会研究部主任说,他相信如果这项工作在学年结束前开始,这个夏天就可以用来研究和收集新项目的数据。哈蒙女士咯咯地笑了笑,问了这样一个问题:"有没有人愿意做没有报酬的暑期工?"音乐部主任接着说:"学校有几次年底的乐队活动要安排,但我能抽出时间参加一些会议。""好吧,就这么定了,"哈蒙女士回答道,"我要向哈里斯校长汇报,部主任一致认为我们应该把这项活动推迟到秋季。"。由于没有听到反对意见,会议休会了。两天后,哈蒙女士给哈里斯校长写了一份备忘录,告知哈里斯她已经会见了部主任,他们强烈希望把新计划的进度推迟到秋季。

在与哈里斯校长会面后的3周内,约翰逊先生对校本管理模式进行了的一项广泛的文献总结。根据他的总结,他列出了在大城市学区运作的各种模式的优缺点。然后,他开始单独或以小组形式与教职员工交谈。他与家长教师协会主席以及一些家长和社区领导者进行了交谈。在几次会议上,他收集了许多个人的想法和意见,然后就校本管理提出一套建议,供哈里斯校长审阅。

在下一次教职工大会上,约翰逊先生向全体教职工提出了他的报告和建议。在他分发了他的报告之后,他描述了他收集数据的过程、解释了内容,并为他的建议提供了理由。然后,他给全体教职员工一段时间来审阅报告并提出问题。教师们似乎对这一要求感到震惊,但他们审阅了材料,并开始相互评论。哈蒙女士马上谈到了这个计划:"为什么团队里有这么多家长? 父母比老师多! 高级英语教师弗朗西斯·琼斯指出:"是的,我看到家长被指定担任委员会主席,但为什么教师不能担任委员会主席?"数学部主任接着说:"我认为我们都应该参与决策委员会的组织。"英语部主任和科学部主任都发表了负面评论。其他许多教职员工似乎想发言,但无法引起约翰逊先生的注意,他被那些对他报告的强烈抵制震惊了。他同所有这些人都谈过,虽然他们没有强烈支持校本管理观念,但他们也没有对他的建议表示任何关切。事实上,有些老师对这个观念的评价非常积极。为什么这些人没有早点说出来? 然后,他想起有几位老师曾与哈蒙女士讨论过这个观念及其优点。

哈里斯校长随后介入,他感谢约翰逊先生的辛勤工作,赞扬他的建议,并告诉全体教职员工,还需要做一些额外的工作,计划将在以后的会议上进一步讨论。他完成了议程上剩下的项目,然后休会。

反思性思考

领导行为的关键方面

- 学校领导者没有开发和管理能够促进教学的人力资源或决策。

- 学校领导者信任他人,但并不总是拥有良好的判断力,因为有些人不接受分配任务的责任。

- 学校领导者没有制定行动计划和程序来实现学校的愿景和目标,也没有设法利用时间最大限度地实现所期望的目标。

- 在做决定时,学校领导者没有评估潜在的问题,因此,所发生的问题没有得到及时解决。

- 学校领导者没有为他的教职工提供发展协作技能的机会。

教育领导者专业标准 7 和 9 的要素

有效的领导者需要做到:

7A:为教师和其他专业人员创造工作环境,促进有效的专业发展、实践和学生学习。

7B:根据学校的使命、愿景和核心价值观,赋权并委托教师和员工共同责任满足每个学生的学业、社会、情感和身体需求。

7C:建立和维持专业文化,此文化将致力于参与和实现:共同的愿景目标和与儿童全面发展的有关的目标,对专业工作的高期望,道德和公平的做法,信任和开放的沟通,协作的集体效能,持续的个人和组织学习和改进。

7D:促进教师和其他专业人员共同的责任感,以确保每个学生的成功和学校整体的有效性。

7E:发展和支持领导者、教师和员工之间开放、富有成效、关心和信任的工作关系,以促进专业能力和实践的改进。

7F:与教职员工合作设计和实施工作嵌入和其他专业学习机会。

7G:为合作检验实践,合议反馈和集体学习提供机会。

7H:鼓励由教职员工发起的对课程和实践的改进。

9A:建立、管理和监督能促进学校的管理和愿景的运营和行政系统。

9B:战略性地管理员工资源,分配和安排教师和员工的角色和职责以优化他们的专业能力,从而满足每个学生的学习需求。

9E:保护教师和其他工作人员的工作和学习免受干扰。

9J:与学区中心办公室和学校董事会发展和维系富有成效的关系。

9K:开发和运行能够公平公正地管理学生、教职员工、领导、家庭和社区之间冲突的系统。

9L:统筹管理过程和内外部政治,以实现学校的使命和愿景。

反思性问题和场景分析

1. 描述哈里斯校长的主要问题,并找出可能影响他行为的一些因素。

2. 对哈蒙女士的行为有什么可能的解释?

3. 学校内部环境中的哪些因素可能影响教师所表现的行为类型?

4. 概述你用于完成哈里斯校长分配的最初任务的方法。确定你使用的领导风格,并为你的选择提供理由。

5. 分析最后一次教职员工会议,并简要描述你将做出的决定。从书中找出你的决定所依据的理论。

解决关键问题

华盛顿高中的领导艺术实践

有效的学校领导者为了成功的目标而构建组织并利用领导技能、策略和技术管理它,这些技能、策略和技术会影响人的行为,从而实现目标。这个过程需要领导者了解和理解人们作为个体和群体成员的行为。同样重要的是,领导者需要了解学校内外环境中各种力量的影响,这些力量如文化、氛围结构、员工和学生的动机影响着领导者和下属的行为。

在华盛顿高中实践领导艺术的过程中,以下问题至关重要:(1)学校的文化和氛围的本质是什么?(2)哈里斯校长运用领导方法的成效如何?(3)学校人际关系的质量如何?(4)非正式团体的存在程度和影响程度如何?

我们现在对这些问题逐一做出答复。

华盛顿高中的文化

学校文化是由信仰、价值观、实践和人为事物交织而成的模式,这些要素为教师、学生、家长和利益相关者指明了他们是谁以及他们将如何发挥作用(Bolman & Deal,2013)。学校大家庭成员在应对外部环境中的生存问题和内部融合问题时所使用的过程正是由学习行为决定的(Schein,1992)。有时,在学校以及其他组织中,这种行为并不是明显的和可观察的,但在这种情况下,是一组隐藏的假设(希恩把组织文化定义为:"一种基本假设的模型,由特定群体文化在处理外部适应与内部聚合问题的过程中发明、发现或发展出来的,由于运作效果好而被认可,并传授给组织新成员以作为理解、思考和感受相关问题的正确方式。"Schein. Organizational Culture Leadership[M]. SanFrancisco:Jossey - Bass Inc.,1992:15 - 26.——译者注)驱动着个体和群体的行为(Schein,1984)。这些假设塑造了教职员工的思维,并加强他们对工作的认同感、与同事相处的方式以及角色小组的使命。

文化为个人创造了现实,在华盛顿高中,这种现实让哈蒙女士以一种独特的方式看待任务的完成。学校的行为模式为她的行为提供了一个基础,并支持她实现个人目标的方法。她了解教师的背景知识并清楚她的行为可能引起的反应。因此,了解以前的活动组织以及与这些活动相关的个人行为,可以帮助人们确定群体规范,并构建一个可接受的行为模式。

华盛顿高中的教职员工

哈里斯被任命为一个在教职员工有着相沿成习和根深蒂固文化的学校的校长,学校的氛围也反映了这种文化。学校没有为了成功而组织起来,哈里斯校长没有制定顾及教师个人及作为正式和非正式团体成员发挥作用的权力和影响的操作程序。由于没有这种操作程序,教职员工们仍然高度分散,并被分成若干小组,这些小组也是从权力的角度为决策而划分的。这种权力和控制的观点成为常态,这就是华盛顿高中做事的方式。

校长有责任在互动、决策和实践中发挥文化能力和文化反应能力(PSEL 3G)。校长的行为应该鼓励一种对自己、学生和员工表现有高期望的文化,这种文化应该定期进行评估。哈里斯校长的行为并没有对这种文化产生积极的影响,也没有为全体教职员工树立一个共享的愿景。事实上,他的指示性行为导致了组织有效性的匮乏。为了实现变革,领导者必须了解现有的文化,在这种文化中工作,并谨慎地进行修改,以激发对自己、学生和员工表现的高度期望。华盛顿高中现有的文化不可能发生改变,除非领导者阐明新的愿景并改变学校的操作程序。

华盛顿高中的氛围

氛围是衡量学校环境质量的一个指标。建筑的外观、人们的言谈举止,以及个人对参观学校和在那里经营业务的感觉都体现着一所学校存在的氛围类型(Halpin & Croft,1963)。学校的氛围可能温暖和令人愉悦,也可能充满敌意和令人不快。教师、学生、家长和其他人可能作为个体受到有尊严的对待,也可能受到不尊重,并经受品味低劣的言论。

教育领导者专业标准7强调了当今学校应该存在的氛围类型。该标准要求人们得到公平、公正、有尊严和被尊重的对待。此外,它还规定,领导者要考虑自己的行为对他人的影响。哈蒙女士的领导行为不符合教育领导者专业标准中的2A标准,她的行为对学校的氛围产生了负面影响。综上所述,华盛顿高中的氛围并不符合标准7所倡导的特征。

人际关系的质量

在华盛顿高中,教师们没有能够团结一致是核心关注点。在本质上,哈里斯校长未能管理好本尼斯(1995b)所说的自我和注意力管理①,从而导致他和他的工作人员之间的关系破裂。他没能抓住哈蒙女士的注意力,尤其是全体教职员工的注意力。校长与教师之间缺乏有效的人际关系,而在学校内部存在的所有关系中,没有一种关系比教师和校长之间的关系对学校生活质量的影响更大(Barth,1990)。

当领导者开始一项新的任务时,他们应该采取行动吸引个体参与,这可以通过管理注意力和建立一个立令人信服的愿景来实现(Bennis,1995b)。哈里斯校长没有采取任何行动来传达他的承诺,也没有为全体教职员工树立一个团结一致的愿景。更重要的是,他的拖延和缺乏计划对学校的氛围产生了负面影响。

哈里斯校长也未能管理好自己,他没有意识到他的行为对助手或教职员工的行为有什么影响。当进入新的学校环境时,领导者评估学校文化和氛围、审视现有结构以及确定教师个人和集体的态度是明智的。经过这样的审视,他们可以向前迈进,发展关系并建立一种存在信任、关怀和合作的原则和实践的氛围。学校领导者必须塑造他们期望从下属那里寻求协作的行为类型。

由于哈里斯校长未能塑造他希望教师(有意或无意)采取的行为类型或建立变革的能力,他被迫采取行动,挑战教职员工现有的价值观、观念和过去的行为。

对个体最大的不尊重是试图把自己的意志强加给他们,而不考虑他们想要或需要什么,也不征求他们的意见。因此,尊重他人是道德领导的真谛,没有什么比这更困难的了。

---

①沃伦·本尼斯(1925—2014)是美国当代杰出的组织理论、领导理论大师。本尼斯最负盛名的著作是《领导者:掌管的五大战略》,该书认为领导者要具有的四项能力分别是:注意力管理、意义管理、信任管理和自我管理。注意力管理是指,好的领导者要能够抓住下属员工的注意力并使这些人投入,使他们心甘情愿为领导者工作并与领导者一起努力完成任务。这种能力用本尼斯的话说就是"具备设想一个令人注目的前景并付诸行动的逐步实现的能力"。成功的领导人能够使自己的设想为他人所信服,并把它当作自己的奋斗目标。注意力管理的要点是有效的愿景,这一愿景是别人愿意共同享有的,并且能提供通向未来的桥梁。——译者注

但当组织或社会需要变革时,也没有什么比这更实际的了。(O'Toole,1995,p.12)

非正式团体的存在

哈蒙女士利用她参与非正式团体所获得的权力来影响正式场合的行动和行为,从而以牺牲哈里斯校长所确立的目标为代价来促进她个人目标的实现。

她似乎在学校的一些下属单位以及教师内部的几个非正式团体中建立了权力基础。在每一个团体中,她的权力基础似乎都很强大。由于她在这些环境中的权力,她能够把教职员工的注意力从校长试图实现的目标上转移开。这种行为的例子在她与部主任的会议上表现很明显,并反映在她指导团队的行为方式上。尽管有些成员对这项任务相当接受并希望为完成任务而努力,但她还是设法以一种符合她个人思维习惯的方式指导团队的最终决定。学校的操作程序并没有抵消她的行为,哈里斯校长也没有采用有效的解决冲突的策略。他本可以使用的一些解决冲突的策略将在后面的章节中讨论。

综上所述,校长哈里斯在未能有效及时地规划和组织自己的职责后,才开始处理建立一个校本管理团队和实施教学改进计划的挑战。当他把任务委派给他的副校长时,新的挑战出现了,他没有考虑到组织可能会对实现目标产生负面影响。他对自己的责任看得太狭隘,没有管理好自己的注意力和自我。此外,他也不承认教职员工能够在其中发挥作用的或受到校内非正式团体影响的学校文化。

场景 5
解决思维障碍

标准 2

有效的教育领导者应按照道德规范和专业规范行事,以促进每个学生的学业成功和幸福。

标准 3

有效的教育领导者应致力于争取教育机会公平和做出文化响应,以促进每个学生的学业成功和幸福。

标准 6

有效的教育领导者应培养学校人员的专业能力和实践能力,以促进每个学生的学业成功和幸福。

奥克维尤高中位于一个大城市,学生人数反映了其社区状况。直到今年,该校的教师都是在奥克维尤工作了 5 至 10 年的资深教师。在 2010 年秋季,大量的新教职员工被分配到学校,他们中的许多人都是新手教师,他们渴望实践他们新学到的技能,渴望改变学生的生活。然而,经验丰富的教职工对新教职员工多少有些防御性和抵触情绪,他们常常给新教职员工贴上缺乏经验的标签,拒绝提供帮助或友爱。事实上,有传言称,学区中心管理部门正试图通过驱逐老教师和聘用经验较少的教师来节省资金。

今年,奥克维尤首次被选中参加全市年度语言大师大赛,这是一项享有盛誉的英语优等生比赛。这场比赛吸引了社区的支持,一家公司通常会向获胜的学校奖励 10 万美元的电脑设备。法明顿是该校的一名新教职员工,她有参加语言大师比赛的经验,并展示了她与学生良好合作的能力以及她在英语和文学方面的能力。然而,奥克维尤的资深教师道格拉斯女士反对任命一位"新手"主持如此重要的活动。虽然道格拉斯女士并不希望参与语言大师比赛,但她觉得有经验的教师可以更有效地监督学生,并从曾参与过语言大师比赛的教师那里得到帮助。

道格拉斯女士是"最受欢迎的教师",她主持返校节活动,并与其他教职员工分享课后辅导任务,她还定期会见几位隶属于她的妇女联谊会(此处意指学校内的非正式团体——译者注)的教职员工,在这些领域的讨论往往集中于学校的事件和活动上。校长杰拉尔德·卡罗尔认为,法明顿女士将会是参加语言大师比赛的出色主席,然而,他知道道格拉斯女士的担忧,她要求与他会面讨论这项任务。

反思性思考

领导者行为的关键方面

• 学校领导者没有确保学生的学习被视为学校的根本目的。

• 学校领导者没有让全体教职员工理解和欣赏多样性给学校带来的好处。

• 领导者没有建立一个支持性的学习环境,使所有人都感受到有尊严和被尊重,因为有些人的贡献没有得到承认。

教育领导者专业标准2、3和6的要素

有效的领导者需要做到：

2A：在个人行为、与他人的关系、决策、学校资源的管理以及学校领导的所有方面，以道德和专业的方式行事。

2B：遵循并推动诚信、公平、透明、信任、协作、坚持、学习和持续发展的专业规范行事。

2C：以儿童为教育的中心，对每个学生的学业成功和幸福负责。

3C：确保每个学生都能公平地获得有效的教师、学习机会、学业和社会支持，及成功所需的其他资源。

3H：提出和尝试解决领导力各方面的公平和文化响应问题。

6A：招聘、雇用、支持、发展和留住有能力和有爱心的教师和其他专业人员，并使他们成为具有教育效能的教育工作者。

6C：在理解专业和成人继续学习与发展的指导下，通过不同的学习和成长机会，培养教师和教职员的专业知识、技能和实践。

6D：促进个人和集体教学能力的持续改进，以实现每个学生的预期结果。

6F：赋权和激励教师和员工进行最高水平的专业实践，并不断学习和改进。

6G：为教师以及学校社区其他成员的领导力发展进行能力方面开发，并提供机会和支持。

反思性问题和场景分析

1. 为什么卡罗尔校长的领导在这种情况下如此重要？

2. 什么氛围和文化因素可能影响教师之间存在的分歧？

3. 法明顿女士和道格拉斯女士的需求倾向有什么区别？

4. 建议道格拉斯女士参加哪些专业发展活动？解释你的立场。

5. 为了维持一种有利于学生学习的学校文化，卡罗尔校长的领导风格必须体现哪些特点？

解决关键问题

奥克维尤高中的领导艺术实践

在奥克维尤高中实践领导艺术的过程中,以下问题至关重要:(1)卡罗尔校长应对这种情况应采取何种方法?(2)校长应如何回应道格拉斯女士?(3)在选择行动方针时,主要考虑哪些长期因素?

应对功能失调行为

学校领导者必须与他们的教师一起努力,以促进所有学生的成功。他们必须维持有利于学生学习和教师专业成长的学校文化和教学计划。在这个过程中,所有人都必须认识到促进学生的学习是学校的根本目的(PSEL 2C)。因此,卡罗尔校长必须承认并利用法明顿女士的专业知识,同时又不减少道格拉斯女士的支持。他最好采取人际关系的方式,听取双方的意见,并对他们的立场表示赞赏。要确定可用于处理此类问题的其他方法,你可以参考第六章中讨论的团体决策技术。

卡罗尔校长通过表现出高度重视的行为来表明所有个体都有价值,学校需要他们来有效地满足所有学生的需求。必须强调这一前提,因为道格拉斯女士和法明顿女士的人际关系对学校环境和未来的学校计划至关重要。此外,卡罗尔校长必须接受多样性,并理解它如何影响学习经验的发展。运用有效的团队过程和建立共识的技巧,他可以提倡培育和维持一种学校文化以促进学生的学习和教师的专业成长,这样的做法将最大化法明顿女士和道格拉斯女士的激励水平。

会见道格拉斯女士

在与道格拉斯女士的会谈中,卡罗尔校长很可能会采取一种妥协的方式来解决这个问题,从而取得最大的成功。首先,他可以与每一位教师单独交谈,为他的立场提供理论依据。然后,他可以询问他们关于一个可接受的解决方案的建议,并以一个有说服力的论点结束,这将促进道格拉斯女士和法明顿女士两位教师的参与。此外,他可能会邀请这两位教师成为这项活动和其他学校活动的伙伴。也许道格拉斯女士可以成为法明顿女士的导师,甚至可以共同主持这项活动。无论卡罗尔校长采取何种方式,每位教师在离开学校时都必须感到自己受到了专业的对待,她的才能、特质和对学校的贡献都得到了尊重。

选择行动过程

在选择针对教职员工行为的行动方针时,学校领导者必须考虑几个激励因素。影响道格拉斯女士和法明顿女士行为的两个理论是亚伯拉罕·马斯洛的需求层次理论和弗雷德里克·赫茨伯格的激励保健理论①。

马斯洛(1987)的理论认为,人受到一系列需求的影响,这些需求被分成五个基本类别,从个体最基本的需求开始,通过层次结构延伸到自我实现。个人首先受到最基本需求的驱动;然而,一旦一个人的基本需求得到满足,另一个更高层级的需求就会成为需要满足的优先事项。马斯洛将这些需求分为以下五类:

1. 生理:食物、住所和健康。

2. 安全:免受危险、攻击和威胁。

3. 社交:一种归属感和建立关系的感觉。

---

①激励保健理论,也叫"双因素激励理论"或"双因素理论",是美国的行为科学家弗雷德里克·赫茨伯格提出来的。20世纪50年代末期,赫茨伯格从"满意"和"不满意"两个维度总结出能够提高员工工作满意度的因素主要包括:个人成就、组织或社会的赞赏、工作的挑战性、明确的职责划分以及个人的成长与发展。这些主要与工作有关,能够令员工满意,激发员工工作积极性的因素,被赫茨伯格命名为"激励因素"。与之相对的,公司的政策与管理方式、上级的监督、工资福利、人际关系以及工作的条件,这些与环境相关、容易引起员工的不满、不能激发其工作热情的因素被命名为"保健因素"。保健因素的满足对职工产生的效果类似于卫生保健对身体健康所起的作用。保健从人的环境中消除有害于健康的事物,它不能直接提高健康水平,但有预防疾病的效果;它不是治疗性的,而是预防性的。保健因素包括公司政策、管理措施、监督、人际关系、物质工作条件、工资、福利等。当这些因素恶化到人们认为可以接受的水平以下时,就会产生对工作的不满意。但是,当人们认为这些因素很好时,它只是消除了不满意,并不会导致积极的态度,这就形成了某种既不是满意、又不是不满意的中性状态。那些能带来积极态度、满意和激励作用的因素就叫作"激励因素",这是那些能满足个人自我实现需要的因素,包括:成就、赏识、挑战性的工作、增加的工作责任,以及成长和发展的机会。如果这些因素具备了,就能对人们产生更大的激励。从这个意义出发,赫茨伯格认为传统的激励假设,如工资刺激、人际关系的改善、提供良好的工作条件等,都不会产生更大的激励;它们能消除不满意,防止产生问题,但这些传统的"激励因素"即使达到最佳程度,也不会产生积极的激励。按照赫茨伯格的意见,管理当局应该认识到保健因素是必需的,不过它一旦使不满意中和以后,就不能产生更积极的效果。只有"激励因素"才能使人们有更好的工作成绩。其理论贡献是:(1)一个组织不能只靠提供"保健因素"维持一定工作水平而满足,应进一步增进"保健因素"让组织绩效达最高境界。(2)影响1960年代之后的工作设计,尤其是工作丰富化。——译者注

4. 尊重:感觉自己被重视和重视自己。

5. 自我实现:充分发挥自己的潜力。

在处理组织的目标和目的实现的同时领导者意识到个体寻求需求的满足,这是有帮助的。例如,如果一位资深教师希望担任英语部主任并教授大学预修课程,校长可能会对这些需求很敏感,不会把这样的责任分配给新手教师。新手教师可能会对此很感激,因为教师最关心的是适应学校的整体计划,熟悉学校的整体计划。有效的领导者会仔细考虑在组织中工作的个人的舒适程度,并排除任何阻碍他们完成任务的障碍。

在奥克维尤高中,道格拉斯女士可能在寻找自尊,而法明顿女士则可能在寻求归属感。学校的环境必须促进双方的成功。要做到这一点,领导者必须了解双方的价值观、愿望和抱负。在这样做的过程中,他让自己发展积极的人际关系,并影响和维持一个积极的学校氛围,这有利于教学与学习。

综上所述,学校的关系是非常重要的,领导者应该影响学校所有个人和团体之间的积极关系。人们必须互相合作,工作环境必须允许个人满足他们的需要,实现他们的个人愿望和目标。当领导者了解每个个体的需求和关注点时,就可以应用激励理论和学习理论来培养所期望的组织氛围。因此,领导者必须具有创造性,利用领导地位打开沟通的渠道,让人们团结起来,拥抱学校的文化、分享想法、互相帮助,并为成为成功实现目标的团队中的一员而感到自豪。本质上,他们必须忠实地执行教育领导者专业标准2和标准6。

场景6
一项公共汽车合同被取消

标准8

有效的教育领导者应以有意义、互惠和互利的方式吸引家庭和社区参与,以促进每个学生的学业成功和幸福。

标准9

有效的教育领导者应管理学校运营和资源,以促进每个学生的学业成功和幸福。

2011 年 7 月 1 日,爱丽丝·华莱士成为箭头学区的主管,她开始了她的任期,与整个社区、行政人员和该学区的教师建立了良好的关系。她向地区行政人员致开幕词时,全场起立热烈鼓掌。在那次会议之后,她访问了每一所学校,在访问学校期间,她与校长、家长教师协会成员和其他方便的人进行了对话。然后,她在社区的每个区域举行市民恳谈会,会见各谈判单位领导,并为较大社区的政治、宗教和商业领袖举办午宴。大家都对她担任新主管寄予厚望,事实上,你可以感觉到整个地区的人们都被赋予了新的正能量。

新学年快到了,她计划得很好,一切都很正常。媒体曾表示,该地区已准备好成功开业。然后,在 2011—2012 学年开学前四周的 8 月 3 日,交通主管通知华莱士主管,一家为 27 条公交线路提供服务的公共汽车承包公司已经取消了合同。公交线路为来自该地区的学生提供服务,而该地区的人认为他们从未受到公平对待。华莱士主管立刻负责起这一情况,她就这个问题向箭头教育委员会提出了建议,并向他们保证将在开学前获得一份新合同,社区也发布了类似的公告。

华莱士主管随后联系了承包机构,要求他们重新考虑,但毫无效果。她与其他承包机构联系,试图与他们签订合同协议,但由于通知晚了,他们无法提供地区巴士服务。与教育部门和该州其他地区的接触也没有取得积极成果。在接下来的三个星期里,她在社区里开了几次会,向家长们保证正在寻求解决办法,这个问题将在开学前得到解决。然而,随着开学第一天的临近,人们看不到任何解决办法,社区会议变得越来越不利。虽然交通主管对交通问题非常了解,并在地区服务多年,但他很少受邀参与社区会议。受影响学校的校长出席了会议,但没有获邀参与讨论。

主管经常与交通主管举行会议以获得状态报告,但结果总是一样的:"我们正在努力获得额外的巴士,我们将在开放日之前得到它们。"每周主管都会向董事会和社区提交类似的报告。

三个星期过去了,由于没有保证有额外的公共汽车,主管制定了一个替代计划。这个计划需要一些公共汽车跑两趟,一些中学生在下午五点半才能回家,直到秋天结束,这是一个可以接受的做法,但那时学生到家后天已经黑了。整个地区的家长,甚至那些没有受到影响的家长,都要求改变公共汽车的时刻表。报纸报道说这个地区正在恢复过去的做法。

反思性思考

领导者行为的关键方面

- 社区利益相关者是否参与了影响他们学校的决策?

- 与学校财政运作有关的问题是否得到有效管理?

- 人们是否值得信任,主管是否尊重他们的判断?

- 是否在利益相关者之间分配领导力?

- 是否发现了潜在的问题和机遇?

- 主管领导学校系统的方式是否表明该地区是较大社区的组成部分?

- 标准8的要素是与家庭合作和沟通,并让公众了解情况。这个标准是否以有效的方式处理?

教育领导者专业标准8和9的要素

有效的领导者需要做到:

8B:与家庭和社区建立并维持积极、合作和富有成效的关系,以使学生受益。

8C:与家庭和社区就学校、学生、需求、问题和成就进行定期和公开的双向沟通。

8D:积极参与社区活动,以了解社区的优势和需求,发展富有成效的关系,并利用其资源为学校服务。

8F:了解、重视和利用社区的文化、社会、智力和政治资源,促进学生学习和学校进步。

8G:开发和提供学校作为家庭和社区的资源。

8H:倡导学校和学区,同时倡导教育和学生需求以及家庭和社区优先等级的重要性。

8I:公开倡导学生、家庭和社区的需求及其优先等级。

8J:与公共和私立部门建立并保持富有成效的伙伴关系,以促进学校进步和学生学习。

9A：建立、管理和监督能促进学校的管理和愿景的运管和行政系统。

9B：战略性地管理员工资源，分配和安排教师和员工的角色和职责以优化他们的专业能力，从而满足每个学生的学习需求。

9D：有道德、有责任感、有可信度地负责管理学校的货币和非货币资源，从事有效地进行预算和会计实践。

9E：保护教师和其他工作人员的工作和学习免受干扰。

9H：了解、遵守并帮助学校社区了解当地、州和联邦的法律、权利、政策和法规，以促进学生的成功。

9J：与学区中心办公室和学校董事会发展和维系富有成效的关系。

9K：开发和运行能够公平公正地管理学生、教职员工、领导、家庭和社区之间冲突的系统。

反思性问题与场景分析

1. 华莱士主管面临的主要领导问题是什么？将你的回答与本章以及第三章中介绍的领导技能和特点联系起来。

2. 华莱士主管在向董事会和社区发表的声明中有什么不足之处吗？你会怎么说？

3. 华莱士主管参与地区日常运作（微观管理）的领导问题有哪些？

4. 有哪些新出现的问题可能会影响到整个学校社区？为你的回答提供理由。

5. 在这类情况下，社区关系策略和实践有多重要？解释你的回答。

6. 在解决这类问题时，校长和中心办公室管理者应该扮演什么角色？

解决关键问题

华莱士主管在箭头学区实践领导艺术时，应关注：(1) 她的领导行为，(2) 有效利用员工才能，(3) 应对环境影响，(4) 保持区域正能量。

华莱士主管的领导行为

华莱士主管是一位很有自信的学校领导者。在寻求解决交通问题时，她的方法高度结构化，对员工考虑不周。她从头到尾都亲自处理这件事，只有在必要时才会与她的员工合作。

很明显，她认为这个问题非常重要，因为她立即担责处理并寻求解决问题的办法。她的第一个行动是打电话给教育委员会主席，就这件事给他提建议。然后，她指示她的工作人员安排与受影响社区的家长见面。她经常同交通运输部门主任会晤并随时向董事会所有成员通报正在取得的进展。然而，她关注的是组织和任务完成的需要，很少考虑到她工作人员中的个体，这种行为可能会造成其他问题和挑战。

有效利用员工才能

虽然主管应该非常关心如何找到这个问题的解决办法，但她的方法应该是与工作人员合作，寻找解决办法，而不是直接参与。由于亲自负责处理这一情况，华莱士主管未能给她的工作人员提供执行所指派任务的机会，她无法从领导团队成员的才能中获益。

交通运输部门主任对运输问题非常了解，并已在该地区服务多年，但他并没有负责寻找解决问题的办法；受影响学校的校长出席社区会议，但没有获邀参与讨论。主管的行为可能被她的工作人员以一种非常消极的态度看待，他们可能看出她不信任他们的能力，或者她是唯一知道如何解决问题的人。

在学习型组织中，所有的个体都参与决策过程，对组织的成功有一种共同的责任感。领导者可以发展这种类型的组织，让他们在主动结构和关怀结构上都被排在较高的位置（Halpin，1966）。

对环境影响做出反应

向董事会和社区保证校车问题将在开学第一天前得到解决是有问题的。华莱士主管提出了一个解决方案，但她无法控制其中的未知变量，她答应了一些她无法兑现的事情。在处理这种情况时，必须考虑到组织内部和外部的影响，并根据事实而不是假设或希望向管理层和新闻界提供信息。

主管的行动没有考虑到该地区或州的文化。由于华莱士主管并不完全了解这个地区或这个州的文化，她无法准确地评估其他人的行为。充其量她只能运用过去行之有效的做法，并相信人们会做正确的事情。不幸的是，所采用的方法并不奏效，外部环境的影响占了上风。

重要的是,学校领导者做出的决定对组织和组织所服务的人都有积极影响。为了做到这一点,他们必须意识到文化的影响,并能够预测人们的行为。这对任何领导者来说都是很困难的,对于一个地区的新手来说尤其困难。

令人关注的中心问题是,华莱士主管在解决校车问题上过于积极。她与她的工作人员和公众进行了正确的接触,但她没有在她的努力中考虑到人的一面,也没有找到解决方案,结果是社区会议和公众对此感到愤怒。作为学区工作人员的校长觉得他们没有发言权,因此,他们没有积极地朝着目标努力,此外,交通运输部门主任的技能没有得到有效利用。

本章总结

学校是一个组织系统,人们在其中发挥作用以实现既定目标。学校有文化、氛围和结构,有效的领导者在管理这些要素时要采取允许组织满足员工需求的同时实现其组织目标的方式。然而,在学校里,有许多因素影响着个体和群体的行为方式,以及他们致力于实现既定目标的程度。这些因素包括领导行为、环境影响以及个体和群体的信仰、价值观和需求。为了提供有效的领导,学校领导者需要了解和理解这些因素和影响。领导者在某种程度上可以从理论中获得这些知识和理解,本章探讨了学校组织中领导行为受古典组织理论、人际关系理论、社会系统理论、开放系统理论和学习型组织理论的影响。这些理论中包含的原则为理解当今学校领导者所提倡的领导实践奠定了基础。

这些实践要求领导者以共享的愿景和令人信服的使命开展工作,按照合作对他们的成功和学校的成功至关重要这样公认的理念行事,花时间和精力与老师、学生、家长、其他专业人士和社区成员建立关系。领导者的意图应该表明这样一种信念:促进学生学习是学校的根本目的,提升专业发展是学校改进的一个组成部分,与所有利益相关者的合作关系对组织效能至关重要。当今学校的领导者必须有对影响组织行为的因素有认识和理解,并能够应用教育领导者专业标准中描述的领导原则。

付诸实践

回顾本章中的场景,利用各种情况的优缺点,确定几种在实际学校情况下你可以使用来解决以下与学校有关问题的方法。将你自己投射到校长的角色中,并确保为你所选择的行为明确地表达一个理由。

- 描述你将用于与个别教职员工、全体教职员工和/或不同社区团体的成员制定一组目标的过程。

- 描述你将用于获得解决类似箭头学区中公共汽车合同取消问题所需支持的方法。

- 列出一份对你担任校长的学校的教学与学习产生负面影响的学校特征清单,并确定一个你将为学校倡导的组织结构。请为组织结构的选择提供理论依据。

- 列举四种学校和社区相互提供资源的方式。

- 描述一个你愿意担任校长的学校环境。

- 利用最能展示你的领导技能和属性的方式来描述场景中的问题。

了解自我

- 你对学校有什么看法?

- 你对孩子有什么看法?

- 你在目前的职位上表现如何? 这种行为与个人对该角色的期望相比如何?

深化理解

- 描述你当前学校存在的个体或群体行为,找出并解释造成这种行为的四个原因,用本章的理论来支持你的解释,然后描述在处理该行为时使用的最合适的做法。

- 描述三种组织理论的特点,并将每种理论都置于学校情境中进行描述。

校长资格证书测验练习

多项选择题

1. 有些组织方法先天地就会导致分歧并通常演变为等级结构。这种方法的核心是这样一个概念:对组织有利的东西对组织内的工作人员也有利。以下哪个理论在这个解释中被引用?

    A. 人际关系理论   B. 社会系统理论

    C. 开放系统理论   D. 经典组织理论

2. 作为校长进入学校的个人最好与组织成员建立关系。认识到这一做法的重要性,新校长应:

    A. 为学生提供积极的导师。

    B. 与教职员工共度美好时光,承认多样性,提供专业发展机会。

    C. 树立卓越的愿景。

    D. 与学生举行会议,如果他们不尊重老师的指示就要惩罚他们。

主观问答题

从古典组织理论和开放系统理论的角度来看待组织,运用每一种理论的原理讨论影响组织效能的四个因素。比较分析每一项原则的优缺点。

场景分析

使用本章介绍的理论、概念和策略,分析附录"备受赞誉的教练"中的场景。这个分析将帮助你为校长资格证书测验做准备。这里提出了一些反思性的问题,以方便你进行分析。

参考阅读

Bryk, A. , Sebring, P. , Allensworth, E. , Luppescu, S. , Easton, J. (2010) . Organizing Schools for improvement. Phi Delta Kappan,91(7)23 – 30.

Connerley,M. L. ,& Pedersen,P. B. (2005). Leadership in a diverse and multicultural environment:Developing awareness,knowledge,and skills. Thousand Oaks,CA:Sage.

DuFour,R. ,DuFour,R. ,Eaker,R. ,& Many,T. (2010). Learning by doing:A handbook for professional learning communities at work. Blooming,IN: Solution Tree.

Habegger,S. (2008). The principal's role in successful schools: Creating a positive school culture. Principal,88(1). 42 – 46.

Hirsch,S. (2012). A professional learning community's power lies in its intentions. Journal of Staff Development,33(3),64.

Hord,S. M. (2009). Professional learning communities: Educators work together toward a shared purpose. Journal of Staff Development,30(1),40 – 43.

参考网站

想要获取更多与本章相关的内容信息,你可以查阅以下组织的网站获取对你有帮助的内容:

Association for Supervision and Curriculum Development

ERIC – Education Resources Information Center

National Association of Elementary School Principals

National Association of Secondary School Principals

National Defense University

第五章 通过沟通提高领导效能

> **本章学习目标**
>
> 在阅读完第五章并完成指定的活动后,您应该能够:
>
> - 认识三个场景中的内容,说明沟通在学校中的重要性。
> - 描述沟通过程。
> - 概述学校的沟通流程。
> - 列出几个教育领导者可以实施的流程,以减少有效沟通的障碍。
> - 列举三种教育领导者可以用来在学校建立积极人际关系的方法。
> - 举例说明沟通如何影响学校领导者的起伏。

　　在当今的学校里,沟通的重要性无论如何强调都不为过。"在领导力领域,没有什么才能比沟通能力更重要"(Guarino,1974,p.1)。沟通是学校的生命线,它是一个连接个人、团体和组织的过程(Lunenburg & Ornstein,1996,p. 176)。通过有效的沟通能够建立关系,建立信任,获得尊重。本章的目的是强调学校沟通的重要性,以及学校领导者成为有效沟通者的必要性。本章将介绍沟通过程,并讨论消除影响有效沟通的障碍,同时还将探讨会话伦理,论证会话与专业标准选择的关系。

　　教育领导者专业标准中的概念为本章中列举的场景提供了基础,主要出于两个目的:首先,我们将举例说明有效的沟通能如何促进学校的进步,使学校朝着自己的愿景和使命迈进。然后,我们会强调缺乏有效的沟通可能会带来的问题。通过分析这些场景,你将能够通过学校的实际情况,从信息的内容和发送者所传达的情感两方面体验到沟通的重要性。

有效沟通的重要性

在学校里,如同在任何组织中一样,个人和团体的努力必须得到协调,在这个过程中,沟通是一个有力的工具。事实上,沟通在学校运作的每个方面都扮演着重要的角色,被认为是有效的学校领导者的主要技能之一(National Association of Elementary School Principals,NAESP,2007)。它是组织的本质——将组织凝聚在一起的黏合剂(Lunenburg & Ornstein,2004)。后一句话的观点在教育领导者专业标准中同样有明确的规定,因为标准要求学校领导者辅助、倡导、确保、协同、促进和影响利益相关者的行为。当教育领导者掌握了各种沟通技巧时,在满足上述任何一个标准要求时都将得心应手。

当学校领导者成为有效的沟通者时,他们达到专业标准的潜力就会大大提高。虽然所有的标准都要求沟通技巧,但认识到教育领导者专业标准 1 对沟通要求的关注十分重要。这个标准要求教育领导者倡导并制定共同的使命、愿景和核心价值观,即高质量的教育和每个学生的学业成功和幸福(PSEL 1)。这是十分重要的,因为制定愿景为学校建立了方向性,并为利益相关者提供了可遵循的发展路线。为了说服利益相关者认同愿景并帮助实现愿景,领导者必须精通各种形式的沟通。

此外,领导者通过传递信息来倡导、培养和委派责任,并帮助下属开发他们的潜力。他们还通过传递信息来阐明、倡导和培养定义学校文化的核心价值观。这些价值观明确了学校文化,强调了以儿童为中心的教育的必要性;强调高期望和学生支持;重视公平、包容和社会公正、开放、关心和信任,以及学校的持续改进(PSEL 1C)。

信息传递是学校领导者的主要职能。然而,在学校的日常运作中,领导者不仅要通过传递信息进行沟通,还要接受、监控和搜寻信息。研究表明,学校领导者要花费多达80%的时间与家长、社区成员和组织的其他成员沟通(Sergiovanni &Green,2015 Sobel & Ornstein,1998)。因此,领导者与人沟通的能力就等同于学校能以高效的方式运作。

如果领导者能始终保持敏感度，并使用令人信任的沟通内容使利益相关者感到熟悉和舒适，那么他/她的工作不仅会很有效，而且还能将学校打造成一个令人愉快的工作场所。

沟通过程

沟通过程包括从一个人（发送方）以各种形式（口语或非口语）向另一个人或团队（接收方）传输信息。当用口语传递信息时，就发生了言语沟通。这种交流方式可以是面对面的交流，可以是通到公共广播系统进行，可以是电话交谈，也可以用信件、备忘录或电子方式写下来。不使用文字为载体传递信息交流的形式被认为是非语言的，非语言行为在沟通过程中非常重要，因为超过一半的沟通不是通过语言来表达的，而是通过肢体语言来表达的（Sobel & Ornstein，1998）。领导者在演讲中犹豫的方式和语调可以反映出他或她对某种情况的感受。某些想法可以大声表达，而另一些则可能含糊其辞。手的动作、眼睛的动作和面部表情都是帮助传达信息的方式。领导者永远不会处于没有沟通的状态。任何在个体之间传递信息的行为（所有行为都能传递信息），都可以称作沟通（Myers & Myers，1982）。图 5.1 以图示的形式展现了沟通过程。

学校中的沟通

想象学校里的人互相沟通，一个典型的场景可能是校长在为教职员工提供指导。另一种场景可能是教师之间交换课程信息，或者教师向家长报告学生学习进度情况。在每一种场景下，接收信息的个体都将根据对信息含义的理解采取后续行动。因此，理解信息的含义是沟通的一个基本方面。

当有效的沟通发生时，就会有思想和情感的相互分享，从而理解信息并采取行动。语言和手势信息的使用和输出并不一定意味着有效的交流已经发生了。当然，也不能假定这种交流的方式会产生预期的结果。因此，信息的发送者必须发展各种各样的沟通技巧，并以合适的方式应用技巧，以提高理解和所期望的意义。为了强调这一点，我们转而讨论传递过程。

传输过程

在传递信息时，领导者必须意识到信息的含义并不在发送者的语言中，而是在接收者的头脑中。意义并不能被传递,是接收者赋予传递的信息以含义的。接收者根据他或她的背景、知识、经验、价值观和先前观察来赋予信息意义。在某些情况下,由于上述方面的差异,相同的话对不同的人具有不同的含义,从而导致语义上的问题或理解的偏差(参见图 5.1)。基于此种因素,发送者必须努力使用接收者最熟悉的符号来编码和传输消息。符号的含义越是一致,当接收者接收信息并解码时,双方之间产生理解一致的可能性就越大(Gibson,Ivancevich,& Donnelly,2011)。

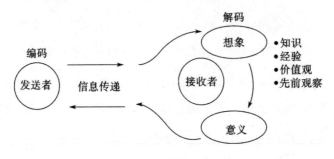

图 5.1　沟通过程

资料来源:Created by Reginald Leon Green, Copyright © 2001 by Educational Services Plus. Reprinted by permission.

信息含义的一致性

通过双向的、交互式的交流和重复,可以增强对信息含义理解的一致性。面对面的会议就是这样,语言和非语言线索都是传递过程的一部分。电话交谈也包含某种类型的交互,这种交互增强了接收者理解发送者传达信息原本含义的可能性。信件、备忘录和其他单向的交流形式则不存在语言和非语言线索来辅助信息传递过程,因此,信息要通过解释来理解。在大多数学校情况下,建议可使用多种形式的交流,因为不断的重复可以提高效率。

熟练的沟通者

一个真正擅长沟通的领导者会完善沟通过程,并结合情况采用合适的技术或策略来传递信息。许多研究人员和作家就这一过程提出了建议。其中两位影响较大的是罗杰斯和法森(2001),他们认为,领导者必须是平易近人的,能够明智地、认真地倾听他人。此外,他们建议领导者必须同时关注信息的内容和发送者的感受。给发送者的反馈必须清楚,让他们知道无论从信息的意义还是得知信息感受,你都十分重视感激。更具体地说,他们建议,要成为一名有效的沟通者,领导者必须是积极的倾听者。在此过程中,他们获得了信息来表达的全部含义,并观察到信息隐藏的潜在情感,同时敏锐地关注到发送者所表达的所有语言和非语言线索。

领导者成为积极的倾听者的一个方法是将沟通视为一种"人"的过程,而不是语言的过程(Gibbs,2007),并对社会系统中用来传递信息的网络有清晰的理解。为了更深入地了解领导者成为积极倾听者的必要性,并在此过程中提供帮助,表 5.1 总结了一些积极倾听技巧。在本章后面的内容中,也将更多地讨论积极倾听。首先,我们将讨论学校的沟通流程。

表 5.1 积极的倾听者

倾听者的目标	活动表现	含义或最终结果
理解消息	把握事实和感受	帮助信息发送者呈现信息
表现出对说话者潜在价值的尊重	对信息的发送者及其内容表现出积极的态度	发送者更不具备防御性,更民主,更少专制,对经验更具开放性
保持敏感性倾听	表现出改变的意愿	获取有关人的信息,建立积极的关系,态度有建设性的改变
减少任何可能存在的威胁	创造不批评、不评价、不打击士气的氛围	降低防御性,个体更具安全感,能更好地提出新的价值观和经验
客观看待问题	不要去指示和影响一个立场	可以带着理解去倾听,并对改变持开放态度
用心倾听,保持敏感性	试着去理解信息的内容和信息背后的情感,注意说话人的非语言行为或暗示	积极的关系得到加强,谈话氛围变得有利
表达对说话者的兴趣,尊重他或她的立场,以及从他或她的角度来理解有效性	通过自己的行为表现出对说话人的尊重	为发生积极的互动奠定了基调
从说话者的角度看世界	思考说话者的潜台词	氛围不再情绪化

资料来源:Based on Rogers and Farson's(2001)description of the active listener.

学校的沟通流程

学校(开放的社会系统)的信息通过正式和非正式的网络进行传播。正式的网络是一种传输信息的方式,它是组织根据其层次结构许可的。当组织中的个体以不反映组织层次结构的方式相互互动时,非正式网络就出现了。第四章讨论的非正式小组很可能会采取这种方式。领导者必须对这两个网络沟通方式都有所了解,并认识到用于传输信息的网络对于实现目标至关重要。拥有这些知识之所以至关重要的,是因为有效的学校领导者必须在领导力的各个方面处理公平和文化响应的问题(PSEL 3H)。以下是这些网络如何在学校环境中发挥作用的案例。

如果校长召开了一次教师会议,并分享了有关新阅读计划的信息,这就是使用了正式的沟通网络。当校长收到来自学区主管的消息并将消息传送给教师时,也是使用正式的网络,之后教师又将消息传送给学生。然而,教师的个人互动就可以使用非正式的网络。如果杰基(韦弗高中的一名科学老师)告诉她的朋友贝蒂(学校的阅读协管员)校长将宣布一个新的阅读计划,贝蒂再将这一信息告诉了詹姆斯(教阅读课的老师),那么这就使用了非正式的网络。

这两种网络在组织中都有自己的作用,如果得到有效利用,可以加强交流。然而,非正式网络,通常被称为"小道消息",确实会产生一些负面的作用,其中最可能发生的是歪曲和谣言(未经证实的信息)。当教师和员工的需求没有得到满足时,谣言就会传播开来,这可能表明领导者没有满足教师和员工的信息需求。对于一个领导者来说,要消除所有的谣言是有些困难的,而且几乎是不可能的,对其有一定的了解依然会很有益。

小道消息的积极方面是传播信息的灵活性和速度。如果以积极的方式使用,小道消息可以帮助下属保持消息灵通,让管理者了解下属的态度,并以此测试新想法的实践可能。然而,在学校系统中,交流过程的目标是提供一种信息流动的手段,以便协调与实现与目标有关的活动,培养信任和尊重的气氛。因此,正式网络应该尽可能地有效被利用。为了进一步说明传播过程的重要性,下文的内容将讨论学校和学区内的沟通流程。

学校沟通的方向

学校或学区内的沟通方向主要为:向下、向上、水平和对角线。向下沟通通常包括沿着等级结构的命令链来发送信息。学区工作人员通常采用向下沟通的方式,让员工了解情况,传送使命,向下属传达他们的绩效信息,引导新员工适应系统。沿着命令链向下流动的信息只会通过有限的几个"过滤器"(不同的个体)。因此,当领导者要确保所传递信息的准确性和易理解性时,使用多种沟通方式很有帮助的。

当个人以下属的身份向上级领导者传递信息时,就会发生向上的沟通。这种沟通通常是对来自命令链的消息的回应。接收者向更高层次的个人提供反馈。向上沟通可能是最容易被过滤的沟通形式(因为只共享消息的选定部分)。有时出于对结果的恐惧,教师不会向校长提供不受欢迎或负面的信息。路易斯(1987)认为这种不情愿源于三种人际因素:(1)教师不愿意冒险提出可能导致额外工作的建议;(2)教师担心校长会对未来的晋升产生负面影响;(3)教师不确定校长将怎样理解接收到的信息,以及未来校长将如何使用自己的权力。在这种情况下,信息就被调整,沟通也被中断,领导者只能得到下属认为会被很好接受的信息(Barge,1994)。

当个人与组织中地位相同的他人沟通时,就会发生水平沟通。如果组织中某一级别的人员与不同部门的另一级别的人员进行沟通,则认为是对角线式沟通的。组织中的沟通也可以描述为垂直的。"垂直"一词在这里不是用来指沟通的方向,相反,它描述的是一种注重向上和向下沟通结合的模式,通过面对面的接触,让领导者捕捉到更多他捕捉到的信息。它是学校中有效的沟通渠道,对任务进行了协调,并在同伴沟通中提供了情感和社会支持。典型的学区沟通方向如图5.2所示。

每一种沟通方向都提供了有效传递特定性质信息的方法。因此,如果要避免沟通上的失误,领导者必须清楚地知道在特定的情况下使用哪个沟通方向是最合适的,哪种沟通方式是最有效的。

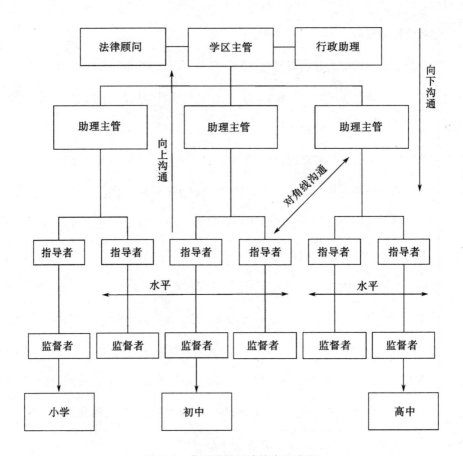

图 5.2　典型学校系统的沟通流程

资料来源：Based on the research of Reginald Leon Green. Educational Services Plus. Reprinted by permission.

沟通网络中的个人参与

在社交系统中，个体使用各种方式来交换信息。学校里的另一种沟通模式是连接发送者和接收者的沟通网络。这个沟通网络由五种可能的沟通模式组成：星形沟通模式、轮形沟通模式、链形沟通模式、环形沟通模式和 Y 形沟通模式。它们体现了发送者和接收者之间可能发生的集中化和结构（Lewis，1987）。该种网络样式如图 5.3 所示。

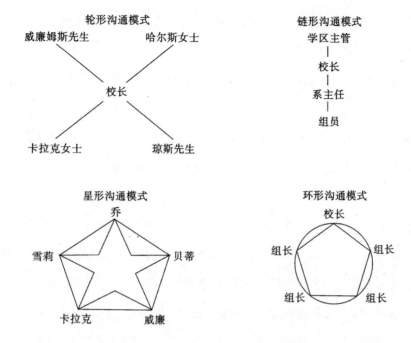

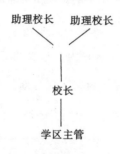

图 5.3 沟通网络

资料来源：Pearson Education.

双向沟通和对所有沟通网络成员开放是星形沟通网络的最显著特征和优势。这种类型的沟通网络最有可能在学习型组织中实施，因为学习型组织中不存在等级地位差别，而这种沟通将有助于教职员工的士气的培养。例如，如果所有的四年级课程团队成员都就新课程的开发进行沟通，那么就是在采用星形沟通网络。

最结构化和最集中化的模式是轮形沟通网络。轮形模式允许校长与四年级课程组的每位教师分别讨论课程问题。

链形沟通网络是限制程度第二高的网络,它的特征是两个人互相交流,然后再和另一个人交流。例如,如果校长收到了学区主管关于之前与四年级课程小组成员讨论过的课程问题的指令,并将该指令传达给四年级的部主任,那么链形网络就开始运行了。

而环形沟通模式则提供了一定的灵活性。当每个人都在向两个方向(左右)同时交流时,交流是平等的,每个人都被认为是决策者。这种模式也可以在学习型组织中找到。

最后一种网络模式是 Y 形,它的沟通模式类似于链形。校长从学区主管处得到关于完成某项工作的指示,然后分别向两名副校长(也可能是学校的其他员工)做出指示。每位副校长都可以与校长讨论任务,但不能与对方或学区主管讨论。

当关注教职员工个体及其在沟通网络中的参与时,一些教师所扮演的角色会对学校目标的实现产生巨大的影响。格拉德威尔(2002)将这些人分为三类:联系员、内行和推销员①。在学校里,这些类别中的每一个个体都是有效沟通的关键,因为他们与其他个体紧密联系在一起。联系员是教师中看到了可能性,并认识大量来自不同部门的人,他们有能力将大家聚集在一起。内行是教职员工中足智多谋的成员,他们积累了知识,愿意合作,并能够解决自己的问题且帮助别人解决问题。推销员是积极的思考者,他们精力充沛,并且有影响力。他们善于把人们吸引到自己身边,并利用自己的魅力在特定的方面上说服他人。在确定了这些角色之后,无论是在校内还是校外,学校领导者都可以创建协作的文化,并通过这些人的能力和特征来实现学校目标。

无论学校领导选择何种模式,或者他们如何利用联系员、内行和推销员的角色作用,他们都必须制定一项沟通计划,该计划能够清楚地阐明目标和战略,从而实现学校

---

①马尔科姆·格拉德威尔在《引爆点》一书中对此展开论述。《引爆点》是一本谈论怎样让产品发起流行潮的专门性著作。书中将产品爆发流行的现象归因为三种模式:个别人物法则、附着力因素法则和环境威力法则。第一是个别人物法则,其中包括了三类人:联系员、内行和推销员。第二是附着力因素法则,这条法则讲的是流行事物本身所应具备的要素,它应该具备能让人过目不忘或者至少给人留下深刻印象的附着力。第三是环境威力法则,意思就是发起流行的环境极端重要。——译者注

领导的愿景和目标。该项计划必须确保每个学生都能公平地获得有效的教师、学习机会、学业和社会支持以及其他成功所必需的资源（PSEL 3C）。通过有效的沟通，学校领导者可以创造并维持学校环境，在该环境中，每个学生都是被了解、接受、重视、信任尊重、关心的，并被鼓励成为学校社区中积极负责的一员（PSEL 5B）。

减少有效沟通的障碍

在本章的开头部分，沟通被定义为一个人（发送者）向另一个人或团体（接收者）传递信息的过程，以口头或非口头的形式发生。如果发送者的信息被清晰地传递，而接收者准确地解码了它的含义，那么沟通过程就是有效的。相反，如果信息被扭曲，而且接收者不能清楚地理解，某种类型的障碍就会干扰信息传递过程，妨碍传播过程的有效性，并导致沟通中断。通过对可能存在的障碍保持敏感并了解消除障碍的策略，学校领导者可以提高沟通的有效性。如果领导者希望他们的下属根据传达的信息采取行动，那么消除影响沟通的障碍至关重要，因为学校领导者传达的每一条信息都将由接收者自己进行解决，而如何解读会受到接收者自己的性格特征及接收信息时的环境所影响（Barge，1994）。

表5.2列出了一些影响学校有效沟通的常见障碍。这类障碍也将出现在场景8中，其中缺乏沟通技能是阻止新专业发展计划得以实现的障碍。在阅读此场景时，你要特别关注管理会议上正在开展的活动，以及由于领导者使用了无法得到适当反馈的沟通方式而导致的结果。您还可以查看第四章的场景6中提到的一些障碍，其中沟通是解决取消公交车合同难题的主要因素。

表5.2　影响学校有效沟通的常见障碍

信息超载	个体在给定的时间内接收到的信息超过了他或她的认知处理能力
地位差异	组织中不同级别人员之间信息的自由流动受到职位的限制（注：社会地位差距越大，公开有效沟通的可能性就越小）
语义	同样的话语对于接收者和发送者有不同的含义（注：这可能是因为组织中个体的背景、知识和经验各不相同）

过滤	来自发送者的信息在传达给接收方时被更改(有意或无意)或只有部分被传达
副语言①	在口头传达信息时,声音、语速、咕哝声、叹息及其他非语言文字类信息也会影响信息理解
人际关系	人际关系的质量和人际关系中双方的社交风格对沟通至关重要

资料来源:Based on the writings of Barge (1994),Greenberg and Baron (2010),and Rogers and Farson (2001).

减少沟通障碍的策略

领导者通常可以通过以下策略消除和防止沟通障碍,提高沟通的有效性:(1)建立有效的人际关系,(2)管理职位权力,(3)获取反馈,(4)发展对认知失调理论的理解,(5)练习积极倾听,(6)发展对交际适应理论的理解,(7)展现同理心,(8)理解对话的道德。

使用这些策略,领导者可以发展他或她的沟通技巧的信心,避免意外问题的发生,同时,从各种各样的想法、价值观和文化中受益。此外,领导者可以影响学校氛围,从而提高决策的质量和接受度。为了进一步了解对沟通产生消极影响的障碍以及消除这些障碍的必要性,下面的内容将讨论具体阐述上述每种策略。

人际关系

在专业标准所建议的学习型组织中,领导者必须获得有效管理学校所必需的信息。为了获得这些信息,领导者必须与学校内外的个体进行沟通。在与这些人交流时,积极的人际关系将对交流产生帮助。

---

①副语言也称为辅助语言,它包括发声系统的各个要素:音质、音幅、音调、音色等。语言有真有假,副语言如语调、面容等作为思想感情的表现却较为真实,因为往往是不自觉的。随着对语言学诸多方面研究的逐步深入,语言学的许多交叉学科已作为独立的新兴学科应运而生,副语言作为语言的伴随物也有了自己的学科——副语言学。——译者注

在一段关系中,双方的沟通方式是影响关系质量的重要决定因素。个体之间的互动方式创造了某种情绪氛围,这种情绪氛围象征了个体之间的互动情况,并决定了是否会出现沟通问题(Rogers & Farson,2001)。当领导者发展的人际关系技巧足以保证信息的沟通以做出高水平决策时,看似具有挑战性的任务就变得不那么具有挑战性了。决策的质量在很大程度上取决于做决策时所使用的信息(数据),糟糕的信息会导致作出糟糕的决策,因此,与其没有数据,也好过有坏数据。

巴斯(1990)认为,学校中没有任何一种关系比教师和校长之间的关系对学校生活质量产生的影响更大。考虑到做出高水平决策所需的大部分信息将来自教师,教师与校长之间的关系变得至关重要。例如,如果教师和校长关系很差,教师不尊重校长的判断,或者校长在没有教师参与的情况下就在与教师有关的问题上做出决定,那么教师向校长提供的信息质量可能不足以使校长能够充分解决问题。因此,学校领导者必须要与教师之间维持良好的人际关系。

阿尔特曼和泰勒(1973)提出了社会渗透理论,强调了人际关系在沟通过程中的重要性。社会渗透理论是预测人际关系发展的科学理论。这一理论基于双方当事人的自我表露水平。当双方进行真诚对话时,关系得到发展且亲密关系得以产生(Altman & Taylor,1973)。该理论认为,随着人际关系的发展,个体之间的交流话题经历了从表面化到亲密化的过程,信息是在有意和无意的层面上被揭示出来的。个人选择基于分享信息所获得的利益进行谈话,如果这些利益被认为是很有价值的,那么个人就会允许他人获得有关自己个人性格的信息;相反,如果个人认为共享信息的成本大于获得的收益,那么就不会共享信息。为了深入个人领域就必须建立信任文化,这种信任文化允许通过相互对话进行分享(Altman & Taylor,1973)。

建立信任的文化

为了培养积极的人际关系和开放的沟通渠道,学校领导者首先必须在学校建立一种信任的文化。辛库提和斯坦汀(2001)①提出,在信任的文化中,领导者在言语、行动

---

①阿瑟·R. 辛库提(Arthur R. Ciancutti)、托马斯·L. 斯坦汀(Thomas L. Steding)合著的“Built on Trust”,该书中文版《塑造诚信型组织:一种有竞争力的企业文化模式》(李志超译),由人民邮电出版社2003年出版。——译者注

和行为上具有一贯性,并始终保持言行一致。这样的诚信领导在每一次教职工大会上都能使教职工理解发言的含义以及理解应采取的各种行动。由于教师与领导者之间的信任关系,教师之间也开始相互信任,并形成了相互作用的框架。他们开始直接和公开地交流,不隐瞒信息或分享未经核实的信息。当领导者在学校建立起信任的文化,每个人都获得尊严和尊重时,教师的全部潜力就得以开发,学校也便能从知情决策中受益。

降低谈话中的防御性

人际关系也可以通过降低谈话中的防御性而得到积极改善。吉布斯(2007)提出,当个体发送具有评估性、控制性、策略性、中立性、优越感或明确指令的信息时,信息的接收者会变得具有防御性,从而降低沟通的有效性。为了减少谈话中的防御性,学校领导者应该避免使用评价性或批判性的语句。当类似的陈述被使用时,听者可能会感到领导者正居高临下地与自己交谈。

当接收者感受到对话中的平等性,并且感觉到信息发送者是真正渴望信息交流,而不是想要改变接收者的行为或态度时,沟通效果就会增强(Gibbs,2007)。当接收者意识到信息的发送者试图控制、缺乏开放性或希望改变自己的行为时,就会怀疑其动机,防御性也就随之增强。发送者的沟通行为往往会影响接收者的感觉,即他或她被认为是无知的,无法做出自己的决定(Gibbs,2007)。正如第四章所讨论的,人际关系是在协作的氛围中增强的,在这种氛围中,个体之间存在相互尊重,无论他们处于何种位置。

吉布斯(2007)还指出,信息发送者使用的策略也会影响接收者的防御性。他建议发送者避免让接收者认为其是在使用诡计或隐藏事实信息,或避免被视为带有优越感,已经掌握了所有的答案,不需要额外的信息了。为了降低防御性,必须让接收者感觉到发送者没有欺骗,并且表现出同理心。这种沟通方式始于领导者了解自己和他人使用的沟通方式,正是沟通方式上的匹配促成了有效的沟通(Greenberg & Baron,2010)。因此,领导者越能有效地理解自己和他人的沟通方式的影响,就越有可能有效地与他人沟通。

随着对沟通方式理解的加深,有效的双向沟通和建立积极的人际关系的大门已经打开。格林伯格和巴伦(2010)总结了六种沟通方式(见表5.3)。在回顾这些方式的时候,可以对每一种方式进行评估,以确定哪一种可能会提高自己的沟通效率,这将对你有所帮助。

表5.3 沟通方式

贵族式	使用这种方式的领导者说话很少,开门见山,直接表达自己的想法
苏格拉底式	这类领导者在得出结论之前会仔细考虑问题。他们关注细节,不害怕进行长时间的辩论,并且会提出自己的观点
反思式	反思式沟通者会努力避免冲突。他们关心人际关系,以一种不会冒犯他人的方式交流。他们是优秀的倾听者,他们很可能什么都不说,不会说一些可能引起冲突的话
法官式	这类领导者结合了贵族式和苏格拉底式的各个方面的特点。他们以盛气凌人的方式交流,显示出一种优越感。他们会准确地说出他们的想法,并会详细地阐述观点
候选人式	候选人式的方式结合了苏格拉底式和反思式沟通式特点。他们表现出热情和支持的性格,以一种非常可爱的方式交流。同时,他们善于分析,健谈,能提供大量的信息
参议员式	这类领导者巧妙地发展了贵族式和反思式的沟通方式。这两种风格并非融在一起的;相反,领导者会根据情况在两者之间巧妙地切换

资料来源:Based on Greenberg and Baron's (2010) Behavior in Organizations: Understanding and Managing the Human Side of Work.

职位权力

和人际关系一样,职位权力也会成为有效沟通的障碍。领导者所处的位置以及与该位置相关的权力(职位权力)可能会引发下属的恐惧。因为领导者手握奖惩大权,人们有时会克制自己不向他们提供信息，或者如果信息是负面的，他们会过滤这些信息。里安和奥斯特赖克（1998）提到一些学校里的下属不愿意公开谈论某些问题，因为校长可能会对他们的评论做出负面反应。如果领导者的行为给学校教职员工造成了恐惧，这种恐惧很可能成为有效沟通的障碍。教师们可能会搪塞与校长的谈话，因为他们认为这类谈话是对抗性的。当人们感到害怕时，要达到组织的高水平管理质量是非常困难的（Deming，2000）。

保持联系

学校领导者必须与教职员工保持联系，互动和交换信息。当领导者和教职员工联系在一起时，教职员工会感到有力量，更有可能努力实现目标。当领导者不能与教职员工保持联系时，冲突就会出现，并在沟通过程中演变为一股破坏性的力量，结果可能导致一些非常创新的想法因为个人害怕不好的结果而被弃置一边。为了保持沟通渠道畅通，领导者必须与每个教职员工保持联系。"保持联系意味着领导者要做的不仅仅是倾听正在讨论的事实和情况。而要深入到表面之下，涉及更深层次的情感层面。它要求他人知道，自己作为一个人是有价值的"（Ciancutti & Steding，2001，p. 90）。

当领导者进入一个房间，他们不应该随之展示权力，相反，他们必须认识到，房间里的每个人都拥有某种权力（强制的、专业的、有魅力的或职位的），并可以利用这种权力来消极或积极地影响学校目标的实现。孟菲斯大学前校长雪莉·瑞恩斯博士在这方面有很好地实践。当她进入一个会议时，她会尽可能地单独地和许多人打招呼，和他们握手并发表热情的评论。这种行为表达了对个人的尊重，并承认所有人都可以为实现大学的目标做出贡献。

在第四章场景4中展现了一个不太有效的沟通方法的案例。校长给哈蒙夫人布置了一项她没有完成的任务。在与副校长的开会时，他展示了自己的职位权力，表现得十分具有指导性，在传达信息时使用了"贵族式"的风格。这种沟通方式被证明是无效的。要想成为有效的沟通者，领导者必须保持一种合作的姿态，表现出"关心他人所说的话的态度，而不要寻求去解决局面或表达不一致，或进行贬低"（Ciancutti & Steding，2001，P. 91）。

当领导者把自己放在合作的位置上,他们可以影响、促进和获得整个学校的支持。如果处于内部或外部环境中的个人极力避免与领导者沟通,即使不是完全不可能,但要实现学校的目标也将十分艰难。

获取反馈

反馈字面上定义为接收者向发送者提供的信息,告知信息是如何被接收以及采取的行动(Cusella,1987)。反馈是一个过程,可以用来给个人和团队提供关于他们的绩效水平的重要信息,熟练地使用反馈过程对领导者成功管理影响关系的障碍至关重要(Barge,1994)。

反馈也可以用来征求教师的意见。教师对于如何改进学校课程有许多建设性的想法,有效的领导者可以建立获取信息的流程,一旦流程就绪,他们就可以使用它来界定角色、激励和授权个人、管理冲突、寻求下属的意见和关注,并让利益相关者能够在舒适的水平上表达他们对所传达的信息的真实感受。无论如何,要以促进有效沟通的方式提供反馈,所创造的氛围必须促进公平,让参与者感到信任、接受和温暖,这一点无论如何强调也不过分。第四章讨论了这种类型的环境——学习环境。

辛库提和斯坦汀(2001)认为,在这样的环境中,个体有足够的安全感,可以敞开心扉,分享自己的真实感受和担忧。如果氛围充满敌意或威胁,情绪可能成为一个影响沟通的因素——可能引起怨恨,并产生防御性,使各方难以有效沟通。要公开地解决问题,个体必须感到没有必要害怕被暴露在团队成员面前。如果消除了这种恐惧,他们可能会畅所欲言。

认知失调理论

认知失调理论阐述了人们如何寻求内部一致性。当内部一致性没有达到时,他们往往会变得心理不适,试图增加一致性的程度,并积极避免可能增加失调的情况和信息(Festinger,Riecken,& Schachter,1954)。

在学校中,当一名教职员工认为某件事是好的,却不得不做一些与他或她认为与理念相反的坏的事情时,这种失调往往显得很强烈。例如,如果怀特女士认为整体语言教学法①是教阅读的最好方法,但必须用语音方法来教阅读,那么她感到的不适就是认知失调。这种不适会导致紧张,因为这两种观点相互冲突。

在与教职员工就课程、项目或问题进行沟通时,建议学校领导者认识到教职员工对这些问题可能持有的不同意见。如果意见不同,就会产生一种失调的感觉。为了防止失调的感觉,教职员工们可能会设法避免听到学校领导者的观点,或者改变他们的态度、信仰和行动。教职员工也可以通过辩解、指责和否认来减少失调的感觉(Festinger et al. ,1954)。例如,如果一名教职员工很想主持一个项目,而领导者却选择了另一个人,这名教职员工可能会产生一种失调的感觉。为了减少这种感觉的强烈程度,教职员工们可能会将其合理化,坚持认为主持这个项目太过耗时,而且需要额外的工作,并且没有额外的报酬。如果领导者能够意识到下属的感受和意见,那么沟通的过程就会得到加强。

认知失调是一个非常强大的诱因,经常会导致教职员工改变相互冲突的信念或行为。对学校领导者来说,确定教职员工对课程、想法和问题的重视程度,可能会引起的不舒适感觉强度,以及找出通过解释帮助教职员工消除不适的方法,是真正需要面临的挑战。

---

①整体语言教学法英文为 Whole Language ,国内也译为全语学习。整体语言教学始于 20 世纪 80 年代的美国,最初由亚利桑那大学的凯·古德曼(Ken Goodman)提出,用于美国中小学校教授本族语的语言艺术及阅读教学中。整体语言至今还没有一个统一的定义。综合国内外各种观点,可以看出整体语言具有以下特征:(1)整体性。整体性是语言的基本特征之一。语言环境、词、句、语言规则等语言要素的有机结合构成了语言整体,形成丰富多彩的语义和一定的语言功能;词不离句,句不离篇,语言不能脱离一定的语言环境,这就是语言的整体性。(2)交际性。整体语言教学重点是培养和训练学生的学习能力,而不是单纯的语言知识学习,其目的在于引导学生综合运用各种语言知识并参与相关的语言实践活动,逐步发展学生实际运用语言的能力。它强调利用语境和情景感知语言、理解语言,并运用语言,倡导听、说、读、写技能的综合运用。(3)主体性。整体语言教学要求课堂教学是以学生为中心,要求学生多读多练。教师的作用是指导学生进行各项活动,给学生创造更多的机会来运用所学到的知识和技能。参见何强生:《国外整体语言教学的 3 种模式》,《江苏教育学院学报(社会科学版)》,2009 年第 6期。——译者注

积极倾听

积极倾听能提高沟通的效率。当领导者是积极的倾听者时,他们能获取信息的全部含义,观察发送者的潜在感受,同时能关注并敏感地发现发送者所有的语言和非语言线索。如果他们不能理解所发送的信息,他们会提出问题,并为发送者提供解释澄清的机会。在沟通过程中,他们会提供反馈,以表明自己信息接收的程度。这种反馈可能是点头的形式,也可能是通过将发送者的话重新改成他们自己的话来进行回应。

当学校领导者采用积极倾听方式时,他们帮助教师清楚地了解自己的角色和责任,并表现出与他人的合作态度(Rogers & Farson,2001)。同时,他们鼓励其他人成为积极的倾听者,从而提高整个学校的沟通效率。当人们感到自己被倾听时,他们就会变得不那么咄咄逼人,更容易接受他人的观点。

领导者成为一个积极的倾听者的另一种方式是将沟通视为一个"人"的过程,而不是语言的过程(Gibbs,2007),并对社会系统中用来传递信息的网络有清晰的理解。他们不能仅是被动地留意人们所说的话,相反,他们必须积极地抓住说话人的事实和感受,帮助说话人解决可能存在的任何问题。倾听对于发送者和接收者来说都是一种成长的经历,通过这个过程,可以改变每个人的立场、价值观和行为(Rogers & Farson,2001)。

理解如何传递信息与信息的内容同样重要。通常情况下,说话的方式比说话的内容更重要。虽然个体大量地倾听,但只有一小部分听到的内容被理解(Rowe & Baker,1984)。因此,发展积极倾听的技能所带来的好处再怎么强调都不为过。教育领导者专业标准 2C 中明确要求,有效的教育领导者把儿童放在教育的中心,并为每个学生的学业成功和幸福负责(PSEL)。当学校领导者练习积极倾听时,他们很可能会表现出这种倾向。

交际适应理论

适应理论研究的是来自不同文化或人口群体的个体之间发生的交流。它认为,当人们互动时,他们会调整自己的语言、声音模式和手势来适应他人(McCann & Giles,2006)。这种差异可能由于年龄、性别、种族或国籍、性取向或宗教倾向而产生。沟通者可能在适应过程中使用两种策略之一：他或她可能选择以与他人相似的方式交流，或者他或她可能选择以完全不同的方式交流。如果交流者选择以与另一个人相似的方式进行交流，那么适应和融合就成为交流策略。如果个人选择关注差异，那么，多样化策略就会成为焦点。趋同或分化的选择在很大程度上取决于社会认同，以及个人所属的文化。

为了强调或最小化自身和听众之间的社会差异，个体有时会进行语码转换（McCann & Giles，2006）。在他们寻求社会认可的情况下，为了获得这种认可，他们会调整自己的语言以迎合听众。他们所做的改变可以是在互动中使用的语言选择、口音、方言或副语言特征（McCann & Giles，2006）。在其他情况下，演讲者可能会看客下菜进行不同的演讲。在运用这种适应方法时，说话者通过使用听者特有的语言特征来强调自己和听者之间的社会距离（McCann & Giles，2006）。

在交流过程中，为了获得认同和认可，或者获得更融洽的关系，一些人会下意识地改变自己的说话风格（口音、语速等），使其更接近听者的说话风格。他们也可能试图匹配非语言行为来寻求认可。在交流过程中，这样的行为可能是不受欢迎的，特别是当他们被认为是让步行为或交流双方过于熟悉。因此，领导者必须在沟通过程中观察下属的行为，以确保被发送信息的含义被接收理解，而下属也不仅仅是为了迎合自己。

展现同理心

下属倾向于接受在沟通过程中表现出同理心的领导者。同理心即要求信息发送者将自己置于接收者位置和角度的能力（Stech，1983）。同理心的一个重要方面是向接受者传达，他们的感受被认可和理解，他们所说的话背后的意义和感受都被领会。这是领导者能够表现出真正尊重个人潜在价值的方式，让个体相信自己有权利并且可以相信自己是可以自我引导的。毫无疑问，学习型组织的领导者应该在适当情况下表现出同理心。

对话的道德规范

领导者还可以通过在学校对话中引入道德规范，以消除沟通障碍，加强沟通过程。在学校里，沟通是非常普遍的，人们根据所用的词和个人使用它们的环境来接受或拒绝对方。为了尽可能避免争议,学校领导者需要倡导在学校对话中加入道德维度。

当个体参与道德对话时,某些性格特质就会表现出来,而对话的过程也会强化这些特质。当对话是理性交流时,参与者愿意为他们的立场提供证据,对他们所做的陈述负责,愿意接受劝说,并让步于更好的论点(Grant,1996)。

在学校里,最符合道德规范的谈话类型是意见交换(Grant,1996)。意见交换假定所有的参与者都同样愿意接受劝说,并且能让步于更好的观点。在意见交换中,参与对话本身变得十分重要,因为对话过程使大家认识到每个参与对话的教职员工的价值,并对其更加尊重和欣赏。

为了使沟通尽可能有效,接收信息的行为必须与判断信息的行为分开。虽然这两种功能都很重要,但如果在传递过程中没有将它们分开,信息的流动可能会中断或改变,重要的信息可能会丢失(Ciancutti & Steding,2001)。

当领导者倡导包括道德规范在内的对话过程时,他们会提升价值观、公平感、信任感和认同感。当这些道德品质不存在时,可能导致一些人不能有效地沟通,因为他们会感到不被赏识、误解、防御、敌意、沮丧或苦恼(Sobel & Ornstein,1996)。

沟通:学校领导者的起落

除了实施上述策略外,学校领导者还可以通过避免表现出不恰当的行为来提高沟通的有效性。根据笔者的经验,有四种行为会给学校领导者带来严重的问题:(1)参与不恰当的谈话,(2)不保护保密信息,(3)承诺履行不能兑现的诺言,(4)以一种引发防御性气氛的方式进行沟通。下面是这些行为的简单例子。

不恰当的谈话:学校领导者不应该和教师谈论与另一名教师相关的学校问题。这种行为不仅不专业,而且是不道德的,它会侵蚀信任。例如,校长可能会告诉一位教师另一位教师总是在抱怨学校的问题。接收到这一信息的教师可能没有表明态度,但他或她可能会感到不适,并质疑校长会不会对其他教师谈论关于自己的事情。

不保护保密信息:学校领导者必须以尊重组织中所有个体的方式进行沟通。在执行时,他们必须以不泄露的方式传达保密信息。例如,当传达有关调动、晋升或降职的信息时,学校领导者必须向受影响的个人保证,这些信息将被保密。如果这些信息在正式通知之前已经通过小道消息传播,那么这个人就会感到尴尬和/或羞辱。

承诺履行不能兑现的诺言:对于学校领导者来说,承诺兑现或产出他们可能无法控制的承诺或结果将产生问题。例如,一名教师被承诺会被任命为高级英语教师。但当这个职位空缺时,学区教育行政部门却选择了另一个人担任这个职务。

引发防御性气氛:学校领导者最重要的是听取全体教职员工的意见。如果这种情况没有发生,就会形成一种防御性的学校氛围,因为领导者向他们的教师传达了这样的信息:他们不重要,他们要说的话也不重要。相反,一个有效的教育领导者为学校提供道德指导,并促进教职员工的道德和职业行为(PSEL 2F)。

通过避免这些行为,学校领导者可以为自己避免许多挑战,同时,他们还可以加强学校的文化和氛围建设。

电子沟通

在过去的十多年里,科技的进步已经引领了一种新的交流方式。这种新的模式——电子沟通——在某种程度上改变了学校领导者与校内外个人交流的方式。电子沟通被定义为"通过电线、无线电、电磁、光电或光学系统全部或部分传输任何性质的符号、信号、文字、图像、声音、数据或情报"(U.S. Department of Justice, Office of the United States Attorneys),它已经成为学校普遍运用的沟通方式。这种沟通方式速度很快,只需按下一个按钮或单击鼠标,就可以立即将语音和书面信息发送给多个接收者。然而,在使用这项新技术方面,学校领导者面临着一些挑战,其中两项挑战是维持和加强沟通的有效性。

电子沟通的类型

在许多学校使用的电子设备包括:电话、复印机、传真机、视频会议、电子会议、电子邮件、手机、语音消息、网络电脑和掌上电子设备。随着电子通信的使用不断升级,对于学校领导者来说,重要的是要认识到用于这种沟通模式的设备是属于学校组织的。这些设备提供给员工在执行工作任务和处理学校组织的事务时使用,为个人事务使用这些设备可能违反了学区政策。要时刻谨记,使用者的行为不仅仅影响到他们自己,也可能对学校或学区产生负面影响。因此,对于学校领导者来说,了解学区关于电子沟通和电子设备使用的政策和程序是很重要的。

电子沟通的优点和缺点

首先,电子沟通提高了信息的传输速度和个人的可及性,除了速度快,它还使学校领导者从办公室、办公桌甚至是学校的束缚中解脱出来。当领导者在外参加会议、访问学区中心办公室、休假,或参加地方、州或全国会议时,都能与他们取得联系。此外,这种沟通方式消除了身份差别,在解决问题或处理其他重要问题时,允许平等地发言。然而,伴随着这些优点,也同时产生了一些缺点。

电子沟通的使用延长了工作时间,因为学校领导者在白天和晚上的任何时间都可以被联系到,在某些情况下,随时能联系到领导者成为一种期望。虽然这种沟通方式可能提高沟通的速度和联系到个人的机会,但它无法提供面对面交流时的优势,例如非语言信息交流。这种模式也不允许消息的发送者或接收者传递情感和细微的差别(例如通过电话的口头语调),也不能满足群体归属感的需要。

在提到的电子设备中,最有可能挑战学校领导者沟通技巧效能的是电子邮件和移动通信。因此,接下来的讨论将围绕学校领导者如何使用这两种形式的电子沟通来提高处理学校事务的效率。

通过电子邮件沟通

电子沟通最流行的形式之一是电子邮件,它是指人们通过因特网写入文本并将该文本发送给个人或群体的过程(Osland,Turner,Kolb,& Rubin,2007)。如果使用得当,它是一个强大的工具。然而,如果使用不当,它会成为学校领导者和学校组织的问题。在使用这项技术时,学校领导者应该意识到,一旦信息发送给接收者,它就不能被停止或召回,而且它总是被存在网络空间,即使它被双方删除。如果没能意识到电子邮件始终存在,那可能将成为一个问题,因为人们可以使用某些系统来检索个人发送给他人或群组的消息,即使有人试图删除这些邮件。

与其他沟通方式一样,电子邮件的使用也有一些有效的做法,也有一些无效的做法。接收电子邮件的人会对发件人做出判断,因此,发送者使用专业实践是明智的。发信人应该始终尊重收信人的感受,并意识到这种交流方式并未提供隐私保护。因此,尊重接收者的隐私和感受应该始终是发送者的首要考虑。在电子邮件中发表诽谤性、性别歧视或种族歧视的言论,即使只是开玩笑,也是不道德的(参见 http://EmaiL-replies.com)。

通常情况下,电子邮件在被接收时并不会使发送者处于积极的状态。电子邮件应该简短扼要,语言中立,不使用行话,在发送前要进行检查(请参阅 http://EmaiLre-plies.com)。许多内容的问题可以通过使用软件组合程序编辑消息来解决,这可以使发件人编辑和检查消息的内容,并检查拼写和语法。在这一过程中,发件人很可能在将消息发送给出去之前能识别错误。一旦内容编辑完成,就可以将其编辑为电子邮件的格式了。需要注意的是,根据笔者的经验,学校领导者至少应等上一天才能回复有争议的电子邮件,这对他们来说是有益的。因为在回复一封有争议的电子邮件前,应该花时间收集信息,整理自己的想法,并且在不受情绪或观点干扰的情况下进行回复。

并非所有的电子邮件都传达积极的信息。当信息不够积极时,发送者应该考虑使用另一种沟通模式。从伦理上讲,不那么正面的消息应该通过一种能够让发送者表达对接收者感受到关心的方式来传达。当面对面交流信息时,学校领导者能直观了解接收者的肢体语言,并有机会将信息的破坏性情绪影响降到最低。对于学校领导者来说,能够理解负面信息对接收者行为的影响是很重要的,否则他们可能会被认为不敏感、缺乏同理心。

移动通信的使用

移动通信是学校领导者经常使用的另一种电子沟通形式,它包括电话会议、手机、联网的计算机、视频设备、电视和其他个人设备(Osland et al. ,2007)。虽然许多学校有能力使用上述任何一种沟通方式,但学校领导者最常使用的是手机。

手机设备使接触和联系学校领导者变得更加便利,他们没有必要被束缚在办公大楼里。如果手机是学区发放的,那么手机的使用就应该遵守学区的政策,在某些情况下,政策会限制手机被用于处理私人事务。学校领导者有两部手机是很常见的,一部手机是学校使用的,另一部手机是私人使用的。和学区发放的所有材料和设备一样,手机也应该被保护管好,以免丢失或被盗,否则可能会引起问题。

在参加会议、报告或与他人面对面交谈时,手机应处于关机或静音状态,因为手机铃声会造成干扰,这可能被理解为一种不文明和不尊重人的行为。在别人面前使用手机可能会引起他人反感。因此,打电话或接电话应该在环境允许的情况下,并尽可能地保持隐私。

领导当今的学校

总之,在当今的学校里,沟通是包罗万象的。它是关系的生命线,是成就学校使命的生命线。为了强调沟通在组织中的重要性,韦克(1996)提出了组织信息论。他认为,组织中的个体参与活动是为了维持个体的存在并实现既定的目标。他进一步提出,人类互动是处理信息的核心,信息的流动是通过沟通来实现的,因此,沟通过程对组织的运作至关重要。通过沟通过程,活动和信息流得以规范。因此,为了了解他们接收到的信息,了解教师如何在内部和外部环境中与他人进行协作参与对话,对学校领导者来说是非常有益的。当学校团队的成员有效沟通时,他们会感到被联结、被理解、被重视、被信任和被尊重。

相关场景

接下来的场景展现了无效的沟通是如何破坏教育领导者专业标准1、2、3和5所倡导的教育共同体的建立。

在场景7中,这些问题包括学校的氛围、文化和学生学习的障碍。本场景的重点将聚焦在这些特征以及它们如何影响梅里高中的沟通。同时,你还需要指出其他存在的问题。

在场景8中,缺乏有效的沟通技巧成为实施新的专业发展计划的障碍。该场景的重点将围绕专业标准7展开。而在这个场景中的行为并未达到此标准。发生了什么事?哪里出了问题,可以采取什么不同的措施?这些是你将解决的基本问题。此外,你还会看到,当沟通无效、没有建立共同愿景时,学区会发生什么。另外,你还可以特别关注行政会议上的活动,以及不能给领导者提供适当反馈的沟通系统的可能导致的后果。

场景 7
迟到政策害死了卡托

标准 2
有效的教育领导者应按照道德规范和专业规范行事,以促进每个学生的学业成功和幸福。

标准 3
有效的教育领导者应致力于争取教育机会公平和做出文化响应,以促进每个学生的学业成功和幸福。

标准 5
有效的教育领导者应建立包容、关怀和支持的学校共同体,促进每个学生的学业成功和幸福。

卡托是梅里高中的一名高年级学生,是新移民和明星运动员。他很容易交朋友,很受老师和同学的喜爱。他的课堂作业一般,但遵守纪律对他来说不成问题。不幸的是,课表的第一节课(克拉克夫人的英语课)卡托迟到了三次(第一次迟到因为他睡过头了,迟到了 5 分钟;第二次迟到是他妈妈开车送他上学,迟到了 10 分钟;第三次迟到是他把书忘在家里了,不得不回去取,迟到了 8 分钟)。

11 月 24 日,卡托迟到了 8 分钟,这是他第三次迟到。卡托哀求克拉克夫人说:"我真的很想去上课,因为这门课的期中考试安排在下周,我想做好准备。"克拉克夫人回想起上次的教职工会议以及约翰逊校长对严格遵守作息时间的规定,礼貌地说明了后果,并指示卡托校内停课①。卡托拒绝校内停课,于是被送到校长办公室。卡托到办公室后和梅里高中的副校长马丁解释说:"马丁先生,我真的不想校内停课,我必须为期中考试做好准备。请允许我回到教室,我可不想错过一天的英语课!"

"卡托,你知道纪律,这是你第三次迟到了,我必须让你在第一节课校内停课。"

---

① 校内停课(In - school suspension,简称 ISS)是美国校园处罚条例中规定的一种违纪处罚方式。ISS 是相对隔离状的教室,每个座位都有屏风隔开,使学生之间无法交流,在 ISS 的学生就是被关禁闭,学生行为受到严格管制。——译者注

"马丁先生,我想去上课。如果您不允许我去上课,那么我就拒绝校内停课。"

"那么,卡托,如果你拒绝,我将不得不送你回家。"

"好吧,马丁先生。"

"好,那我们只能这样做,卡托。"

马丁先生填好了必要的文件便让卡托回家了。卡托没有车只能步行回家。当卡托出门时,马丁要电话联系卡托的父母。在去打电话的路上,他的办公室助理告诉他,院子里发生了斗殴,需要他马上出去现场。于是马丁去了斗殴现场而没有及时联系家长,学区规定当学生停课时必须联系家长,马丁并非有意违反该政策。

一个小时后,马丁先生发现卡托被杀了。

原因是卡托是在回家的路上,遇见一个年长的"帮派成员"朋友谢尔盖开车经过,他邀请卡托搭车。卡托同意了,因为他不想走三公里回家。在他们开车去卡托家的路上,谢尔盖看到一个敌对帮派成员走在人行道上,于是把车停在他旁边,开始"飙脏话"。这名敌对帮派成员掏出一把枪,对准谢尔盖开了一枪,没打中,但却击中了卡托,他当场毙命。

媒体立即报道了这件事,他们问:"卡托为什么要回家?谁授权他离开学校,为什么没有联系他的父母?他因为迟到三次而被杀,这是真的吗?"最后向公众传达了一个信息:迟到政策害死了卡托。

反思性思考

领导行为的关键方面

- 学校的文化不是建立在信任的基础上的。

- 文化多样性没有得到重视。

- 沟通不是很有效。

- 操作程序没有得到有效执行。

- 人们没有被信任能做出好的决定。

- 缺乏与家庭的合作。

- 学校社区缺乏人情味。

● 决策者之间的对话是无效的。

教育领导者专业标准 2 的要素

有效的领导者需要做到：

A. 在个人行为、与他人的关系、决策、学校资源的管理以及学校领导的所有方面，以道德和专业的方式行事。

B. 遵循并推动诚信、公平、透明、信任、协作、坚持、学习和持续发展的专业规范行事。

C. 以儿童为教育的中心，对每个学生的学业成功和幸福负责。

D. 维护和促进民主、个人自由和责任、公平、社会公正、共性和多样性等价值观。

E. 具有良好的人际关系和沟通技巧，具有社会情感洞察力，了解所有学生和员工的背景和文化。

教育领导者专业标准 3 的要素

有效的领导者需要做到：

A. 确保每个学生都得到公平和尊重，并理解每个学生的文化和背景。

B. 承认、尊重并利用每个学生的长处、多样性和文化作为教育和学习的财富。

C. 确保每个学生都能公平地获得有效的教师、学习机会、学术和社会支持，及成功所需的其他资源。

D. 制定学生政策，以积极、公平、公正的方式处理学生不端行为。

F. 督促学生做好准备，使他们能够在全球社会的不同文化背景中富有成效地生活，并做出贡献。

G. 在互动、决策和实践中发挥文化能力和做出文化响应。

H. 提出和尝试解决领导力各方面的公平和文化响应问题。

教育领导者专业标准 5 的要素

有效的领导者需要做到：

A. 建立和维持安全、关爱和健康的学校环境，满足每个学生的学业、情感和身体需求。

B. 创造和维持积极的学校氛围，使每个学生都能被了解、接受和重视、信任和尊重、关心，同时被鼓励成为学校社区积极负责的成员。

C. 提供连贯的学业和社会支持、服务、课外活动和住宿系统，以满足每个学生的学习需求。

D. 促进成人—学生、学生—同伴和学校—社区关系的发展，重视和支持学业学习和积极社会情感发展。

E. 培养和加强学生在学校中的参与度和积极的学生行为，

反思性问题和场景分析

1. 总体上看，马丁先生的行为是否能代表一位对关注学生及其家庭需求环境产生影响的教育工作者？你如何阐述和支持你的结论？

2. 如果你负责做管理决策以加强教学，你会建议克拉克夫人采取什么行动？在回答时，要考虑到信任他人和他人的判断。

3. 在你看来，是满足个别学生的需求更重要，还是明确遵循政策更重要？请说明理由。

4. 鉴于学校领导者应视家庭为儿童教育的伙伴，学校人员应以何种方式与家庭合作和沟通，以防止类似的情况发生？

5. 如何改变该迟到的制度，既能达到相同的目的，又容许教师和副校长在执行时有一定的灵活性？

6. 如果学校的管理部门完全废除了迟到政策，会向更大的社区成员（家长、学生、教师和公民）传达什么样的信息？

解决关键问题

领导者行为对沟通的影响

校长向教职员工传达有关新政策执行情况信息的沟通方式可能会对该政策的有效执行产生有利或不利的影响（Cunningham & Cresco，1993）。在梅里高中的这种情形下，向教师传达政策的沟通方式可能会影响政策的实施方式。它在很大程度上决定了每个教职员工在执行过程中所选择使用的灵活性。

校长要求严格遵守迟到政策的指示是以向下或自上而下的权威沟通方式进行的。这种方法会造成沟通的障碍,因为教师对校长的信息会进行解读,但不会就他们对信息的理解向校长提供反馈(McPhee & Thimpkins,1985)。教师可能会根据他们对校长的性格、个性、动机和风格的看法来理解该指令,并在执行该政策时优先考虑这些因素。因此,需要再次强调,领导者必须意识到他们的行为对教师的影响。

在学校环境中,不同的情况需要采取不同的行动。尽管必须遵循政策,但教职员工们往往需要自己做出判断的空间。因此,应该以一种允许教师互动和反馈的方式来强调新政策,让校长有机会检查在执行过程中对政策的理解、期望和适合度。从这一场景来看,校长的沟通方式不够有效。

氛围对沟通的影响

氛围是一种相对持久的学校环境质量,指的是教师和员工对一般工作环境的感知。正式组织、非正式组织、参与者的个性以及组织领导力都会影响这种感知。考虑到环境质量会对在学校工作的人的行为产生重大影响(Lunenburg & Ornstein,2004),学校领导者的主要关注点应该是培养和关心氛围的形成,政策、过程和程序的设计和实施必须考虑到这一因素。

一项新的迟到政策的出台表明,迟到是梅里高中一个问题。在上次教职工大会上,校长强调要严格遵守这项新的迟到政策,这表明解决这个问题是当务之急。然而,校长传达新政策并强调其重要性的方式体现着组织的领导风格(Hoy & Miskel,2007),而其领导风格有助于学校氛围的形成。因此,校长有必要不断检查自己的行为对学校教职员工的影响。

组织领导者必须以积极的方式影响氛围,以确保做出有效的决策(McPhee & Thimpkins,1985)。要做到这一点,校长必须具备三种基本技能:(1)诊断——明了问题情况;(2)适应——调整行为和其他资源,以适应突发情况;(3)沟通——以一种他人容易理解和接受决定的方式与其互动(Gorton & Schneider,1994)。校长的领导风格、迟到政策传达给全体教职员工的方式,以及学校的氛围,这些都可能是导致梅里高中的问题和担忧的因素。

捕捉卡托的信息中的情绪

在梅里高中,不能确定克拉克夫人是否考虑过卡托的感受,因为她主要关心的是按照校长的指示执行这项政策,遵守规则似乎比找出卡托问题的原因更重要。在某种程度上,克拉克夫人对校长的个性、性格、动机和风格的看法影响了她对自己、卡托和学校的看法,她在实施政策时把这些因素放在首位。如果在不同的情况下,她可能会采取不同的行动。卡托表示,他担心自己会错过课堂上的复习,他表达的意图不是为了逃避校内停课,而是为了上英语课。克拉克夫人在政策执行方面缺乏灵活性,梅里高中的学校氛围似乎影响了克拉克夫人的行为,以至于没有考虑到卡托传达的信息背后的感受。

马丁先生和克拉克夫人的立场相同——遵守规则。他从未考虑过校内停课的任何替代方案,也没有真正理解卡托的意思。很少有规则应该被规定和执行地如此严格和快速,以至于无法考虑替代方案(Hersey & Blanchard,2012)。当这种情况发生时,沟通的渠道往往会关闭,就会变成对抗性状态。有效的学校领导者不会允许这种情况发生,因为他们总是试图确保学生拥有所需的知识、技能和价值观以在此成年后获得成功。

避免沟通障碍

卡托的情况本不应该发展到对抗阶段,这类情况即使有,也很少符合有效解决问题和决策的最佳利益(Bormann & Bormann,1972)。在这种情况下,两个人的情绪都成为有效沟通的障碍。双方都变得带有防御性,谁都不愿意抛开顾虑去理解对方的观点。

对马丁来说,时间压力也是一个问题。他没有时间去倡导、创建让卡托感受到自身价值和重要性的学校氛围,此外,他也没有给卡托的父母打电话。学校的政策和氛围才是导致这种情况出现的因素,而不是卡托的问题。马丁没有给卡托的父母打电话是违反政策的,尽管不是故意的,但有关学生的政策和实施程序应符合学生及其家庭的需要。

当分析此场景的关键问题时,很明显,影响马丁先生无法对卡托的问题实行不同的解决办法的主要障碍是,他没有使用有效的沟通技巧来消除阻碍实现迟到政策目标的障碍,并且没有确定、澄清和处理这一障碍。马丁先生和卡托之间的对话变得充满对抗性和防御性,从而造成了另一个沟通障碍。作为学校领导者当应对学校的挑战时,要认识到有些时候或面对有些问题需要态度坚定,而在其他情况下,应最好保持灵活性,认识到这一点将大有裨益。

全校范围的角度

梅里高中的环境迫使他们以一种专制的方式来遵守这项政策,最终迟到政策的目标实现了,而学生的需求却无人关心,这就造成了更具有挑战性的局面。尽管需要并必须执行政策是可以理解的,但也必须认识到,教育领导者应该确保每个学生都能公平地获得有效的教师、学习机会、学业和社会支持以及其他成功所必需的资源(PSEL 3C)。这一专业标准因素是否在梅里高中得以贯彻是令人怀疑的。在以培养学生为己任的学校里,规章制度和程序要与学生的需求、个性和愿望相匹配(Greenberg & Baron, 2010)。学生学习是学校教育的根本目的,因此,学校领导者必须把儿童放在教育的中心,并为每个学生的学业成功和幸福负责(PSEL 2C)。

卡托一到办公室,就强调了留在学校上课的愿望。然而,政策和对该政策的严格遵守再次成为主导性的问题。马丁先生没能解决卡托真正的担忧——缺课,而是严格遵守学校的政策和规章制度,这种立场引发了一场对抗性的输赢情境。

副校长有职位权力,马丁先生本可以以符合良好的人际关系的方式利用职位权力。领导者的一致性并不意味着总是采取相同的立场,它也可能意味着采取适合下属成熟度水平的立场,以使下属能够理解特定行为发生的原因(Gorton & Schneider, 1994)。在学校里,试着去了解别人的观点,去接受别人的影响,准备改变自己的立场,这些往往都能产生积极影响(Bormann & Bormann,1972)。

学校人员在培养学生的过程中,要表现出对学生独特问题的关心,以及帮助他们找到解决问题的方法的意愿(Greenberg & Baron,2010)。相互信任是存在的,找到问题的原因比执行政策更重要(Arnold,Feldman,& Hunt,1992)。毕竟,教育领导者专业标准要求"有效的教育领导者要培养包容、关爱和支持的学校社区,以促进每个学生的学业成功和幸福。"(PSEL 5)。

场景 8
新专业发展规划

标准 7

有效的教育领导者应建立由教师和其他专业人员组成的专业共同体,以促进每个孩子的学业成功和幸福。

乔治娅·爱德华兹博士是第十区(一个大城市的学区)的学区主管。她的学区中心工作人员最近制定了一套新的教学目标,并描绘了一个雄心勃勃的专业发展计划。这个新的专业发展计划是四月行政会议的讨论主题,与会者包括不是学区主管中心办公室成员的学校校长。经过大量的讨论,爱德华兹博士要求校长们与他们的教职员工分享该计划的理念并推进其实施。

副主管及部门主任对新计划表现得十分热情并同意与员工分享计划,但校长们似乎对这个计划不那么感兴趣。尽管如此,他们还是同意推进计划的实施。

三周后,在与家长的一次会议上,爱德华兹博士与几所学校的教师进行了交谈,发现他们对这个新的专业发展计划知之甚少,甚至一无所知。事实上,他们中的一些人抱怨说,除了听到一些小道消息之外,他们很少听到来自她的办公室的任何消息。一位教师说道:"除非有什么问题或者有学区教育委员会新的授权消息,否则我们不会从您的办公室听到任何消息的细节。"教师们还表达了对没有机会分享对影响自己和学生的问题的看法的失望。

爱德华兹博士不确定接下来该如何行动。在此之前,她对来往于办公室的沟通渠道的开放产生充满了信心。"为什么校长们没有像他们承诺的那样分享这个新计划?为什么我没有收到教师们的意见?我怎样才能打开沟通的渠道呢?"

反思性思考

领导行为的关键方面

- 没有使用有效的建立共识的技巧和沟通技巧。
- 专业发展计划并不是与利益相关者一起制定的。
- 未能确定、澄清和处理实现专业发展计划的障碍。
- 没有应用动机理论。

- 大家均没有受到尊重,也没有采用各种监督和评价模式。

教育领导者专业标准7的要素

有效的教育领导者需要做到:

A. 为教师和其他专业人员创造工作环境,促进有效的专业发展、实践和学生学习。

C. 建立并维护一种具有归属感、投入感的专业文化,包括以下内容:全人教育理念下共享的愿景、目标;对专业工作的高期待;符合道德规范且公平的实践活动;信任和公开交流;合作、集体效能,以及个人和组织持续的学习和发展。

D. 提升教师和其他专业人员的共同责任感,以促进每个学生的成功和学校的高效运转。

E. 发展和支持领导者、教师和员工中开放的、富有成效的、关爱的、相互信任的工作关系,以提升专业素养和实践改进。

G. 提供集中检查实践活动、集体反馈和集体学习的机会。

H. 鼓励教职员工发起的对学校项目和实践的改进。

反思性问题和场景分析

1. 学区一级的有效运作程序往往会影响学校一级运作程序的有效性,根据你对此的理解,你建议爱德华兹博士使用哪种方法来促进其对专业发展计划的推进和执行?

2. 在这种情况下,哪些建立共识和谈判的技巧可能对爱德华兹博士有帮助? 使用专业标准7的要素来支持你的论点。

3. 基于专业标准7的要素,爱德华兹博士是如何影响专业发展计划的实施?

4. 考虑到帮助目标达成的实施计划的各部分,爱德华兹博士可以使用哪些策略和目标来改进信息流动、数据收集和分析?

5. 考虑到正式的沟通网络,如果教师们乐意向主管表达他们的想法和疑虑,爱德华兹博士会发现第十区还存在哪些其他问题? 如果爱德华兹博士想要展示自己的职业道德,她应该如何回应教师?

6. 作为学区主管,与其他决策者就新计划的实施保持持续的对话有多重要? 根据有效沟通的原则来为阐述你的观点。

解决关键问题

沟通执行过程

在实施新的专业发展计划的过程中,爱德华兹博士的做法大大降低了成功实施的可能性,因为在她传达的这项实施计划中,实现愿景与目标的目的和战略并未被明确阐述。不能仅仅因为领导者传达了某个信息就认为沟通是有效的,接收信息的一方也必须理解它,并愿意以高效和有效的方式执行它。为了确保这种沟通的有效性,领导者可能要采取几项行动,包括制定一个详细的沟通计划,有效地消除沟通障碍,并务必评估其沟通有效性的反馈。

沟通计划

最初的管理者会议是引入新程序的好开始,但是,当信息没有继续传递下去时,就会出现问题。作为一种交流方式,会话模式或言语往往是自发和灵活的,并可以立即对其做出反应(Stech,1983)。然而,当一个新的计划被提出,通常经过一段时间的反思,对需要反复进行讨论和加强的信息的新见解可能会出现,这种强化将提高沟通的效率(Barge,1994)。在奥克维尔,除了原来的会议之外,一份学区简报也可能在传播信息方面起到很大的帮助作用。此外,书面交流方式相对更持久,也需要更多的思考和准备。在整个执行过程中,简报也可以作为一项反映执行情况的参考点。

此外,爱德华兹博士还可以通过建立有社区所有角色团体代表参与的校级员工会议来改进实施过程。她可以通过这样做以评估信息传播的程度、沟通的准确性和其他有关问题的方式来加强方案的执行。此外,她出席这些会议上本身的行为就将凸显该计划的重要性。麦卡斯基(McCaskey)(1979)认为,面对面的交流在沟通过程中非常重要,因为信息的发送者能够看着接收者的眼睛,增强他们表达的影响力。作为她实地访问的后续行动,所获得的资料可用于系统地评价区域内沟通的有效性。在第二章中,约翰逊校长非常有效地在她的沟通过程中重复使用面对面的交流。

运用有效的沟通方式

爱德华兹博士使用了一种将信息从学区的一个层级传递给不同层级成员(向下沟通)的沟通方式。这种类型的沟通可能会遇到困难,因为有时所提供的信息是不完整的,也没有精力来评估信息的准确性(Sobel & Ornstein,1996)。

如果准确的信息是有效沟通的关键,那么应该运用一种能够生成评估数据以分析成功实施过程的沟通形式。一旦收到信息(反馈数据),就可以做出任何必要的改变,并且可以将这些改变通知所有管理人员。一个有效的沟通系统包括上述所有要素,缺少其中的任何一项都可能导致沟通无效。

虽然在第一次会议上进行了相当多的讨论,但主管没有明确说明执行进程。事实上,校长们不太接受这项计划,主管没有做出什么努力来获取他们缺乏兴趣或执行计划的反馈,也没有实行任何计划来评估执行过程的成功。在她的发言结束时,她只是简单地指示校长们通知他们的教职员工关于项目的实施情况。她的愿景并不清晰,校长们也不认同。

学校领导者必须确定一种方法来判断所传达信息的有效性。领导者必须从教师那里获得足够的反馈以便判断信息的有效性并做出必要的修改。当领导者表现出能开放地接受反馈时,整个学校或学区的沟通过程就会得到加强(见图5.4)。

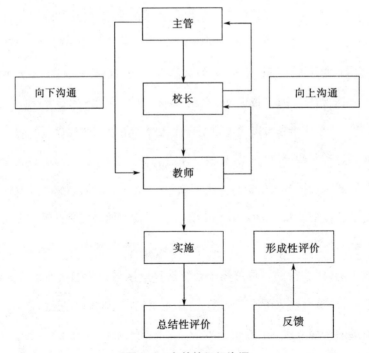

图5.4　有效的组织沟通

资料来源:Author created.

家长会上的地位差异

在家长会上，当主管与教师互动时，双方的地位差异可能会成为主管与教师沟通的一个限制性障碍。在本组织中处于很高级别的主管从级别低得多的个体（教师）那里收到信息。爱德华兹博士和教师们由于他们在组织中的位置不同，都对地位差异尤其敏感。然而，在这种情况下，管理者是一个积极的、敏感的倾听者，她没有显示出她的权力，也没有以任何方式表明她在地位或智识上优越性。因此，教师们关注的是他们想要传达的信息，而不是接收信息的人。他们描述了自己对学区沟通系统的看法，以及他们对该计划缺乏了解的情况，正是因为主管创造的氛围才使这种情况可能发生。如果教师和主管之间没有彼此交流的舒适度，那么地位差异就会成为一种沟通障碍，自由的信息交流可能就不会发生。然而，这一交流过程并不能取代必须在学校和学区层面上进行的正式沟通的业务程序，而这种沟通方式甚至经常会成为有效组织沟通的障碍。

很明显，在第十学区，信息的沟通需要改进。以下是爱德华兹博士可以用来改善沟通过程的三个策略。

1. 调整全学区的沟通过程以改善沟通的信息流通。需要建立能确保所有级别的人都能接收和理解消息的流程。该策略可能侧重于发展积极的倾听技巧，而这要求所有参与者的参与、开放和接受。有效的沟通不仅仅是倾听，保持安静、微笑和听别人说话，而且要求积极的参与并向信息发送者提供有意义的反馈（McPhee & Thompkins，1985）。

2. 对每所学校进行季度访问也可能改善沟通。当信息以第一手资料传达时，便可以立即澄清误解。有时，员工需要与上级面对面的接触，才能感到受尊重和知情权。爱德华兹博士可能会发现，"走动式管理"①是一种与所有员工保持联系并促进有效沟通系统的有效方式。当然，学区主管、校长或任何主要行政人员的经常走访可以使整个学区建立积极和信任的关系。

3. 定期举行工作人员会议。会议议程应在会议之前就发送出去，这是提供资料和收到有意义反馈的另一种方式。这些会议可协助管理者与工作人员合作确认、分析和

---

①走动式管理（management by wandering around，简称 MBWA）也译为"走动管理"。走动管理的概念起源于美国管理学者彼得思与瓦特门在 1982 年出版的名著《追求卓越》一书。书中提到，表现卓越的知名企业中，高阶主管不是成天待在豪华的办公室中，等候部属的报告，而是在日理万机之余，仍能经常到各个单位或部门走动走动。——译者注

解决问题。当教职员工和工作人员有机会研究议程项目时,他们就会更倾向发表意见。

总之,无论使用何种方法,都必须将信息传达给需要这些信息的个人,以帮助他们有效地履行职责。当学校领导者隐瞒信息的时候,方向就会变得不明朗、模糊,并且这些信息可能会有不同的解读,甚至成为谣言。如果发生这种情况,人们就会感到自己不被赏识,产生误解、防御、敌对、沮丧或苦恼(Sobel & Ornstein,1996)。此外,当信息不能自由流动时,下属可能会感到缺乏信任,导致可能会对领导者失去信心,对沟通渠道的完整性失去信心。

沟通愿景

爱德华兹博士将专业发展计划列为第十学区的优先等级高的项目。向校长们介绍这一计划的方式表明这是主管制定的计划,其目的是实施一套他们可能支持或不支持的新目标。很明显,尽管校长们同意实施该计划,但他们并没有完全承诺。

整个学校社区并没有共享这一愿景,校长们在沟通该信息时缺乏激情,说话语调、喃喃自语和犹豫等副语言①都是一个有效的学校领导者在沟通过程中必须要识别和考虑的线索。非语言信息的传播在学校系统中很普遍,沟通的信息往往有一半是非语言形式的(Covey,2013)。

爱德华兹博士真正面临的挑战是充满感情地倾听,对员工表示共情,营造一种鼓励员工提供反馈,为决策过程提供信息的氛围。因为缺乏足够的信息,爱德华兹博士的决定缺乏质量,而该问题原本是可以在规划阶段让了解教师需求的人参与其中而解决的。同时它也缺乏接受度,而这原本也是可以通过让最终必须执行该计划的人在一开始就参与进来而避免的。

通过有效的沟通,可以提高决策的质量及其被接受程度。有了这些改进,爱德华

---

①副语言沟通是通过非语词的声音,如重音、声调的变化,以及哭、笑、停顿来实现的沟通。心理学家称非语同的声音信号为副语言。副语言在沟通过程中起着十分重要的作用、一句话的含义不仅取决于其字面意思,还取决于它的弦外之音。语音表达方式的变化,尤其是语调的变化,可以使字面相同的一句话具有完全不同的含义。——译者注

兹博士就向成为一名能够满足(PSEL 7 C)。

本章总结

沟通是学校的生命线,它是把各种管理职能结合在一起的黏合剂。通过有效的沟通,学校大家庭可以公开发现问题并寻求解决方案,并同时信任、尊重和重视多样性,从而共同实现学校的愿景。

沟通可以是语言沟通,也可以是非语言沟通,当领导者以书面或口头的方式使用词语时,就使用了一种语言沟通的形式。学校领导者在教师会议、员工会议、家长会议以及与学生的讨论中进行语言沟通,这种沟通方式在双向沟通时非常有效,它允许信息的发送者和接收者之间进行互动。

当信息不用语言来传递时,这种沟通形式就被认为是非语言形式。非语言行为非常重要,因为超过一半的沟通是通过肢体语言来传达的。通常,发送者的情感是通过非语言的方式传达的。因此,为了使沟通产生最大效果,必须同时考虑信息的内容和发送者的感受,有效的沟通只可能发生在对信息内容背后的发送者的感受予以最大关注的情境下。

学校组织中的电子沟通是最新的沟通方式。它是一个强大的工具,允许学校领导者通过互联网与所有利益相关者群体互动。这种沟通方式的速度和可达性要求一种新的思维方式,因为学校领导者可以在数百公里之外的地方,在他们的办公桌前或某个全国性会议上与他人进行交流。然而,这种新媒介也有积极和消极的后果。它在提高沟通过程的速度以及个人和团体的可达性的同时,却不能提供面对面交流的社会化方面。

学校组织既有正式的沟通网络,也有非正式的沟通网络。正式网络由组织的结构主导,非正式网络则由在组织中发挥作用的个人主导。正式网络的主要功能是传达本组织领导者批准的信息,而非正式网络则被组织成员用来传递感兴趣的信息,通常称为小道消息。领导者应该意识到小道消息可能对实现目标产生不利影响。这两种网络都有价值,学校领导者应该对这两种网络均有所了解,包括它们的运作方式。

学校的信息向几个方向流动——向上、向下、水平和对角线。信息的流动非常重要,因为它提供任务协调、情感和社会支持。然而,不管流程如何,必须消除妨碍沟通有效性的障碍。管理权力的使用、消除恐惧、鼓励反馈以及建立公开和信任的氛围都可以消除沟通障碍。

当人们有效地进行沟通时,恐惧就会从工作中消失,创造力就会活跃起来,积极的情绪可以激发创造力,而沟通过程可以作为提高效率的催化剂。

付诸实践

回顾本章中的场景,利用各种情境的积极和消极方面来确定几种方法,并将这些方法用于实际学校情境中,以处理以下与学校相关的问题。将你自己设想成校长的角色,并为你选择的行为明确地阐述理由。

- 选择一个当地学区用于解决出勤率和迟到问题的政策,并将该政策的要求与梅里高中的政策联系起来。
- 举行模拟记者会,向媒体及公众解释卡托事件。
- 你将如何解决卡托之死可能导致的学校氛围问题?哪些社区资源将被证明是有价值的?
- 最近你注意到一名教师有一些很好的想法可以缩小成绩差距,但她不愿意与你交流这些想法。您会对她说些什么来说服她分享自己的想法?

了解自我

- 你如何使用肢体语言与人交流?
- 你如何评估别人对你的看法?
- 什么类型的信息应该通过电子邮件发送给教职员工?
- 什么类型的信息应该通过公共传播系统发送给教职员工?
- 什么类型适合在公开会议上向教职员工展示,并是可以被接受的?

- 你在向他人传达你想传达的信息吗？你有什么证据来支持你的结论？

深化理解

- 回顾本章的内容,然后回答以下问题:你如何总结有效的沟通？

- 从你的角度来看,在学校里沟通最重要的方面是什么？

- 本章是如何影响你对领导和沟通方式的看法、假设和信念的？如果有的话,在阅读和反思本章内容后,在多大程度上改变了你的领导行为？

校长资格证书测验练习

多项选择题

1. 关于防御性沟通,下列哪个选项是正确的？

　　a. 防御性的唤起使听者无法把注意力集中在信息上。

　　b. 控制、评价和同理心都是小群体环境中支持性氛围的特征。

　　c. 问题导向、中立、平等和控制会影响防御性沟通。

　　d. 发送者的消息被更改。

2. 关注沟通有效性的学校领导者必须认识到:

　　a. 意义是不能传达的。

　　b. 接收者赋予信息意义。

　　c. 意义和感受都很重要。

　　d. 只有信息的意义才是重要的。

主观问答题

1. 考虑到学校领导者需要培养有效的沟通技巧,请讨论他们可以用来加强倾听,减少防御性,并促进组织目标的实现的四种技巧。

2. 作为一名学校领导者,你会如何向你的教职员工传达"必须减少迟到的学生人数"的信息？如果有必要实施一项新的迟到政策,该政策的内容是什么？你会用什么沟通方式向教职员工传达信息?

场景分析

运用本章介绍的理论、概念和策略,分析附录"醉酒的副校长"中的场景。这个分析将有利于校长资格证书测验的准备。场景中提供了一些反思性的问题以帮助你进行分析。

参考阅读

Ackerman,R. C,& Maslin – Ostrowski,P(2002). The wounded leader:How real leadership emerges in times of crisis. San Francisco:Jossey – Bass.

Gladwell,M. (2006). The tipping point:How little things can make a big difference. New York:Hachette Book Group

Ramsey,R. V. (2009). How to say the right thing every time:Communicating well with students,staff,parents, and the public(2nd ed.). Thousand Oaks,CA:Corwin Press.

Shaver,H. (2004). Organize,communicate,empower. Thousand Oaks, CA:Corwin Press.

Stone,D,Patton,B. ,& Heen,S. (2010). Difficult conversations:How to discuss what matters most(10th Anniversary Updated Ed.). New York:Penguin.

参考网站

HELPGUIDE

Purdue Online Writing Lab,Purdue University (2016). E – mail Etiquette for Students.

第六章 决策：质量与接受

本章学习目标

在阅读完第六章及完成指定的活动后，你应该能够：

- 概述在学校实践领导艺术的决策特点。

- 列出领导者在学校里做决策时可能使用的几种方法。

- 举例说明领导者可能使用独断或参与式决策风格的情况，并解释哪种风格比另一种更合适。

- 说明如何在学校情境中运用群体决策技术。

- 列出阻碍决策有效性的障碍和陷阱。

在当今的学校中，决策是主要的领导者职能之一。领导者不断地对个人、团体、学校结构、教学计划以及其他许多最终决定学校能否有效运作的因素做出决定。如果决策过程不能有效地进行，整个学校都会受到负面影响。因此，了解决策过程以及如何有效利用决策过程对学校领导者来说至关重要。

本章的目的是研究学校的决策过程，讨论学校领导者用于做出所有利益相关者都能接受的高质量决策的实践和程序。首先，本章给出了一个关于决策的定义，其中包括学校领导者用来做决策的几种方法的概述。然后，讨论了教师和其他利益相关者在决策过程中的参与。本章最后描述了阻碍决策有效性的障碍和陷阱。

本章的场景从三个不同的角度进行决策：(1)制定和实施确保所有学生教育成功

的政策;(2)正直行事、重视多样性,并将伦理原则纳入决策过程;(3)与所有利益相关者进行有效沟通,确保决策的质量和可接受性。通过这些场景,你有机会练习选择合适的决策方案,并让教职员工和其他利益相关者参与决策过程。此外,你还可以检查场景中的活动,并将它们与教育领导者专业标准2和6联系起来。在处理有关这些活动的信息时,你将需要注意公平、道德实践以及参与者(尤其是领导者)是否正直行事的情况。应特别注意沟通和决策之间的联系,以及每一个过程如何对另一个产生消极影响。

决策的定义

决策被定义为从几个备选方案中进行选择以达到预期结果的系统过程(Kamlesh & Solow,1994)。决策的三个要素是:(1)选择(从选项中选择),(2)程序(自主或者委托他人做出决定),(3)目的(达到预期的结果)。下面简要讨论一下这些要素。

从选项中选择

从这些选项中进行选择通常涉及向某些个人和团体提供资源,而拒绝向其他个人和团体提供资源。我们必须做出选择,而在学校做出选择有着深远的影响。例如,如果一个多年级学校的校长只有资金购买一个年级的计算机,那么必须选择哪个年级得到计算机。当校长做出这样的选择时,一些教职员工将获得物质资源,而另一些则不会,因此,冲突会对教学程序产生负面影响。因此,在做出这样的选择时,学校领导者的目标应该是将消极后果最小化,将积极结果最大化。如果领导者"提倡并依据正直、公平、透明、信任、协作、坚持不懈、学习和持续改进等专业规范行事"(PSEL 2B),就能提高实现这些目标的可能性。

确定过程

当领导者对决策过程有了全面的了解,并利用这些知识来选择和实施可选方案时,就有可能做出明智的选择,而这些可选方案将产生被利益相关者接受的高质量决策,所选择的过程可能需要领导者独立做出决定或让其他人参与。例如,有时领导者拥有足够的知识来独立做出决策,有时他们可以通过从其他个人或团体获取信息来提高决策的质量。此外,在某些情况下,其他人的参与将提高一项决策的被接受程度。关键是个人和/或团体应该参与决策过程,因为他们的参与将提高决策的质量和/或接受度。

达到预期的结果

任何决策的目的都是为了达到预期的结果。如果领导者事先知道每一个可能的备选方案的结果,他们将非常有效地实现这一目标。虽然有时学校领导者比其他人更确定结果,但也有一些时候,领导者对结果一无所知。因此,有效性和无有效性之间的区别在于所选择的备选方案与预期结果之间的不确定性程度。为了减少不确定性以提高达到预期结果的概率,学校领导者必须尽可能获得最好的信息,有了良好的数据,领导者可以从中选择一个有效的决策方案,从而避免了不得不处理意料之外的结果。图6.1 总结了许多研究者提出的用于决策的模型(Barge,1994;Gorton,1987;Hoy & Tarter,2007;Yukl,2012)。通过回顾这个模型,你可以了解到问题分析、备选方案选择以及决策有效实施的复杂程度。

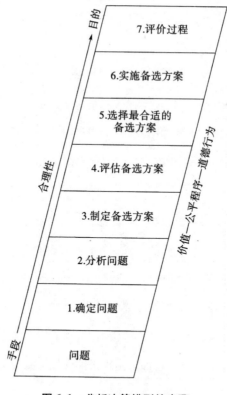

图6.1　分析决策模型的步骤

来源:Based on Barge(1994),Gorton(1987),Harrison(1998),Hoy and Tarter(2007),and Yukl (2012).

决策分析模型

传统上,科学家将决策定义为个人和团体通过一系列分析步骤来解决问题的过程,如图6.1(Harrison,1998)所示。在步骤1中,领导者确定问题。在步骤2中,领导者分析问题,确定关键问题,然后,进行全面的分析,以确定一个备选方案是"满意"的方案(Simon,1984)。分析应考虑到受影响的个人、受影响的情况以及选择适当的决策备选方案所需的数据类型和来源。

在步骤3中,领导者制定问题备选方案。在这个关键节点,有必要提出警告,问题的备选方案很少是一个非此即彼的方案。如果按照步骤2中描述的那样仔细分析问题,领导者可能会意识到存在几个备选方案。此外,在某些情况下,领导者倾向于依赖过去的经验,选择一个以前有效的备选方案。应该抵制这种诱惑,因为实际上看似相同的问题可能是不同的,所以有必要采取不同的替代办法。因此,领导者应该仔细研究所有可能的备选方案。

一旦确定了备选方案,决策人员就准备好进行步骤4,根据解决问题的能力对备选方案进行评估。在这个阶段,领导者正在寻找最令人满意的备选方案。简单地说,领导者试图确定在已生成的备选方案中,哪一个将最有效地解决问题(决策的质量),哪一个将产生最少的冲突(决策接受度)。在评估所有的备选方案之后,采取步骤5——选择最合适的备选方案。

步骤6涉及备选方案的实施,这时应该仔细规划,因为如果没有有效地执行高质量的决策并且以利益相关者可接受的方式执行,这些决策就没有任何意义。

最后,步骤7是对决策过程的评估。应评估整个过程,并监控已实施的决策,以确定是否充分处理了这个问题。领导者需要知道所选择的决策方案解决了问题,并且用于确定方案的过程没有缺陷。如果领导者没有对流程和所选方案的成功进行评估,那么流程中的任何缺陷都不会被发现,如果出现错误则很可能会重复出现。

领导者的倾向

仅仅遵循决策模型的顺序步骤是不够的,有效的决策还取决于领导者的判断和倾向。当学校领导者从各种选项中进行选择时,他们会表现出他们对特定价值观、兴趣和信念的倾向（Barge,1994）。例如,当学校领导者对学生采取纪律措施时,他们认为学生将会取得他们想要的结果,他们正在做出价值判断（Willower,1991）。考虑到这一因素,领导者必须关注他们在决策过程中带来的偏见、价值观、利益和信念。为了避免这些偏见的影响,他们必须了解各种道德框架,建立标准并坚持这些标准（PSEL 2）。

学校领导者要决定分配给教师的教室、他们所教的学生、一天中特定科目的授课时间、教师需要完成的额外作业,以及其他不计其数的活动。在做这些任务时,要对受影响的个体做出判断。学校领导者在一年的计划中会做出许多判断,这些判断的效果会影响教学计划,以及学校内外个人的生活。因此,我们可以认识到,学校领导者避免让个人兴趣和信念影响决策结果是多么重要。

还应该指出的是,当学校内外的其他个人和/或团体要求领导者作出决定时,他们会把偏见、价值观、兴趣和信念摆到桌面上。因此,领导者必须使用一种考虑他人的思想、价值观和文化对决策结果产生影响的决策方法。这种方法还应"确保每个学生公平地获得优秀教师、学习机会、学业和社会支持以及其他成功所必需的资源"（PSEL 3C）。

在通过决策实践领导艺术时,需要的不仅仅是良好的意图。学校领导者必须"遵循道德准则和专业规范行事,以促进每个学生的学业成功和幸福"（PSEL 2）。在某些情况下,他们甚至可能不得不放弃自己的利益,以便做出高质量的决定,让教职员工和更大的学校社区能够接受。

综上所述,对于学校领导者来说,明白没有一种最好的方式让领导者做出有效的决定是有价值的。学校的决策过程受问题的复杂性、时间限制以及其他一些以某种方式影响领导者行为的因素影响（House & Dessler,1974;Maier,1963;Yukl,2012）。因此,在做出判断时,领导者必须考虑影响决策过程、决策结果和可能后果的因素（Hoy Tarter 2007）。

第四章"观念的影响"这一部分主要关注领导者对自我的理解,领导者需要评估他们的价值观如何影响他们所采取的行动,以及他们的行为如何影响他人。在我们继续探讨决策制定时,对这一节以及第三章表3.1中的结构进行回顾可能是有益的。

决策的方法

可以想象,大多数学校领导者都希望发展能够促进教学的学校社区,我们面临的挑战是找出使学校朝着这个方向发展的决策方法。认识到这是一项复杂的任务,学校领导者需要熟练地做出有效的决定。一些研究者(Branson & Gross,2011 House & Dessler,1974;Maier,1963;Shapiro & Stefkovich,2016;Yukl,2012)指出,没有一种最好的方法来做出有效的决定。需要果断行动的学校环境和时间框架的复杂性,往往会以一种与理论和研究建议截然不同的方式影响领导者的行为。通常情况下,在学校做出好的决定取决于形势的性质和领导者所采用的方法。

虽然没有一种最佳的决策方法,但是如果应用得当,有一些理论模型可以提高一个人的决策能力。在应用理论模型时,领导者可以选择使用规范性(理性)或描述性(非理性)方法。"这两种关于决策本质的理论主导了社会科学对该主题的思考"(Gorton,1987,p. 3)。每一种理论都假设决策者将通过一系列如图 6.1 或类似于图 6.1 所示的步骤来做出决策。鉴于这两种模型的广泛使用,下面的部分将分别给出它们的摘要。

规范性理论

根据规范性理论,领导者遵循一系列规定的行动来做出决策或解决问题。他们从逻辑上定位问题,通过一系列循序渐进的步骤,导致问题的有效解决(Gorton,1987)。校长会在学校情境中运用规范性理论,找出问题及其原因,分析问题,制定备选方案或可能的解决方案,评估备选方案,选择并实施看起来最令人满意的备选方案,然后评估结果。

该理论为决策者提供了不同程度的合理性,如果手段和目的之间有合理的联系,即决策者明智地选择实现目标的适当手段,则决策是合理的(Hoy & Tarter,2007,p.3)。从这一理论推导出来的决策模型通常被称为理性模型,实现解决方案所采取的步骤是程序化进行的,并且假设领导者在遵循这些步骤时是理性的(Gorton,1987)。古典决策模型①、行政管理决策模型和混合扫描理论决策模型是流行的规范模型,它们的合理性

---

①古典决策理论又称规范决策理论,是基于"经济人"假设提出来的,主要盛行于 1950 年代以前。古典决策理论认为,应该从经济的角度来看待决策问题,即决策的目的在于为组织获取最大的经济利益。古典决策理论的假设是,作为决策者的管理者是完全理性的,决策环境条件的稳定与否是可以被改变的,在决策者充分了解有关信息情报的情况下,是完全可以做出完成组织目标的最佳决策的。古典决策理论忽视了非经济因素在决策中的作用,这种理论不一定能指导实际的决策活动,从而逐渐被更为全面的行为决策理论代替。——译者注

程度各不相同。这些模型的摘要将在本章后面出现。首先,我们讨论决策的描述性理论。

描述性理论

描述性决策理论是一种选择理论,它描述决策是如何做出的,以及人们在决策过程中实际会做什么。描述理论的基本原则之一是有限理性(Schoemaker,1980)。首先,决策者试图尽可能地理性,通过剔除几个备选方案来简化过程,然后,决策者从较小的备选方案组中选择一个决策方案。

从描述理论派生出来的常用模型有垃圾桶模型、政治模型和渐进模型。描述性模型某种程度上而言并非追求理性化,如果领导者选择了一个决策方案,那么重点是决策实际达成的方式,而不是决策应该如何做出的方式(Gorton,1987)。支持这一理论的个人质疑学校问题的复杂性和缺乏对校园环境中要素的领导控制是否能够以理性和程序化的方式进行决策(Gorton,1987)。例如,如果一位愤怒的家长走进校长的办公室,要求对之前涉及她孩子的行为做出解释,那么一连串的程序化的步骤可能是不合理的。

总之,规范性理论和描述性理论都假定在某些行为和情况下是适用的。然而,由于学校领导者的行为影响了如此多人的生活,作者建议,在做出所有与学校有关的决策时所采用的过程应尽可能合理,并受道德准则的约束。在下面的部分中,我们将识别前面提到的六个模型的特性,并注意可以恰当使用它们的情况。

古典模型

学校领导者的主要目标之一是做出加强教学的管理决策(PSEL 9),以理性的方式为多方面的问题找到满意的解决方案。古典模型是完全理性的,它的首要目标是从所有可能的备选方案中找出最佳解决方案,最大限度地实现本组织的目标。这一进程的先决条件是所有的备选方案都是可以确定的,它由一系列程序化的步骤组成,从确定问题开始,到取得预期结果为止。然而,大多数文献中关于决策的古典模型的描述表明,学校领导者使用它是不现实的,因为在学校决策中做到完全理性是不可能的(Bolman & Deal,2003;Hoy & Tarter,2007;Yukl,2012)。学校领导者从来无法接触到有关某个问题的所有信息,也无法确定所有可能的备选方案。然而,该模型确实为学校领导者提供了一个理性的行动,而不是武断和偏见的回应,这对学校领导者来说是一笔财富,因为他们的主要目标之一是做出管理决策以加强教学(PSEL 9)。因此,以有效的方式,为多方面的问题找到满意的解决方案是可取的。然而,如果完全理性是不可能的(古典模型),那么学校领导者该向何处求助呢?在处理学校日常运作中出现问题时,什么是可接受的备选方案?西蒙在提出满足策略①时,在一定程度上回答了这些问题,满足策略体现在行政管理模型中。

行政管理决策模型

行政管理决策模型提供了一个系统的过程,可用于存在竞争备选方案时加强对合适备选方案的识别。西蒙(1984)的理论认为,在某些情况下,决策者选择的备选方案并不能反映所有的期望,在这种情况下,如果备选方案并不是完全令人不满意,就会产生一种形式的满足。当采用满足策略时,它是古典模型过程的一个可接受的备选方案。

因为领导者并不总是有足够的数据来找到解决复杂问题的最佳选择,他们可能满足于有限理性。在这种情况下,领导者使用一个理性的、程序化的过程来寻找可能最令人满意的解决方案。这个过程包括不同的阶段:(1)认识和界定问题,(2)分析困难,(3)制订成功的标准,(4)拟订行动计划,(5)对计划的评估。

利用这一过程,学校领导者往往可以获得明智的解决问题的办法。领导者可以使用手段—目的分析来做决策,并据此选择一种方法以达到预期目的。虽然所得到的解决方案可能不是最优的,但它是令人满意的。例如,一所高中的校长有兴趣为学校的

---

①美国经济组织决策管理大师赫伯特·西蒙的决策理论在决策标准上,用"令人满意"的准则代替"最优化"准则。以往的管理学家往往把人看成是以"绝对理性"为指导,按最优化准则行动的理性人。西蒙认为事实上这是做不到的,应该用"管理人"假设代替"理性人"假设,"管理人"不考虑一切可能的复杂情况,只考虑与问题有关的情况,采用"令人满意"的决策准则,从而可以做出令人满意的决策,据此他提出了有限理性模型,该理论认为人的理性是处于完全理性和完全非理性之间的一种有限理性。西蒙提出了"满意"标准和有限理性标准,用"社会人"取代"经济人",大大拓展了决策理论的研究领域,产生了新的理论——有限理性决策理论。有限理性模型又称西蒙模型或西蒙最满意模型。——译者注

球队购买新的足球队服,并且已经确定了五家公司就购买事宜进行联系。在打完给第三家公司的电话后,他停止了通话然后进行了购买。因此,他在信息有限的情况下做出了决定,因为他没有打第四和第五次电话。

在某些情况下,学校领导者遇到的问题本质上非常复杂,以至于很难预测决策结果。在这种情况下,领导者可能会转向非理性的渐进决策模型。

渐进模型

霍伊和塔尔特(2007)将渐进模型描述为允许学校领导者以小的增量进行更改,以避免预料之外的负面后果。理性决策中的手段—目的分析并非完全恰当,决策目标和备选方案是相互交织的,备选方案只是与当前现实略有不同,它处于当前现实和期望目标之间,在执行其他决策之前,要对决策的结果进行评估并与预期结果进行比较。林德布罗姆(1959)将这种类型的决策称为"渐进调适的科学"①,他认为,由于许多问题的复杂性、不确定性以及可能引发的冲突的数量,管理人员只能敷衍了事。因此,他们会做出一些小的决定,并评估每一个决定的结果,直到达到他们想要的结果为止。由于时间压力、选择特定决策方案的风险以及信息库中的空白,学校领导者经常求助于这种描述性决策模型。为了说明这一点,请设想一位主管,他有兴趣为该地区的所有学校实施一项耗资200万美元的新计算机安装计划。然而,他并不确定教师、家长和其他利益相关者将如何接受这个新计划,也不确定它是否会提高学生的成绩。因此,他在两所学校安装了计算机,并对它们的使用情况进行了评估;然后在一段时间以后,在另外五所学校安装了计算机,并对这些学校的使用情况进行评估。在其余学校安装

---

①渐进决策是指主张决策者采用渐进方式对现行政策加以修改,逐渐实现决策目标的决策。渐进决策模式是主张决策者采用渐进方式对现行政策加以修改,逐渐实现决策目标的理论。1958 年,林德布洛姆在美国经济评论发表的《政策分析》以及 1959 年在美国《公共行政评论》杂志发表的《"渐进调适"的科学》对传统的"广博理性"决策模型(第一种)的批评,开始较有系统地建立自己的分析模型,即第二种模式:"连续有限比较"模型;1963 年林德布洛姆在《决定的策略》一书中便很完整周详地发展出他的"断续渐进主义"。不称传统的模式是"广博理性",改称"周全分析"而与他自己的"渐进分析"相对应。传统的理性决策模型,表面是理性,但其实做不到,并且如果照办,并不见得是理性。他自己所主张的"渐进分析"才是现实中真正的理性。——译者注

计算机的决定是根据前两个学校安装计算机的评价信息做出的。

混合扫描模型

艾齐奥尼(1967)提出的混合扫描模型①允许学校领导者将渐进模型的灵活性与满足模型的合理性相结合。有些问题是领导者必须做出回应的,其中一个问题是:"本组织的基本使命是什么?"另一个问题是:"什么样的渐进决策将推动组织朝着这个方向前进?"领导者可以通过回答这些问题来做出决策,并保持在组织使命和政策的范围内,领导者可以调查问题,分析困难,并开始初步的行动计划;如果计划失败,可以尝试一些新的东西。

混合扫描模型似乎适合学校领导者使用,因为这种方法指导决策过程,使他们能够专注于问题的领域,同时思考所选择的备选方案和共同利益的后果。例如,领导者不是仔细观察所有学生的成绩测试分数,也不是只关注未达到既定基准的学生的分数,而是首先对学生的测试分数进行一般性的审查(广谱扫描),然后确定在哪些方面进行评估(窄扫描)。广谱扫描显示学生成绩存在问题,窄扫描允许领导者将注意力集中在问题所在的区域,使用这一过程可以节省时间和资源。符合教育专业

---

①艾齐奥尼希望在理性模型与渐进模型之间寻求既能吸收两者的长处而又扬弃其缺点的中间道路——混合扫描模型。它结合了两种模式的优点:渐进主义通过限制基本决策中的细节要求,减少了理性主义非现实的一面;与此同时,限制条件下的理性主义通过对时间跨度更长的备选方案的搜索,有助于克服渐进主义的保守倾向。比起理性决策,混合扫描决策少了一些细致和苛刻,却又比渐进决策宽泛和全面,不容易局限在有限的选择方案中。混合扫描决策模型借鉴了医学领域的扫描决策。医学领域最先运用混合扫描决策,医生使用这种方法制定治疗方案,相对于渐进主义者的缺乏目标,医生知道有针对性地重点考察某些器官;相对理性主义者的全面综合,医生不会等找到关于个人病史的所有资料之后才开始治疗,也不会在初步诊断中就使用所有的治疗方法。医生事实上使用了混合扫描的方法,既对病人的健康进行通盘考虑,但又会根据病人具体的自诉,集中考察某些区域,开始尝试性的治疗,如果不成功,再尝试其他方法。艾齐奥尼借助卫星扫描的两个镜头——广角低分辨率镜头与变焦高分辨率镜头来说明混合扫描模型的原理。这两个镜头:第一个进行多角度摄像,它能观察全部空间,但观察不了细微之处,第2个能对空间做深入、细微的观察,但不观察已被多角度摄像机所观察的区域。混合扫描模型要求决策者将这"两种镜头"结合起来使用:不对所有信息进行细致考察,而仅仅运用广角扫描提供的线索,深入研究曾出现过问题的节点,即运用广角扫描为放大观测提供依据。该案例说明了混合扫描的优势:一方面对所有地区进行广角扫描比高分辨的聚焦观察更经济,一方面在广角扫描提供线索后再进行细致观察,也防止了人们因仅使用广角扫描而遗漏信息。——译者注

标准的领导者必须愿意冒险追求学校的愿景,这似乎是可以接受的,只要员工被认为是把学生的成功放在第一位,正直和公平地行事,并且是一个有道德的人,这似乎是可以接受的。

垃圾桶模型①

垃圾桶模型和政治模型经常用于学校情况,马奇(1982)的理由是,垃圾桶模型允许个人在没有充分考虑问题的情况下采取行动,从本质上讲,学校领导者不遵循理性的过程。在使用垃圾桶模型的情况下,决策结果是独立事件流的产物,而不是从问题开始并以解决方案结束。随着时间的推移,各种问题的出现和对这些问题的可能解决方案的开发,这些问题就被储存在一个比喻为垃圾桶的东西中。因此,垃圾桶包含许多以前考虑过或使用过的可能解决方案。因此,当学校领导者遇到问题时,他们可以从垃圾桶中选择一个替代品。如果决策、问题和参与者恰好匹配,问题就解决了。如果解决方案不合适,那么问题仍然没有解决(Cohen,March,& Olsen,1972)。例如,格林校长注意到学生在自助餐厅的礼仪,他对观察到的情况很不满意。为了提高学生的礼仪,他实施了一个在过去类似情况下行之有效的备选方案,然而,学生在自助餐厅的礼仪并没有改善,备选方案也没有保留。

三天后,他又尝试了另一种方法,这种方法在过去类似的情况下也曾奏效。当教职员工对这一备选方案表示担心时,该方案也没有予以保留。此后,格林校长实施了第三种方案,他的第三种选择是之前使用过的,改善了学生在餐厅的礼仪,也得到了教师们的认可。由于其有效性和可接受性,第三种备选办法被保留到今年剩余时间。垃圾桶模型依赖于机会,并为学校领导者的行为提供了一种解释,他们的决策似乎是非

①垃圾筒模型的基础是马奇教授对组织行为的观察,他发现,在企业中工作的人容易对某些行为模式产生偏好。这些模式成为他们个人选择问题解决方法时宠爱有加的"宝贝"。垃圾筒模型是企业内部的一种决策制定模式,该模型认为,企业员工面对一项决策时,会不断提出问题并给出相应的解决方案。这些方案实际上都被扔进了垃圾筒,只有极少数能够成为最终决策的组成部分。作为结论,模型指出:不管问题发生在何时何地,人们都会以此为机会,来实施他们早已选定的解决方法,这会影响到决策的制定过程和最终结果。——译者注

理性的。

政治模型（范式）

当组织目标被个人影响力所取代,权力成为压倒一切的力量时,政治模型成为决策工具(Kanter,1982)。大多数组织都定义了他们正在努力实现的目标,然而,在某些情况下,个人和/或团体的权力和影响压制了组织目标。在这种情况下,个人的观点和偏好会影响组织中的决策从而导致操纵发生。个人和(或)团体操纵可以影响组织的结果,以便他们所偏爱的目标而不是组织中其他人的目标能够实现,冲突、谈判和游戏是集中且无处不在的,满意的组织决策让位于影响力、权力和持久性(Kotter,2008)。

选择用于达成被利益相关者接受的质量决策的模型需要领导者进行大量的思考。除了选择一种方法外,领导者还必须决定是独立决策还是寻求帮助。现在我们开始讨论领导者可能使用的风格,两种值得注意的风格是独断式和参与式。

独断式和参与式决策

假设你是一所小学的校长,你必须决定使用三种基础课本中的一种来教授一年级的阅读。你会选择使用独断式的方式,还是让其他人参与选择过程的参与式方式? 如果你选择让其他人参与选择过程,你会让谁参与? 为什么? 做出这个决定本身就是一项具有挑战性的工作。此外,如果选择了不正确的方法,可能会有很大的问题。图6.2中显示了该理念的图形说明。

图6.2　独断式与参与式决策

资料来源:Based on YukI (2012).

当一个领导者使用独断式风格,并且在没有或只有很少的教师或其他利益相关者参与的情况下做出决策时,决策质量和/或接受度可能会成为一个问题。利益相关者可能认为,领导者只是想要取得成功,而不考虑其他人的感受或将受到什么影响。如果情况发生逆转,领导者选择了一种参与式的风格,包括教职员工和/或其他利益相关者的参与,而这种参与是没有必要的,那么所达成的决策也可能质量不高,也不会受到好评。在这种情况下,利益相关者可能对提供有意义的输入所需的问题或专业知识不感兴趣。因此,学校领导者不应该得出这样的结论:独断式风格或参与式风格总是低劣或优越的。相反,目标应该是让教师或利益相关者参与决策过程,因为他们的参与将提高决策的质量和/或接受度。在其他情况下,领导者应该独立做出决定。图6.3中显示了从独断式到参与式决策的图表分析。选择范围从完全独断的行为到联合参与。尤克尔(2012)描述了如表6.1所示的选择方式。

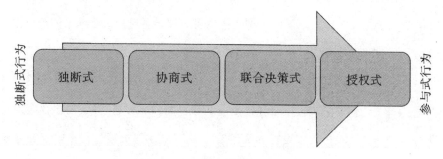

图6.3 从独断到参与式决策转变

资料来源:Based Source:Based on Yukl(2012)

表6.1 决策方法

1. 独断式:领导者在没有任何下属帮助的情况下做出决定。下属对所做的决定没有影响力

2. 协商式:领导者寻求下属的意见,并征求他们的建议。领导者在考虑了下属的想法、意见和建议后做出决定

3. 联合决策式:领导者与下属会面,讨论问题,并共同制定可行的解决方案。领导者作为一个群体的参与者,并不比群体中的任何其他成员有更多的影响力

4. 授权式:领导者将决策的权力和责任交给团队。规定了限制条件,并且执行决策可能需要事先批准,也可能不需要事先批准

资料来源:Compiled from the work of Yukl (2012).

选择决策风格

近年来,随着标准、能力和问责改革运动被广泛接受,参与性决策变得越来越重要。让教师和其他利益相关者参与决策过程是许多研究人员提倡的一种方法(Gorton,1987;Green,2010;Hoy & Miskel,2012;Maier 1963;Sergiovanni & Green,2015;Vroom & Jago,1988;Vroom & Yetton,1973;Yukl,2012)。从这些人的研究来看,有证据表明,在特定条件下,群体的表现优于个体。学校领导者面临的挑战是,决定教师和其他利益相关者应在何时、在何种条件下参与进来。正如前面一节所解释的,"独断式和参与式决策要视情况而定,在某些情况下,学校领导者应该以独断的方式做出决策,在另一些情况下,他们应该邀请利益相关者的参与。"一些作者提出,一个团体是否会比独立行动的领导者更好地做出决定的问题在很大程度上取决于问题的复杂性、所选参与者的专业知识以及问题是否在参与者的关注领域(Hersey,Blanchard,& Styles,1996;Johnson & Johnson,2012;Yukl,2012)。下面的模型提供了可供领导者选择决策风格的建议。

弗罗姆—耶顿模型

弗罗姆和耶顿(1973)提出了一种区分个体和群体决策的规范模型。该模型研究了领导者的行为如何影响决策质量和接受度。弗鲁姆和耶顿还建议,领导者应该在什么时候让下属参与决策过程以及在多大程度上让下属参与决策过程。学校领导者有五种决策程序,两种程序在本质上是独断的,两种程序是协商的,在另外一种程序中,领导者和下属共同决策。五项决策程序如下:

1. 完全独断:领导者利用手头现有的资料做决定而不需要任何人的帮助。领导者的行为完全是独断的。

2. 协助独断:领导者从下属那里获得信息,但在没有下属参与的情况下做出决策。在使用这一程序的过程中,领导者从下属那里得到帮助时的行为有些独断①。

3. 个别咨询:领导者与下属单独互动,分享关于问题的信息,征求意见,听取下属

---

①此处是指,当领导者在从下属那里获得信息时,领导者可以告诉或不告诉他们领导者的问题。在决策中下属的任务是向领导者提供必要信息而不是提出或评估可行性解决方案。——译者注

的意见,然后自己做出决定。领导者积极与下属协商。

4. **团队咨询**:领导者与下属作为一个团体进行互动,分享关于问题的信息,征求意见,听取团体的意见,然后自己做出决定。使用这个程序过程中,当下属作为一个团体提供信息时,即使领导者是独自做出决定,与他们协商的深度也会增加。

5. **团体决策**:领导者与下属作为一个团体进行互动,分享关于问题的信息,征求意见,听取团体的意见,然后寻求在决策上达成共识。因此,团队决策是由领导者和下属做出的。

弗罗姆—耶顿模型解决了两个基本假设:(1)下属的影响力越大,他们执行决策的动力就越大;(2)当决策接受度不高时,跟随者的参与会增加决策接受度(Yukl,2012)。该模型被认为是参与式组织决策管理中最著名的模型(Hoy & Tarter,2007)。

弗罗姆—加戈模型

弗罗姆和加戈(1988)修订了弗罗姆—耶顿模型,增加了时间维度和下属开发维度。参与式决策非常耗时,领导者必须考虑及时做出决策的重要性。修正后的模型将这些准则作为确定最优决策程序时需要考虑的关键因素。

1. 如果需要快速做出决定,那么选择参与式风格可能会适得其反。

2. 如果下属具有参与决策过程所必需的技能和属性,那么,在某些条件下,应该邀请他们,特别是在没有必要立即做出决策的情况下,下属的参与可以提高决策质量和接受度。

即使使用这两种模型,参与式决策所固有的挑战也是复杂的。尽管在研究中,它被描述为少数几种领导者可以用来提高士气和生产力的方法之一,但它的使用在组织的其他领域也会产生问题。关于使用参与式方式的两个主要问题是:(1)设计一个下属能够有效运作的系统;(2)领导者担心如果下属被允许过于频繁地参与,他们会滥用特权(Bolman & Deal,2013)。尽管存在这些问题,领导者必须首先关注决策质量和接受度,而下属的参与是这些领域中的一个因素。在下一节中,我们将讨论这些因素及其对决策过程的影响。

决策质量和接受度

质量和接受度变量共同影响团队绩效(Maier,1963)。决策的质量要考虑到影响团队绩效的决策的客观方面,这些客观方面的考虑是在决策接受度所带来的任何影响之外的。使用团队过程取决于团队成员的贡献以及他们有效沟通的能力、良好的判断力、准确地评估所关注的问题和焦点的能力。

决策的质量还涉及团队成员的专业知识——团队成员能够在多大程度上为选择高质量备选方案做出贡献(Maier,1963)。在某些情况下,被分配到团队的个人没有做出贡献的专业知识;在其他情况下,不邀请具有所需专业知识的个人作为团队成员参加,这两种情况都有可能对学校决策的质量产生负面影响。图 6.4 中显示了该理念的图解:

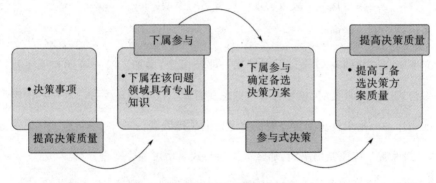

图 6.4　提高决策质量

来源:Based on Yukl(2012).

决策接受度是指下属承诺以有效的方式执行决策的程度(Maier,1963)。在某些情况下,领导者所做的决策被下属所接受,仅仅是因为这些决策对他们有益,或者因为他们认可领导者在做出决策时所使用的方法。在其他情况下,下属拒绝接受一个决定,因为它是以独断的方式做出的。在这种情况下,决策质量也是如此。学校的决策可能会受到这些因素的负面影响。

为了进一步解决这些问题,我们将讨论领导者在决定下属是否参与决策过程时广泛接受的二维方法。首先,领导者确定下属是否具有为找到问题的合适解决方案做出贡献所需的专业知识,其次,领导者确定问题是否属于下属的关注范围(Yukl,2012)。

参与者的专业知识

在学校里,员工必须完成各种各样的任务。有些任务很复杂,需要个人和/或团体有相当多的训练或经验。要想取得成效,领导者必须了解教职员工的技能和属性,并谨慎地选择个人独立完成任务或扮演团队成员的角色。为了更深入地理解这种情况,请查看教育领导者专业标准6。

如果被分配任务或被要求成为团队成员的教职员工没有完成任务或不具备为团队讨论做出贡献所需的专业知识,对主题缺乏兴趣,或与团队其他成员有冲突的职能,则决策质量可能会低于预期(Maier,1963)。相反,如果一个人对执行一项任务感兴趣,并且具备所需的专业知识,而领导者却没有发现这个人可以独立工作或作为团队的一员,那么就失去了宝贵的资源。此外,这个人可能会失去对领导者的尊重。

参加者的关注范围

该等式的第二部分是关注区域,它表示关注者将在多大程度上受到决策的影响和/或期望执行决策。当下属受到该决定的影响和/或预期参与执行过程时,该决定就在他们关注或感兴趣的范围内。如果一个决定在下属关注的范围内,而他们被排除在这个过程之外,他们很可能会感到不被赏识,并对学校领导者感到不满。

相反,当决策不在关注的范围内时,下属不太可能有很高的积极性参与决策过程。因此,让他们参与不太可能提高决策的质量或接受度。图6.4中显示了决策质量的图形视图。学校领导者要记住的关键点是,参与决策过程的下属应该对决策的结果有利害关系,或者能够对决策的质量做出贡献(Bridges,1967)。

团体决策技术

辩证探究法、名义群体法①、德尔菲法、头脑风暴法、鱼骨图(因果图)、帕累托图是

---

① 名义群体法(Nominal Group Technique,NGT),又称NGT法、名义团体技术、名目团体技术、名义群体技术、名义小组法,由安德鲁·范德文教授和A. L. 安德烈·德尔贝克教授在1968年开发的,名义群体法是指在决策过程中对群体成员的讨论或人际沟通加以限制,但群体成员是独立思考的。象召开传统会议一样,群体成员都出席会议,但群体成员首先进行个体决策。名义小组法适用于决策环境复杂,要通过个人偏好的汇总来进行小组的决策。它是一种主要适合于小型决策小组的方法。——译者注

最流行的群体决策技术之一。巴尔杰(1994)、戈顿(1987)、尤克尔(2012)的报告发现，使用这些技术可以非常有效地从群体成员中产生想法，从而增强参与式决策的效果。

辩证探究法

辩证探究法最适合于解决两种完全不同、完全相反的方法所引起的复杂问题。领导者可以在对立小组的直接参与下使用该技术，也可以选择独立于对立小组使用该技术。虽然这种方法已经被证明是有效的，但是缺乏团队凝聚力可能是一个消极的方面(Yukl,2012)。然而，这是一个值得考虑的技术。巴尔杰(1994)总结这项技术的特点如下：

1. 所有关于特定问题或事件的可用信息都由领导者收集并提交给两个小组。每一组的构成都尽可能是同质的，但是每一组又尽可能不同。

2. 这些小组分别开会，分析信息，并按照对小组的重要性列出假设列表。这些假设被写下来并提交给相反的一组。然后，小组开会讨论他们的论点和/或建议的优点。辩论结束后，每个小组向领导者提交一份修改后的提案。提案应以书面形式提出，包括所有相关信息、假设和关键事实。

3. 领导者审阅小组提供的信息，寻找与论点相反或否定论点的观点和立场。领导者还要寻找与步骤2中提出的建议相反的建议，以及在哪些情况下原始分析可能出错或存在疑问，这样就确定了原始分析的对立面观点。

4. 领导者比较步骤2和步骤3中构建的两个列表，并对相互竞争的假设进行系统评判，并检验这两组假设的有效性。最后，与这两个分析一致的假设列表得以确定，这两种相互竞争的立场得到了综合。

5. 在其余假设的基础上，领导者可以制定一套建议。

对于可以应用此技术的实际情况，请你回顾场景9，即"请求的更改"。这个场景包含了对学校领导者的一个挑战，可以用这种技术来解决这个问题。

名义群体法

使用名义群体法时，需要遵循六个步骤。领导者通过让小组成员在不参与讨论的情况下将他们的想法写在纸片上来产生想法。为此,任务要分配几分钟时间,5—10分钟后,每个成员以轮流的形式提交想法。当有人提出建议时,他们会写在白板或活动挂图上。在提交想法期间,不允许评论或讨论意见,成员如果没有其他想法则可以略过,这一过程一直持续到所有的想法都被提出来。在所有的想法都发布出来之后,领导者会查看列表,通过询问问题、澄清观点、同意或不同意关于这些想法与问题的相关性说明来对每个想法开展讨论。小组完成后,可以通过初步投票的方式将想法组合起来,对合并后的想法进行额外的讨论,最终进行投票(Delbecq,Gustafsen,& Van de Ven,1986)。

德尔菲法

德尔菲法是兰德公司的研究人员在1969年开发的,事实证明,当需要大量人员就某个问题提供内行意见时,这是非常有效的(Dalkey,1969)。这是一个产生想法并允许个体对项目建议做出反应或提出与项目有关的问题的过程,个体能够思考复杂的问题,提交高质量的想法,而不受地位高的个体的影响。这项技术包括以下五个步骤:

1. 领导者明确了个人和/或团队应该对哪些问题、决策做出反应。

2. 领导者确定那些在决策过程中具有宝贵意见、判断或专业知识的个人和/或团体。

3. 领导者使用书面形式(通常是问卷)询问已确定的个人和/或团体的回答。

4. 汇总结果并重新分发给个人和/或群体,要求他们审查结果并说明对其初步答复的任何修改。

5. 重复第4步,直到对问题或决定达成合理的共识(Gorton,1987)。

这是一种很好的技术,可用于获取新的教学计划的课程理念。它允许大量教师投入,他们对新方案产生高质量的想法并把它当成自己的事情,这一过程利用了外部专业人员的专业知识并获得了中心行政部门的认可。

头脑风暴

头脑风暴是一种用来鼓励小组成员通过自发地提出任何想法为寻找问题的解决方案做出贡献的技术(Osborn,1979)。当有人提出建议时,他们会写在白板或活动挂图上。有效头脑风暴的规则不允许任何正面或负面的评价意见、皱眉、抱怨、叹息或手势,所有的想法都被接受,价值判断被推迟。在所有的想法都被列出之后,鼓励小组成员进行整合或提出改进建议。

鱼骨图(因果关系)

学校学生成绩不佳的原因有很多,它的发生可能是由于不准确的材料、缺乏时间完成任务、不适当的教学策略、不发达的教学技能,或许多其他原因。因此,想要改进教学以满足所有学生需要的学校领导者必须设法找出成绩不佳的原因。鱼骨图是学校领导者用来确定学校成绩不佳原因的一种方法。

使用前期确定的主要类别,可以确定并选择最有可能的原因进行深入分析。在分析过程中,团队可以搜索数据以确定没有满足既定期望的事项。计划有它的目的并以特定的方式实现,由此问题就变成了"这个计划是否达到了它的既定目标?""它是按照设计的方式执行的吗?"教师需要特定的技能来教授特定的科目,因此,另一个可能被提出的问题是,"教师是否具备教授指定科目所需的技能?"这类问题告诉我们,为什么学校成绩不佳,我们需要寻找一个答案。

该过程的步骤如下:

1. 找一块活动挂图或白板。

2. 使用前面提到的头脑风暴技术来确定问题的可能原因。

3. 在纸或白板的右边写下主要类别(例如教学策略、教材、教学技巧、任务时间)。

4. 在适当的类别下列出团队头脑风暴的想法。

5. 然后,找出出现频率最高的原因。

6. 与团队合作,就问题的根本原因达成共识。

7. 搜索数据以确定不同原因的频率。

帕累托图

在学校里,领导者经常发现有必要对项目进行优先排序,因为所有的项目不能同时进行。这就是第三章的情况,弗罗斯特小学的校长斯特林博士必须选择对教师来说最具挑战性的问题领域。为了明确她的决定,她做了一个帕累托图。

帕累托图是一个竖线图,用于确定事件、问题和/或活动的排列顺序。斯特林博士当时正在解决弗罗斯特小学面临的挑战,她使用了帕累托图,认为最大的挑战是纪律。构建一个帕累托图是一项直接的工作,它是一个数据收集工具,可以将教师的注意力引向有助于实现目标的领域。在实践中,它是一个强大的工具,可以用来确定学校改进的关键领域。以下步骤概述其发展过程:

1. 学校领导者召开教职员工会议,要求教职员工集体讨论具有挑战性的学校项目领域。

2. 通过分析,他或她有助于识别测量单位(频率)。

3. 建立数据收集期间的时间周期。例如,收集 2008 年 9 月至 2011 年 6 月期间的数据。

4. 收集每个头脑风暴区域的数据。

5. 教职员工比较不同类别的频率大小。

6. 不同类别以条形图格式(按出现频率的多少也即影响程度的大小——译者)从左到右列出。

7. 确定表示教师的偏好的最高值(由此确定学校改进的重点——译者)。

总之,毫无疑问,在决策过程中使用团队有很多优势。团队倾向于产生更多的想法并做出更高质量的决策。与他人合作往往会使成员表现得更好,他们得到支持和鼓励,并倾向于更彻底地考虑备选方案。他们对问题有了更深刻的理解,并对决策有了自主权,意识到他们将不得不接受结果。然而,应该注意的是,在任何团队技术的实施中,领导者或推动者必须擅长与人合作。精通教育领导者专业标准 7 的要素将极大地有助于这些理念的实现。

阻碍决策有效性的障碍和陷阱

尽管独断式决策和参与式决策都有许多优点,但也存在一些障碍和陷阱,这些障碍和陷阱妨碍着决策的有效性,或者在使用这两种过程之一时导致决策有缺陷。值得注意的一些障碍和陷阱是趋同思维、过度使用团体和过程公平。

趋同思维①

趋同思维有时会成为一种障碍，因为有时群体凝聚力太强，为了保持群体的完整性，成员们会抵制挑战。由于成员不想冒险破坏团队的稳定，因此有时无法提供可能提高决策质量的信息，从而扼杀了创造力。

过度使用团体

领导者还必须防止决策过程中涉及太多的人。一些领导者有很多委员会在运作，他们把大部分时间花在委员会会议上。让个体参与本应由领导者做出的决策过程，与在需要个体参与决策的情况下不让他们参与一样，都可能带来问题，这构成了糟糕的领导者。

过程公平

在决策过程中，过程公平是领导者应该关注的另一个问题。在许多情况下，学校教职员工会喜欢校长或其他人做出的决定但不喜欢做决定的过程。对许多人来说，做决定的过程是他们最关心的问题。人们希望有自己的发言权，他们希望自己有机会参与这个过程，即使他们的观点被拒绝。当教师对这个过程不满意时，他们的态度可能会受到影响，从而对学校的成功产生负面影响（Kim & Mauborgne，1997）。

没有过程公平，学校的目标很难实现。当教师不相信这个过程时，他们可能只看到问题的消极一面。基姆和莫博涅（1997，P. 69）提出了三个值得学校领导者考虑的公平程序原则。

1. 参与。个体参与到影响他们的决策中，领导者征求他们的意见，并允许他们反驳或宣扬彼此观点和假设的优点。

2. 解释。每一个参与和受影响的人都应该理解为什么要做出这一决定。

3. 期望清晰。一旦做出决定，领导者就会清楚地说明新的操作程序。

不论个体在学区的角色或在教职员工中的职位如何，他们都希望因他们为组织带来的专业知识而受到尊重和赞赏。个体希望他们的想法和意见得到认真的考虑，并且

---

①趋同思维也称为团体迷思，即团体在决策过程中，由于成员倾向让自己的观点与团体一致，因而令整个团体缺乏不同的思考角度，不能进行客观分析。——译者注

他们希望理解所做决定背后的原因。

避免隐藏的陷阱

领导者也应该意识到决策中隐藏的陷阱。决策往往是有缺陷的,因为隐藏的陷阱妨碍了有效性。根据哈蒙德、基尼和莱法(1998,pp. 47 – 58)的研究,领导者在试图防范错误决策时可能会考虑的八个陷阱如下:

1. 现状。我们都有偏见,这些偏见影响我们做出的选择。"现状陷阱"的根源在于我们的内心深处,在于我们想要保护自己不受伤害的欲望。

2. 沉没成本。我们做出的选择证明了过去的选择是正确的,即使过去的选择不再有效。

3. 事实证据。我们寻找支持我们现有直觉或观点的信息,同时避免与之相矛盾的信息。

4. 框架。我们可以使用不同的参考框架来评估一个问题。当使用不同的参照系时,同样的问题会引起非常不同的反应,一个框架不完善的问题甚至会破坏经过深思熟虑的决定。

5. 估计和预测。我们经常得不到关于我们的估计和预测的准确性的明确反馈。

6. 审慎。当我们面临高风险的决定时,我们倾向于调整我们的估计以确保安全。

7. 顽固性。我们经常把对未来事件的预测建立在对过去事件的记忆之上,我们可能会受到那些给我们留下深刻印象的戏剧性事件的过度影响。

8. 过分自信。我们往往对自己的估计过于自信。这可能导致判断失误,进而作出糟糕的决定。

领导当今的学校

今天对教育系统的要求正对教育领导者施加压力,要求他们成为有效的决策者,并以一种能够改善教学和促进所有学生成功的方式传达这些决定(NPBEA,2015)。防范趋同思维,只有在适当的时候才使用群体,确保公平的做法并防范隐藏的陷阱,才能极大地提高学校的决策质量和接受度。在以专业标准所要求的方式做出和沟通决策时,领导者必须考虑许多因素。他们需要了解他们所服务的学校和社区的价值观和文化,确定适当的决策模型,并按照专业道德准则行事。他们的主要目标需要所有利益相关者的参与,以产生反映共同利益的决策(PSEL 9)。为了使这种可能性成为现实,学校领导者有必要发展对自我和他人的理解,充分接受这一维度将使学校领导者了解他们自己的优势和弱点以及教职员工的优势和弱点,然后,当需要做决定的问题浮出水面时,教职员工可以积极参与其中,正是通过这个过程,才能提高决策质量和接受度。

为了更深入地理解本章的内容以及它与实际学校情况的关系,你可以在以下两个场景中分析个人和团体的行为。当在场景中做出决策时,你将需要确定领导者是否以正直、公平和道德的方式行事。

相关场景

本章的场景从三个不同的角度进行决策:(1)制定和遵循政策,以便在安全的环境中为所有学生提供成功的教育;(2)诚信行事,重视多元化,并在决策过程中引入道德原则,确保所有学生都能成功;(3)与所有利益相关者进行有效沟通,确保高质量决策得到制定和接受。你会看到两个风格不同的领导者做出不同的决定,所有这些都对学校的环境和学生的学习有一定的影响。此外,你还可以分析这些场景中的活动,因为它们与专业标准相关。应该特别注意沟通和决策之间的联系,以及每一个过程如何对另一个过程产生消极影响。

在场景 9 中,校长面临着关于教学计划的决策。他刚到学校不久,对社区的政治、社会、经济和文化背景不是很了解,然而,他被要求做出的决定将会影响学生、教师、学校的组织结构,因此,在对问题做出反应并做出高质量决策时,他需要以专业标准 2、3 和 10 为指导。

在场景 10 中,尊重已有工作的需要对校长提出了挑战,因为他必须对将来要完成的工作做出决定,以免学生纪律的状况影响到学校的学习环境。校长所面临的挑战之一是既要承担学校运作的责任又要对他人的工作表示赞赏。他还面临着接受这样一种观点的挑战,即他的教职员工可以受到激励并有更高水平的表现。

场景 9
请求的改变

标准 2

有效的教育领导者应按照道德规范和专业规范行事,以促进每个学生的学业成功和幸福。

标准 3

有效的教育领导者应致力于争取教育机会公平和做出文化响应,以促进每个学生的学业成功和幸福。

标准 10

有效的教育领导者将自己定位为学校持续发展的代理人,以促进每个学生的学业成功和幸福。

　　罗伯特·米勒最近被任命为春景小学校长(7 月 1 日)。因为春景学校有一项开放的招生政策,学校有 800 名来自全市的学生。学校里每个人似乎都对教职员工的种族构成感到满意,90% 是白人,10% 是非洲裔美国人。他们还对学生的种族构成感到满意,其中 90% 是白人,8% 是非洲裔美国人,2% 是亚裔美国人。米勒先生是第二任校长,威廉姆斯是该校前任校长,10 年前创办了这所学校,在他独断式的领导和严格控制下,这所学校成为春景学区的骄傲。

　　在学校的第二周,米勒先生看了看日历,发现他和一群来自城市东部的学生父母有个见面会,那里通常被称为"城市的贵族区"。他还计划与来自莱克希尔斯的一群家长见面,莱克希尔斯是该市最近开发的一个地区,少数族裔首次购房者大量涌入这里。

　　米勒先生想知道为什么这两组人要开会,"也许是欢迎我来学校。"他一边说,一边让秘书把第一批家长领进办公室。第一次会议上几乎没说什么,事实上,家长们欢迎米勒先生来学校,并建议他可以依靠他们的支持。然而,他们有一个要求,那就是在学校建立能力分组①。他们给出了想要改变的许多理由,然而,主要的理由是教学时间。

――――――――――

　　①能力分组是指按能力或智商水平编班(组)的方法。与按知识程度编班(组)同属同质分组。能力分组起源于美国,是小学班级编制的一种方法。它是根据智力测验和教育测验,把同一班级的学生分为"优"、"中"、"劣"等组,以不同的进度学习同一样的课程,按能力(成绩)升降,每年调整一次。――译者注

他们的论点是,迟钝的孩子占用了大部分的教学时间,没有足够的时间来挑战有天赋的学生。会议结束时,米勒先生说他将考虑这一要求并在几天内给他们答复。

在第二个会议上,米勒先生遇到了完全不同的情况:没有直接的要求,家长们欢迎他来学校,并说他们对孩子们接受的教育感到非常高兴。他们还表示,他们将提供他需要的任何帮助并希望教学计划不会有重大变化,会议结束时,大家都很满意。

反思性思考

领导行为的关键方面

- 需要有效地建立共识和谈判技巧。

- 必须利用信息源、数据收集和分析策略。

- 必须考虑到社区的所有成员。

- 必须考虑到有效教学的原则。

- 必须考虑到多样性及其对教育项目的意义以及它给学校社区带来的好处。

- 必须理解和利用系统、组织和个人的变更过程。

- 学生学习必须被视为学校教育的基本目的。

- 道德准则必须体现在决策过程中。

- 重点必须放在一个有爱心的社区的发展上。

- 法律和程序必须得到公正、明智和深思熟虑的应用。

- 必须考虑影响学校的政治、社会、文化、经济制度和进程。

- 必须用法律制度来保护学生的权利。

- 必须不断与不同社区团体的代表进行对话。

教育领导者专业标准2的要素

有效的领导者需要做到:

A. 在个人行为、与他人的关系、决策、学校资源的管理以及学校领导的所有方面,以合乎道德准则和专业规范的方式行事。

B. 提倡并依据正直、公平、透明、信任、协作、坚持不懈、学习和持续改进等专业规范行事。

C. 以学生为教育的中心，对每个学生的学业成功和幸福负责。

D. 维护和促进民主、个人自由和责任、公平、社会公正、共同体和多样性等价值观。

E. 具有良好的人际关系和沟通技巧，具有社会情感洞察力，了解所有学生和员工的背景和文化。

F. 为学校提供道德指导，在教职员工中提倡符合行为道德和专业规范的言行举止。

教育领导者专业标准3的要素

有效的领导者需要做到：

A. 确保每个学生都得到公平和尊重，并理解每个学生的文化和背景。

C. 确保每个学生都能公平地获得有效的教师、学习机会、学业和社会支持以及成功所需的其他资源。

E. 正视并纠正一些制度偏差，比如学生边缘化、学校赤字运转，以及与种族、阶层、文化和语言、性别和性取向、残障或特殊身份有关的低期待问题。

F. 推动学生为在全球化社会的多元文化背景下生活，并为这个社会做出贡献做好准备。

G. 在交际互动、决策制订和实践活动中表现出文化胜任力和文化响应。

H. 在领导的各个层面处理好公平和文化响应问题。

教育领导者专业标准10的要素

有效的领导者需要做到：

A. 努力使学校对每一个学生、教师、员工、家庭和社区都产生更大效能。

C. 使学校和社区为学校改进做好准备，提升成熟度，这是为改进所必需的，互相渗透义务和责任，发展成功所需要的知识、技能和动机。

H. 采用一种系统的视角，促进学校改进工作以及学校管理、计划、服务等一切方面的一致性。

I. 以勇气和毅力管理各种不确定性、风险、竞争性举措和政策变动,提供支持和鼓励,就为发展需要做出什么努力、过程是什么、结果是什么进行公开讨论。

反思性问题和场景分析

1. 在这种情况下,主要的问题是什么? 米勒校长可能需要什么资料以显示对学校社会多元化的欣赏和敏感度?

2. 在让家庭和其他社区利益相关者参与选择备选方案时,米勒校长可以使用哪些决策方法来确保决策的质量?

3. 如果有的话,米勒校长应该采取什么行动来证明他是一个待人公平、公正、大度和尊重他人的教育领导者? 证明你的立场。

4. 你建议米勒校长采用什么信息来源、数据收集及分析策略,以确保决策的质量及接受度。

5. 米勒校长应采取什么行动,以确保所选择的课程会顾及有效教学的原则,并将影响基于研究、教师的专业知识和知识型社会特点的课程的实施?

解决关键问题

厘清形势

米勒校长面临着关于教学计划的决策问题。他刚到学校不久,对社区的政治、社会、经济和文化背景不是很了解,有关这些领域的信息将极大地有助于选择一个备选的决策办法,然而,即使没有足够的信息,也必须做出决定,要记住这个决定会影响到学生、教师和学校的组织结构。考虑到这一点,米勒校长必须选择一个决策模型,用于对问题做出响应,并做出一个利益相关者能够接受的高质量决策。在本章前面介绍的六个模型中,有三个值得考虑,两个不实用,一个不应该考虑。

选择决策方法

米勒先生面临的挑战是选择一种方法来确定解决能力分组这一复杂问题的备选方案。显然,选择决策模型是这一过程的重要组成部分,因为它将确定信息源、数据收集技术和数据分析策略,从而为选择备选方案提供信息。

鉴于决策过程的结果将对许多个人和团体以及学校的教学计划产生影响,米勒先生在寻求解决方案时应尽可能理性,并牢记"将孩子置于教育的中心"(PSEL 2 C)。

行政管理模型是米勒先生考虑的合适模型。使用此模型,他可以继续执行一系列步骤,并从竞争的请求中进行选择,然而,确定所选择的备选方案能否产生预期的结果是另一个问题。由于学校中人的动态的本质,学校领导者不能总是确定实施一个选定的方案会产生预期的结果。不确定性的程度用风险来表示,随着难度的增加,选择最佳备选方案所涉及的风险也会增加。

风险的程度可以通过获得关于所选备选方案产生预期结果的概率信息来控制(Amit & Wernerfelt,1990)。因此,考虑到围绕能力分组问题的复杂性和米勒先生信息库的空缺,为了管理风险因素,他可能会考虑使用非理性渐进模型进行决策。他可以与教职员工和其他人合作,为学校确立教学目标。在选择备选方案之前,他可以回到围绕能力分组的问题上,以确定该决策是否会加快目标实现。

混合扫描模型似乎也适合米勒先生。使用这个模型,他可以回顾学校的使命,确定能力分组是否与使命一致,并选择反映使命的备选方案。选择这一特定备选方案的理由可能是学校的使命,因为领导者在为学校服务时建设性和富有成效地利用其办公室的影响力是很重要的。

米勒先生不应该考虑政治模式。由于米勒先生对第一组家长的动机和权力基础以及他们的请求对教学和学习的潜在影响缺乏确定性,他可能会做出一个政治决定,以损害所有学生教育质量的方式制定政策。"有效的领导者在个人行为、与他人的关系、决策、管理学校资源以及学校领导的所有方面,都以合乎道德规范和专业的方式行事。"(PSEL 2A)。在缺乏这些知识的情况下,做出政治决定似乎是不明智的。

很明显,选择一个模型用于达成一个将被所有利益相关者接受的高质量决策将涉及许多因素,并且米勒先生需要深思熟虑。他所面临的挑战可以概括如下:(1)他作为新校长的地位,(2)问题的复杂性,(3)没有足够的信息做出独断式决策,(4)对团体的动机和权力的不确定性,(5)所做的决定是在教职员工关心的范围内。由于这些因素,他不太可能在完全理性的基础上做出决策,而问题的波动性太大也不可能冒险进行随机决策。因此,他将不得不诉诸某种形式的满意原则,他的关注必然会成为获取和处理所有相关信息以确保决策质量的问题之一,管理模型似乎最适合于此目的。

选择决策风格

除了选择用于确定备选方案的方法外,米勒先生还必须决定是独立做出决定,还是邀请教职员工和/或其他利益相关方提供帮助。下列事实应会影响这一决定。

为了对两组家长的要求做出选择,米勒先生需要从学校内外的各种来源获得资料。此外,他还需要了解所选择的备选方案将如何影响其他个人和团体,以及学校的长期教学计划。考虑到这些因素并考虑到他的职位性质,他需要管理他所承担的风险。在某种程度上,他可以通过邀请其他个人和/或团体加入这个过程来管理风险。通过这样做,他可以获得有关问题的相关信息,同时包含将受到该决定影响的个人。认识到这些事实,尤克尔(Yukl)(2012)所提倡的协商或联合决策风格似乎最适合米勒先生。使用这两种风格中的任何一种都可能提高他的决策质量和可接受度。为了更深入地理解为什么会出现这种情况,我们将回顾这个问题的复杂性。

问题的复杂性

几十年来,研究人员一直在努力寻找有关能力分组的问题的答案。对于每一个得出结论认为分组是有帮助的评价者来说,都会有另一个评价者认为分组是有害的。根据能力分组的学校倾向于使用两种基本方法:(1)学生根据班级之间相似的特征分组,通常称为追踪①;(2)学生根据评估进行能力分组(Parkay,2015)。在小学课堂上,经常使用课堂内能力分组来指导阅读和数学。经历过这类分组的学生将根据成绩分配到班级,这通常由标准化考试分数确定。在高中进行能力分组的学校领导者会根据学生毕业后的目标来分配班级,相应班级的课程大概包括大学预科课程、职业课程和商业教育课程领域(Parkay,2015)。

---

①分组通常发生在小学,指教师在一个班级内对学生进行能力分组;而"追踪"则是更为大型、更为制度化的一种把学生分到不同班级的形式,根据学生之前的成绩把他们编入不同水平的班级,通常在初、高中比较盛行。参见胡苗苗:《最新研究成果表明:美国小学能力分组再度盛行》,《中国教育报》,2013年3月29日第2版。——译者注

在大多数情况下,班级之间的能力分组并不能带来更大的成就(Good & Brophy,2007)。但无论如何,能力分组使教师能够更好地满足不同学生群体的需求。但反过来,消极的期望可能会从这样的群体标签中衍生出来,因为一些学生可能倾向于觉得自己学习能力不足、低能和/或能力有限(Parkay,2015)。

从前面的讨论中,很容易看出能力分组是一个复杂而有争议的话题,它从学校延伸到了社区。由于这一问题的复杂性质,应该客观地探讨这两类父母所关心的问题。如果学生的能力和成就之间存在明显的差异,就像一组家长所认为的那样,应该设计一些项目来解决这些差异。尽管如此,能力分组可能不是最有效的教学方法。出于这些和其他原因,很明显,领导者不应该使用独断风格做出决策,在该领域具有专门知识的其他人可以对决策的质量做出重大贡献。

弗罗姆—耶顿模型为这一观点提供了理论依据。在回顾模型时,有几个因素表明模型的规则3适用于米勒先生的情况。这些因素包括对教师专业知识的需求、教师兴趣的高概率、教师受决策影响的程度以及教师参与决策执行过程的确定性,这些因素将这个问题置于教师的关注范围,并提供了他们应该参与决策过程的论据。

总之,关于能力分组的决定超越了单纯的课堂本身,它也扩散到学校社区,然而,其实施的最终责任在于课堂教师。米勒先生的主要职责是全校范围内的教学,而教师(除了新的教师领导者角色之外)则把他们的时间和精力专门用于教学和学习过程。很明显,教师在能力分组方面具有专业知识,决策的最终结果将极大地影响他们和他们所教的学生。因此,能力分组是教师所关心的问题,建议米勒先生让他们参与决策过程。

米勒先生还必须关注父母双方在这个问题上的参与,因为每个小组都应有机会提出自己的观点。教育领导者"为了学生的利益,与家庭和社区建立并维持积极、合作和富有成效的关系"是很重要的(PSEL 8B)。因此,他应该选择并利用一种团体决策技术,使父母群体以及其他个人和群体的意见能够得到听取。这样一来,问题的两面都将呈现出来,辩证探究技巧将有助于分析这一结果。

在这一标准、能力和问责措施时期,参与性决策越来越受到讨论。因此,我们的讨论是通过对"保留学生奖励计划"这一场景的分析来展开的。

场景 10
保留学生奖励计划

标准 2
有效的教育领导者应按照道德规范和专业规范行事,以促进每个学生的学业成功和幸福。

标准 3
有效的教育领导者应致力于争取教育机会公平和做出文化响应,以促进每个学生的学业成功和幸福。

奥弗菲尔德高中是一所规模较大的9—12年级的城市高中,拥有3000名学生。在过去的六年里,学校经历了纪律问题的不断增加、学生成绩和出勤率的下降,至少有两名学生因在校携带武器而被开除。为了改变这一趋势,校长和教职员工承诺实施一项学生奖励计划。该项目已经运行了四年,在计划的前两年,纪律问题减少了,出勤率增加了,教师对学生的课堂表现很满意。然而,后两年的计划有了很大的不同,纪律问题不断增加,出勤率下降了两个百分点,琼斯校长注意到教师们对该项目的热情有所减退。事实上,最初的15名教师充满活力和热情,他们提出了这个项目,并影响了全体教职员工和学生群体,使他们接受了这个项目,现在这个团队已经缩减到五名超负荷工作的员工。琼斯校长意识到必须做点什么,否则这个项目就会分崩离析,所有最初的努力就会付诸东流。因此,他在春天早些时候安排了一系列的会议来具体审查这个项目。

在春季评估期间,教师们表达了他们的担忧,担心学生们对与该项目相关的奖励失去了兴趣。教师们还报告了一些学生抱怨无聊的例子——太多的时间一动不动地坐着,"老旧的奖品",以及过于严格的出勤准则。关于他们的参与,教师们表达了他们对一些学生在大会项目期间的行为以及项目指导方针需要改变的担忧。从积极的方面来看,教师们报告说,学生们对使用实地考察、特殊活动的门票、舞蹈和食物作为奖励表示高兴。在审查结束时,确定学生奖励计划是一个很好的项目,只是需要重新焕发活力。

一旦教职员工们认识到他们需要修改项目的哪些方面,他们就在五次不同的会议上花费很多时间来形成和评估想法,并确定项目可能的变化。第五次会议后,琼斯校长看着疲惫不堪的全体教职员工说:"你们做得很好,我将采纳你们所有的建议,并将它们汇编成册,并在六月份寄给你们审阅。我们将于八月底开会讨论并确定明年的计划。"教师们似乎充满了活力,每个人离开学校时都有一种成就感,并对新学年的前景表示满意。

反思性思考

领导行为的关键方面

- 需要了解多元社会的学习者目标,以及信息来源、数据收集和数据分析策略。

- 有效的沟通、建立共识和使用谈判技巧是关键的组成部分。

- 学校愿景的核心信念需要为所有利益相关者建立模型。

- 必须应用有效的指导原则,以及改变系统和组织的过程。

- 所有人都必须受到公平、有尊严和受尊重的对待。

- 决策必须从加强教学和学习出发制订决策。

- 利益相关者需要参与决策。

- 必须尊重多样化社区的价值。

- 必须将道德原则纳入决策过程。

- 校长须展示专业道德守则。

- 必须不断与来自不同社区的代表进行对话,必须承认各种各样的思想、价值观念和文化。

教育领导者专业标准 2 的要素

有效的领导者需要做到:

A. 在个人行为、与他人的关系、决策、学校资源的管理以及学校领导的所有方面,都以合乎道德准则和专业规范的方式行事。

B. 提倡并依据正直、公平、透明、信任、协作、坚持不懈、学习和持续改进等专业规范行事。

C. 以儿童为教育的中心,对每个学生的学业成功和幸福负责。

D. 维护和促进民主、个人自由和责任、公平、社会公正、共同体和多样性等价值观。

E. 具有良好的人际关系和沟通技巧,具有社会情绪的洞察力,了解所有学生和员工的背景和文化。

F. 为学校提供道德指导,在教职员工中提倡符合行为道德和专业规范的言行举止。

教育领导者专业标准3的要素

有效的领导者需要做到:

A. 确保每个学生都得到公平和尊重,并理解每个学生的文化和背景。

C. 确保每个学生都能公平地获得有效的教师、学习机会、学业和社会支持以及成功所需的其他资源。

D. 制订学生行为准则,以正面、公平、公正的方式处理学生不端行为。

H. 在领导的各个层面处理好公平和文化响应问题。

反思性问题和场景分析

1. 学生奖励计划需要注意/修改的一些早期指标是什么?

2. 为了减少问题升级到需要进行春季评估的水平的可能性,原本可以做出哪些早期决定?

3. 如果春季评估前确实存在员工士气低落的情况,那么哪些领导行为可能会提高员工在春季评估结束时的满意度?

4. 在这个场景中,您能否引用一些段落来作为决策过程中包含道德原则的证据?

5. 琼斯校长的倾向对他处理这种情况的努力有什么影响?引用场景中的段落来支持你的回答。

6. 举例说明,教师的参与提高了决策的质量和接受度。

解决关键问题

影响奥弗菲尔德高中决策的因素

当我们考虑到奥弗菲尔德高中社会系统的动态和内部运作时,很明显,琼斯校长做出的任何决定都会受到全体教职员工的关注。很明显,教职员工有专业知识来协助他做出可接受的决定。因此,表6.1所示的联合决策方法是合适的选择。如果他做了一个独断式的决定,他的决定可能会遭到强烈的抵制。纪律是教职员工所关心的领域,在这种情况下,由于他们过去的参与,继续参与是必要的,仅仅从教师那里了解现有项目的优点是不够的。在这种情况下,教职员工要尊重向他们咨询并鼓励他们参与提出解决问题的想法的校长。这很重要,因为校长和教师之间的关系可以增进学校改进的潜力(Barth,1990)。

使用团体决策技术

为了解决奥弗菲尔德高中的纪律、成绩和出勤问题,琼斯校长采用了名义群体法。他向教职员工征求关于解决办法的建议,并给他们一个提出建议的机会。全体教职员工都有机会发表意见,教职员工花了几个小时思考并把它们写下来,所有的想法都提交了,校长收集了这些想法,打算进行汇集和做出决定。

也可以用一种更正式的方法来使用这项技术,在春季评估期间,他可以给教师们一个机会来思考这些问题,在纸上写下建议,然后把它们贴在白板上,便条纸很适合这种类型的活动。在所有的想法都发布出来之后,他可以对每个想法进行讨论,剔除那些教职员工认为不值得保留的想法。从其余的建议中,可以选择一个备选方案。

在奥弗菲尔德高中避免障碍和陷阱

在奥弗菲尔德高中,校长避免了一个决策陷阱。许多教职员工参与了学生奖励计划的建立,这些教职员工表现出创造力和解决学校面临的挑战的兴趣。校长不允许程序的无效性对创建者产生负面影响,如果发生这种情况,很可能会扼杀教师的创造力,而教师今后解决全校问题的努力也会受到负面影响。此外,校长还对程序进行了评估,如果没有某种类型的项目评估,校长就很难确定失败的原因。

校长让原来制定学生奖励计划那群人参与进来则避免了另一个陷阱。如果邀请其他教职员工为项目提供领导可能会让最初的教师团队感到尴尬,导致他们和其同事认为他们应对项目的无效性负责。这种方法不太可能被最初的团队所接受,也不太可能激励其他教职员工。

当琼斯校长让全体教职员工参与决策时,他尊重他们的专业知识,并承认他们参与的重要性。在决策过程中,当高质量决策很重要,并且下属具有做出决策的专业知识时,参与式决策风格比独断式决策风格更有效(Yukl,2012)。

通过公平的程序来激发教师的创造力

从激发教师创造力的角度评估问题时,琼斯校长要考虑的一个关键因素是确保决策的公平性、质量和可接受性。他通过选择一种包括所有利益相关者的决策方法来实现这一点。教职员工最初致力于学生奖励计划(尤其是最初的 15 名教师),而且一度运作良好。在改变计划或换到一个完全不同的计划之前,他明智地获得了教职员工的帮助,对当前的计划进行了分析,确定关键问题,并开发和评估了可能的备选方案。这一行动被教职员工认为是公平的,尤其是最初构思该计划的 15 名教职员工。

在做出决定时,琼斯校长考虑了他的行为对负责建立最初计划的教职员工的影响。在这过程中,他确保了那些为最初的计划取得成功而努力的人得到公平、尊严和尊重。教育领导者需要"信任教职员工,并授予他们更多的自主权,以满足每个学生的学业上、社会上、情感上和身体上的需求"(PSEL 7B)。

综上所述,琼斯校长的领导风格紧贴教育领导者专业标准,他不是指令性的,不是发布命令,也不是强调规章制度;相反,他是合作的,并寻求利益相关者的意见。他的重点不是教师的表现,也不是责备,更具体地说,他的意向表明,他致力于通过一个公正和公平的进程来寻求解决问题的办法。当领导者表现出这种倾向时,使用能够让教师有机会参与他们所关心的决策的程序,教学和学习才会得到加强。

本章总结

学校做出的所有决定都会对教职员工的表现产生一定的影响。因此,重要的是学校领导者要认识到问题的严重性,并尽可能理性地选择备选方案。基本决策模型包括以下步骤:(1)识别问题,(2)分析问题,(3)确定备选方案,(4)评估备选方案,(5)选择方案,(6)实施选定的备选方案,(7)评价过程。

在决策过程中,领导者可以选择一种规范性或描述性的方法。此外,他们可以选择独立做出决定或让其他人参与,决定应该基于几个因素,其中包括时间限制、情况、问题和所需的专业知识。然而,当个人被邀请参与决策过程时,他们需要感到他们的参与是有价值的,他们所做的贡献是有意义的。尽管决策具有挑战性,但领导者可以通过正直和公平的行动,消除阻碍有效性的障碍和陷阱,将其负面影响降到最低。

独立工作的领导者也可以改善决策过程,这需要认识到自己和他人的偏见,并在决策过程中表现出公正的道德原则。

利用群体决策技术,防止趋同思维和过度使用群体,领导者可以增强参与性决策。在这两种情况下,他们都必须知道,决策的质量和执行方式不仅会影响教职员工和学生,还会影响他们作为领导者的效能。

付诸实践

回顾本章中的场景,利用不同情况的优点和缺点,找出几种方法,可用于在实际的学校情况下解决以下与学校有关的问题。把自己设想成校长和/或主管的角色,为你所选择的行为明确表达一个理由。

• 现在是九月初,在奥弗菲尔德高中,所有的学生都被分配到了班级。一群家长进入学校,坚称许多特殊学生被安置不当,事实上,他们声称没有遵守包容性法律。他们要求看主时间表,并与你合作重新安排孩子的时间。他们威胁说,如果你不服从他们的要求,他们就要把这件事提交给主管。你会采取什么行动? 你的决定基于什么?

• 制定一份可供春景小学米勒校长考虑的备选方案清单。

• 列出五种情况,其中一种情况是学校领导者应该让全体教职员工参与。

• 起草一份声明,通知全体教职员工和社会各界制定禁止校园携带武器的零容忍政策。

• 设计一个共享的决策模型,让学生、教师、员工、家长和社区成员参与到有意义的决策中。描述角色群体作为团队成员时必须存在的关系。

了解自我

● 哪种决策风格最适合你?

● 你有什么保障措施来确保你做出了最好的决定?

● 你对公平程序持什么立场? 你采取什么步骤确保你在问题上的立场是公正和公平的,并考虑到其他人的权利?

深化理解

反思这一章的内容,写一篇短文,描述你如何确保你作为学校领导者所做的决定是最高质量的。同时,进行一系列的自我评估,以展示你的领导风格。两个流行的建议是库泽——波斯纳领导者习惯行为清单①和迈尔斯—布里格斯人格量表②。

校长资格证书测验练习

多项选择题

1.下列哪种决策模式可以让学校领导者在避免意外后果的同时做出决策?

    A. 垃圾桶模型   B. 渐进模型

---

①吉姆·库兹和巴瑞·波斯纳认为领导力是一整套可测量、可学习和可培训的行为。他们总结归纳出卓越领导人都具备五种行为;(1)以身作则,(2)共启愿景,(3)挑战现状,(4)使众人行,(5)鼓舞人心,这五项行为其实就是高效领导人特有的五大特质。领导者习惯行为清单(Leadership Practices Inventory,简称 LPI)的设计目的是提供一种参照卓越领导者的五项习惯行为,评估人们行为的实际表现,以帮助人们提升领导技能的工具。LPI 采用 10 分制测量 30 种特定领导行为的发生频率,并且针对五种习惯行为中的每一行为提供六项行为描述。有了这些信息,他们能够了解自己在实践领导行为时,哪些方面做得很自如,哪些方面需要投入更多关注和努力,并提高自己的信心和能力。——译者注

②迈尔斯—布里格斯性格量表是性格分类理论模型的一种,它是美国心理学家凯瑟琳·布里格斯及其女儿伊莎贝尔·迈尔斯根据瑞士心理分析家卡尔·荣格理论研究完成的。迈尔斯—布里格斯性格分类指标(Myers – Briggs Type Indicator,简称MBTI)已成为全球著名的性格测试之一。——译者注

C. 管理模型　　　　　　　　D. 政治模型

2. 如果学校领导者决定让一名教职员工参与决策过程,他或她应确保:

A. 个人愿意参与。

B. 这个决定由个人决定。

C. 个人在该问题领域有专长。

D. 这个决定不属于个人的考虑范围。

3. 在个人观点完全不同,而问题的另一种解决方法的选择又很复杂的情况下,学校领导者最好考虑使用:

A. 德尔菲法　　　　　　　　B. 辩证探究法

C. 规范群体技术　　　　　　D. 头脑风暴法

主观问答题

你是一所高中的校长。来自社区的 10 位家长要求与你会面,讨论他们认为对学生安全和幸福构成威胁的问题。你从几位老师那里了解到,这群家长关心特殊教育教室的位置以及特殊教育学生参加体育活动的情况。在阅读家长来信时,你注意到他们列出了一些房间的编号,并列举了一些特殊学生没有参加的体育活动。

为了准备这次会议,你需要获得哪些信息? 你将如何决定使用的决策风格?

场景分析

使用本章提出的理论、概念和策略,分析附录"爱乐高中的问题解决和决策"中的场景。这个分析将帮助你为校长资格证书测验做准备。这里提出了一些反思性的问题,以方便你进行分析。

参考阅读

Branson,C. M. ,& Gross, SJ. (2011). Handbook of ethical leadership. New York: Routledge Publishers.

Despain, J. , & Converse, J. A (2003).... And dignity for all: Unlocking greatness with values – based leadership Upper Saddle River, NJ: Pearson Education.

Gladwell, M. (2002). The tipping point: How little things make a big difference. Boston: Little, Brown.

Hammond, J. S. , Keeney, R L. , & Raiffa, H. (1998) . Smart choices: A practical guide to making better decisions. Boston: Harvard Business School.

Johnson, D. W. , & Johnson, E. P. (2012). Joining together: Group theory and group skills (3rd. ed.) New York: Pearson.

Rebore, R. W. (2001). The ethics of educational leadership. Upper Saddle River, N]: Prentice Hall.

Shapiro, J. P. , & Gross, S.]. (2013) Ethical educational leadership in turbulent times: (Re) Solving moral dilemmas (2nd ed.). New York: Routledge Publishes. Strike, K. , Haller, E. , & Soltis, J. (2005). The ethics of school administration (3rd ed.) New York: Teachers College Press.

参考网站

TITLE 14, Education, Free Public Schools, Chapter 8. School Shared Decision Making.

Liontos, Lynn Balster, Shared Decision Making ERIC Digest, Number 87, ERIC Identifier: ED368034. Publication Date: 1994 – 03 – 00 ERIC Clearinghouse on Educational Management Eugene, OR. Denis P. Doyle (2002). Knowledge – Based Decision Making AASA.

第七章　当今学校的冲突管理

本章学习目标

在阅读完第七章及完成指定的活动后,你应该能够:

• 提供适用于在学校实践领导艺术情境下的冲突的定义。

• 描述学校里发生的冲突的性质和类型。

• 列出学校发生冲突的原因。

• 列出个人在学校中应对冲突的方式,并列举每一种方式的实际案例。

• 描述角色冲突,并提供一个学校情境中角色冲突的实例。

• 列出一些通常用于管理冲突的策略。

冲突是当今学校的一大事件,最精明的学校领导者会发现,管理冲突可能是一个具有挑战性的过程。随着学校多样性的增加,人们行使提出和挑战问题的权利,不同的观点被不断提出,从而引发冲突。此外,为了在日常生活中履行他们的职能,学校领导者以及其他个体都要与许多履行不同职能、个性迥异的人交往,由此也会引发冲突。如果冲突在学校成为一种有害的力量,个人就会被负面情绪和敌对行为所消耗,从而对他们的表现以及学校项目的有效性产生不利影响。

然而,解决的办法并不在于避免学校里的所有冲突,而是减少冲突的发生,并尽量降低冲突的破坏性影响。因此,在实践领导艺术的过程中,学校领导者的一个主要目标应该是用一种能以最小的冲突来实现学校所有职能的方式来组织和管理学校。

在本章中，我们将：（1）提出了冲突的定义，（2）讨论学校经常发生的冲突的性质和类型，（3）分析冲突的来源，（4）确定常用的管理策略。因为研究文献将当今学校中发生的大多数冲突称为组织冲突（Barge，1994；Fullan，1999；Greenberg & Baron，2010；Katz & Lawyer，1993；Lindclow & Scott 2014；Snowden & Gorton，2011），本章的场景将主要关注领导者的性格、决策行为、沟通技巧以及他们与个人和群体的互动。这些场景的主要目的是确认学校冲突的负面影响可以被最小化。通过对这些场景的研究，你将能够更好地理解领导者行为对学校冲突的影响，并深入了解如何有效地管理、协作和使用道德原则来减少冲突的负面功能。教育领导者专业标准中所阐述的要素也将反映在这些场景中。

冲突的定义

普特南和普尔（1987）将冲突定义为"相互依赖的人之间的互动，这些人感知到目标、目的和观点的对立，并认为对方可能会干扰这些目标的实现"（p. 352）。它是一种社会现象，在人际关系中根深蒂固并通过沟通得到表达和维持。当个人和/或群体为了满足确定的需求而相互依赖时，就会发生这种情况（Barge，1994）。由于个人和群体的相互依赖，学校组织中的冲突是不可避免且极为普遍的，而且往往是合法的。它是社会关系的正常组成部分，可以是功能性的（积极的），也可以是功能障碍性的（消极的）。由于学校是一个开放的社会系统，由不同的个体和群体组成，他们相互依赖以实现个人和学校的目标，但彼此利益却相互对立，所以冲突是不可避免而且是普遍存在的。

学校冲突的本质

人们普遍认为，学校里发生的冲突是潜在的（一直存在的），存在的原因是不同的（或明显不同的）观点以及这些不同观点之间的不相容性（Carrell，Jennings，& Heavrin，2000；Lindclow & Scott，2014；Sashkin & Morris，1984）。在此情况下，必须考虑的问题是冲突是积极的功能性的还是消极的功能失调的。

功能性冲突①

当冲突是功能性冲突时,就会出现一种双赢的态度,和谐也会同时存在。功能性冲突有助于组织成员实现目标和/或对以前的问题提出新的见解(Putnam & Poole,1987)。例如,学校领导者有责任制定学校的教育计划,为了实现这一目标,领导者可能会发现有必要对教师的作业、课程和/或现有的教学材料进行更改。当这些改变计划被传达给教职员工时,一些不支持这些改变的成员可能会有动力在决策过程中寻找其他的计划想法作为备选方案。作为多样性的观点和组织利益的结果,新的想法被提出,个人得到了激励,由此,决策就得到了加强。

功能失调的冲突②

当讨论集中在个人和个人在关键问题上采取僵化的立场时,就会发生功能失调的冲突(Witteman,1990),会出现一种非赢即输的态度——这会导致敌意的产生(Lindclow & Scott,2014),对教师的工作效能造成负面影响。例如,沃尔顿高中的教师迪瓦恩要求休假三天以参加一个宗教会议。校长拒绝了这一要求,并告诉她,他之所以拒绝这一要求是因为年度学业考试安排在下周举行,学生们需要她带领他们复习。在被拒绝休假后,迪瓦恩联系了教师工会并提出申诉,称她的宗教权利受到了侵犯,投诉的消息传遍了学校,并使全体教职员工产生了分歧。在进行年度学业测试之前,学校的气氛变得混乱起来。

无论冲突是功能性的还是功能失调的,受影响的个体可能会感到一种被剥夺的感觉,并以一种对学生成功有消极影响的方式做出反应。因此,如果学校要有效地实现其既定目标,学校领导者的一个主要关注点必须是了解学校中发生冲突的根源,并掌握必要的

---

①功能性冲突是一种非关系的适度水平冲突,功能性冲突有利于实现组织或群体的目标。如埃耶尔马兹(Eryilmaz)认为,冲突在知识建构中起到了促进观点进步的核心作用。庞迪(Pondy)将此种带有正向促进作用的冲突称为功能性冲突(或称功能正常的冲突),其有利于实现组织目标,促进成员认知,是具有建设性的冲突。功能性冲突会让组织内的价值观与信仰系统变得更显而易见,且让员工更容易看到组织的优先专案。冲突最重要的贡献之一就是创造力,因为被迫要寻找新的方式来看待当下的情境,并寻求创新的解决方案与决策。——译者注

②功能失调的冲突(也即"功能失调冲突")是指增加群体沟通障碍,降低群体工作绩效,具有破坏性的冲突。功能正常冲突和它相反,是指能提高群体的工作绩效,支持群体目标,并具有建设性的冲突。而区分功能失调和功能正常冲突的办法是考察群体的工作绩效。——译者注

技能以尽量减少这些冲突的破坏性影响。冲突根源的案例在下面内容中将展现。

学校冲突的根源

学校里的冲突经常发生在个人和/或群体在达成行动方案时遇到一定困难的情况下(March Simon,1993;Owens & Valesky,2014)。它可以发生在一个教职员工自身、教职员工之间,或在一个特定年级的教职员工之间。在群体之间、大的部门内部、学校与中心办公室领导之间、学校人员与家长之间,或一所学校的教职员工与另一所学校的教职员工之间也都会发生冲突。由于对学校效能的影响,以上每一个可能发生冲突的情况都会在本章中提及。考虑到这些情况,现在让我们来讨论一下冲突的背景和内容。

冲突的背景和内容

学校中发生的冲突类型可以通过两种方式加以区分:即背景(冲突的类型)和内容(冲突发生的问题),个人的感受和反应也会卷入到冲突之中。根据格罗斯(1958)的研究,冲突中的个体可能会感到被剥夺,并以一种反应性或主动性的方式做出反应。为了确保组织的资源以一种促进安全、高效和有效的学习环境的方式进行管理,领导者应该设法了解这些领域及其对学校行为的影响。

冲突的背景

冲突发生在三种情况下(Barge,1994,P.163):

1. 人际关系:团体或组织内个人之间的冲突;

2. 群体间:在更大的社会系统中两个群体之间的冲突;

3. 组织间:两个组织之间的冲突。

下一部分内容将提供冲突背景的范例。

人际冲突和群体间冲突

在某种程度上,人际冲突和群体间冲突①在所有组织中都可以观察到,因为这些类型的冲突被视为社会关系的自然组成部分。然而,组织间冲突是一种不太常见的现象。在上述的领域中,可能会出现冲突的原因如下(Lindelow & Scott,1989,Pondy,1967):

---

① 群体间冲突是指组织内部不同群体职能部门或子公司之间,由于对工作任务、资源争夺和信息处理等方面的不同处理方式而发生的冲突。——译者注

1. 争夺稀缺资源。通常在学校中，必须做出决策以分配大楼中的空间，谁将分到新计算机，或者谁将被分配到最后一段时间作为他或她的自主时间。这些问题本来就是充满竞争性的，并会产生冲突。

2. 对自主的渴望。在学校里，教师、管理人员和家长都会对某个计划或活动非常投入（例如，俱乐部助教基金的分配、指导高年级演出、负责课程规划），以至于他们都声称自己对其拥有所有权，并希望对其运作拥有完全的自主权。如果活动受到了干扰，在这种情况下就会发生冲突，冲突的原因是对自主的渴望。

3. 观点和/或目标的分歧。如果小学部的教师对在阅读教学中使用哪一种方法有不同的看法——全语教学法或语音教学法——并且不能就使用哪一种方法达成一致，就会产生不同的目标冲突。

4. 社会因素。学校由一群个性迥异的人组成。在某些情况下，当这些个体相互互动以完成任务时，这些差异会产生目标冲突。

个人内在的冲突①和群体内部冲突②

冲突可能发生的另外两种情况是个人内在的冲突和群体内部冲突（Barge, 1994）。个人内在的冲突发生在个人内部，个人与他或她自身内在的意见的矛盾和争论，可以是因为不确定要对某个特定的问题采取什么行动，或者是针对竞争目标的自我斗争。例如，假设克拉克高中的校长花了两年时间与教职员工和社区一起为学校制定了一套长期目标。目标被明确，并在实施上取得了长足的进展。然而，由于他在克拉克高中

---

①个人内在的冲突：个人内在的冲突来源包括思想、观念、情感、价值观等，个人可以明白察觉自己与组织或其他同事有所冲突，但仅是内在心灵的反应。——译者注

②群体内部冲突是指群体中个人与个人之间的冲突。这种冲突可能是由于工作引起的，也可能是由工作外的交往引起的，可能是由于利益矛盾，也可能是由于思想、感情和性格的不和。同外群体进行的冲突在加强群体的团结方面有作用，内部冲突也有实际的益处。在社会关系的所有领域都不可避免地存在着一定程度的冲突和危机，重要的不在于群体内是否存在冲突和危机，而在于群体是否承认它的存在和冲突与危机所采取的形式，以及是否能明确地认识和协商处理冲突。一种情况是，拒绝承认冲突的存在和正当性，而采取压制的方式。另一种情况，群体内的成员可能公开承认他们之间的相互对立的利益，并建立处理这些利益冲突的机构，通过公开协商的办法而不是压制的方法处理冲突和危机，其结果是人们对于群体义务的增进和群体团结的必然加强。——译者注

的成功,在第二个学年结束时,学区主管给了他一个中心办公室的职位。如果他接受这个职位,他将负责学区课程的发展,并获得可观的加薪。

是留下并完成在克拉克高中的工作,保持对学校和支持者的承诺,还是接受新的任务并实现职业梦想,这些都可能需要很多思考。做出决定的过程可能产生相当大的内部冲突。在一个学校领导者的任期内,会有很多这样的情况发生,领导者会面临这样的挑战。这些情况可能与学校计划、人员或社区问题有关。由于这些情况需要做出涉及道德、价值观和/或个人目标的决定,而且必须在很短的时间内给出决定,领导者可能会经历令人沮丧的内心冲突。

在这种情况下,可以通过深入分析自我来解决内心冲突,这可能对自己是有益的。在自我分析过程中,需要使用计分系统对所面对情况的优点和缺点进行排序。计分系统可制成两列,一列正的,一列负的,所有相关因素都放在其中一列中,并给出一个从1到10的分值,两列之和的差异很可能有助于减少自我冲突的破坏性影响。

群体内部冲突发生在群体内部对某一特定问题有不同意见的时候(Barge,1994)。例如,如果一些高年级教职员工支持高年级学生在当地夜总会举办毕业舞会的愿望,而其他教职员工希望在学校体育馆举办舞会,就会发生群体内部冲突。如果冲突得不到有效的解决,这两个群体之间的沟通可能受到不利影响,影响到所有协调工作。

冲突的内容

巴尔杰(1994)认为,冲突内容是指冲突发生所涉及的问题,其中包含两种基本类型:实质性的和情感性的。他将实质性冲突描述为与问题、观点和立场相关的冲突。在场景"纪律计划"中,相关的问题是纪律计划是否应该更改,如果应该更改,那么谁应该参与更改过程。不同的教职员工提出的不同的观点,每个教职员工对所提出的观点持不同的立场,这一围绕纪律计划的问题导致了实质性的冲突。

另一个实质性冲突的案例是与一组正在讨论课程的教师相关。一些教师正在讨论课程、计划的优点。他们对课程的内容有不同的看法,对课程应服务的年级水平以及应分配给课程使用的教学时间有不同的立场,这些意见上的分歧也会引起所谓的实质性冲突。

第二种类型的情感性冲突或社会冲突涉及问题的情感方面,这可能会影响教师之间的人际关系(Barge,1994,Lindclow & Scott,1989,Pondy,1967)。当学校教职员工在权利、地位、角色发展或个性问题上出现分歧时,就会发生情感冲突。当个体努力实现自己所期望的结果,而这个结果却否定另一个人所期望的结果,就会涉及情感,从而产生敌意。而当个体为了控制某个群体而奋斗,或者对某人给某个群体所带来的态度表示担忧时,这样的冲突同样会发生。

个人如何应对冲突

一个问题的内容,无论是实质性的还是情感性的,都可以影响个人在学校的行为,鼓励他们以反应性或主动性的方式做出反应(Greenberg & Baron,2010)。因此,领导者应该努力了解学校存在的多样性,以便设计和管理操作程序,确保成功学习的机会最大化。

反应性反应

如果个人对特定冲突的反应是试图逃避或避免一个被认为不公平的环境或事件,这种行为被认为是反应性的。以下是反应性行为的一个案例。如果校长购买了一批新的计算机,并将其分发给选定的教师,并期望其他教师继续使用旧的、有些过时的计算机,那么一些教师就会做出消极的反应。那些被期望使用旧电脑的人可能会觉得他们受到了不公平的对待。一般来说,他们可能觉得所有的学校人员都受到不公平和不平等的待遇。因为这些感受,他们可能会表现出一定的负面情绪,这将促使他们采取行动,消除感知到的不公平。

刚才描述的冲突不是两组个体之间的冲突,而是学校存在的一种状况。伯格、泽尔迪奇、安德森和科恩(1972)认为,组织中的个人会与广义序态进行比较,而不是与其他个体进行比较,这种比较与状态和价值有关。因此,个体会产生一种不公平的感觉,他们会做出反应,而当这种情况发生时,教师的效能可能会受到损害,对学生的学业成绩产生负面影响。

针对这种情况,教育领导者专业标准2C规定学校领导者应该"将孩子置于教育的中心,为每个学生的学业成功和幸福负责"(PSEL 2C)。领导者应制定符合本标准的项目计划,如果没有足够的计算机供所有教职员工使用,应如何进行分配或许应该根据项目和目标来决定。在缺乏项目目标的情况下,教职员工可以通过确定在学校使用技术的优先次序来做决定。通过这种方式,学校领导成为计划的推动者,而不是计划的创建者。

在提出"相对剥夺理论"时,马丁(1981)提出,一些奖励分配模式在学校能使个体进行一定程度的社会比较,这将进一步明确下属对领导行为的感受。当进行社会比较时,下属会产生一种被剥夺和怨恨的感觉,并导致沮丧或闹事的反应。为了消除这种感觉产生的可能性,有效的学校领导者要努力确定和实施程序,以确保公正和公平地对待所有人,这也是专业标准3所提倡的。

主动性反应

在学校里也有一些案例,当所拥有的资源不足以满足每个人的需要时,个人和/或团体会表现出努力促进公正及创造公平待遇和公平分配资源的行为,这类行为被认为是主动性的反应(Greenberg & Baron,2010)。观察到奖励制度和/或资源分配方面对学校人员待遇不公正的个体,有时会主动努力创造一个公平的分配制度,之所以采取这种行动,是因为这些人认为分配制度的积极变化最终符合各方的最大利益(Leventhal,1976)。

弗里德曼和蒙塔纳里(1980)针对公平规范(每个人都受到公平的对待和平等的待遇)提出了一种可能解决学校中这种情况的方法。他们的理论是,当感知到资源以不公平的方式分配时——就像前面提到的计算机分配计划一样——领导者的行为可以改善这种情况。例如,一个重视维护教师间和谐的领导者会提倡公平规范,在此过程中,他/她会尝试采用一些战略,以促进在教职员工之间平等地分配计算机,而不以他们可能做出的贡献为分配准则。

总之,学校里的个人和团体,以及学校服务的群体,都倾向于寻求和赞赏公正和公平的待遇。如果他们对另一个人或群体有负面经历,可能会怀恨在心,并进行报复,这种行为将消耗本可以用于提升学业的能量。因此,学校领导者应设法了解学校存在的多样性,以便设计和管理操作程序,确保个人和团体不会以对学生学习产生不利影响的方式对问题做出反应(PSEL 2)。相反,学校领导者应该"提倡并依据正直、公平、透明、信任、合作、坚持不懈、学习和持续改进等专业规范行事"(PSEL 2b)。

角色冲突

学校里经常发生的另一种冲突是角色冲突。学校领导者和他们的下属面临着冲突和压力,不仅是因为变化,还因为他们的角色和人们对他们的期望,以及他们对自己的期望。无论在校内还是校外,个人和团体也对学校的目标以及个人和团体在实现这些目标中所扮演的角色抱有期望。通常,正是通过这些期望和实现目标的程度来衡量学校的效能(Hoy & Miskel 2012)。当学校的目标没有达到预期的程度,个人和团体的作用没有达到预期时,就会发生冲突。学校领导者行为的界定在这些情况下成为了其中的一个因素。

对学校领导者的角色期望

学校领导者的行为界定由两套角色期望构成,一套是正式的,另一套是非正式的。正式的角色由学区以职位描述的形式界定,并由学校政策管理。而对领导者抱有期望的个人和团体则界定领导者的非正式角色。这些个人和团体生活在校园和更大社区内。正式和非正式的期望共同构成了一个行为界定,它描述了不同的个人以及与学校有关联的团体认为领导者应该在特定情况下如何表现。这一概念由格泽尔和古帕(1957)提出,在第二章中也进行了解释。

学校领导者必须了解这些期望,因为这些期望对他们的行为有很大的影响,并成为了他们的非正式评价标准。如果领导者未能评估当前的情况,并没能理解下属对他们的期望,那么就无法确定教职员工将如何接受这些指示,因而无法指导他们的下属(Gorton,1987)。事实上,如果没有这种理解,领导者可能会造成功能失调的冲突,或加剧现有的冲突。而影响这种冲突的期望可能在方向、清晰度和强度上有所不同。

方向

方向是指学校领导者和教师在某一特定事件、计划、活动或问题上达成一致的程度(Gorton,1987)。由于决策的方向不同,领导者和下属可能完全同意解决问题的方式,也可能完全不同意或介于两者之间。人们必须考虑到个人的处境和个体对领导者有权以选定的方式行事的看法(Gorton,1987)。在对某一特定情况做出判断时,领导者可能会考虑到该情况的性质,并对所须测到的情况的发展方向做出决策。

清晰度

清晰度指的是预期传达的好坏(Gross,1958)。当期望没有被清晰地传达时,角色模糊就成为影响因素,使得领导者很难确定其他人对他们的行为期望。例如,在一次教师会议上达成了一项决定,毕业生将在学年最后一天的前两周完成所有工作并离开学校,但是没有提供任何细节。全体教职员工离开会议时都期望校长会给他们写书面指示,即便如此,校长还是把任务交给了负责九年级的副校长,由他向全体教职员工发出书面指示。在学年的最后两周,即使有副校长的书面指示,教职员工们也不确定如何处理这种情况,因为他们都期待校长能给出指示。对校长来说,了解教职员工对他的角色期望是有益的,当领导者不清楚教职员工对他们的期望时,分歧和/或误解就会发生,从而产生角色冲突。

强度

冲突的强度是指个人或团体对该问题的兴趣和/或关注的深度(Gross,1958)。感情的强弱决定了冲突的激烈程度。当个体或团体对一个事件有强烈的感觉,并且坚持希望领导者采取行动时,他们的行为可能与对某个情况只是随意的感觉且对领导不抱太大期望或会大有不同。

学校领导者还将发现,认识到了解他人对其角色的期望的重要性,并诊断可能涉及方向、清晰度和强度的冲突,是符合他们最大利益的。对期望的理解和冲突的诊断可以提高领导者预测和评估他人对自己行为的反应的能力(Dunnette &Campbell,1968)。学校领导者不太可能对学校社区的所有人都有深入的了解。然而,他们必须"开发和运作公平公正地管理学生、教职员工、领导、家庭和社区之间冲突的系统。"(PSEL 9K)。

领导者对自己的期望

除了其他人的正式和非正式期望之外,领导者还必须理解和处理他们对自己的期望。正如第四章所述,领导者需要了解自我,他们需要了解他们对自己角色的期望。自我期望受到领导者如何看待他们的行为的影响,在决定他们在特定情况下所做的决策时,自我期望可能比他人的期望更重要(Greenberg & Baron,2010)。这种行为源自领导者的个人需求,如本章后面的场景 11 和场景 12 所示。

综上所述,领导者的个人需求、组织成员的期望以及更大的文化是影响角色行为的主要因素(Getzels,1958)。领导者的需求倾向、组织中其他个体的角色期望以及更大的文化影响着领导者的行为(Getzels,1958)。根据格泽尔的理论,似乎有理由相信领导者的需求倾向和组织成员的期望之间的兼容性越强,整体兼容性越好。因此,一个领导者对他人对其行为期望的了解应该被证明对管理学校是有帮助的。

管理冲突的能力

很明显,正如之前在"冲突的定义"部分中所说,由于学校中的互动行为,问题不在于冲突是否会浮出水面——它肯定会的,因为它是社会关系的自然组成部分。相反,问题在于学校领导者是否具备管理学校所需的技能。当今学校领导者需要的一项基本技能是处理冲突的能力。

冲突管理

冲突管理是解决和尽量减少由感知的或实际的差异引起的分歧的过程。当引发冲突的认知阻碍转变为一致时,冲突就得到了控制(Greenhalgh,1986)。冲突相关的各方达成了一定程度的承诺,就能够消除冲突的障碍,并使最初造成压力的力量得以消散(Hanson,2002)。冲突管理的方法可以涵盖从双赢(双方都实现了部分或全部预期目标)到赢输导向(只有一方明确地实现了预期目标)。双方希望在多大程度上满足他们自己对另一方担忧的关切是决定因素(Daft,1999)。

领导者用来解决冲突的方法各不相同,因为没有一种风格适合所有的情况。然而,许多理论文献都强烈建议使用权变方法诊断冲突,以确定在给定条件下管理冲突的最佳方法。（Owens & Valesky,2014）。使用这种方法,学校领导者的首要目标是确定是否真的存在冲突。如果发生冲突,则应诊断冲突,审查各种管理策略,并选择将产生有效解决办法的策略。使用这种方法,领导者能够确定在当前条件下获得最佳结果的冲突管理策略。下一部分将描述领导者如何使用权变方法管理冲突。

冲突管理的权变方法

首先,领导者要确认冲突是否真的存在——个人或团体的目标是否确实不相容。在许多情况下,当事各方的目标只是看似不相容的,但当他们进行了广泛讨论后就可以得到令人满意的解决办法。然而,在目标确实不相容的情况下,领导者应该设法确定各方如何将情况概念化,以及了解他们对所涉及的问题的真实感受。当个体被卷入对抗情境时,他们看待情境的方式将在很大程度上决定他们在寻找解决方案时的反应方式(Lindclow & Scott,2014)。这些不确定性可以通过诊断冲突来消除,通过诊断,也可以确定相关个体的特定行为模式。

对冲突中涉及的群体和/或群体的感情的程度和大小做出判断,将使领导者能够充分理解冲突,并运用可能解决分歧的策略。根据托马斯(1976)的观点,当卷入冲突时,个体可能会表现出合作行为,这表明他们愿意为他人的担忧而努力达成满意的解决方案的程度。在其他情况下,个体可能表现出武断、不合作的行为,这显示出他们对满足自己的利益感兴趣的程度。

还有一些情况是,参与冲突的一方对某一情况表现出完全的冷漠,无视它,最终完全撤出。然后,在其他情况下,这个人可能会非常愿意合作并乐于助人,并表现出愿意照顾对方的担忧和想法,同时牺牲自己的利益。

个体也可能很具竞争性,可以为了满足自己的利益而斗争并牺牲另一方的利益。但如果各方愿意合作并共同解决问题,以满足他们的利益,领导者还能有另外一种选择。如果双方在一定程度上保持坚定和适度的合作,他们可能会愿意达成共同的取向,而这种取向往往最终会实现让步。由于对冲突的诊断,可以确定有关各方的具体行为模式,并应用适当的管理策略。

应用适当的管理策略

在冲突被诊断出来之后,必须着手进行管理,领导者的风格是这个过程中的一个关键因素。因此,研究者对此展开了广泛研究(Barge,1994,Carrell et al.,1997;Gorton,1987;Greenberg & Baron,2010;Hanson,2002;Lindclow & Scott,2014;Rahim,2015;Thomas 1976),以确定在冲突被诊断出来后可用于成功管理冲突的风格。虽然使用了不同的术语,但这些资料提供了以下最适合领导者在处理冲突时使用的七种方法,具体应用取决于预期的结果。

1.避免。领导者希望保持一种理性的氛围,并通过完全避免冲突来处理冲突。对于领导者来说,这些问题的重要性微乎其微,因此投入必要的时间和资源来解决冲突似乎是不明智的,和平共处的愿望和避免敌对后果才是首要大事。在选择这一策略时,有几个注意事项:首先,学校领导者应该记住,当使用回避策略时,冲突并没有得到控制。第二,虽然冲突和可能导致的敌对最初是可以避免的,但是任何一方都可能感到被忽视、不受尊重和/或受到不专业的对待,从而导致冲突随时重新出现。

2.缓解。领导者希望保持积极的人际关系。为了保持这些积极的关系,尽量减少在实质性问题上的分歧和意见分歧。

3.撤退。在某些情况下,涉及的个体之间的关系比问题本身更为重要。在这些情况下,维持关系比解决冲突更重要。如果是这种情况,撤退策略是适当的,因为它为个体提供了一个机会来反思和重新考虑问题。

4.谈判。该策略显示了对任务和关系的中等关注程度。各方必须自愿同意采用解决问题的方法,双方都做出让步,从而达成了解决冲突办法的共识。没有一方是赢家,也没有一方是输家。有时,也可能会请第三方作为调解人,并由第三方负责保证人人都得到了公平对待,并达成公平的让步。

5.权力斗争。很少有人关心当事人之间的人际关系。完成任务是主要的重点,权力和武力是用来击溃反对派并取得胜利的,也不在意其可能给被击败的一方带来的后果。

6.解决问题。解决问题是一种管理冲突的协作方法。双方合作以试图商讨冲突的最佳解决办法，以一种理性的方式完成任务并保持积极的气氛是该策略的重点。

7. **强迫**。在某些情况下，学校领导者必须采取坚定的立场，坚持采取具体行动。在这种情况下要使用强制策略。例如，如果需要有人指导高年级戏剧，且传统上高年级戏剧是由戏剧部的人指导的，那么学校领导可能就有必要任命一名戏剧教师指导戏剧，而不管这位教师的意愿如何。尽管学校领导拥有这种权力，但这是一种应该谨慎使用的策略。

为了有效地运用所选择的策略，学校领导者需要精通沟通的艺术，因为在某些情况下，沟通的方式可能会引发冲突。为此你可以回顾第五章中的积极倾听做法。这些做法对于减少冲突特别有益，因为大多数人都希望得到认可和提供反馈。在这方面，解述、反思、澄清、阐述和总结是积极的倾听技巧，在整个过程中可能发挥作用。

用于管理冲突的其他理论、策略和行为

学校是一个开放的社会系统，当个体努力实现自我和组织的目标时，个体之间会发生互动。由于系统的相互依赖性，一些个体成功完成其角色和功能的程度取决于其他个体角色和功能的完成程度。然而，组成这个系统的个体在不同的动机水平上发挥作用，并拥有不同的目标、价值观、信仰和经历。此外，他们对执行组织任务的准备程度也有很大的差异。由于这些差异，当个人努力在组织中履行自己的角色，满足自己的个人需求时，就会发生冲突，导致组织中缺乏团结。

人类需求理论

学校领导者可以采取的一种方法是促进个体之间的互动，并采用分析的方式来处理他们的挑战，从而将冲突的破坏性影响降到最低。然而，这个过程必须以一种能够使教师们认识到人际关系的重要性，并认识到冲突源于人际关系的破裂的方式来展开（Cunningham，1982）。这种基于人类需求理论的假设，在学校里尤其重要，因为学校里的冲突往往是关于需求的，而需求不能被讨价还价，也不是可以协商和妥协的物质利益（Cunningham，1982）。因此，冲突解决成为一个解决问题的过程，在这一过程中必须考虑到个人和团体的需要，以及如果要提高所有学生的学业成绩必须发生的组织变革（Burton，1991）。其所采取的方法、行为和技巧可能会被证明对学校领导者是有益的，

因为他们在努力地管理学校内外的冲突。

策略

没有两个冲突是完全相同的。在任何情况下,冲突的性质都是不同的,即使个体曾经卷入过这种性质的冲突。因此,在尝试解决冲突之前,学校领导者对冲突内容的理解是很重要的,需要让大家知道领导者关心他们的问题。学校领导者可以用来表达关心的一种方法是使用有效的沟通。倾听他人的意见可以鼓励他们表达自己,分享自己的观点,为他们提供一个发泄的机会,并分享他们的喜好。

第五章还讨论了其他几种有效沟通的方法。然而,积极倾听和提供有意义的积极反馈仍然是最重要的。当你积极倾听时,把注意力集中在说话者身上,是在向他们传达"他们很重要,他们的意见是有价值的"的信息。在积极倾听的过程中,每个人都有支持他人工作的任务。说话者的任务是清楚地表达他或她的想法、感受和目标,倾听者的任务则是辅助信息的清晰、理解,并使发送者感到自己的观点被听到了(Lynch,2004)。例如,如果一个愤怒的家长来到学校办公室,学校领导者可以通过专门安排时间并运用协作沟通来管理事态发展,从而将会议中必然发生的冲突最小化。会议中可以从让家长有时间是不受干扰地表达自己的想法,如果有其他人参加会议(如教师),可以要求他们在会议上不要打扰家长,这是家长表达他们观点的时间。当家长说话时,领导者可以提供非语言线索,表明他们对家长所说的话感兴趣,并通过欣赏和关注其说的内容来表示对父母所说的内容感兴趣。在这段家长发泄情绪的时间,学校领导者也可以询问他们需要自己提供什么帮助,对学校和他们的期望是什么,以及他们知道自己该发挥什么作用(Lynch,2004)。家长讲完后,学校工作人员会有足够的时间来表达自己的观点,在此期间可以要求家长不要打断。

领导者的行为

在处理冲突的过程中,学校领导者必须找出并展示出能最大限度减少学校冲突的行为。毕业于孟菲斯大学城市学校领导力中心、现在担任学校领导者的一些学生,经常表示,组织冲突是他们面临的首要挑战。通过对他们在学校里发生冲突的经历进行了广泛的研究,我们得出了八种更可能有效处理冲突的行为。下文中将先列出这些行为,然后给出这些行为在学校实际应用的例子。以下是这些行为。

有效的冲突管理行为:

1. 不要把别人的话当作是针对自己或个人的。

2. 控制住自己,同时保持对事态和形势的控制。

3. 避免变得带有防御性和做出防御性的评论。

4. 寻求改变自己和他人的行为。

5. 谈话的焦点应该放在问题上,而不是个人上。

6. 找出真正的问题,认清谁输谁赢。

7. 寻找真相。

8. 解决问题。

上述行为要求学校领导者理解并知道如何运用各种技能来解决各种冲突。例如,学校领导者应该学会避免:(1)把别人的话当成针对自己,(2)变得带有防御性,(3)使用防御性语言,(4)失控。当个体将私人情绪掺进其中,这种行为会剥夺他们的客观性。在发挥领导作用时,个体必须控制自己并保持对形势的控制。当形势失控时,冲突往往会加剧。

在大多数情况下,是个体的行为引起了冲突。因此,学校领导者所寻求的是行为上的改变。因此需要解答的基本问题是:"你希望看到什么样的行为发生改变?"例如,如果一位教师经常在履行学校职责时迟到,那么领导者不带偏见的、不具威胁性的评论可能是:"当你迟到时,我对学生的安全感到紧张。"如果领导者以积极的方式表达他或她的想法、关心和感受,并愿意让步,最后的结果就更可能是公正和公平的。

当处理教职员工之间的冲突时,学校领导者必须记住,谈话的焦点应该放在问题上,而不是个人上。学校领导者的作用不是怪罪或指责,而是厘清冲突的原因。在这种情况下,领导者可以采取几种方法。例如,领导者会想要了解冲突各方的感受,试图确定哪方的抱怨是合理的。在每一场冲突中,学校领导人都应查明真正的问题以及哪些人将在冲突中胜利,哪些人将会失败。学校领导也应该寻求以帮助真相,如果他们了解秉承并说出真相,那么,通过这个过程,他们将建立信誉,以帮助他们尽量减少组织中的冲突。

不管冲突的性质如何,也不管谁牵涉其中,学校领导者都有责任解决这个问题。人们都想知道问题将如何解决,以及将用什么方法来解决问题。他们还想知道什么时候应用解决方案,谁来解决,以及预期的结果。就解决办法达成协议和/或解决问题是尽量减少大多数冲突的破坏性影响的有力手段。

领导当今的学校

总之,没有一种最佳的冲突管理方法。然而,许多冲突管理理论家普遍认为解决问题的方法是最有效的(Greenberg & Baron,2010；Katz & Lawyer,1993；Lunenburg & Ornstein,2004)。然而,选择适当的方法再怎么强调也不过分,如果选择的方法并不适合,不仅无法解决冲突,而且很可能会加剧冲突。

相关场景

场景11呈现了史密斯校长关于学校纪律计划的决定所导致的冲突。这个场景的目的是展示领导者的行为会如何对学校的学习环境产生积极或消极的影响。在分析该场景时,你可能会尝试确定一种能实现新纪律计划,同时又能将教师、家长和学生之间的冲突最小化的最佳方式。

在场景12中,描述了一位正在转到另一所学校中担任校长的人,他使用的方法对促进所有学生成功的学校环境起了反作用。鉴于每个学校领导者都有可能从一所学校转到另所,因此了解一种可以平稳过渡并能创造有效学习环境的方式是十分必要和意义的。

场景13清晰地描述了决策制定和冲突之间的关系。领导者做了一个错误的决定,从而引起了冲突。之后由于选择了不恰当的管理冲突策略导致问题和冲突升级。此外,在该场景中还阐述了教育领导专业标准的若干要素。

场景 11
纪律计划

标准9
有效的教育领导者应善于管理学校运营和资源,以促进每个学生的学业成功和幸福。

巴恩斯伯里小学学生的家长面带微笑地离开了学区主管办公室,因为主管告诉他们,他们的学校已经任命了一位新校长,并且新校长得到了明确的指示,要把纪律问题放在首位。几年来,巴恩斯伯里小学的纪律一直是个问题,然而,在过去两年中这种情况更加严重。家长和学生自己都开始担心学生的安全。家长教师协会安排这次与主管的会议,以便就这个问题采取行动。

以前的校长很少实施关于纪律规定的行为,在他五年的任期内,学生纪律手册并没有更新。许多不当行为的后果与违规规定并不相符,学生们也意识到了这一点。家长们认为校长没有履行他的职责。

家长教师协会的成员曾多次表达过这种担忧,但他们的抱怨都被置若罔闻,因为许多资深教师控制着他们的班级,并对现状感到满意。上学前、午餐期间和放学后是纪律事件发生的高峰时段,而教师们的非正式说法是,这些时间段发生的纪律是管理部门的责任。尽管新入职的教师希望改变政策,但许多资深教师反对,因为纪律政策的改变可能意味着教师的额外职责。学区主管通知家长教师协会说,他已放手让新校长改善学校的纪律。因此,协会对史密斯校长被任命的消息感到高兴。

史密斯校长于6月底被任命,整个夏天都在为学校制定新的行为规范和纪律计划。他阅读纪律手册,与该地区的其他校长交流,并研究了多家公司提供的几个纪律计划,然后把他认为可维持一所纪律严明的学校的最佳总体方法整合在一起。在与主管和其他校长讨论纪律问题之后,他觉得作为校长,他有责任为全体教职员工制定一项可行的计划。

史密斯先生在第一次会议上向全体教职员工展示了他完成的纪律计划时,立即遭到了几位教职员工的强烈反对。琼斯女士说："这个纪律计划太死板了。它不允许我灵活地处理学生年龄的差异或经常发生的情有可原的情况。我想要灵活性，我不希望我在约束我的学生时手脚被绑住，我想控制局面。"

摩尔女士抱怨说："我已经教了将近 20 年书了，我当然觉得我能控制我的学生。我以前从未有过抱怨，今年也不会有。"

"虽然全校范围的纪律计划可能对我们所有人都有帮助，但我觉得老师们应该参与进来。我讨厌别人把计划强加给我。我认为我已经赢得了在课堂上管理纪律的发言权。然而，我同意我们需要在开学前制定一个可行的计划。"豪斯女士说。

"嗯，也许是真的！然而，您必须承认，在一天中的任何时候，经常性的打架以及学生整天在外面的大厅里游荡使得情况失去了控制：这真的很难教。"格林女士说。

其他教职员工也有负面评论。"这个计划对我们许多学生来说太宽松了。去年的情况已经够糟了，我们需要放弃规则吗？"

威廉姆斯女士说："如果要使这一计划能够奏效，那么它肯定需要给教师们一些灵活性。如果不给老师任何灵活性，您可能不会得到很多合作。"

弗兰克先生主动提出："我只是认为，让别人告诉我们如何管理我们的教室是不对的。如果我们事先被问到分享自己的意见，或许是可以的，但我认为您没有问过任何人。"

"我们真的需要改变。我认为我们应该成立委员会，研究情况，然后实施一个所有的教职员工都可以接受的计划。我认为我们应该进行广泛的研究，以改善纪律。"威廉姆斯女士提出。

史密斯先生听了教职员工们的各种意见后感到困惑不解。他通知全体教职员工，他会暂时搁置计划，将把大家的各种意见考虑进去，并把计划列入下次教职员工会议的议程。

反思性思考

领导行为的关键方面

- 学校领导者应该使用有效的沟通技巧，建立共识，并愿意不断地审查他或她的假设、信念和实践。

- 学校领导者必须考虑系统、组织和个人的变化过程。

- 必须考虑到学校的文化,必须公平对待所有人。必须认识到阻碍尊严、尊重和学生学习的障碍并进行消除。

- 学校领导者必须将道德原则纳入决策过程,必须建立一个充满爱心的学校社区。

- 学校领导者必须为变革和解决冲突制定策略,以适应更大的政治、社会、文化和经济背景下的学校教育。

- 学校领导者必须承担风险,做出有利于教学和学习的管理决策。

- 必须设计和管理操作程序,使成功学习的机会最大化。

- 必须及时面对问题,必须运用有效的解决冲突的技巧。

教育领导者专业标准9的要素

有效的领导者需要做到:

A. 建立、管理和监督可推进学校使命和愿景的运营和管理体系。

B. 战略性地管理员工资源,将每个人安排到最能发挥专业才能的岗位上,以满足每个学生的学习需求。

C. 寻找、获取并管理财政资源、物质资源和其他资源,以支持课程、教学和评价;支持学生学习社区;支持专业能力和专业团队;支持家庭和社区参与。

E. 保护教职员工的工作和学习不受干扰。

G. 开发和维护数据及通信系统,为课堂和学校改进传递可执行的信息。

H. 了解、遵守并帮助学校社区理解当地、州和联邦的法律、权利、政策及规章制度,以促进学生的成功。

J. 与学区中心办公室和学校董事会发展和维系富有成效的关系。

K. 开发和运行能够公平公正地管理学生、教职员工、领导者、家庭和社区之间冲突的系统。

反思性问题和场景分析

1. 在回顾了史密斯先生的行为之后,他没有体现哪些教育领导者专业标准的要素？在回答时要考虑到校长在一所与巴恩斯伯里小学类似的学校实施新项目计划的相关因素。

2. 该场景中发生的冲突有哪些不同类型？

3. 从各教职员工的意见中，你如何评估校长与教职员工之间的冲突程度？

4. 在巴恩斯伯里小学，你会使用什么冲突管理策略来减少冲突的负面影响？请阐述你的观点。

5. 如果史密斯先生利用职位权力来确保他的计划得以实施，结果可能会怎样？请阐述你的观点和原因。

解决关键问题

巴恩斯伯里小学冲突的原因

为了改善巴恩斯伯里小学的纪律，史密斯先生在担任校长的第一年设计了一项纪律计划。然而，当他向全体教职员工提出这个计划时，遭到了抵制并引发了冲突。冲突的类型（情境）是人际关系，它的发生原因是不同的意见和角色期望。

意见分歧

由于学校环境需要改变（学生不当行为），纪律计划（冲突内容）正在修订中，所提议的改变是关于纪律规章制度方面。规则和规章经常被用来防止或管理冲突，通过阐明如何进行、何时进行以及谁应该承担特定任务的责任等问题（Lindclow & Scott，2014）。相反，当个人不同意规章制度的实质内容和/或制定规章制度的过程时，个人或规章制度就会变得功能失调，引起或加剧冲突。巴恩斯伯里小学就是这样，一些教职员工不同意该计划的内容，另一些教职员工不同意该计划制定的方式。

角色冲突

几位教职员工认为纪律是他们所关心的问题，但是，当校长在制定计划时采取单边行动，就出现了角色冲突。当变革处于他们关注的范围，教职员工参与变革过程就变得特别重要，因为教职员工对变化为他们带来的利益感兴趣（Fullan，1999）。

在学校，制定或修改任何计划的方式都可能产生冲突或促进问题的解决。当教职员工适当参与，领导者的决策行为与利益相关者对领导者角色的期望之间存在兼容性时,冲突可能会最小化并解决问题。

诊断冲突

在巴恩斯伯里小学,教职员工们表现出积极主动的行为。他们认为校长的行为是不公正的,因为他制定和/或修改了一项与教师相关的纪律计划。在利益相关者的参与下,应该制定一个安全和支持性学习环境的愿景(Barth,1990)。考虑到这种情况之前没有发生,而且考虑到他是一位新上任的管理人员,教职员工们很可能认为这种行为将会重演。

冲突强度

很明显,根据各教职员工的意见,他们对校长抱有一定的期望,但这些期望没有得到满足。事实上,对于校长制定的计划大家有相当大的分歧(导致角色方向的差异)。此外,教师们的担忧已经达到了这样一种程度——如果他不改变计划,他们很可能会试图使用他们所能使用的任何方法避免计划的实施。在这一点上,校长必须关心发展方向和冲突的程度。史密斯先生最好能通过确定冲突的根源,了解什么样的结果将促进学校的顺利开放,以及他如何才能实现这一计划,从而更好地为学校服务。

管理冲突

在处理冲突时,史密斯先生应该使用解决问题的协作方法。教职员工们已经表示不同意他的计划,如果他与他们斗争(坚持要求教职员工们以当时的形式实施该计划),一场权力斗争就会展开,有人会赢,有人会输,而最终的结果是学生们会因为教师的斗争而利益受损。而在这种情况下,该计划的实施也无法很好地执行。教育领导者的主要职责之一是"培养包容、关怀和支持的学校社区,促进每个学生的学业成功和幸福"(PSEL 5)。史密斯先生应该将自己对现有计划的兴趣放置于次要地位,采用协作的方法进行新计划的制定,认可教职员工的专业知识,并向教职员工传达他们在学校纪律中发挥作用的重要性。

总之,由于史密斯先生选择的领导风格挑起了他自己和教职员工以及教职员工之间的冲突。尽管现有纪律计划的任何改变都可能引发一些冲突,但若采用更包容的领导风格将会把冲突的破坏性影响降到最低。鉴于已经采取了行动,且冲突仍然存在,因此必须进行冲突管理,而采用权变管理方法似乎是适当的。

场景 12
我是你们的新校长

标准 2

有效的教育领导者应按照道德规范和专业规范行事,以促进每个学生的学业成功和幸福。

标准 7

有效的教育领导者应建立由教师和其他专业人员组成的专业共同体,以促进每个学生的学业成功和幸福。

　　湖滨小学是学区内停课率最高的一所大型内城区小学,超过 90% 的教师已经在这所学校工作了 15 年或更长时间,现任校长唐尼即将退休,此前他在该学区工作了 40 年,过去 6 年在湖滨小学担任校长。

　　在一次学区行政人员的重组中,厄尔利校长被分配到湖滨小学,这项任命在 6 月做出,将于 7 月生效。厄尔利校长是一位经验丰富的行政官员,有 20 多年的工作经验,他认识唐尼,多年来曾在学区会议上与他讨论过各种问题,因此,为了顺利过渡,唐尼先生邀请她参加湖边小学的期末教职工会议。

　　校长厄尔利穿着西装和高跟鞋参加了会议,她走到大家的前面,开始向全体教职员工分发文件资料。那张纸上印着教育委员会关于教师外貌和着装的政策。接着她给大家读了起来,并解释了自己的职业着装哲学,还告诉教职工,有些人的着装不得体,这一点必须改变。

　　然后她下发了期望清单:一份是她对教职员工的期望,另一份是教职员工对她的期望。她告诉教职员工,她已经阅读了所有教职员工的人事档案,了解学校里所有的"麻烦制造者"。她还表示,她将关注学生的考试成绩,如果"麻烦制造者"在目前的工作岗位上表现不佳,他们将被转到其他学校。

　　在多次提醒教职员工学校目前的政策,并告知教职员工申请调职还为时未晚之后,她提问教职员工有没有问题。在等了 15 秒也没有人提问,她就走出了房间,留下一群感到吃惊和无语的教师。

新学年开始时,校长厄尔利在九个新招募的教师职位中安排了七个她以前所在学校的人,其中包括未公布的职位,这是一项不符合学区政策的做法。新教职员工被给予了特殊待遇和特权,而继续任教的教职员工却没有得到。

在她担任管理者后的第一次教职员工会议上,校长告知留任的教职员工,新上任的教职员工感到自己在学校中没受到欢迎,这是留任的教职员工的过错。在第一季度末,校长厄尔利想知道为什么这两个团体之间会有冲突,为什么这一年没有顺利地开始。

反思性思考

领导行为的关键方面

- 学校领导者发现潜在的问题并寻找解决问题的机会。

- 开发人力资源,制定促进学习和教学的管理决策。

- 使用有效的冲突解决和沟通技巧。

- 以支持学校目标的方式对人力资源职能进行调整。

- 学校领导者建立充满爱心的校园社区,并为学生树立榜样。

- 学校领导者考虑自己的行为对他人行为的影响。

- 政策和程序的应用是公平的、得当的和考虑周到的。

教育领导者专业标准 2 的要素

有效的领导者需要做到:

A. 在个人行为、与他人的关系、决策、学校资源的管理以及学校领导的所有方面,都以合乎道德准则和专业规范的方式行事。

B. 提倡并依据正直、公平、透明、信任、协作、坚持不懈、学习和持续改进等专业规范行事。

C. 以儿童为教育的中心,对每个学生的学业成功和幸福负责。

D. 维护和促进民主、个人自由和责任、平等、社会公正、共同体和多样性等价值观。

E. 具有良好的人际关系和沟通技巧,具有社会情感洞察力,理解所有学生和教职员工的背景和文化。

F. 为学校提供道德指导,在教职员工中提倡符合行为道德和专业规范的言行举止。

教育领导者专业标准 7 的要素

有效的领导者需要做到:

A. 为教师和其他专业人员创造工作环境,促进有效的专业发展、实践和学生学习。

C. 建立并维护一种具有归属感、投入感的专业文化,包括以下内容:全人教育理念下共享的愿景、目标;对专业工作的高期待;符合道德规范且公平的实践活动;信任和公开交流;合作、集体效能,以及个人和组织持续的学习和发展。

E. 发展和支持领导者、教师和员工中开放的、富有成效的、关爱的、相互信任的工作关系,以提升专业素养和实践改进。

G. 提供集中检查实践活动、集体反馈和集体学习的机会。

反思性问题和场景分析

1. 在你看来,最初在湖滨小学发生的冲突的实质是什么?

2. 你能举出场景中证明教职员工成员出现被剥夺感的一个例子吗?

3. 在该方案中是否有任何暗示或陈述的信息,可以用来证明校长厄尔利的合理性? 如果有的话请描述。

3. 结合专业标准的要素,有什么理由能支持校长厄尔利决定用她以前学校的教师填补空缺职位的决定?

5. 请列举校长厄尔利直接导致了新学年开始后湖滨小学发生冲突的三个行为。通过引用专业标准中的要素来阐述和证明你的观点。

6. 如果你认为过去教职员工的稳定和学校的氛围对当前冲突的性质具有一定影响,请阐述产生了什么影响?

解决关键问题

影响湖滨小学冲突的因素

最初发生在湖滨小学的冲突有几个原因。

第一个因素

校长的改革打破了一个稳定的教职员工队伍(人员流动很少)的平衡。对于一位新校长的不确定性以及必须满足新的期望对学校教职员工来说是有压力的,这种情况并不罕见(Gorton,1987)。因此,新校长的最初演讲是教职员工接受校长的关键因素,因此新的学校领导者应认真考虑其最初演讲的内容和风格。

第二个因素

校长的最初演讲不仅产生了压力,它还造成了一种敌对气氛,并为冲突埋下隐患。就教职员工们对新校长的期望而言,他们的期待与他们在校长最初演讲中得到的信息大相径庭。因此,教职员工们很清楚,新校长的规范、信念和期望与之前存在的规范、信念和期望有所不同。角色期望在方向上的不同为冲突创造了条件。个体感知他人对待自己的方式可能会导致冲突的增加或减少(Luthans,2010)。同样,如果学校里的个体对校长应该扮演的角色有不同的看法,冲突也很可能产生(Barge,1994)。

校长厄尔利的演讲具有强制性,也为一场权力斗争的出现奠定了基调。她提到的关于人事档案的说法给人的印象是她在寻找"麻烦制造者"以便"处理他们";宣布她将查看考试成绩意味着教师们要对考试成绩负全部责任;同时她威胁要对教师们进行调整,这加剧了唐尼退休后本就令人不安的局面。她在工作中引入了恐惧,而不是消除恐惧。校长厄尔利在最初会议上展现的性格,加上她的演讲内容,制造了一种"我们—他们"的对立氛围,从而引发了她和教职员工们之间的冲突,情绪被强化并产生了敌意,由此导致了情感冲突。

第三个因素

第三个产生冲突的因素是校长在确定教师对她的角色的期望之前,就早早地对教师建立了期望。如果领导者不能评估当前的情况,并且不能理解他们的下属当时的期望,那么他们就无法清晰地来指导教师们如何接受这些指导(Gorton,1987)。

校长厄尔利制造了一种不信任的氛围,教职员工们则形成了一种新的态度,认为新校长是来对付他们。有了这种态度,她就很难与教职员工建立积极的关系,信任被侵蚀,学校的气氛充满了冲突。这些消极的反应除了产生压力之外,还会引起问题,因为它们使教职员工的注意力从教学和学习转移到社会交往和生存问题上。一般来说，当一位新领导者进入一所学校时，他会努力建立信任，因为他认识到一所能被称为好工作场所的学校，其特点是教职员工与校长之间以及教职员工之间高度信任（Ciancutti & Steding,2001；DuFour et al. ,2010）。

社会冲突

新学年一开始，厄尔利校长的决策、学校的组织结构、沟通过程等都加剧了最初的冲突。教职员工们开始分裂，个人和团体之间出现了社会冲突。

组织内部冲突

在新学年开始之前，厄尔利校长就从她以前学校的教职员工中招募了一些人来填补湖滨小学的空缺。集中招聘是一种可以被人接受的做法，而且一位新校长在湖滨小学面临挑战时，希望与几位已经建立了融洽关系的员工共事是可以理解的。但是，这些人的招聘过程必须在政策允许的范围内进行，但在湖滨小学的招聘却不是这样，结果就是导致组织内部的冲突。

反应性结果

当校长调整她以前的教职员工来湖滨小学任职，并使他们成为湖滨小学教职员工组织的成员后，厄尔利校长应该采取明确的步骤将两个团体联合起来。领导者应该让"建立并维护一种具有归属感、投入感的专业文化，包括以下内容：全人教育理念下共享的愿景、目标；对专业工作的高期待；符合道德规范且公平的实践活动；信任和公开交流；合作、集体效能，以及个人和组织持续的学习和发展。"始终占据主要位置（PSEL 7C）。

当教师分化为两个不同的群体组织，会产生主要的问题：就是对两组人员的明确定位导致了组织内的冲突（教职员工内部两组人员之间的冲突）。当继续任职的教职员工认为新来的教职员工受到特殊对待时，问题就更加复杂了，对新入职教师的明显优待加剧了冲突。

公平标准

给予新任职群体的特权进一步加剧了继续任职的教职员工的不满，激怒了没有享受这些特权的教职员工。继续任教的教职员工认为这一行为不公平,并设法促进公平,因为他们认为这种作为已经违反了公平的准则。当个体或群体认为某一行为是不公平的,他们往往会以积极主动的方式做出反应,试图获得公平对待(Greenberg,1996)。

马丁(1981)认为,某些奖励分配模式会鼓励个体进行特定的社会比较。继续任教的教职员工进行了这样的比较,结果他们产生了被剥夺和怨恨的感觉。而当人际关系紧张程度处于低到中等水平,参与者能够在一种接受开放的氛围中彼此分享自己的观点时,教职员工的工作就会做得最好(David,1994)。

校长的领导风格

厄尔利校长进入湖滨小学后,采用了基于古典理论的领导风格。她很有指令性,也很有条理,她利用自己的职位权力为自己担任该校校长的第一年定下了基调。在获得对教师的理解或允许教师参与任何可能发生的重组工作之前,她选择采取非常强硬的立场。她的行动中没有考虑到非正式团体的力量,正如我们在第三章和第四章中所提到的,未能理解非正式团体的行为可能会适得其反。

现在,如果厄尔利校长想要改变教职员工的观念,她可能应该考虑使用一种更少指令性领导风格,更多地以人为本和关怀,这种风格能使教师作为团队成员和非正式团体成员的行为得到理解和尊重。当员工士气、归属感、参与性决策和有效沟通等人为因素被纳入领导行为时,组织的生产力往往会提高(PSEL 7)。在第三章中,场景2中约翰逊校长所显示的行为可以作为一个案例。

场景 13
副教学主管的任命

标准 8
有效的教育领导者应以有意义的、互惠互利的方式吸引家庭和社区参与进来,以促进每个学生的学业成功和幸福。

标准 9
有效的教育领导者应管理学校运营和资源,以促进每个学生的学业成功和幸福。

贝尔伍德学区(由于市县学区合并,该学区曾饱受争议)的主管摩根意识到,新学

年只剩下一个月的时间了。考虑到前一年家长和学生的抱怨,在进入新学年前必须重新分配校长。鉴于人力资源总监曾建议他,副教学主管沃尔特·罗宾斯提交了一封退休信,而克拉克中学的副校长已辞职,他认为这是一个很好的机会,可以进行一些全学区的改革以提高该学区的成效。另外,他认为,"威廉姆斯堡高中校长威尔玛·亨德森是一个担任副教学主管的优秀人选。她所在学校的学生成绩是全区最好的,并高于州平均水平。她对课程问题非常了解,参加了州和全国会议并赢得了管理者和教师的尊重。用威尔玛来填补这个位置意味着两全其美,这将为中心办公室团队增添一名优秀的人才,同时也为重新分配校长和改善学区氛围创造了机会。"

在致电人力资源总监并获取所有现任校长及副校长的人事档案后,摩根主管开始进行研究。他研究了他们的各种优缺点,并将他们的取得的成就与他们尝试的项目进行了比较。他研究了家长、学生、老师上一年的投诉,学生成绩分数,各学校发生的纪律问题,甚至是管理员、教师和学生的出勤记录。在完成研究后,他编制了一份人事变动的清单,并交由人力资源总监执行。他没有寻求董事会的批准,因为他所任职的州的法律规定,在某些情况下,在未经董事会批准的情况下,主管有权做出人事变动。所做的改动如下:

- 威尔玛·亨德森从威廉姆斯堡中学的校长调到中心办公室担任副教学主管。
- 艾伦·哈里斯从沃克高中的校长调到了威廉姆斯堡高中担任校长。
- 安东尼·里德从城北高中校长调任沃克高中校长。
- 琳达·哈特从中心城市高中校长调任克拉克中学副校长。
- 伊芙琳·莫里斯从克拉克中学的副校长调任城北中学校长。
- 查尔斯·亚当斯从克拉克中学的副校长调任中心城市高中任校长。
- 克拉克中学的副校长职位已公开招聘。

在摩根主管向学区人员和大众宣布改革的三天后,他开始收到一些投诉。第四天,在与人力资源总监的会议上,他讨论了所收到的投诉,其中一些已提交给他,另一些已在当地报纸上发表。教育委员会的一名成员抱怨说副总监的职位没有被公布。威廉姆斯堡高中副校长比尔·约翰逊(碰巧是非洲裔美国人)抱怨说,他再一次没有得到升职。查尔斯·沃克是该地区的一名教师,他长期想谋求行政职位,他认为所有的职位都应该公布并对此表达了担忧。琳达·哈特(也是非洲裔美国人)据说至少与比尔·约翰逊见过两次面,当时比尔·约翰逊试图让她和自己一起提起集体诉讼。

在接下来的几天里,当地一家不太支持学区的报纸刊登了一些关于公平、校长年度评估、明争暗斗和不道德人事行为的文章。一篇文章的标题是"在 23 个地区中,有 22 个地区对主管的评价下降"。另一篇文章写道:"主管在公平问题上失去了一些董事会成员的好感"。在另一篇文章中,一名董事会成员表示,主管自己制定了规则。在回应这位主管做出的职位评估时,文章援引一位董事会成员的话说,"主管的评估唯一提高的地方是幽默感,以及对人事错误一笑置之的能力"。另一篇文章引用了另一名董事会成员的话说,"主管应该辞职,因为他的行为不道德"。

摩根主管用他那温和而又愉快的态度评论道:"我不会对这些指控发表意见。法律赋予我人事变动的权利,我遵守了法律。至于公开公布通知,副校长的职位已经公开招聘,这就足够了。"关于这个问题的辩论在董事会一级和社区持续了几个星期,随着时间的推移,冲突变得更加激烈,压力越来越大,主管于是辞职了。

反思性思考

领导行为的关键方面

- 学校领导者应运用有效的沟通技巧,促进达成共识,并且愿意不断地审视他或她的假设、信念和实践。

- 应确定、澄清和消除实现这一愿景的障碍。

- 学校领导者应考虑成人学习,以及系统、组织和个人的变化过程和组织发展的原则。

- 应使用多种信息来源,并应尊重所有人的责任。

- 学校领导者应做出符合学校和学区组织程序的决定。

- 学校领导者应该了解影响学校的政治、社会、文化和经济的制度和过程。此外,他/她还要了解美国学校制度下的代表治理原则,并认识到与不同社区团体的代表进行持续对话的必要性。

教育领导者专业标准 8 的要素

有效的领导者需要做到：

A. 易于接近，平易近人，对家庭和社区成员表达欢迎。

B. 与家庭和社区建立并维持积极、合作和富有成效的关系，以使学生受益。

C. 与家庭和社区就学校、学生、需求、问题和成就进行定期和公开的双向沟通。

F. 了解、重视和利用社区的文化、社会、智力和政治资源，促进学生学习和学校改进。

H. 为学校和学区代言，倡导教育和学生需求的重要性以及家庭和社区的优先性。

J. 与公共和私立部门建立并保持富有成效的伙伴关系，以促进学校改进和学生学习。

教育领导者专业标准 9 的要素

有效的领导者需要做到：

B. 战略性地管理员工资源，将每个人安排到最能发挥专业才能的岗位上，从而满足每个学生的学习需求。

H. 了解、遵守并帮助学校社区理解当地、州和联邦的法律、权利、政策和法规，以促进学生的成功。

J. 与学区中心办公室和学校董事会发展和维系富有成效的关系。

K. 开发和运行能够公平公正地管理学生、教职员工、领导者、家庭和社区之间冲突的系统。

L. 统筹（学校）治理流程和学校内外部政治，以实现学校的使命和愿景。

反思性问题和场景分析

1. 贝尔伍德学区的政治、社会和文化方面的氛围对冲突的性质产生了什么影响？

2. 如果政策确实允许主管采取人事行动，请说明为避免发生冲突可能还需要采取哪些其他行动？

3. 在处理贝尔伍德校区发生的这类冲突时，必须考虑哪些关键因素？

4. 根据你对教育领导者专业标准的理解，当董事会成员公开对主管工作效能提出批评时,主管可能应采取哪些行动?

5. 主管的知识、性格和表现在多大程度上导致了冲突的发生?

解决关键问题

影响贝尔伍德冲突的因素

摩根主管确定了改善学生教学服务的目标。他实现这一目标的过程包括任命一名副教学主管和进行各种新的任命。他研究了人事档案,选择了他认为具备实现既定目标所必需的技能和经验的人员。然而,在这些人事变动为公众了解之后,教育委员会的一些成员、社区的个体和学区工作人员对主管的目标和他为达到这一目标所采取的方法表示了不同的看法,这些人的目标与主管的目标不一致。

当一个学区的个体和/或群体与主管有着不同的目标时,冲突就会出现。贝尔伍德就是这样——冲突出现了,冲突的根源是角色期望和目标分歧。

角色期望

很明显,主管理解自己的角色,并对自己作为贝尔伍德学区主管的行为有明确的期望。自我期望受到领导者认为他们应该如何表现的方式的影响(Gorton,1987)。但是,一些董事会成员对他的看法的合法性产生了非常强烈的负面情绪。在这种情况下,冲突强度可以定义为个人和/或团体认为摩根主管是否应该采取该行动以及他的行为是否应该有所不同的程度。

摩根主管对自己的期望

摩根主管强烈地认为,他已经在政策范围内履行了自己的职责,一旦发生这种情况,就没有必要采取其他行动。他的想法非常强烈,没有表现出他对一些董事会成员情绪的强烈程度的了解或敏感。自我期望和强烈程度都反映在"我不会就这些指控发表意见……"的声明中。这样的声明对主管需要处理与董事会成员对其角色抱有的强烈期望之间的兼容性提出了质疑。显然,这不是一个认可和尊重他人合法权威的领导者或致力于"培养包容、关怀和支持的学校社区,以促进每个学生的学业成功和幸福"的领导者应发表的声明(PSEL 5)。

摩根主管对他作为主管应该扮演的角色有着深刻的认识。董事会成员和学校系统的其他个人也对他们的主管(他的非正式角色)有所期望,这些预期的差异引发了冲突。当没有有效地诊断出冲突并采用适当的管理策略时,情况就会恶化。

不同的目标:冲突的另一个根源

冲突的另一个根源是报纸上的评论所描述的不同目标。这些评论表达了学区和较大社区中的不同个体在任用人员方面的对立观点和目标上的差异。当看完贝尔伍德董事会成员在报纸上发表的评论时,人们会很快得出结论,他们表示不满,因为他们认为受到不公平待遇,而且在该事件中普遍存在不公正的因素。格林伯格和巴伦(2010)在解释冲突的主动维度时,谈到了个体在感知他人的行为是不公平和不公正时可能表现出的行为。在这种情况下,个体或团体成员将发表声明并采取行动,努力促进公正和创造公平待遇。为了尽量减少这些情绪的负面影响,领导者必须了解影响学校的政治、社会、文化和经济的系统和过程,并利用这些系统来促进学区的成功(PSEL 9)。

未将功能失调的影响降到最低

在处理冲突时,摩根主管的立场是政策应占主导地位,但是,这一立场不被对方接受,因此,他未能将冲突的不良影响降到最低。当两派持有相反的观点,并利用他们的职位权力来主导对方的思维方式时,他们就陷入了一场权力斗争,这侵蚀了人际关系(Greenberg & Baron,2010;Sashkin & Morris,1984),贝尔伍德学区的情况就是这样。当时,尽管存在强烈的反对意见,但摩根主管坚信,政策赋予了他做出自己想要的改变的权力,有效的沟通不复存在,这减少了以双赢的方式解决冲突的可能性。

董事会和主管都拥有权利和责任,双方也都知道或应该知道对方的职位权力。因此,在这种情况下,摩根主管所采取的方法(行使他的职位权力)可能是最不有效的方法。这一点再怎么强调也不过分,即当两方以权力斗争作为解决冲突的方法时,一方将成为赢家,另一方将成为输家,因为冲突主要的重点是完成任务,并占据主导地位。斯诺登和戈顿(2011)写道,这是一个非常具有破坏性的方法,如果可能的话,应该尽量避免。此外,应当指出的是,当使用这种方法时,失败的一方并没有完全消除冲突,而是撤退、重新集结,并在意识到时机时用更适合的方法对付对方之后再罢手(Barge,1994)。

走向缓解

走向缓解需要付出巨大的努力，通常还需要一个具体的行动计划。主管应尽量避免发表任何带有负面含义的评论，从而营造出一种积极的氛围。他/她应澄清自己的立场，并就人事问题向所有董事会成员进行解释。柯维（2013）认为，一个有效的领导者首先要寻求理解，然后寻求被理解。

此外，主管的态度应该灵活，表现出不断审查设想、信念和实践的意愿（PSEL 1）。仅仅遵循政策是不足以实现有效领导的，氛围、学区规范以及所涉及的人都是影响行动的因素，必须加以考虑。考虑到摩根主管最初的意图是提高该地区的教育质量，他不应该让自己的行为对这一目标产生反作用。"阐明、倡导和培育决定学校文化的核心价值观，并强调以下内容的必要性：以学生为中心的教育；对学生的高期待；服务和支持学生；公平性、包容性和社会公正；开放、关爱和信任；以及持续改进。"（PSEL 1C）。

总而言之，一名主管必须对学区的环境敏感，必须在当前氛围的背景下解决问题。在当今的教育环境中，许多管理者正在使用共享决策、协作和其他参与性治理模型来处理具有地区影响的问题（Schaps，2009；Sergiovanni & Green，2015，Wallace Foundation，2013）。学校领导者不再采取敌对、对抗和固定不变的思维方式，而是转向更加合作和非对抗的方式。他们没有利用政策来捍卫自己的立场，而是让人们参与塑造自己的立场。

本章总结

冲突可以定义为"相互依赖的人之间的相互作用，他们感知到目标、目的和观点的对立。他们认为对方有可能干扰这些目标的实现"（Putnam &Poole，1987，p. 352）。它在所有组织中都有不同程度的发生，因为它是社会关系的正常组成部分（Greenberg & Baron，2010）。它经常发生在当今的学校，可能是变革的结果，也可能是人们和谐工作的需要。

学校里发生的冲突可以通过两种方式来区分：背景和内容。领导者应该设法了解每一个领域,以及它对学校行为的影响。学校里经常发生的一种冲突就是角色冲突。组织角色既有正式的,也有非正式的,两者必须共存,当它们不能共存时,冲突就很可能发生。

如果学校中发生了冲突,必须对冲突的方向、清晰度和强度进行评估。然后,必须对其进行有效管理。如果没有有效管理,随着时间的推移,冲突将侵蚀学校创造性的专业环境,教师将无法看到彼此合作的机会(Ciancutti &Steding,2001;Hanson,2002,Schaps,2009)。考虑到这种冲突的潜在影响,领导者必须了解管理冲突的方法并熟练地执行它们。一些常见的方法是避免、缓解、谈判、权力斗争和解决问题。领导者所面临的挑战是选择适当的方法来解决冲突。

没有一种绝对正确的方式可以用来领导一个学区或消除冲突。然而,根据影响局势的因素,可以确定管理冲突的最佳方法。个体可以通过有效的沟通,在适当的个体参与下做出决策,以及选择适当的冲突管理策略来努力实现最佳管理。

付诸实践

回顾本章中的场景。分析各种情况的利弊,确定你将用来解决以下实际学校情况中的问题的方法。假设你是校长,请对你所选择的行为进行阐述。

• 如果你是一所中学的校长,学校中有一半的教职员工希望所有学生都能接受阅读辅导,另一半则认为只要为有阅读需要的学生提供补习课程即可,你将如何解决冲突?

• 制定一项你认为能有效地管理发生在贝尔伍德学区的冲突的管理策略。

了解自我

• 如果你是湖滨小学的一名教职员工,请你至少举出厄尔利校长的三句会让你感到不舒服的话。

• 你处理冲突的方式是什么?当你试图解决冲突时,你寻求什么证据来确定你解决冲突的方法是有效的?

● 列举你最近在学校里观察到的你觉得在道德层面上是错误的五项教育活动。

● 你认为你在处理上一次冲突时有哪些强项？如果你不得不再次处理同样的冲突,你会有什么不同的做法?

深化理解

反思你最近卷入的冲突,确定冲突的强度、明晰度和方向。然后,确定你是否使用了最合适的管理策略来使冲突的破坏性影响最小化。

校长资格证书测验练习

多项选择题

1. 根据帕特南和普尔(1987)的研究,无论是冲突的类型还是冲突的根源都会促进学校目标的实现。下列哪项最能说明他们在这个问题上的立场:

    A. 功能性冲突

    B. 功能失调的冲突

    C. 冲突的内容

    D. 冲突的背景

2. 在与家长讨论四年级学生的成绩时,怀特女士告诉他们,由于三年级老师使用的教学方法,导致她的学生成绩不太好。校长知道了她的陈述后,就书面训斥了她。在采取这种行动时,校长可能试图:

    A. 传达他的道德观,防止别人嘲笑某些教师

    B. 建立道德框架,以影响学校的信任和尊重的文化,提高教师合作的能力

    C. 建立道德准则,防止不公平的行为破坏教师之间的和谐

    D. 给相关的家长留下印象

3. 如果怀特女士的这类情况没有得到充分的解决,可能会引发哪种类型的冲突:

    A. 角色冲突   B. 人际冲突

    C. 群际冲突   D. 组织间的冲突

主观问答题

在一所你担任校长的高中里,有几位教师想采用时段编课方式①。大多数教职员工认为,时段编课方式只是一时的潮流,其效益不值得投入过多时间。在教师对该理念的实施投了反对票之后,你了解到原来发起提议的教师群体已经进入社区,并赢得了家长的支持。家长们要求和你开会讨论实施的日程安排。你知道,有些家长认为你是传统的管理者并试图将学校统治在"黑暗时代"。请描述你将采取哪些措施来解决此冲突。

场景分析

运用本章提出的理论、概念和策略,分析附录中题为"没毕业的学生代表"的场景。这个分析将有助于你为校长资格证书测验做准备。在场景中提出了一些反思性的问题,以方便你进行分析。

参考阅读

Eller,J. (2004). Effective group facilitation in education to energize meetings and manage difficult groups. Thousand Oaks. CA:Corwin Press.

---

①"时段编课方式"的源起,可追溯自 1983 年美国政府发表的《面对危机的国家》(A Nation at Risk)。报告质疑当时美国教育制度的效能,并提出美国要在对学生期望、课程内容和上课时间方面迎头赶上。报告基本上只是要求学校增加学生在校的学习时间。联邦政府后来特别成立国家教育委员会,专门研究学校上课时间的安排和学习的关系,并于 1994 年发表为《时间的囚徒》(Prisoners of Time)报告。报告指出,美国的公立教育,受制于时间表和校历表的支配,而从不为教育界人士醒觉。过往的教育,只注重鼓励学生在有限的时间空间内尽量学习,并错误地假设不同的学生,都可以在这种传统所设定的空间(在美国而言,指 45 至 50 分钟)内学习。委员会呼吁要"结束时间教育的控制权",并把对时间运用的主动权,还给教育(National Commission on Time & Learning ,1994)。这个报告引起不同州政府对时间运用的重视,推动了弹性时间安排改革。国家层面上鼓励弹性的时间表安排是美国"时段编课方式"的背景。"时段编课方式"不是按照传统的每节课45 至 50 分钟上课的授课方式,而是把每天的节数减少,从而延长每节课的教学时间,这样,一天之内就不会被硬挤进很多课程,有助于更投入地钻研学习材料。参见:张国华:"时段编课方式"的研究和香港经验,香港教师中心学报,2004 年第 2 卷。——译者注

Girard,K,& Koch,S. J. (1996). Conflict resolution in the schools:A manual for educators. Hoboken,NJ Josseo − Bass.

Heifetz,R. A. ,Grashow,A. ,& Linsky,M. (2009). The Practice of adaptive leadership:fools and tactics for changing your organization and the world. Boston:Harvard Business Press.

Kosmoski,G. J. ,Pollack,D R. (2005). Managing difficult,frustrating,and hostile conversations:Strategiesfor savvy administrators. Thousand Oaks,CA:Corwin Press.

Maxwell,J(2005). Thinking for a change:11 ways highly successful people approach life and work. New York:Center Street.

Rahim,A (2015). Managing conflict in organizations (4th ed.). Piscatawney,NJ: Transaction Publishers.

Stephan,W G,,& Vogt,P. W. (Eds). (2004). Education programs for improving intergroup relations:Theory,research,and practice. New York:Teachers College Press.

参考网站

Conflict Management (Power Point presentation)

Conflict Management:Trends and Issues Alert.

Conflict Resolution Programs in Schools. ERIC /CUE Digest Number 74

Four Conflict Resolution Techniques for School Children

Managing Conflict

第八章　教学领导力与变革

> **本章学习目标**
>
> 在阅读第八章并完成指定的活动后,你应该能够:
>
> - 界定适用于在学校中实践领导力艺术的教学领导力。
>
> - 列出并总结教学改革的主要特点。
>
> - 提供界定变革过程的理论和实践列表。
>
> - 列出一系列教学领导者可用于实施和维持变革举措的过程和程序。
>
> - 概述一个学校领导者可能用来解决所有学生需求的计划。

当一个人在一所学校或学区中担任领导者角色时,通常期望该人将为该组织带来知识、专业技能和想法,这些知识、专业技能和想法可以转化为共同的愿景,以加强学校的项目和活动。这在当今的学校尤其如此,因为领导者被要求承担教学领导者的角色,并对学生的个人成就负责。要满足这些新的期望,就需要当前的学校在提高学业成绩方面有更好的表现。因此,为了在当今的学校中发挥作用,领导者必须了解和理解系统、组织和个人的变革过程。在掌握了这些知识之后,他们必须"将自己定位为持续改进的代理人,促进每个学生的学业成功和幸福"(PSEL 10)。

在这一章中,我们探讨了变革的过程,强调校长应承担教学领导者的角色,愿意为提高全体学生的学业成绩承担责任。为此,重点是教学领导者用来建立学习社区、实施变革的能力以及确定影响变革过程积极和消极因素的教学领导力和过程。

通过将变革视为一个连续的过程而非一次性的事件,我们将变革分为三个阶段:(1)共同愿景或目标的发展,本质上是建立卓越标准;(2)确定学校当前现实的状态;(3)对愿景与现实存在差异的分析。此外,变革理论的研究旨在提供一个理论框架,用以引导当今学校的变革。

本章中的场景展示了建立和实施共享愿景以及培养学生成就和员工专业成长氛围的过程。鉴于学校是开放的社会系统,其内部和外部环境中的力量影响利益相关者之间的互动,而变革可能会影响整个组织。因此,在某种程度上,本章将讨论所有教育领导者专业标准,主要关注的是教育领导者专业标准 1、2、3、4 和 10。应当指出的是,这种对变革过程中标准的全面反思进一步强调了学校变革的影响。

教育领导力的界定

在当今学校强调以标准为基础的问责制的驱动下,领导者必须积极主动,授权他人有效计划和实施教学改革。然而,随着学校领导者努力适应教学改革所需的严格约束,许多人面临着理解其角色和职能的挑战。这是因为教学领导力没有明确定义,而且不同学术研究的定义也不同,因此,问题仍然存在:即什么是教学领导力? 学校领导者在这个角色中是如何发挥作用的?

在某些情况下,研究人员通过哲学层面的含义描述学校领导者应该履行的职能来定义教学领导力,而其他研究人员则根据学校领导者应该如何表现来定义这个概念。例如,科斯特纳和彼得森(2003)将教学领导力定义为一个建立和维持学习文化以及学习结构的深思熟虑之旅。伍尔福克和霍伊(2012)在讨论教学领导者的作用时,建议教学领导者向学校传达一个明确的教学卓越愿景,并制定一个能够利用有效教学实践的学校氛围。此外,教学领导者与教师形成伙伴关系,共同工作,参与有关教学和学习的讨论,制定教学改进目标,并针对不同情况确定适当的教学策略。布莱斯和布莱斯(2000)将教学领导力描述为校长采取的或委托他人采取的、对学生学习有积极影响的行动。这些行动包括制定明确的目标、分析数据、分配教学资源、管理课程、监控课程计划、与教师合作和举行讨论、评估教师,以及促进职业发展。

在本书中,教学领导者被定义为具有高标准学习能力和具备效沟通能力的个人。他们的沟通技巧足以向所有利益相关者表达他们的愿景,从而获得实现愿景的承诺。他们参与合作对话,分配领导责任,促进建立有利于学生学习和教职员工专业成长的学校文化。此外,他们还为整个教职员工提供机会进行调查,以确定可用于以满足每个学生需求的方式加强教学计划的成熟教学实践。

根据教育领导者专业标准、50 年的研究和实践经验,以及 65 名在孟菲斯大学城市学校领导力中心完成了 2002 年至 2008 年项目并成功领导学校的个人经验,本书作者对这一定义进行了阐述。这 65 个人通过理解自身,建立卓越标准以及理解学校组织的复杂性,在多方面的作用中取得了积极的成果,其他有助于他们成功的技能包括建立积极的关系、发展支持文化以及与所有利益相关者有效沟通。从本质上讲,他们凭借配套书籍《校长领导力的四个维度》所描述的框架来领导学校,然而,正如下一部分所示,推动教学改革是一项复杂的工作,必须有很好的计划。

教学改革的概念

当领导者试图改变学校或学区内某些单位的行为、结构、程序、目的或产出时,领导者即试图作出变革。变革是一个过程,而不是一个事件;它可以是有计划的或无计划的,并且可以受到校内和校外力量的影响。鉴于本章的重点是教学改革,即如何带来学生成绩提高的改革,我们的讨论将涉及教学计划的变革。

学校教学计划变革的过程可以看作三个阶段(见图 8.1),包括 10 个步骤(见图 8.2)。阶段一包括步骤 1,阶段二包括步骤 2,阶段三包括步骤 3—10。领导教学改革的个体应该被鼓励贯穿执行所有步骤。

定义卓越标准

第一阶段包括建立明确的目标意识,包括学校的愿景和/或目标。从本质上讲,该决定取决于学校教职员工想要达到的标准和卓越程度。为一所学校或学区做出这一决定时,学校领导者可以通过两个关键问题的答案来指导:(1)我们的学生需要知道什么和能够做什么?(2)我们希望这所学校成为什么样的组织?大多数情况下,在高风

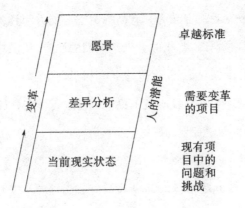

图 8.1　变革过程中的三个步骤

资料来源:Based on the writings of Schmidt and Finnigan (1992).

险考试和问责制时期,第一个问题由州和联邦教育机构回答。然而,当第一个问题在地方一级得到回答或重申、第二个问题由校领导回答和教职员工共享时,教职员工很可能会对实现期望的结果(愿景)做出更大的承诺。

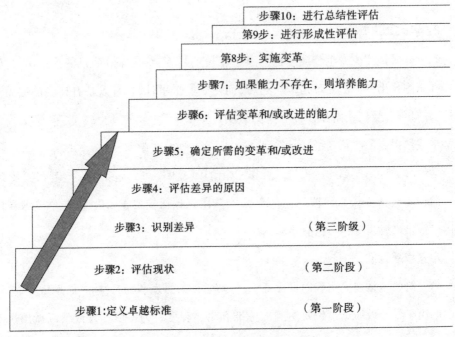

图 8.2　改进教学的 10 个步骤

资料来源:Based on the research of Reginald Leon Green. Copyright © 1998 – 1999 by Educational Services Plus Reprinted by permission.

在这一阶段,学校领导者的作用至关重要,因为教学计划的目的和重点已经确立,所有利益相关者对教育领导者专业标准3、4和5所要求的所有学生的可教性形成理解和赞赏也是在这一阶段。因此,在进入第二阶段之前,学校领导者必须确保所有利益相关者理解和分享愿景。如果不这样做,可能会阻碍未来任何变革计划的成功。

一旦所有利益相关者理解并分享了愿景,就可以组建团队来制定实施计划,计划中实现愿景和目标的宗旨及战略将被制定并明确阐述。有了理解愿景目标的协作团队,学校领导者可以进入第二阶段,并有信心让教师和员工努力实现愿景。

评估现状

第二阶段涉及评估和确定现有项目或当前现实的状态。这个阶段包括使用评估数据来确定现有教学计划的优缺点。在这一阶段,学校领导者的作用是收集数据,为教师提供对学生成绩中存在的空白的深入理解,分析所需的信息可从报告卡、成果测试、状态评估措施、标准参考测试和/或其他计划评估措施中获得。学校领导者应注意,从这些评估工具中获得的信息应根据需要进行汇总和分解,以确定学生个体和集体(全校)、年级和学科领域的需求。此外,还可以确定未达到年级或学科领域目标的教师并向其提供任何必要的帮助。

在这一阶段,由于任务的性质,学校领导者有机会"推动教师以及学校社区其他成员领导力的提升(PSEL 6G)"。他们还可以"促进教职员工的个人和职业健康、幸福和工作与生活的平衡;通过反思、学习和改进,提高自身学习和效能,平衡好工作与生活的关系"(PSEL 6H 6I)。一种广泛使用的方法是创建学校改进团队,通过使用由教师组成的学校改进团队,领导者不仅分配了领导责任,而且增加了获得教师承诺实施变革的可能性。当教师们了解数据以及数据揭示了当前学生成绩时,他们的承诺可能会更大(Seikaly Thomas,2004)。

识别差异

第三阶段,通常称为差异分析,包括步骤3—10。在步骤3中,学校领导者评估当前现实和既定目标之间的差异。步骤2中进行的数据分析的结果可用于帮助识别教学领域优先级。对学校改进工作的研究表明,当数据被分解时,可能会出现几个有需求的领域(Dufour,Dufour,Eaker,& Many,2010;Reeves,2002)。例如,在一所小学中,数据分析可能表明问题在于阅读、数学和社会研究领域,考虑到学校教职员工不可能同时处理所有这些方面的变化,学校领导者必须确定优先领域。在这一步骤中,与教职员工的合作至关重要,因为教师的技能和知识提高了调查结果的准确性(Dufour,2003;Woolfolk Hoy,2012)。

此外,第三阶段也包括第4步差异原因评估。识别和澄清差异的原因非常关键,因为识别问题越准确,解决问题的策略越有可能导致性能提高。因此,整个教职员工都应该参与到变革过程的第4步中。此外,如第5步所强调的,学校领导者必须确定所需的变革或修改。

在第5步中,人的潜能(教师和员工的技能和属性)得到评估,并就如何解决当前现实和期望目标之间存在的差异(关于规划的决策)得出结论。除了确定优先事项和澄清问题外,还必须确定与所需变革或与改进相关的学校目标和/或宗旨。这一过程将促进既定目标或预期结果的实现。有效的学校领导者通过采取以下行动促进这一进程:

- 审查学区范围的长期目标。
- 确定新学校改进计划的年度目标。
- 作为目标实现的衡量标准,确定哪些证据在可接受范围之内。
- 就教师将如何监督每位学生的进度展开公开讨论(Bryk,2010;Green & Cypress,2009,McEwan,2003;Marshall & Hooley,2006)。布朗(2012)进行的另一项研究揭示了学校领导者用于加强教学的七种做法:校长领导、专业发展、学生干预、协作、课程调整、数据分析和组织结构。

通过促进上述行动,校长确保建立适当和可衡量的目标。为了促进这一过程,可以提出三个问题:(1)教师目前使用什么方法来满足那些难以取得确定学习成果的学生的教学需求?(2)教师是否制定了评估学生工作的适当标准?(3)哪些信息有助于教师准确评估学生的需求?学校领导者还必须引导教职员工确定哪些实现目标的证据是可以接受的,并测量他们全年收集的数据,以监测实现目标的进展情况。这些操作在步骤 6—10 中执行。

完成步骤 1—5 是一项挑战,但这些挑战并非以这些步骤结束。由于各种原因,在学校里,个人很难接受和适应变革。因此,为了使变革变得有效和持续,同时尽量减少中断,领导者必须熟练地规划、实施和评估变革过程,然后,必须仔细选择要采用的策略。此外,在参与变革过程之前,领导者应确定变革的规模和消除差异的难度(Conley,1997;Fullan,1993),所有这些都包含在步骤 6—10 中。有各种理论和建议的实践可以指导领导者在尝试执行这些步骤时应采取的方法。接下来的部分将重新审视某些最引人注目的方法。

指导变革的理论和实践

学校发生的变革可分为:(1)连续的一级变革①,(2)不连续的二级变革(Conley,1997)。康利(1997)报告说,连续的一级变革不会对系统造成干扰,尽管进行了一些小的修改,系统仍保持稳定(保持平衡)。随着一级变革开展,领导者提高了学校或项目的效率和效力,而无需大幅度改变教师和学生的日常行为方式,因此,混乱和冲突经常

---

①一级变革与二级变革是分析企业变革中组织变革规模的概念。为适应外部环境的变化,企业必须不断进行组织变革。企业为了求生存,所做的战略规划与行动,包括组织的使命、目标及企业文化等,在每一结构上做出重大的改变都是组织变革的范畴。它既包括革命性的重大组织革新,也包括所有渐进的、进化式的组织演变。变革一般视为计划性变革,一种有意图、有目标的变革。此计划性变革依规模区分为一级与二级变革方式。一级变革是线性且连续性变革,仅需企业功能方面的改进,并非全面性的变革;而二级变革则是多层面、多阶层、非连续性且激进的变革,可重新架构组织来重新运作。在动态能力方面,亨德森和科伯恩提出能力的两大类观念,分别为要素能力与建构能力,其中要素能力指的是解决日常问题的知识与基本能力,包括资源、知识与技术或技术系统;建构能力指的则是使用上述要素及能力的能耐,也就是有效地去整合它们并发展它们所需要的要素及能力,包括了整合能力、内隐的与社会化的或共同的知识、结合能力等。企业动态能力理论是用于解释动态环境下企业竞争优势来源的重要理论。故变革规模中一级变革方式,应呼应动态能力的要素能力观点,即企业所拥有的资源基础所构成的能力。而变革规模中二级变革方式应呼应动态能力观点的建构能力,即组织更新能力、重构能力、再造能力、环境适应能力。一级变革方式运用动态能力之要素能力,是一种企业赖以生存的基本能力;而二级变革方式则运用动态能力的建构能力,是一种改变营运能力的能力。因此,企业变革规模(一级变革、二级变革)的方式不同,其所运用动态能力(要素能力、建构能力)也有所不同。——译者注

得以避免。

在第三章,约翰逊校长采取行动变革学校的科学计划时,一级变革得到了证明。她改变了科学课程,但并没有实质性地改变教师们履行职责的方式。这项科学计划只是经过一个更新的过程。(变革的发生是为了使教师能够以更有效的方式教授他们已经在教授的一门课程。)约翰逊校长介绍了这一想法,并逐步采取措施加以实施。她的行动遵循第六章提出的渐进决策模型。约翰逊校长做了一系列的决定,然后根据每个决定的结果,她做了附加决定(Lindblom,1959)。

在不连续的二级变革情况下,系统的基本性质发生了变化,从而破坏了系统的平衡。现有顺序已中断,新的目标已经确立,组织结构和项目发生了变化,要求个人以不同的方式执行。我们见证了第三章的二级变革,当时斯特林校长(新任命的弗罗斯特小学校长)让教师参加了一系列的活动,以更新教学计划,第七章又一次是校长厄尔利(新任湖滨校长小学)表达了她对教师变化的期望和意图。在这两种情况下,领导者都遇到了阻力和冲突,因为每个领导者都要求教师对学校结构进行重大修改,接受新的课程,并以不同的方式执行。事实证明,这种类型的变革在学校非常具有挑战性,是抵抗和冲突的主要推动者(Conley,1997)。确定变革的顺序非常重要,因为它允许领导者确定教职员工准备变革的程度,以及在进行变革之前,必须做好准备工作。从本质上讲,领导者可以决定他们的学校是否有能力做出期望中的变革。

变革的能力

学校改革的主要目的是改进教学计划从而提高学生的成绩。当学校开始教学改革时,大多数参与的人都会同意需要改进教学;然而,抵制、干扰和/或冲突仍然很可能发生。抵制往往多于不抵制,且抵制以将要发生变革的项目和产生变革的过程为中心。如果学校有能力进行所需的变革(例如,学校已经准备好变革过程),这种阻力、干扰和/或冲突可以最小化或得以调整。变革的能力总是影响变革的成功潜力,当教育领导者"培养一个包容、关怀和支持的学校社区,促进每个学生的学业成功和幸福"时,这种能力是很可能存在的(PSEL 5)。有人建议,如果领导者想要做出有效和持续的变革并产生最少的冲突,那么必须评估学校进行变革的能力(变革过程的第6步)。施密

特和芬尼根(1992)建议,在确定学校的变革能力时,领导者应考虑:

1. 利益相关者对当前情况的不满程度。

2. 短期和长期成本。

3. 个体对变革实现愿景的理解程度。

4. 变革的后果。

5. 做出变革的困难程度。

同样还应考虑:(1)影响教师对变革要素态度的因素,(2)将要学习的新信息(如有),(3)将失去的身份认同,(4)将形成的新信仰。还应考虑实施新计划所需的额外时间和注意事项。如果人们相信当前的情况正在改善,他们通常会为支持变革而努力。然而,他们还必须相信所需的变革是现实的、明确的、可实现的和具有成本效益的(Schmidt & Finnigan,1992)。

在决定学校变革能力时要考虑的所有问题中,领导者可能最关心的是教职员工中可能存在的对失败的恐惧。对失败的恐惧是抵制变革的主要来源之一(Ryan & Oestreich,1998)。由于恐惧,教师可能会做出如下评论(Ryan & Oestreich,1998):"我本可以尝试这种方法,但我担心这不是正确的方法。""我们总是这样做的。""我们的前任校长希望我们这样做。"如果一所学校没有能力进行期望的变革,领导者可以采取一些行动来建立这种能力(变革过程的步骤7)。其中一些操作可在表8.1中找到。

表8.1 建立变革能力的行动

1. 在学校领导者和社区之间建立有效的沟通渠道。
2. 确保社区对变革概念的支持。
3. 获得新项目理念方面的专业知识。
4. 把恐惧赶出学校。
5. 制定促进变革的集体谈判规则。
6. 经州教育行政部门批准。
7. 确定必要资源的来源。
8. 运用有效的变革策略。

资料来源:Based on the writings of Bottoms and O'Neill (2001),DuFour (2003),Marshall (1992),McEwan (2003),and Schmidt and Finnigan (1992)。

建设变革能力

杜福尔及其同事(2010)强调协作和沟通是构建变革能力的关键要素,因为变革的理由必须传达给学校社区的所有成员。他们提出这些要素是必要的,这样每个人都能认识到前期所设想的变化,他们进一步指出,学校领导者可以通过促进共同决策和建立促进合作的文化来培养能力。富兰(1993)的变革代理理论解决了建立变革能力的需求。

变革代理理论

富兰(1993,P.12)在他的变革代理理论中提出了变革代理人在试图实施组织变革之前所需的四个核心能力:(1)个人愿景的形成,(2)探索,(3)控制,(4)协作。他建议,这些核心能力的每一项都有它制度上的对应部分,其中包括:(1)共同愿景的形成,(2)组织结构,(3)探索的标准和实际操作,(4)专注于组织机构的发展和知识,(5)协作工作的文化氛围。①

富兰进一步论证了变革方法的本质是双重的,领导者同时致力于个人和机构的发展,对变革的性质和变革过程本身高度敏感。以下是富兰(1993,P.17)共同愿景建议的四种能力的简要说明。

共同愿景。变革的动力来自个人目的。组织中的每个人都有一个愿景,这个愿景使个人质疑自己在变革过程中的角色,并对自己的偏好保持个人立场。当一个共同愿景形成时,变革是每个人促进变化的结果,这种集体的目标感为更深层次的变革提供了动力。

探索。通过调查的过程,个人将规范、习惯和持续学习的技巧加以内化。个人不断地检查和评估最初的心理图谱,以确保它与愿景相符。

控制。当一个人通过自己的行为表现出对新思想和技能的理解和接受,不断地阐

---

① 参见迈克尔·富兰《变革的力量——透视教育改革》,中央教育科学研究所,加拿大多伦多国际学院译,教育科学出版社,2000,第 21 页。——译者注

明什么是重要的,并学习如何更清楚地看待当前的现实时,便实现了控制。

协作。为了协作,个人需要兼顾态度和能力。协作包括形成富有成效的指导、同事关系、团队建设等态度和能力。它包括在形成跨机构伙伴关系的组织中工作的能力,例如学区、大学和学校社区,与企业的联盟,以及与来自其他文化的个人和组织的全球关系。通过协作、技能和关系,个人可以学习并继续学习改进组织所需的东西。

利用富兰提出的核心能力的最终结果是朝着建设变革能力以及在学校建立学习社区的方向上迈出的积极一步。一旦建立了一个学习社区,如果它得以维持,利益相关者实现变革所寻求的愿景的可能性就会大大提高。

我们将在本章后面再次讨论学习型社区和变革,但首先,我们回顾一个流行的理论,领导者可能使用该理论来确定是否应尝试某个特定的变革以及该变革成功的可能性。

力场分析法①

库尔特·卢因(1951)关于组织变革的力场分析理论适用于学校情况,可用于评估学校的变革准备,减少冲突,提高变革的有效性。卢因的理论认为,发生变革的环境包含一个由驱动力和制约力两种力组成的力场。驱动力朝着期望的变化移动,而制约力抵抗期望的变化,抑制其实现。在卢因的理论中,人们被视为不断寻求两种力量之间的平衡,这使得现状保持在一种冻结状态。变革会破坏这两种力量的平衡,当其中一种力发生了实质性的变革,反映出另一种力的力量状态的变化时,平衡状态就被解

---

①力场分析法,由美国社会心理学家库尔特·卢因提出,他对群体动力学以及行动研究法做出了杰出贡献,被认为是现代心理学的奠基人之一。卢因最著名之处还是他的力场分析法以及力场分析图。卢因的组织观认为,任何事物都处在一对相反作用力之下,且处于平衡状态。其中推动事物发生变革的力量是:驱动力。试图保持原状的力量是:制约力。卢因视组织为一动态系统(而非静止),这一系统处同样处在二力作用的动态平衡之中。为了发生变革,驱动力必须超过制约力,从而打破平衡。卢因的力场分析图是建立在作用力与反作用力基础上的一个图表分析模型。这些力量包括:组织成员、行为习惯、组织习俗及态度等。力场分析图适用于各个不同层次的变革力量分析,如个人、项目、组织、网络等等,能够帮助识别出促进或阻碍变革的各项力量。力场分析图帮助用户直观展现既定议题下的"力量之争"。——译者注

冻①,而现状就有了一个突破,这种突破一直持续到建立新的平衡状态为止,当变革完成后,结冻在新的水平上发生,从而在两个力之间建立一个新的平衡状态,这种变革成为常态,并一直保持下去,直到下一个变革发生。

这些力量的能力及其与特定变革的相互作用决定了领导者在进行变革时所面临的困难程度。卢因(1951)认为,如果驱动力在权力和频率上远远大于制约力,学校领导者可能会推动变革,压倒制约力。然而,如果是相反的情况,制约力比驱动力强得多,那么学校领导者应该认真考虑放弃变革。卢因进一步建议,在进行改革时,将制约力转换为驱动力比简单地增加驱动力或压制制约力要好得多。图 8.3 显示了该理论原理的图解分析。

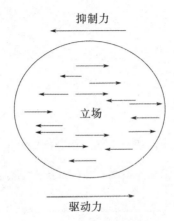

图8.3　卢因力场分析理论图解

资料来源:Based on Kurt Lewins Force Field Analysis Theory (1951).

---

①解冻是心理学家卢因的"解冻—推动—再冻结"三阶段卢因变革过程中的一个阶段。心理学家卢因认为组织为开放体系,因环境的变化而改变,依心理学理论观点,采用循序渐进方式进行,以分化变革阻抗的力量.依此循序渐进的方式导出"解冻—推动—再冻结"三阶段的卢因变革过程。"解冻"阶段需要把有助于变革的力量予以增强,阻力则予以削减。期望发现人们"变革"的动机,并做好准备工作。为促进解冻有效进行,可借提供新的经验和新的信息与观念机会,使组织成员了解其行为和期望结果之间的差距,进而产生危机感以迎接变革。在"推动"阶段则为变革对象提供新的行为模式,以利于执行实际的变革行动,并透过改变组织的结构和程序,发展出组织新的行为、新的价值观、新的态度,促使组织气候与行为展现出符合变革目的的新面貌。在此阶段通常需通过沟通、教育训练促使成员明白并支持变革的理由,也使得成员学习变革所需的各项新技能或方法。最后通过"再结冻"阶段,使组织成员学习新的行为或态度,并获得增强作用。通常涉及组织文化、常模、政策和结构。——译者注

考虑到学校的变革很可能遇到较少的阻力,并且当抑制力转化为驱动力时,学校的冲突可能较少,学校领导者在追求变革时应考虑这一因素。例如,如果校长想将一年级的阅读课程从一种根深蒂固的字母拼读教学法①改为一种专门的全语言教育②,而教师相信阅读最好是用字母拼读教学法进行教学,他们可能会抵制这种变化,并产生强烈的抵抗力。

变革新的教学方法(二级变革)意味着教师必须适应新的教学方式。因此,它很可能成为一种抑制力,并一直保持下去,直到他们能够看到新方法所带来的好处。尽管一年级教师担心变革会对整个教学计划产生负面影响。然而,如果能够说服他们(以积极的方式)在变革之前接受新的计划方法,那么不仅会消除抑制性力量,而且还会增加一股推动力,因为教师可能会成为变革的支持者。

对力场的评估让领导者了解变革过程中可能遇到的困难程度。通过这种方式,领导者可以在某种程度上确定成功的可能性。只有在确定变革是有希望的,或者领导人同意承担没有希望的变革的风险后,才能继续进行。

变革策略

如果领导者决定进行变革,有许多策略可以指导领导者完成整个过程。钦和贝恩(1969)提出了三种策略:(1)经验—理性策略③,(2)规范—再教育策略,(3)权力—强制策略。使用经验—理性策略,领导者不必强制,他们只需提供有关所需变化的必要

---

①字母拼读教学法,也可以为称为自然拼读法、自然发音法,是一种英语学习方法,主要根据英语字母与语音之间的对应关系实现对英语词汇的拼读。——译者注

②全语言教育是一个从1990年代开始兴起的语言教学方法。全语言教育目的在改进语文教学。虽然全语文教学的运动,在北美可以视为是对字母拼读法教学的反思。但当全语文概念传入中文的语文教学时,其内涵及意义上都有一定程度的改变。过去的传意教育,把语言的学习分为"听"、"说"、"读"、"写"四个范畴。根据全语言的理念,教导语言时,不该将语言分割成不同的技能,然后分别教授,而应该将语言视为是一个整体的沟通系统,让学习者通过亲身的经验来学习。——译者注

③钦和贝恩的经验—理性策略把创造新教育知识并在教育日常生活运用这些新知识看成是学校组织变革的关键,它也被称为知识的生产与利用。经验—理性策略更多地强调理性与科学知识的作用,注重依靠专家权威和理论权威,重视学校外部力量的推动作用,强调的是一种自上而下式的学校组织变革,但忽略了学校中人际关系和情感等要素的关注,同时对组织内部成员的重视程度也不够。——译者注

信息。一旦信息被显示出来,小组就选择数据建议的动作,这一策略基于 Y 理论假设,即人们是理性的,在客观数据支持下,将选择最佳的行动方案。

如果处理这一变化的小组愿意采取协商一致的方法,领导者可以选择使用规范—再教育策略。团体活动是通过改变态度、价值观、技能和关系来改变团体的规范,这一策略有助于团队在没有领导者施加强大压力的情况下进行所需的变革。这一概念在第六章场景 9 校长与教师合作修订学生分组计划中使用过。

当领导者拥有坚实的权力基础时,就会采用权力—强制策略。这种权力可能是领导者的地位、个性、专长和惩罚或奖励个人的能力的结果,使用这一策略的一个关键因素是领导者的权力对权力较少的人的影响。

在带来变革的过程中,领导者可以选择这些策略中的任何一种或三者的某种组合。决定因素可能是学校文化、领导者对文化的了解以及领导者对文化的尊重,这是变革过程中的一股强大力量。上述理论、策略和实践只是学校变革过程中众多理论、策略和实践中的一部分。然而,如果它们被有效地利用,它们应该在启动、实施和维持变革方面极大地帮助学校领导者。

实施和维持变革倡议

变革过程的第 8 步侧重于实施和维持变革倡议。一旦学校领导者确定学校有能力实施所需的变革,学校和社区的资源必须集中起来,以支持该倡议的实施(见 PSEL 5 和 8)。应采用各种技术确保所有利益相关者都有机会参与实施过程。

为当今的学校提供领导的个人需要准备好领导他们通过深刻的系统变革,影响学校生活的每一个方面和社会的每一个部分。除了具有领导能力外,他们还需要彻底了解课程,因为目前存在的基本假设、实践和关系必须以各种方式变革,从而改善所有学生的学习成果(Bowman,1999;Brown,2012;Green Cypress,2009)。一旦做出这些决定,就必须考虑实施一项满足教师需求的专业发展计划,因为教师的专业发展是成功计划的关键要素。"如果学校要成为富有成效的学校,那将得益于校长的教学领导"(Findley &Findley,1999,p. 102)。虽无法保证变革计划会带来成功,但是以下策略可能会增强这种可能性。

了解学校变革的影响

学校的变革以某种方式影响教师,因为它经常改变教学实践。变革可以在教学材料或结构(课程变革)、实践、行为或技能(教学方法变革)或信仰、理论或哲学(方向)上发生。不管变革的领域是什么,教师都会受到影响,他们的平衡也会被打破。例如,如果某个教职员工在某个特定的课程中任教且精通该课程的教学,并且有足够的计划、教学材料、物资和支持,那么如果给他(她)分配一个完全不同的课程可能会遇到相当大的阻力。这种抵制可能源自教师在以下方面产生不适应:(1)他们教授新课程的能力,(2)为实施新课程获得足够的教学材料,(3)重新安排课程实施,(4)以上问题的结合。

阻力可能存在,因为教师对新课程持消极态度,缺乏关于新课程积极方面的信息(特别是如果需要新技能),或者只是担心为了与另一个团队合作而离开一组同事。尽管学校领导者可能能够确定一个新的课程,或要求改变教学材料的使用和现有课程的结构,但他们不太可能要求改变教师和其他人员的技能和/或信仰(Fullan 1992)。因此,为了减少对变革的抵制,提高决策的质量,并促进新计划或活动的成功实施,领导人必须"建立并维护一种具有归属感、投入感的专业文化,包括以下内容:全人教育理念下共享的愿景、目标;对专业工作的高期待;符合道德规范且公平的实践活动;信任和公开交流;合作、集体效能,以及个人和组织持续的学习和发展。"(PSEL 7C)

创造一个促进变革的环境

为了让学校领导者确保上述做法得以实施,他们必须将重点放在教学上,并通过对话而不是指令的方式为教师创造一个安全的环境(DuFour et al.,2010;Supovitz & Poglinco,2001)。他们还必须积极而非被动地评估环境、确定需求,并以一种能够让他们了解学生所期望的结果的方式将这些需求传达给利益相关者。

一旦创造了这种环境,学校领导者就必须学会领导而不是支配。他们必须促进愿景的实现,使用平衡任务和关系的风格,并培养对变革的准备。这种环境必须培养生成性思维并以促进整个学习社区的领导机会的方式让利益相关者参与进来。此外,领导者的个人价值观必须与学校文化的多样性相平衡,领导者的风格应该包含教师的多维领导角色。举行行动计划会议是学校采用的一种方法。利用这种方法,学校领导者避免了绝对主导,让教师参与进来并提高了他们的教学能力。

变革过程中的领导者行为

在变革过程中,学校领导者可能使用两种决策方法中的一种:独断式或参与式(在第六章中有所讨论)。当使用独断式的方法时,指示、目的和参数被提供给要执行和实现的个人。一个使用独断式方法的领导者的例子是一所高中的校长,他参加了一个教职员工会议,宣布从传统分时段排课方式到长时段排课方式的转变,然后传递有关新课程分配、时间安排和教学地点改变的信息。富兰(1993)的研究报告指出,将这种变化制度化是非常困难的,他还报告说,重大和持久的学校改进很少能够由机构或个人规定、授权或指导。这种变革有几个危险因素:教师可能感觉到不充分或缺乏准备,或者他们可能害怕未知,或者感觉到权力或控制力的丧失。

采用参与式方法进行的变革很可能会被阻力较小的利益相关者接受,已经有很多关于使用参与式方法以及它为有效地实现学校变革提供优势的文章(DuFour et al.,2010;Sergiovanni & Green,2015;Spillane,2005;Wallace Foundation,2013;Woolfolk & Hoy,2012)。这些人的研究产生了诸如分配领导力、共享决策、学习社区和其他倡导教师领导角色的程序观念和实践,使他们能够与学校领导者合作,决定学校如何在未来的发展中发挥作用。此外,这些程序观念与研究人员的观点一致,研究人员认为,学校的学习环境需要分担责任,以最大化所有权和责任(Dufour,2003;Sarason,1996;Senge,2010)。

当使用参与式方法时,所有希望这样做的个人都有机会在变革过程中提供帮助。他们感到受重视,对变革的实施过程负责,并愿意对结果负责(Barth,1990;Spillane,2005),第三章即是如此,当时约翰逊校长在沃尔顿小学提出了变革科学计划的想法,所有教职员工都参与进来了,变革过程朝着积极的方向发展,这在弗罗斯特小学也得到了证明,当时斯特林校长有几个志愿者参加了第二个专责小组。

总的来说,当人们分享一个令人信服的变革原因时,他们更有可能改变。他们需要掌控变革,并感觉到领导者已经证明了他们对变革的认真态度,并将支持教师的努力,这种行为使教职员工和其他利益相关者能够具体地了解这种变化对他们个人的影响(Schwan & Spady,2010)。此外,教师领导的机会增多了,提高了学校的内部变革能力,并促进了一个学习环境,在这个环境中,人们不断扩大自己的能力,以创造他们希望的结果(Dufour,2003;Senge,2010)。此外,教育领导者专业标准强烈支持这种方法,并提倡有利于学校社区和最终惠及整个社会的合作模式。

满足所有学生的需求

为了使这一过程的前 8 个步骤有效,当今的学校的领导者必须致力于所有儿童的教育,并且能够与教职员工和更大的社区分享学习的愿景。他们还必须创造一种学校氛围,让这种愿景成为现实。正如本章开头所述,学校改革的目的往往是以满足每个学生的需要的方式改进教学过程,此外,它也是教育领导者专业标准的主要焦点。一些研究人员已经提供了过程、实践和模型,证明它们在满足这些标准方面是有效的。下一部分将提供更多的技术洞察,这些技术可用于进行教学更改,以满足每个学生的需求。

过程、实践和模型

埃瑟里奇和格林(1998)对 13 个学区进行了为期两年的研究,这些学区进行了全区改革,目的是建立学业标准以提高学生成绩。第一年年底,他们报告了 13 个学区中的 6 个学区的调查结果。利用下面列出的六个实践案例,这六个学区在满足每个学生的学术需求方面取得了积极的成果。

1. 审查和分析评估报告。评估报告可以用来分析连续几年的学生成绩,通过采用学业成绩测试、基本技能综合测试、美国大学测试和特拉诺瓦测试①等途径获得的报告来了解教学计划的优缺点。奖学金报告、学生访谈、教师创建的测试、标准参考测试和其他评估措施也用于此目的。对评估工具生成的数据进行分类,以按种族、性别、年级和学科领域获取有关学生学业进展的信息,从而识别出成功和有困难经历的学生,并

---

①特拉诺瓦测试,是指一系列的成绩测试,用来衡量 K－12 学生在数学、阅读、语言艺术、科学、社会研究、拼写、词汇等方面的成绩。——译者注

注意到经常遗漏和/或回答正确的具体问题。

2. 评估当前情况。利用评估分析的数据进行内容分析,以确定课程的有效性。参与讨论的教师提出了以下问题:教授有问题的概念的学科领域和年级、用于教授这些概念的教学时间、所用教学材料以及其他课程内容问题,教师们也认为学生无法掌握所教授的概念。对这些问题的答复和所获得的其他资料被用来制订一项学校改进计划。

3. 审查内容材料。在这一点上,教学审查过程变得非常集中。要对所有教学材料进行分析,以确定内容是否与给学生造成困难的概念相一致。还要对这些材料进行评估,以确定它们是否有效地实现了设计目标(方案评估)。此外,还要对教学方法进行审查,以确定教学方法是否符合学生的学习方式和其他方面的需要。更重要的是,这一分析的目的是确定教学材料、教学方法和那些评估工具所确定的学生无法掌握和应用的有问题的概念之间是否存在因果关系。

4. 进行广泛的检讨和讨论。在此阶段,家长、学生、外部顾问和其他人应邀参加一系列小组会议和个人会议。这些会议的举办是为了让决策小组能够捕捉和评估受邀个人对学生表现、学校流程、学生工作活动和家庭相关事项的看法、意见、想法和建议。在这一点上,所有的参与者都要参与讨论,以试图确定问题存在于何处——是任务时间、教学时间、教学或学习方式、教学材料还是教学方法? 或者材料中有足够的内容来解决问题吗? 一旦进行了这些讨论,就需要对变革什么做出决定。学生的参与非常重要,因为学生对教学风格、学习风格和其他他们认为影响他们成功(或缺乏成功)的因素提出了具体的建议。

5. 成立课程委员会。一旦获得了需要变革的课程领域的数据,就成立广泛基础的委员会来审查数据,并就可能提高学生对问题概念掌握程度的课程变革类型提出建议。委员会是综合性的,由目标年级的教师、目标年级以上和以下的教师、家长以及可能在所讨论的领域有专业知识的其他个人组成。

6. 制定教学改进计划。委员会设计了一个全面的教学改进计划,通常使用第五章中确定的一种团体决策技术。该计划必然是全面的,包括目标、人力和物力资源、专业发展计划、评估工具、时间框架和其他对有效实施预期教学变革至关重要的要素。

结合起来,这六个实践形成了一个明确的计划,学校领导者为了提高教学水平和提高学生成绩而进行了变革。除了这些实践之外,该计划还包括一个评估部分。通过使用有效的评估过程,学校领导者可以监控变革计划的状态并确定其有效性。在本章的后面部分,我们将讨论变革过程的第9步和第10步中的评估部分。

埃瑟里奇和格林(1998)继续推进他们的研究,访问了七个不同州的学区并评估了其使用的教学实践。对收集数据的分析表明,这些州的教育领导者在满足每个学生的需求方面取得了积极的成果,他们通过以下方式取得了这些成果:

1.在学校安排有经验的领导者。

2.建立学校领导者内外支持体系。

3.了解变革过程,为所有利益相关者之间的变革建立协作关系。

4.把重点放在每个人都支持的教学上。

5.建立一种尊重个人能力的协作文化和价值结构。

6.承认教师是领导者,允许他们就课程策略和活动提出问题,并就标准、评估措施以及所服务学生的教学材料和策略的适当性提出建议。

7.允许教师确定他们的专业发展需求,并设计解决这些需求的方案。

通过对两年研究期间收集的数据进行分析,研究人员得出结论,13个州的学校领导者为了鼓励实施能提高学生成绩的项目而放弃权力,主管和校长们没有像他们的同行过去那样进行管理,新的领导模式正在形成,其议事日程是建立共识、协作、共享决策和解决模糊性。利用这些过程和实践,当今的学校领导者们正在为巩固10步过程的教学改进设计模型。其中一个模型被称为教学影响团队模型。

教学影响团队模型

教学影响团队模型包含了巩固10步变革的过程、实践和步骤。由格林和赛普拉斯(2009)设计的这个模型已经成功地应用于那些努力创造和满足卓越标准的学校。影响团队由校长、教研员、专业学校辅导员、特殊教育教师和普通教育教师组成。该团队执行八项基于研究的职能:(1)审查、分析和使用学生成绩数据;(2)设定和监测基准和结果指标;(3)根据数据分析制定行动计划,并监督计划的实施;(4)与他人分享数据的分析结果,并为在学校中使用数据提供支持;(5)与整个学校社区交流和庆祝学生的成就;(6)协助在学校中使用数据的人的专业发展;(7)采用有效和系统的方法,不断监测学生的成绩;(8)定期反思数据和教学实践,并相应地进行调整。

这八种功能由埃瑟里奇和格林(1998)确定的特征以及其他一些研究人员(Leithwood,McAdie,Bascia,& Rodriguez,2006;Marzano,Waters,& McNulty,2005;Waters,Marzano,& McNulty,2003)所倡导的用于成功改进教学的特征构成。这些特征要求学校领导者提供一种旨在促进设计一个有效教学和学习的组织时展开协作的领导类型,在这些组织中,数据驱动的决策被制定出来,并且在重点领域为教师提供专业发展。教学影响团队模型的一个关键要素是数据和数据使用,这些数据推动教学的变革。

数据驱动的教学变革

学校的所有变化都应该导致教学的改进,所有的教学变革都应该由数据驱动。能够有效地实现真正的教学变革的学校领导者会设计一个行动计划,让所有利益相关者都参与其中,该计划包括"采用情境适宜的改进策略,包括在不同的情况下使用的转换、渐进、适应的方法。"(PSEL 10E)。利用这些数据,可以确定导致成绩不佳的差异来源,使领导者能够专注于需要变革的特定课程领域。例如,对数据的分析可能会显示,很少有学生在高等数学课程中取得成功,此外,参加这些课程的学生更少。进一步的分析表明,所有的学生都上八年级代数Ⅰ,然而只有40%的学生是成功的。因此,数学课程的变革重点可能是代数Ⅰ。

利用数据,学校领导者有机会关注影响学生成绩的真正问题,评估不再是用来确定学生进步的简单工具,它必须成为教学改进和推动教学变革的必要工具,这是一种用来加强学习的工具,而不是用来评估教学的工具。作为主导学习者,学校领导者必须"运用持续改进的方法来实现愿景,完成使命,提升学校的核心价值观"(PSEL 10C)。满足标准10这一要素的一种方法是为每位教师创建一个数据笔记本和一个使用该笔记本的组织。笔记本可能包含以下内容:

1.每位教师的学生考试成绩;

2.每位教师就个人教学的自我反思总结;

3.确定每个学生在某一学科或年级的熟练程度;

4.针对学生优缺点的分数分析;

5.学生行为管理记录;

6.学生出勤记录。

在编写了笔记本之后,学校领导者可能会计划一系列的专业发展课程,重点是利用这些数据为教学变革提供信息。在这一期间可以讨论以下主题:

1.数据的解释;

2.各种形式的数据分析;

3.改进计划的设计和实施;

4.针对需要解决领域的教学策略;

5.与同事分享策略;

6.与家长和社区共享数据;

7.教师个人的职业发展机会。

这些实践,以及教学影响团队模型,在配套书的"维度四:参与最佳领导力实践"部分中进行了充分的探讨。此外,在这个维度下,你将能够回顾其他变革模型。

使用前面提到的模型、实践和程序的学校领导者取得了积极的成果,这些成果是从分析当前情况数据进行评估开始的。引用当地标准和成果数据、国家研究和报告、计划和其他清单,对当前条件进行实际评估,应是任何重大改革努力的起点。

对变革的评估

随着项目的设计和实施,必须对其进行监测和评估。通常与教育变革相关的两种评估形式是实施教学变革过程的最后两个步骤:第9步,形成性评估;第10步,总结性评估。

形成性评估允许教育领导者在项目完全实施之前或在改进过程中获取有关项目的信息。这种类型的评估是为了确保程序设计中没有缺陷,并且程序适合变革的领域。在某些情况下,程序更改是作为试点来实施的。这样做的过程中,可以在变革计划的早期阶段或全面实施之前对其进行修改。

总结性评估解决了新项目的整体性问题,并回答了如下问题:新项目是否按照设计的方式进行? 新计划在实现目标方面的效果如何? 一般来说,这种类型的评估是在新项目运行一段特定时间后进行的。当领导者对课程或活动进行总结性评估时,会对全体教职员工进行正式的调查,并对学生进行特殊的测试。

领导当今的学校

如今,以最少的冲突和干扰影响变革的学校领导者正采用参与式领导方式,并熟练地获得教师、家长和社区成员的专业知识和服务,以支持所需的变革(PSEL 8)。所有利益相关者均被邀请参与学校治理,教学决策由数据驱动,并尽可能接近教学过程(PSEL 4)。

然而,这种行动需要变革监管人员、中心管理人员、校长和教师的传统角色(DuFour et al. ,2010;National Policy Board for Educational Administration,NPBEA,2015)。传统的自上而下的领导风格必须让位给一种新的参与式领导形式,这需要协作(Fullan,1999)。这一新的推动力是通过执行一项全国性的改革运动而产生的,该运动的基本原则是对所有学生的高期望和对教育的责任感(Marzano et al. ,2005;NPBEA,2015;Riley,2002)。

每个学生都有权接受免费的、高质量的教育(PSEL 1 – 10),学校领导者必须不遗余力地找出成绩不佳的原因,他们必须"提倡与儿童学习和发展理论、有效的教学方法和每个学生的需求相一致的教学实践"(PSEL 4C)。如果原因是教学技能不发达,则必须设计专业发展计划来解决教师的能力问题。每个学生必须公平地获得有效的教学和学习机会(PSEL3C)。教育领导者必须确保有针对性的专业发展活动,以满足个别教师的需要,并提高他们的能力,以满足他们所服务的学生的需要。如果在某一特定课程领域发现了原因,教育领导者可以通过形成性评估来确定该领域,或者为那些被认为存在智力差异的学生提供学习机会。当教育领导者以这种方式领导时,学生学习成为学校教育的根本目的(PSEL 2)。然而,为了有效地实践领导艺术并影响有意义的教学改革,他们必须将知识、专业知识和思想带到组织中,这些知识、专业技能和思想可以转化为促进学校改革程序和活动的共同愿景(PSEL 1)。

相关场景

在场景 14 中,琼斯校长负责提高一所学校的考试成绩,而这所学校的教师们都很自满,不能完全接受或理解当前的现实。他的性格、对信息来源的了解、数据收集和分析战略,以及他确定实现既定目标的业务计划和程序的能力,是变革进程中的关键因素。在处理这种情况时,必须考虑若干标准。

在场景 15 中,你可以遵循主管用来制定战略计划的过程。管理层决定加强教学和学习,并将学区的愿景传达给所有利益相关者。你会注意到华莱士主管和克拉克主任的领导行为,因为他们的工作是为了满足教育领导者的几个专业标准。

在这两种情况下,涉及若干个人的变革是尝试性的。你可能会发现,将每个变革代理遵循的步骤与介绍性材料中提出的变革策略进行比较,以及确定变革代理满足或不满足的标准,是有帮助的。

场景 14
把考试成绩提上来

标准 4

有效的教育领导者应开发和支持知识严谨和连贯的课程、教学和评价体系,以促进每个学生的学业成功和幸福。

标准 8

有效的教育领导者应以有意义、互惠和互利的方式吸引家庭和社区参与,以促进每个学生的学业成功和幸福。

新任命的东山小学校长布雷迪·琼斯离开了主管办公室,他有些困惑但很有活力。主管告诉他,他被选为东山小学校长是因为他在面试时非常重视教学,主管进一步表示,他很高兴琼斯先生接受了任务,并打算放手让他干,主管说:"把那些学生的考试成绩提上来! 既然你是校长,社区里的家长对他们的孩子抱有很高的希望,最后两位校长没有以教学为导向,他们大部分时间都花在纪律上,与约 250 名学生一起工作,这些学生被安排到了学校的天才项目;但是,我相信你们会满足所有学生的需要。"

琼斯校长想:"我当校长才两周,主管希望实施一项新的教学计划,以减少在州能力测试中不及格的学生人数。""好吧,"他说,"我接受了这份工作,现在我得去工作了。"琼斯校长去了他的办公室,他确实去上班了,但发现大多数老师都在放暑假,或者根本没空。然而,他能够联系到六个人,他们说他们有一些空闲时间,可以参加一个教学计划会议。这六名教师来自不同的年级和学科,琼斯校长认为这是一个优势。在接下来的一周里,他每天大约工作两个小时,与六位教师一起工作,审查学生记录、能力测试成绩、国家标准纪律报告、出勤记录和课程指南。周末的时候,琼斯校长向教师们表示感谢,并告知他们,他将在九月见到他们。老师们离开时,觉得东山小学要发生重大变化了。

琼斯校长回顾了过去一周收集的数据,以及教师对学生的评估报告,了解到:东山小学是一所拥有约1000名学生的大型市中心学校,学校包括幼儿园至六年级学生,四年级和六年级的学生要参加州能力测试,在过去的五年里,东山小学的分数在该学区最低,接近州的最低水平。在教学中,学生根据能力测试来分班,然后他们在教室里重新组合,进行阅读、数学、科学和社会研究的教学。

教师在学校的平均任期为15年,然而将会有三位新教师:一位教师最近搬到该学区,她上次被评为年度最佳教师,另外两名教师刚被派到学校去填补因退休而空缺的职位。学校为一至六年级每1000名学生分配40个教学岗位,为幼儿园每班25名学生分配一名幼儿园教师和一名助手。当地从预算中为一个教学职位提供资金。他的人事报告表明,有39名教师被分配到学校,有三个教师职位空缺。

学生整体情况

注册学生数,1038

	年级	年级	年级	年级	年级	年级	年级	总数
	幼儿园	一	二	三	四	五	六	
男性	10	78	83	91	92	60	65	479
女性	15	94	96	98	93	88	75	559
总数	25	172	179	189	185	148	140	1,038
非洲裔美国人	3	38	55	63	58	21	12	260
白种人	21	118	118	118	120	120	120	735
西班牙裔	1	6	6	8	7	7	8	43
总数	25	172	179	189	185	148	140	1,038

教职员工

教师有 39 人(其中白种人 33 人,非洲裔美国人 5 人,西班牙裔 1 人),平均从事教师职业 26 年,在东山小学的平均工作年限为 15 年。在过去的三年中,课程领域没有变化;但在此期间有四个教室分配发生变化,有四名教师的服务期不足三年,过去三年没有教师调动。教师评估非常出色,在过去的 10 年里,教职员工中有四次荣获州年度最佳教师。此外,所有教师都是当地工会的成员,其中工会主席的妻子教六年级的数学。

州能力测试成绩

全部阅读百分比分数

年级	2007	2008	2009	2010
二	41	44	40	40
三	60	43	46	44
四	48	57	42	41
五	61	42	52	35
六	44	54	39	42

全部语言百分比分数

年级	2007	2008	2009	2010
二	40	45	50	56
三	47	48	50	55
四	55	69	72	74
五	56	60	59	41
六	46	59	54	52

全部数学百分比分数

年级	2007	2008	2009	2010
二	34	34	39	32
三	62	50	49	50
四	42	55	43	38
五	54	54	60	44
六	48	75	56	59

入学见面会

在教师的秋季入学见面会上,琼斯校长介绍了授权式领导①的理念。他告诉教职员工,这个理念仍处于规划阶段,但他希望教职员工心中有数,了解东山小学的新动力是什么,以及如何利用这个新理念改善所有学生的教学。他说,今年夏天他曾与几位教师合作,并确定了学校的三个教学目标,但他不想在教师们有时间回顾授权式领导理念并对其实施情况进行评论之前提出这些目标。然而,他说,州能力测试分数是三个需要关注的主要问题之一。

他还告诉教师,家长、学生和社区成员需要参与所有教学计划,然后,琼斯校长要求全体教职员工在30分钟的时间内分组讨论他的言论,并提出问题和担忧。当全体教职员工重新开会时,琼斯校长提出了问题和意见。会议提供了以下内容:

数学部的沃克女士说:"我不相信我们能变革我们教数学的方式,我们的许多学生根本无法学习推理问题。"

琼斯校长回答说:"好的。"

社会研究部教师克拉克先生说:"我已经准备好变革,但是一些新理念对我来说是陌生的。我们会有足够的专业发展活动吗?"

琼斯校长回答说,主管已经告知,在目前的预算中,没有额外的专业发展资金。不过,他将为员工提供起草联邦拨款提案的时间。

社会研究部的珀尔斯女士说:"我知道今年夏天和您见面的老师没有得到报酬。这不是违反工会合同吗?"

琼斯校长回答说:"这是一个让我担心的问题,我将不得不检讨一下。"

英语部的格林女士评论说:"我喜欢我所听到的关于授权式领导的事情,但是,我不太明白我们如何能够参加所有的会议,还要整天教孩子们。"

琼斯校长回答说:"有足够的启动时间,我们可以解决这个问题。"

珀尔斯女士轻蔑地说:"是的,我们之前已经承诺过启动时间,但从未发生过。"

---

①授权式领导,即分布式领导,分配式领导。——译者注

数学部的弗兰克先生质疑道："您是否知道在这所学校上学的孩子的态度、日常纪律问题、出勤率低,以及缺乏父母的参与?我们目前正在尽我们所能,我相信这不是另一个每个人都在谈论的教育改革的另一个努力。"

琼斯校长回答说:"弗兰克先生,这些评论很有意思,我希望我们能解决您所说的一些问题。"

体育部的哈里斯女士说:"琼斯校长,我们中有三个人最近在大学完成了教学研讨会。在这些研讨会上,他们介绍给我们几种方法,我相信这些方法将加强在东山小学的教学。如果您计划成立一个教学计划委员会,我们三个人会非常愿意为您服务。"

琼斯校长说:"谢谢您,哈里斯女士!在这些评论之后,我认为现在是分发这些委员会名单并允许个人报名参加他们选择的委员会的绝佳时机。我会检查一下名单,和你们每个人单独谈谈,但现在,我们吃午饭吧。"

在一天结束的时候,琼斯校长查看他的电话留言时,他注意到他接到了工会主席要求开会的电话。

反思性思考

领导者行为的关键方面

● 学校领导者将制定一个由所有利益相关者共享的高标准愿景,必须确定、澄清和解决实现愿景的障碍。

● 学校领导者将对当前的情况负责,并鼓励教师开展实现高水平个人和组织绩效所需的工作。

● 学校领导者将鼓励对自我、学生和员工表现抱有高期望的文化氛围,并应用学习和激励理论。

● 学校领导者将掌握教学、学习和学生发展方面的知识。

● 学校领导将考虑学校多样化社区的条件和动态,多样性将因丰富学校而受到重视。

● 将向公众通报所有变革,并与教师分享有关家庭和社区问题、期望和需求的信息。

● 学校领导者将考虑与教育和教学有关的法律,他将认识到各种不同的思想、价值观和文化。

● 有关趋势和问题的交流将在学校社区之间发生,学校运营环境的潜在变化将被纳入变革过程中。

教育领导者专业标准4的要素

有效的领导者需要做到:

A.实施一套连贯的课程、教学和评价体系,以促进学校的使命、愿景和核心价值观,体现对学生学习的高期待,符合学业标准,并具有文化响应能力。

B.在年级内部和跨年级层面,使课程、教学和评价体系形成合力,促进学生的学业成功、对学习的热爱,培养学习者的个性和习惯,以及健康的自我意识。

C.提倡与儿童学习和发展理论、有效的教学方法以及每个学生的需求相一致的教学实践。

D.确保教学在智力上具有挑战性、忠实于学生体验、认可学生优点,并且体现差异化和个性化。

E.提高对科学技术的有效利用,使其为教师教学和学生学习服务。

F.应用符合儿童学习和发展理论以及测量技术标准的、有效的评价方式。

G.在技术允许的情况下,合理地运用评价数据,以掌握学生的进步程度,提升教学水平。

教育领导者专业标准8的要素

有效的领导者需要做到:

A. 易于接近,平易近人,对家庭和社区成员表达欢迎。

B. 与家庭和社区建立并维持积极、合作和富有成效的关系,以使学生受益。

C. 与家庭和社区就学校、学生、需求、问题和成就进行定期和公开的双向沟通。

E. 为学校社区创造与家庭合作的方式,以支持学生在校内外的学习。

F. 了解、重视和利用社区的文化、社会、智力和政治资源,促进学生学习和学校改进。

J. 与公共和私立部门建立并保持富有成效的伙伴关系,以促进学校改进和学生学习。

反思性问题和场景分析

1. 当琼斯校长担任校长并第一次接触东山小学的教职员工时,你将如何描述学校的能力或变革?

2. 你将如何评估琼斯校长将变革概念引入东山小学的方法?确定场景中的实例,这些实例指明了他对愿景的开发方式。

3. 如果你是类似情况下的校长,你会使用什么模型和策略来变革和解决冲突?

4. 你可以引用场景中的哪些实例来证明琼斯校长对信息源、数据收集和程序开发策略有知识和理解?

5. 琼斯校长能为教师提供哪些机会来发展协作技能?

6. 你在入学和测试数据中观察到哪些新的问题和趋势?

7. 你将使用什么方法来确定最适合东山小学的教学变革策略类型?确定你将从哪里开始并说明你的立场。

解决关键问题

评估当前条件

新校长正在进入一所有着确立已久的组织文化的学校,教师的平均任期是15年,这表明教师可能有一种"这就是我们在这里做事的方式"的态度。一项变革要求教师改变过去的做法,主要的挑战将是让教师成为领导者,采用新的教学方法,并克服希望回到以前做法的倾向。这种对变革的抵制是对文化制度的抵制,其前提是过去的做法是可靠的(Tichy & Ulrich,1984,p. 479)。学校改进的责任必须分担,以便最大限度地发挥主人翁精神和责任制,而这最有可能发生在教师理解和接受当前存在的问题的情况下。

抵制变革的根源

东山小学至少有三个抵制变革的来源。第一个是有着悠久传统的教职员工。很明显,从教师培训的评论中可以明显看出,一些教职员工并不认为有必要变革现有的教学计划。它们看起来安全可靠,或者至少满足于当前的条件。在教师接受当前教学计划不能满足所有学生的需求这一观念之前,变革将是困难的(Senge,2006)。不了解和接受现有问题的教师不太可能专注于需要完成的工作,也不认可变革带来的好处,以及在变革中达到舒适水平(Sergiovanni,1996)。

第二个阻力来源是非正式团体的力量。教职员工中至少有两个团体:一个团体教授有天赋和才华的学生,另一个团体教授传统课程,很可能还有其他团体。教授有天赋和有才华的学生的团体由于有共同的关注点而获得了权力,并且可能会抵制放弃这种权力。

当一个教职员工掌握了当前的情况,他们很难接受变革他们协助创建的教学计划(Tichy & Ulrich,1984 p. 479)。此外,只有三名教师是新来的,如果提出变革,大量教师出于必要,将需要参与专业发展计划,以获得新计划和教学实践所需的技能,他们的技术技能需要提高。

第三个阻力来自那些喜欢能力分组的教师。如果停止能力分组,这一变化将引起赞同按同等水平划分班级的教师的关注。这些人很可能成为变革进程中的限制力量。对于已经习惯了能力分组教学的教师来说,使他们的教室里出现广泛的个体差异可能是一个挑战。此外,还有一些家长支持按同等水平划分班级的概念,他们相信当他们以这种方式分班时,他们的孩子会得到最好的服务。如果进行改革,一些父母也可能成为一种抑制力量。

建立变革能力

虽然东山小学似乎需要变革,但在目前的状态下,学校没有能力进行必要的变革。三个最明显的障碍是:(1)缺乏对所需变革的清晰愿景;(2)缺乏教师对变革的支持;(3)所需专业发展的资金不足。

然而,通过努力和使用适当的策略可以发展变革能力。变革不会很快到来,相反,它需要时间完成任务,要对学生需求进行充分评估,并使人力和物力资源与这些需求保持一致。此外,校长还需要培养对学校文化的理解,要考虑到目前与学校有关联的个体的价值观、技能和激励水平,并且需要有足够的耐心让他们了解变革的必要性。

为所需的变革建立愿景

建设变革能力的第一步是为学校制定一个共同的愿景,如果将责任归于任何个体或某一年级的教师,制定一个共同的愿景的可能性很小。相反,有关学生及其家庭的相关数据必须被汇编并用于制定学校的愿景、任务和目标。从本质上讲,校长需要团结全体教职员工,发展他们之间的合作工作关系。

完成这项任务需要群体动力学①、沟通和教学计划方面的技能。在群体动力学和教学规划方面接受过培训的个体提供的帮助越多,教职员工就越愿意发展合作关系、分享愿景并促进变革的成功。

分析数据

对各年级阅读、语言和数学成绩数据的分析表明,这些课程的分数百分比等于或略低于全州平均水平。利用这些数据,从 2007 年到 2010 年只能评估第二和第三等级。在这些年里,在语言方面,学生的分数在三年级和四年级都有所提高。然而,两组五年级和六年级的成绩都有所下降,这种下降发生在 2008 年至 2009 年之间,2010 年,这些学生成绩进一步下降,这种趋势出现在语言分数中。总的来说,三年级和四年级的语言成绩趋于变好,五年级和六年级的语言成绩趋向变差。

制定计划

对测试结果的分析表明,四年级学生的阅读分数在继续下降,一直持续到六年级。他们还揭示了五、六年级学生语言成绩的倒退。因此有必要改进这两个领域的教学,所有教师都应参与改变现有方案和教学策略和/或发展新的课程理念。在填补三个空缺教师岗位时应该考虑到这个问题。通过聘用擅长教授阅读、语言和艺术、以及可以为教学改进提供领导力的教师,校长将极大地施益于学校。

总之,东山小学的新校长接受了一项非常具有挑战性的任务。然而,有了有效的规划和精通具体内容领域的个体的参与,他应该能够推动学校向前发展。当学校发生变革时,所有的角色团体都应该参与进来,有许多角色团体对东山小学发生的任何变

---

①群体动力学是由社会心理学家勒温提出的,指出群体不是个体的简单集合,而是一个动力整体,是一个系统,群体是个体的共同体。——译者注

化都有强烈的兴趣,并希望参与这一过程。因此应当建立一个学校改进团队,该团队应由来自所有相关角色团体的代表组成——教师、家长、学生、中心办公室人员和州教育教学人员。一旦组建了学校改进小组,应委托其制定学校改进计划。该计划可能包括以下要素:

1. 需求评估;

2. 共同愿景;

3. 共同使命;

4. 全校的目标和对所有学生的期望;

5. 需要修改或替换的程序列表;

6. 满足所有学生评估需求的新教学计划列表;

7. 所需专业发展计划活动清单;

8. 制定一个包括评估工具的实施计划,评估工具用于生成学生、教师和程序数据,在对教学程序进行修订时可使用这些数据。

完成初始计划过程后,团队成员应成为计划实施的合作伙伴。随着团队的建立,决策质量和接受度有可能得到提高。在变革方面与其他人合作加强了合作关系,提高了学校实现其预期目标的可能性(Fullan,2009)。

场景15
战略规划过程

标准1

有效的教育领导者应为每个学生的高质量教育、学术成功和幸福发展、倡导和制定共同的使命、愿景和核心价值观。

标准8

有效的教育领导者应以有意义、互惠和互利的方式吸引家庭和社区参与,以促进每个学生的学业成功和幸福。

2011年秋季,在克拉克先生的协调下,学区主管担任委员会成员,学区开始制定一项推动学区进入21世纪的战略计划。委员会特意挑选代表该学区多样性的个人,39名个人组成了战略规划委员会,其中一半是学区人事教师、行政人员和学生,一半是社

区成员(企业附属机构、宗教领袖、家长和市政府)。首先,他们在非常紧张的会议中几天,以确定操作程序,并邀请了一位校外顾问提供协作艺术方面的培训。委员会制定了规则,每个人都同意遵守规则,尊重个人不同意和提出不同意见的权利。在完成协作培训并制定了操作程序之后,华莱士主管就她对该学区需求的看法向委员会提出了意见,分发了有关州和国家标准与评估措施的材料,并谈到了当前教育改革中的工作重点,最后,她认可克拉克主任的领导能力,并表示支持他担任协调员。

规划委员会假定每个人的观点都很重要,每个人都有重要的作用,利用一种改进的德尔菲技术从学校社区的所有部门生成信息,以纳入战略计划。这一过程,花了几个月时间,制定了一份包含该学区核心价值观的使命宣言。委员会分发了该宣言,在继续进行战略规划进程之前寻求并得到了地区和社区的广泛接受。使命宣言如下:"箭头联合学区的使命是最大限度地教育所有学生,向他们灌输对学习的热情,并准备好以一种加强民主社会的方式追求他们的个人事业。这一使命源于委员会在全区开展的价值澄清研究中确定的价值观。研究得出以下核心价值观:

1.家庭是社会的基础,父母和社区成员应该参与教育过程。

2.所有个人都对自己的选择和行动负责。

3.每人都有价值。

4.所有个人都有持续增长和发展的能力。

5.诚实和正直是建立和维护信任和关系的核心。

6.多样性是丰富社区的力量。

7.为了共同目标而一起努力的人更有可能实现这个目标,学校应该让学生做好成为社会贡献者的准备。

为实现这一使命,规划委员会确定了到2015年要实现的五个目标:

1.提高全体学生的准备水平。

2.改善每个学校的教育成果。

3.通过提供专门针对个别学校教师需求的专业发展计划,提高全体工作人员的工作效能。

4.加强家长和社区在教育过程中的参与。

5.设计一个开放的评估过程来衡量学生的进步并做出课程决策。

在地区当局接受使命宣言后,全学区目标清单达成了一致,并在校长的领导下,为每一所学校建立了以地方为基础的委员会。委员会由行政人员、教师工作人员、学生、家长和每个当地学校社区的其他代表组成。委员会随后在每所学校内部工作,以确定与学区目标一致的地方学校目标,通过在课程、资源分配和专业发展等领域设立学校委员会,地方目标的实现得到了有效促进。

在规划过程完成后,为了促进有效的沟通,主管定期向每个委员会成员提供书面简报。此外,她每周与委员会主席举行面对面的会议,并每月与每个委员会成员举行会议。每一次由克拉克先生牵头,都有一位工作人员作一个报告,委员会和社区对此进行了全面披露。

反思性思考

领导者行为的关键方面

• 学校领导者将制定一个由所有利益相关者共享的高标准愿景,必须确定、澄清和解决实现愿景的障碍。

• 学校领导者将对学校的现状负责,并鼓励教师开展实现高水平个人和组织绩效所需的工作。

• 学校领导者将鼓励对自我、学生和员工表现抱有高期望的文化,并应用学习和激励理论。

• 学校领导者将使用数据源收集信息,分析信息,选择和实施提高学生成绩的策略。

• 学校领导者将考虑到多样性及其对教育项目和学生学习的意义。他或她将确保教职员工接受学生学习作为学校教育的基本目的,并且这一目的将是最优先考虑的。

• 学校领导者将掌握教学、学习和学生发展的知识。

• 学校领导者要充分考虑不同学校群体的条件和动态,重视多样性,因为它丰富了学校。

● 公众将随时了解所有的变革,有关家庭和社区问题、期望和需求的信息将与教师分享。

● 学校领导者将考虑与教育和教学有关的法律,他或她将认识到各种思想、价值观和文化。

● 有关发展趋势和问题的交流将在学校社区之间进行,学校运营环境的潜在变化将被纳入变革过程。

教育领导者专业标准1的要素

有效的领导者需要做到:

A. 为学校确定一项教育使命,以促进每个学生的学业成功和幸福。

B. 与学校和社区成员合作,利用相关数据,为学校制定和倡导一个愿景,该愿景致力于实现每个儿童学业和发展成功,以及促进此类成功的教学和组织实践。

C. 阐明、倡导和培育决定学校文化的核心价值观,并强调以下内容的必要性:以学生为中心的教育;对学生的高期待;服务和支持学生;公平性、包容性和社会公正;开放、包容和信任;以及持续改进。

D. 策略性地制定、实施和评估行动,以实现学校的愿景。

E. 反思学校的使命和愿景,并根据针对学校不断变化的期望和机遇,以及学生不断变化的需求和情况进行调整。

F. 在学校和社区内推动对使命、愿景和核心价值观的共同理解和投入。

G. 在学校领导的各个层面,在追求学校的使命、愿景和核心价值观方面做出示范。

教育领导者专业标准8的要素

有效的领导者需要做到:

A:易于接近,平易近人,对家庭和社区成员表达欢迎。

B:与家庭和社区建立并维持积极、合作和富有成效的关系,以使学生受益。

C:与家庭和社区就学校、学生、需求、问题和成就进行定期和公开的双向沟通。

F:了解、重视和利用社区的文化、社会、智力和政治资源,促进学生学习和学校改进。

J:与公共和私立部门建立并保持富有成效的伙伴关系,以促进学校进步和学生学习。

反思性问题和场景分析

1. 计划过程中的哪些活动符合标准1的要素?

2. 你能否引用场景中的陈述,证明华莱士主管相信将学校社区的所有成员纳入该学区的发展计划中?

3. 既然每个学校都有地方委员会,这一点反映了标准8,那么对中心工作人员的权力、作用和责任有什么影响? 是否有理由相信学生成功的主人翁精神和责任感将最大化?

4. 你将如何评估管理员、教师和社区利益相关者之间的协作程度? 规划过程是否信任那些价值观相冲突的个人和团体? 你将使用什么方法来确保利益相关者参与战略规划过程?

5. 从本章和第三章的引言部分确定理论信息,并将这些信息与场景中的段落联系起来,以验证在制定战略计划时遵循了适当的程序步骤。

解决关键问题

运用适当的风格和策略

有效的教育领导人在参与变革进程时,会对最佳实践进行调查并选择成功的学校改革模式,这些模式建议领导者应该支持合作、公开沟通、信任和共同承担责任(conley,1997),所有迹象表明,华莱士主管认同合作,并采用了参与式的领导风格。她的态度表明她尊重多样性,她也关心委员会的组成。

她的方法设计得很好,采用参与式领导方式和建立一个由不同组成的委员会是有效战略规划过程的重要特征。然而,实现模型也是至关重要的。一个人可能有一个出色的计划,但是如果没有一个由致力于计划成功的参与者所支持的实现模型,这个计划很可能很难实现,因此没有什么价值。康利(1997)报告称,成功转型的两个重要组成部分是:(1)校长和教师角色的变化,(2)所有利益相关者的承诺。

利用利益相关者的专业知识

教育领导者专业标准 4 强调教学和学习,事实上,它要求教育领导者确保教学实践在智力上具有挑战性,忠实于学生的体验,认可学生的优点,并且体现差异性和个性化(PSEL 4D)。制定教学改进计划本身不一定能达到标准 4 的要素,也不一定能对教学过程产生积极的影响,正如第六章所讨论的,还必须同时考虑决策质量和接受度。因此,有选择地参与规划过程相当于实现预期的结果。很明显,克拉克先生和主管都知道这一点,因为社区和学校人员都参与了规划过程。然而,尽管家长的参与是一个重要因素,在改善学校教育方面可能会产生巨大的效果,但他们并不是直接向儿童提供教育。另一方面,让教师以一种能够利用他们的专业知识解决影响学生学习问题的方式参与进来,对学生会产生非常积极的影响。

教师知道他们的学生都意识到有各种教他们的方法,并且能够识别和消除学习障碍。带来学区改进的主要领导力应该是通过实施变革来提升教育水平(Barth,1990),因此,通过让教师参与到新的、授权的角色即教师领导者角色,可以在教学和学习方面实现最大的好处。

使用数据明确变革

学校领导者应该有各种方法来确定课程是否有效,以及学生的各种需求是否得到满足。因此,为了获得可用于教学变革改进的数据,应经常对学生的进步和课程效果进行评估(Green,2010)。如果没有足够的数据来驱动决策,变革就不太可能被聚焦,而且最多只能成为一个有教育意义的猜想。在箭头学区,计划中缺少一个关键的项目要素,计划的评估部分应该能够识别缺少的要素。

缺失的要素

该计划从关注社区价值开始,并获得了所有利益相关者的大力支持,计划还包含了在当地学校的实施,但似乎缺少的是促进专业发展的计划。专业发展是变革效率的关键,即使许多课程设计得很好,但是如果没有有效的专业发展要素,成功的目标实现可能永远不会成为现实,因为教师可能没有实施新概念所需的技能,因此,为了取得成效,该计划必须包括专业发展要素。

综上所述,箭头学区战略计划的成功制定是艰苦努力的结果,学区内外环境中的人们也认识到,为了让学生达到课程标准,学区内的每个人都必须团结在一起。在整个过程中,领导层尊重个性和多样性,满足社区各部门的独特需求。

华莱士主管选择让克拉克主任在该学区扮演一个非常显眼的角色,具有重大责任。然后,她支持他担任这个角色,社区和克拉克主任都可以看出,主管尊重他的专业知识,相信他会采取正确的行动。尽管她履行了不少教育领导者专业标准,但非常清楚的是,她"培养包容、关爱和支持性的学校社区,以促进每个学生的学业成功和幸福"(PSEL 5)。

本章总结

在当今学校里做出变革的人需要知识、理解和承诺。他们需要了解系统、组织和个人的变革过程,了解组织利益相关者,并致力于满足所有参与者群体的需求(PSEL 10)。

变革是一个过程,而不是一个事件,它可以是计划内的或计划外的,并且可以受到组织内外力量的影响。变革过程可以分为三个步骤:(1)建立愿景,(2)确定现有程序的状态,(3)确定实现预期愿景需要做什么(Schmidt & Finnigan,1992),在采取这些步骤时,领导者或变革代理人需要对本组织的人的潜力和本组织应对变化的能力保持敏感,因为其中任何一个因素都可能对变革进程产生负面影响。

许多理论和过程都反映了学校的变化,三个值得注意的是库尔特·卢因的力场分析、钦和贝恩的经验—理性、规范—再教育和权力—强制策略,以及富兰的变革代理理论,这些理论或策略中的任何一个都可以在整个变革过程中帮助领导者。然而,在参与变革过程之前,建议教育领导者确定要进行的变革是一级变革还是二级变革,以及组织有能力进行变革的程度,如果变革的能力不存在,冲突的出现几乎是必然的。

除了评估组织的变革能力外,领导者还需要确定是通过独断式还是参与式的方式来实现变革,知道使用哪种方法会影响成功的可能性以及变革可能被接受的程度。

在一个学习型组织中，一个人不是管理一个学区；相反，一个人与其他人合作，每一个人展示自己的技能，并以合议的方式讨论他或她的立场的优点。如果期望的变革是有效的，那么领导者不仅需要影响个体去做他们不想做的事情，而且必须关注那些创造承诺和价值观的无形资产。领导者必须培养对他人的信心，并赋予他们以参与式方式做出决定的权力。在当今学校里，公平的程序和合理的实施计划是成功的关键。当领导者重视多样性，致力于促进满足所有学生需求的方案，并让所有利益相关者参与这一进程时，变革也就会根据教育领导者专业标准而进行。

付诸实践

回顾第八章中的场景，通过分析各种情况的利弊，找出几种在实际的学校情况下你可以用来解决以下与学校有关的问题的方法。把你自己投射到校长或主管的角色中，并确保为你选择的行为明确表述一个理由。

- 你刚刚被任命为一个面临成绩下降的大城市学区的主管。社区非常具有多样性，分数可以按族裔群体和社会经济地位来确定。由于学区一直享有良好的声誉因而该市能够吸引大量公司的企业总部，但目前社区变得非常不安。你被要求变革该学区的教育环境，设计能提高学生成绩的方案。描述你为实现这些目标所采取的行动，一定要在你的计划中包括各种各样的变革策略，并强调你将用来让别人接受你的想法的过程，同时尽量减少冲突。

- 概述你将用于创建和实施学校改进计划的策略，用变革理论支持你选择的策略。

了解自我

- 什么是公平？
- 你认为"为自己和他人终身学习"是什么意思？
- 你将如何决定为考试分数低于其他学生的学生提供哪些服务？

深化理解

你对孩子有什么看法？你认为学校的目的是什么？你对教学有什么看法？你对社区参与教学改进工作有什么看法？在以深思熟虑的方式解决这些问题之后，反思一下如果你在一个高度多样性的学校和社区领导一项教学改进工作，你将表现出的行为以及影响你决策的因素。

校长资格证书测验练习

多项选择题

1. 以下哪项将被视为一级变革？

(1)学校领导者变革数学教学方法。

(2)学校领导者变革学校日常的组织结构。

(3)学校领导者全面调整课程设置。

(4)学校领导者以影响新的期望和变革意图的方式对政策和程序进行重组。

2. 以下哪种理论最能帮助学校领导者就及时实施所需变革做出决定？

(1)钦和贝恩的经验—理性、规范—再教育、权力—强制变革策略

(2)富兰的变革代理理论

(3)卢因的力场分析理论

(4)豪斯的路径—目标理论

主观问答题

开发一个场景，描述在教学改进工作中形成性评估和总结性评估的使用。确定使用每种评估类型的原因，并讨论如何运用结果。

场景分析

利用本章提出的理论、概念和策略，分析附录中题为"提高毕业率"的场景，此分析将帮助你准备学校领导者许可证评估，为了便于分析，我们提出了一些反思性问题。

参考阅读

Brown,A(2012). Turn around schools:practices used by nationally recognized principals to improve student achievement in high poverty schools. Diss. University of Memphis.

Bryk,A. S. (2010). Organizing schools for improvement. Phi Delta Kappa 91(7):23 – 30.

DuFour,R,DuFour,R,Eaker,R,Many,T. (2010). Learning by doing:A handbook for professional learning communities at work. Bloomington,IN:Solution Tree.

Heath,C,& Heath,D(2010). Switch:How to change things when change is hard. New York:Broadway Books.

Trilling,B,Fadel,C. (2012). 21st century skills:Learning for life in our times. San Francisco:Jossey – Bass.

参考网站

Data – Driven Decision in Making

Manager – Administrator to Instructional Leader:Shift in the Role of the School Principal.

Productivity Improvement:Force Field Analysis

附　录

场景练习

第一章

威廉姆斯校长的领导框架

多尼埃尔·威廉姆斯刚刚被任命为博尔顿市 25 所高中之一的一所学校的校长。博尔顿市的高中大概可以平均分为两类：一类培养的学生成绩优秀、超过州和地方标准，另一类培养的学生达不到州和地方标准。威廉姆斯现年 30 岁，担任副校长三年，她已被任命为福斯特高中校长，福斯特高中属于后一类学校。福斯特高中位于市中心的三个住宅项目中，它有着悠久的历史和跨越一个世纪的传统。大多数人在这座城市表现非常出色，在政府、医药、商业和教育领域都升到了最高职位的非洲裔美国人都毕业于这所学校。和许多市中心的高中一样，福斯特建于 20 世纪 50 年代初，学生人数过于拥挤，其中男性 500 人，女性 900 人。年级结构为初三到高三。威廉姆斯在回顾学校目前的状况时发现，学生的每日出勤率为 85%，教师的每日出勤率也大致相同。教师留任率低于 90%，学生毕业率为 63%。威廉姆斯还指出，在过去三年里，有关关闭这所学校的传言在整个社区传开，引起了现有居民和校友的强烈不满。然而，没有证据表明社区组织、教会或企业参与其中。当社区利益相关者被问及学校时，他们经常回答说，他们不知道学校里发生了什么。她还提到的另外两个因素是，学生在校期间在街上游荡，学校里没有人与市民谈论学校/社区的问题。

当威廉姆斯女士第一次接到任务时，她采访了每一位教师，问他们这样的问题：您最喜欢教什么？如果您被邀请到一个规划委员会工作，该委员会的工作重点是什么？

描述一个您领导过的成功的活动。威廉姆斯女士在回顾采访笔记时发现,超过半数的教师在回答问题时表示,希望她能开展一些解决他们对学校发展方向的价值观和信念的活动。

在思考自己面临的挑战时,威廉姆斯意识到这是她第一次担任校长,为了成功,她需要帮助。不过,她认为"我有一些很好的导师,在我担任副校长一职时,我成功地完成了一些活动,这些活动需要使用创新的做法来激励教师,并获得他们的承诺。"威廉姆斯回忆说,"有一次,我想让一名学生休学,但在与该学生的父母交谈并收集了背景资料后,我意识到,需要的不是休学,而是一个新的班级安排。"然后,她回忆说,在两次不同的场合,她的导师和校长都告诫过她,在学校改善工作中,要直截了当、深思熟虑、积极主动地提出新的和创新的策略。

在她的第一次教职员工会议上,威廉姆斯女士参加了与教师的公开对话,征求他们对目前状况的意见。教职员工的发言集中在以下方面:

1. 许多学生缺乏在高中阶段发挥作用所必需的准备。

2. 教师们独立的工作方式激励着他们。

3. 家长和社区领袖对学校很少或根本不感兴趣。

4. 父母、部长们和社区的商业领袖们都希望更多地参与到与学校有关的事务中去。

5. 在教了7节课之后,教师们几乎没有时间进行专业成长或重新设计课程。

6. 社区必须认识到教师不仅有学校生活,也有家庭生活。

7. 在这所学校尝试新方法是有风险的。如果这个系统信任我,感谢我的努力,我会做得更多。

威廉姆斯校长在教职员工会议上仔细思考了一下,不禁注意到大多数教师的年龄都在45岁以上,事实上,只有四名教职员工的年龄低于30岁。她总结了几位教职员工的意见,并把它们与她收集到的其他信息结合起来,开始思考自己的领导框架。

指导

填写以下表格,以供威廉姆斯女士在福斯特高中发展领导力框架时参考。然后,写一篇合适的评论,说明你将在课堂上就这个话题进行的圆桌讨论中提出的观点,从而确立威廉姆斯的领导框架。你要按照学校领导许可证评估要求的格式撰写评论。

建立领导力框架				
场景中的关键问题	需要的领导行为	明确领导行为的标准	包含领导行为的理论	预期的结果

第二章

建立一所有效教学与学习的学校

城市小学校长保罗·威廉姆斯已被调往东切斯特中学。东切斯特中学是位于中高等级社会经济地位社区的一所新学校。由于邻近的两所学校已经超出了它们的承载能力,这所学校可以缓解这种情况。东切斯特中学的建立是为了保证学生学业的连续性。

在学校建设期间,威廉姆斯校长就已被任命为东切斯特中学的校长,并在该学区的地区办事处拥有了工作空间,并被给予一年的时间为新学校的开学进行战略规划。由于学生将从相邻的两所学校转来,这些学校的教师必然会出现过剩。学区主管允许威廉姆斯校长在规划过程中有相当大的灵活性。他被允许从以前的学校挑选人才,制定教育规范,建立领导团队,规划课程,为学校创造愿景和使命。此外,主管还向他提供资金以便执行规划进程。

指导

当你在阅读上述文本的过程中,你的任务是为东切斯特中学的开设和运营制定一个计划。本书每一章的内容都将在这个过程中帮到你。此外,该计划还应在音乐教育中反映教育领导者专业标准的每一个要素。你的教授有一个为这次作业设计的原型,需要时,你可以和他或她核对一下,把你的计划和原型与之进行比较。此外,每个章节中场景的关键要素可以为你提供帮助。现在你可以在学习专业实践理论的同时实践领导艺术。

第三章

新来的四年级老师

威廉姆斯女士担任杰克逊维尔小学校长已有 15 年,她是一位经验丰富的校长,明白让她的教职员工参与选拔和培训新员工的好处。就在学年结束前三周,学校注册主任向她提供了下一学年的预计入学人数。根据提供的数字,她将额外需要一名四年级教师。目前,四年级由三名教师组成,每名教师都有自己的风格,他们之间很少有合作教学或互动。

根据她的参与实践方式,威廉姆斯女士告诉教师们,还需要一名四年级的教师,她希望他们参与选拔过程。她还请其中一人自愿为这位新聘教师担任导师。目前的四年级教师对新职位以及新职位如何影响他们的年级水平、甚至是否被纳入选拔过程都不感兴趣。每位教师都给出了不愿意接受这项任务的理由。一位教师说:"明年我要组织和维护一个计算机俱乐部,所以我没有时间。"另一位教师说:"明年我要举办一个全纳班,我也会有一个实习教师。"第三位教师说:"我被分配了'家长之夜',这项活动的计划真的将会花费很多额外的时间。"

考虑到这种情况,威廉姆斯女士回答说:"所有四年级的教师都将加入评选委员会,我将检查每个人的义务,并指派你们其中一人担任新来教师的导师。"虽然她尊重现有教员的意愿,但她确实需要一位导师来指导即将上任的教师;因此,她行使她的权力,以实施她一个有效的领导理念。选拔过程开始了,在三周内,这个职位就被填补了,虽然四年级的每一位教师都有理由不主动接受指导新教师的承诺,但其中一位教师还是接到了任务。接到任务的教师对校长的决定不满意,然而他还是同意指导这位新教师。

新学年开始时,指定的四年级指导教师和新聘教师一起工作。新来的教师已经熟悉了学校的政策、时间表、活动和程序。威廉姆斯女士意识到,这位资深教师缺乏指导新教师的动力,因此她密切监督整个过程,并经常停下来检查指导工作进展得如何。

反思性问题

1. 确定几个因素,作为描述四年级教师现状的基础。

2. 在杰克逊维尔小学,可能会发生什么情况影响教师们抵制加入选拔委员会和指导新同事?

3. 哪种成人学习和专业发展模式最能说明这种情况下需要采取的行动?

4. 确定威廉姆斯女士在不直接分配任务的情况下,可能用来影响教师参与的系统性、组织性和个人变化过程。

5. 运用弗洛姆—耶顿模型,从理论上解释为什么威廉姆斯女士应该关心她所做的决定。此外,引用最适用的决策规则。

6. 威廉姆斯女士可以做出哪些长期的规定来维持一个有效的指导计划?

第四章

备受赞誉的教练

杰克·布拉德利是位于蓝岭县农村地区的中心高中知名的、备受赞誉的篮球教练和体育部主任。布拉德利在过去 15 年里一直担任这支篮球队的教练。在此期间,他在学校和社区内培养了一种凝聚力和自豪感。此外,篮球队一直是中心高中的资金筹集者,它为一个最先进的健身房筹集资金,配备了理疗师、康复室和健身房。

自从詹姆斯·布莱克三年前担任中心高中校长以来,一直与布拉德利保持着疏离的关系。事实上,布莱克似乎与他的大多数员工都相当疏远,当社区领导人直接与布拉德利讨论学校相关问题,而不是直接与他沟通时,他似乎有点恼火。

周日下午,布莱克在家里接到一个电话,得知布拉德利在周五晚上的篮球赛结束后开车送了三个女孩回家,因为她们的车发动不了。据报道,当他把最后两个女孩送到的时候,他把凯莉·威廉姆斯拉回车里,在她的脸颊上亲了一下,另一位年轻女孩显然目睹了这一切,并告诉了她们的一些朋友。布莱克先生不敢相信他所听到的。

截至周三,调查已经展开,所有相关人员都接受了采访,包括布拉德利。令布莱克先生吃惊的是,那件事确实发生了,通过调查,他还了解到,这不是布拉德利第一次涉嫌与女学生调情。

星期四晚上,布莱克先生在当地的一家餐馆里与主管见面,讨论最近发生在学校里的事情。他们关系很好,因为他们在另一个地区一起工作过。布莱克先生一边说,一边用了"终止"、"停职"和"解雇"等字眼。布拉德利教练的一些朋友碰巧在餐馆里听到了他们的谈话。在谈话中,布拉德利教练的一个朋友找了个借口出去给布拉德利教练打电话。到了周日晚上,整个社区都听说了布拉德利教练被解雇的可怕消息,而在接下来的周一,一场大骚动正在酝酿之中,教练冲进校长办公室,指责布莱克解雇了他。校长既不否认也不证实谣言,在两人进行了几次对抗性的谈话后,布拉德利教练怒气冲冲地走出了办公室,他临别时说:"好吧,你看着办吧!"

反思性问题

1. 接下来布莱克校长应该做什么?

2. 回顾 215 – 216 页的每个冲突模型,并描述每个模型在处理场景中的问题时的阻碍因素和促成因素。

3. 选择用于解决此问题的冲突模型,并解释为什么要使用该模型。

第五章

醉酒的副校长

校长、副校长、学校辅导员和英语教师正等着为一名因威胁英语教师而被停学的学生举行纪律听证会。在等待警察和中心行政部门的代表时,在场的人开始非正式地讨论有关事件的问题。当副校长(处理该事件的行政人员)开始说话时,校长发现她的呼吸中有酒精气味,心想:"哦,不,不要再这样了。"副校长有酗酒史,校长告诉她,如果再发生一起,她就会受到纪律处分,甚至可能被开除。

随着每一次陈述的进行,副校长的说话方式变得越来越快,越来越不理性。校长用一种非常从容和克制的声音问她是否还好,她点头并向他竖起大拇指,表示她还好。然而,校长对她的行为感到不舒服,建议到外面和她谈谈。副校长很生气,因为校长要她到外面去和她说话,所以她回答说:"难道不能等到听证会之后再谈吗?"她感觉到他注意到了她的行为,于是她试着说得更清楚些。这时,其他参加纪律听证会的人也陆续来到。校长看了看副校长,小声警告她,如果她真的在喝酒,他就别无他法,只能让她停职。他继续说道:"在这种情况下参加一个会议让学校和我都处于非常困难的境地。"随着听证会的进行,副校长双臂交叉于胸前,除了不情愿地回答校长提出的问题外,没有提供任何信息。

反思性问题

1. 如果可以的话,校长接下来应该做什么?

2. 校长在处理有关情况时应考虑哪些因素?

3. 有效或无效的沟通如何影响副校长和校长的行为。

4. 你会如何处理这种情况?解释你的反应。

第六章

在爱乐高中解决问题和做出决定

在爱乐高中,一名遭到性侵的女学生被扶到了校长办公室对面的护士室。目击事件的小组报告说,女学生的脸受伤了,显然她受到了性侵犯。此外,一名学生因为他正在进行的一个学校项目而携带了一架摄影机,将这一事件录了下来。在知道教职员工被传唤后,涉嫌侵犯的男孩们包括带着照相机的男孩都逃走了。

这个被认为有发育障碍的女孩向一名特殊教育教师报告了这起袭击事件,教师说这名女孩"面色茫然,神志不清,还在哭泣"。校长很快咨询了她的三位副校长,并下令学校停课,指示团队所有成员都去寻找录像带。虽然州法律要求学校官员将此类事件通知警方,但为了避免媒体的关注,夏普校长没有给他们打电话。然而,她指示护士联系女孩的父亲,当这位父亲到达爱乐高中时,他想拨打911,但被要求不要这样做。由于无法理解这一要求,这位父亲报了警。学校官员告诉调查人员,他们已经收到了涉及这些男女学生的其他性事件的报告。

反思性问题

1. 你如何描述夏普校长的领导行为?

2. 夏普校长在应付这种性质的情况时,应考虑哪些因素?

3. 你会如何处理这种情况?

4. 优先考虑你本应该采取的行动。

5. 在这种情况下采取行动的潜在后果是什么?

第七章

没有毕业的学生代表

5 月 22 日,作为山脊市最大的内城区高中校长,卡恩斯女士坐在办公室里准备向 2007 届毕业班发表演讲。突然,她的门打开了,杰威尔女士走了进来,她是学校高三的新手辅导员,她非常沮丧,因为学校致告别辞的学生代表没有通过她的部分能力考试。 4 月初,学校辅导员告诉这位年轻女士,根据她 4.0 的平均成绩点数,她将成为毕业班致告别辞的学生代表。当时,杰威尔女士认为这位年轻的女士已经通过了她所有的考试。

五月中旬,克莉丝汀·米勒,这位焦虑、兴奋、自豪地将要致告别辞的学生代表发出了她的邀请函,订购了她的毕业礼服,高兴地选择了她父母曾自豪地答应给她买的那辆车。她所有的亲戚朋友都在为参加毕业典礼做准备,仪式结束后,克莉丝汀的父母将在该市最高档的俱乐部之一为她举办了一场派对。5 月 19 日,克里斯汀·米勒和杰威尔女士被叫到校长办公室。他们认真地解释说,她没有通过部分能力考试,他们不能让她致告别辞。她气得开始在校长的垃圾桶里呕吐,他们尽一切可能使米勒平静下来,他们把米勒留在办公室直到她父母来。消息一传到她父母那里,情况就更糟了。学校官员接管了局面,把所有人送回家。毕业前两天,卡恩斯女士正在看晚间新闻。令她惊讶的是,她成为头条新闻:学校校长剥夺了最优秀毕业生毕业典礼上致辞的资格,她继续看着自己的名字和声誉被人们诟骂。

反思性问题

1. 校长接下来应该做什么?

2. 校长应该采取什么行动来应对这种情况?

3. 参考 210 页的"个人如何应对冲突"这一部分,描述校长、学校辅导员克里斯汀和米勒的父母对冲突的反应。

4. 你会如何处理这种情况？对你的行为做出解释。

第八章

提高毕业率

狄龙—布里斯高中 2012 届毕业班人数仅占 2008 年进入九年级新生的 38.6%。在 61.4% 的未毕业学生中，超过 50% 的人在 2008 年至 2012 年间辍学。在此期间，整体升学率为 66.7%；在 61.4% 的未毕业学生中，超过 50% 的人中途退学。

2008 年，共有 328 名学生进入初三，其中男生 159 名，女生 169 名。在这些学生中，有 100 名年龄超过年级水平至少 2 岁，55 名接受特殊教育，造成学生超龄的原因包括失败、自动升级①和特殊教育学生，这些学生是根据他们的个性化教育计划进行评估的。特殊教育项目包括有学习障碍、自闭症、情感障碍或可教育的智力障碍的学生，以及注意力缺陷障碍或注意力缺陷多动障碍的学生。

进入初三的超龄学生人数继续上升，这是由于那些被留级多次的学生得到了自动升级。因此，许多进入狄龙—布里斯高中的学生并不了解参加考试的重要性，以及取得令人满意的成绩与获得卡内基学分②之间的关系。从本质上讲，许多学生不明白，如果他们没有达到要求的学分，他们就不能通过考试。

学校管理机构由一名校长及三名副校长组成。学校有两名专业辅导员，其中一名

---

①自动升级就是允许没有达到年级成绩标准的学生无条件地升级、与班里其他同学同样进度地学习下一年的新课程。自动升级是年级制的产物，有了年级制学校，也就必然有升级与留级之分。20 世纪 50—60 年代的民权运动深刻地影响了美国人的生活和观念，中小学生留级问题由于折射了教育的不平等而成为批判的靶子。人们认为，留级打击了儿童的自尊心，对留级儿童今后的发展带来负面影响。"教育公平"是这个时期教育的主旋律。到了 20 世纪 70 年代，尽管有些学生未能掌握所学课业，但是考虑到社会影响，让学业困难的学生自动升级是当时美国学校的普遍做法。参见：Lisa J. Bowman. Grade Retention：Is It a Help or Hindrance to Student Academic Success ［J］. Preventing School Failure,2005,49(3):43.——译者注

②卡内基学分是指美国计量中学课程学习量的一种单位。一门课程在一学年中进行不少于 120 小时课堂教学为 1 学分。四年制高中的学生一般须取得 16 个卡内基学分才能毕业，这也是进入高等学校的必要条件。卡内基学分由卡内基教学促进基金会 1908 年提出。参见：顾明远.教育大辞典：上海教育出版社,1998 年。——译者注

因为生病已经缺席了好几个星期。教师大多是经验丰富的教育者,拥有 10 年以上的教学经验,他们为来自毒品泛滥、社会经济问题严重的社区学生实施传统课程,这些社区要求学校免费为 85% 以上的学生提供早餐和午餐。

2012 年 4 月,学校对家长、学生和教师进行了一项学校氛围调查。对家长的调查结果显示,57% 的受访者没有参加任何学校组织或为家长举办的讲习班,只有 44.63% 的学生表示他们觉得教师做得很好。学生对教师工作表现的感觉(44.63%)与毕业率(38.6%)有很强的相关性。

78% 的教师回答说他们知道校长对他们的期望,49% 的人表示他们在学校感到安全,57.8% 的受访者表示,大部分时间教师们互相帮助,互相支持。在分析教师对改善学校和学习文化问题的回答时,只有 59% 的教师认为存在积极的学习文化,46% 表示与学校/家庭/社区有联系,87% 的教师表示,教师共同承担领导角色,90% 的学生表示他们的学习目标是一致的。然而,只有 50% 的教师表示正在实施有目的的学生评估,83% 的教师认为他们的教学是有效的,92% 的教师认为课程是协调和平衡的。

在工作人员发展方面,已经开展了培训以解决薄弱环节,包括有效利用技术创造新的学习机会和促进学生的成绩,提供这种培训的决策是管理部门提意见的结果。在大多数教职员工会议上,管理部门都会提醒教职员工,一个与课程紧密相连、计划周密、持续不断的专业发展项目,对学生能否在 21 世纪取得进步至关重要。

2012 年的毕业典礼是彻底的失败,虽然学生们表现良好,然而由于不明原因,演讲者受到家长和社区成员的骚扰。从那时起,校长就承受着相当大的压力,要降低辍学率,提高学业成绩,提高毕业率。他相信变革的能力是存在的,但他不确定哪种创新会有效。他确信,任何改革举措都需要教师和社区的支持和参与。此外,校长还必须与《不让一个孩子掉队》法案和各州在毕业率、出勤率等方面的标准进行竞争。

反思性问题

1. 你如何描述校长所面临的挑战?

2. 哪些问题/事件可能导致了目前的事态?

3. 描述一个可以实施的变革计划,以大幅度降低辍学率和提高毕业率。

4. 确定任何可能被建议的变革倡议的促成力量和阻碍力量。

5. 描述用于收集和分析额外数据的过程。

6. 一个学校领导者可能会用什么理论来制定一个变革倡议的理论框架？

7. 外部环境的文化如何影响内部转型过程？

8. 描述学校领导者应该塑造的行为，并确定指导该行为的标准。

9. 在面临这些挑战的学校里，哪种沟通方式最有效？为你的选择提供一个详细的理由。

第八章

评估学生在中心城市高中的成绩

亚当斯先生担任校长的第一年是 1999 - 2000 学年，他成为中心城市高中的校长。中心城市高中有 1500 名初三到高三的学生，位于城市的大都市区。当亚当斯先生接受这项任务时，这所高中的学生成绩与系统中的其他高中相比处于中等水平。中心城市高中的人口为 85% 的非洲裔美国人，10% 的白人，4% 的西班牙裔和 1% 的亚裔。学校免费午餐和减价午餐的比例为 85%，这使其成为一所公益学校。

2000 年 7 月，也就是亚当斯先生任校长第一年的那个夏天，州教育部门通知他，中心城市高中在 2000 - 2001 学年被"警告"，如果学校没有任何改善，它将被"留作试用"。州问责模式要求按照以下标准"警告"高中：

●成绩标准——代数I课程结束时的成绩水平、高二写作和美国大学入学考试（ACT①）综合成绩：被列入"名单"的学校在这两个或两个以上领域的成绩低于平均水平。

●增长要素

1. 增值（达到预期目标）。

2. 通过减少低于平均水平的学生人数/百分比来缩小成绩差距。

3. 减少辍学率的积极趋势：被列入"名单"的学校未能满足一个或多个增长因素。

---

①ACT（American College Test），即美国大学入学考试，为美国各大学申请入学的重要参考条件之一。——译者注

在两年的试行期后,没有任何改善的学校将被州政府接管。

亚当斯先生认为学校被"警告"是因为:(1)代数Ⅰ入学考试和高二写作考试成绩低于平均水平;(2)辍学率无下降趋势。亚当斯先生通知了所有的教师,并与代数Ⅰ和高二英语教师举行了几次会议,以提供支持并讨论问题。

不幸的是,在2001年9月,亚当斯先生被告知,中心城市高中没有任何改善,并处于"试行期"。亚当斯仔细查看了数据后发现,虽然代数Ⅰ入学考试的总失败率为49%,但如果将数据按标准班和优等生班分类,情况就大不相同了。43%的标准班学生的标准代数Ⅰ不及格,而只有5%的荣誉班学生荣誉代数Ⅰ①不及格。

亚当斯先生了解到的其他情况如下:

	标准代数Ⅰ	荣誉代数Ⅰ
就读初三学生	360	90
就读高一学生	100	0
在校学生总数	460	90
通过入学考试	198	85
及格率	57.0%	94.4%
未通过入学考试	262	5
不及格率	43.0%	5.6%

该校代数Ⅰ的平均不及格率为28%,这意味着今年大约有154名学生将不能通过代数Ⅰ课程。如果这一平均值成立,那么大约有113名学生代数Ⅰ只是及格而无法通过代数Ⅰ入学考试。亚当斯先生开始分析更多的数据,并了解到有两个荣誉代数老师,即布朗先生和怀特先生。怀特先生今天余下的时间里要教一门荣誉代数Ⅰ和一门

①这里的荣誉代数Ⅰ指的是荣誉班开设的代数Ⅰ课程。大多数美国高中的课程按难易程度分为普通班(Regular Class,也称为标准班)、荣誉班(Honor Class,也即优等生班)和AP课程班(Advanced Placement),课程按难度分为三级:Regular(基础)——基础课程,难度较为简单;Honor(荣誉)——难度在regular之上,在大多数的课程中honor和regular学习相同的知识点,只是honor对于每个知识点讲得更加深入,且考试难度较大。AP(大学基础课程)——难度在honor之上,以美国大学一二年级的教材为基础,对于学生的阅读分析能力要求较大。荣誉课程是美国特有的区别于标准课程的一种课程形式。——译者注

几何课,而布朗先生要教两门荣誉代数Ⅰ和三门标准代数Ⅰ课程。他的普通班学生通过代数Ⅰ入学考试的比例与其他任何标准代数Ⅰ班级的学生没有什么不同,其他老师的情况是:琼斯教五个班,威廉姆斯教五个班,克拉克教三个班。亚当斯先生还注意到,布朗先生的荣誉代数Ⅰ班通过代数Ⅰ入学考试的比例低于其他荣誉代数Ⅰ班。

写作考试的结果也是一样:标准英语班和荣誉英语班的通过率相差很大。

	高二标准英语	高三荣誉英语
学生数	304	76
写作及格	192	72
及格率	63.2%	94.7%
写作不及格	112	4
不及格率	36.8%	5.3%

亚当斯先生决定按老师来进行数据分类;格林老师教所有三个高二荣誉英语和两个高二标准英语。数据显示,在她的标准班学生中,通过高二写作考试的比例高于其他老师的标准班学生。

标准英语 11 和写作考试的数据分类

	格林	米勒	史密斯
班级数	2	5	3
学生数	60	150	94
写作合格学生	48	90	54
及格率	80.0%	60.0%	57.0%
写作不及格学生	12	60	40
不及格率	20.0%	40.0%	43.0%

报纸一直在分析那些连续第二年上榜的学校,因为在第三年之后,这所学校将被州政府接管。忧心忡忡的家长和社区成员给学校办公室打来电话。亚当斯先生甚至让一些家长考虑把他们的学生转到一所可选学校或郡立学校①,以获得更好的教育;一

---

①郡立学校,地方教育管理机构拥有这类学校的土地及校舍,并对学校的人事任免和入学要求有决定权。——译者注

些家长只是想让他们的孩子转到其他教师那里。

校长该怎么做?

反思性问题

1. 你如何描述学校现有情况的原因?

2. 这个场景中的关键问题是什么?

3. 有哪些教学策略可以用来提高所有学生群体的学习成绩?

4. 确定你将使用的领导方法,以显示领导者的行为是公平和公平的。

5. 按顺序列出你将采取的步骤,以避免学校被州政府接管。

参考文献

导论

Frye, B, O'Neill, K, & Bottoms, G. (2006). *Schools can't wait: Accelerating the redesign of university principal preparation programs.* Atlanta, GA: Southern Regional Education Board and the Wallace Foundation.

Hoy, W. K. , & Tarter, J. C (2007). *Administrators solving the problem of practice: Decision – making concepts, cases, and consequences* (3rd ed.). New York: Pearson.

Leithwood, K, & Jantzi, D. (2008), Linking leadership to student learning: The contributions of leader efficacy. *Educational Administration Quarterly*, 44(4), 496 – 528.

Levine, A. (2005). *Educating school leaders.* Washington, DC: The Education Schools Project.

Merseth, K. (1997). *Case studies in educational administration.* New York: Longman.

Murphy, J. (2006). *Preparing school leaders: A defining research and action agenda.* Lanham, MD: Rowman & Littlefield.

Murphy, J. & Hallinger, P. (1993). *Restructuring schooling: Learning from ongoing efforts.* Newbury Park, CA: Corwin.

Richmon, M. J. , & Allison, D. J. (2003). Toward a conceptual framework for leadership inquiry. *Educational Management and Administration*, 31(1),31 – 50.

Sergiovanni, T. , &Green, R. (2015). *The principalship: A reflective practice perspective.* Upper Saddle River, NJ: Pearson Education, Inc.

Wallace Foundation. (2014). *Quality measures: Partnership effectiveness continuum.* New York. Author.

Wilson, R. (2006). *The effects of one leadership training program on behavioral and skill change in community college division chairs and other organizational leaders* (Dissertation). The University of Nebraska – Lincoln. Nebraska.

Zintz, A. (2004). *Leadership, inquiry, and innovation.* Princeton, NJ: Institute for Inquiring Leadership.

第一章

Battle, D. (2015). *An analysis of the leadership behaviors of national institute for school leadership executive development graduates* (Dissertation). The University of Memphis, Tennessee.

Council of Chief State School Officers. (1997). Interstate school leaders licensure consortium standards for schools. Washington, DC: Author.

Council of Chief State School Officers. (2006). *Updating educational leadership professional standards in a changing public education environment: A request for the support of the national policy board for educational administration(NPBEA) to update the national standards(ISLLC and ELCC) for school leaders.* Washington, DC: Author.

Council of Chief State School Officers. (2008). *Performance expectations and indicators for education leaders: ISLLC – based models for education leadership.* Retrieved from www. ccsso. org/ publications/details. cfm? PublicationID = 367.

Crane, D. N. (2012). *The relationship between leadership behavior, the thirteen core competencies, and teacher job satisfaction* (Dissertation). The University of Memphis, Tennessee.

Darling – Hammond, L. , LaPointe, M. , Meyerson, D. , Orr. M. T. , & Cohen, C. (2007). *Preparing school leaders for a changing world: Lessons from exemplary leadership development programs.* Stanford, CA: Stanford University, Stanford Educational Leadership Institute.

Davis, S. , Darling – Hammond, L, LaPointe, M. , & Meyerson, D. (2007). *Developing successful principals.* Stanford, CA: Stanford Educational Leadership Institute.

DuFour, R. (2003). Building a professional learning community. *School Administrator,* 60(5),13 – 18.

DuFour, R. , & Eaker, R. , L. (1998). *Professional learning communities at work: Best practices for enhancing student achievement.* Bloomington, IN: National Education Service.

DuFour, R. , DuFour R. , Eaker, R. , & Many, T. (2010). *Learning by doing: A handbook for professional learning communities at work* (2nd ed.). Bloomington, IN: Solution Tree.

Educational Leadership Policy Standards, © Copyright 2010 National Governors Association Center for Best Practices and Council of Chief State School Officers. All rights reserved.

Educational Leadership Policy Standards, Interstate School Leaders Licensure Consortium, 2008, as adopted by the National Policy Board for Educational Administration (NPBEA). Washington, DC: Author.

Educational Testing Service. (2016). *The school leadership series.* Princeton, NJ: Author.

Farmer, E. (2010). *The perception of teachers and principals on leaders behavior informed thirteen core competencies and its relationship to teacher motivation* (Unpublished doctoral dissertation). University of Memphis, Tennessee.

Frye, B, O'Neill, K. , & Bottoms, G. (2006). *Schools can't wait: Accelerating the redesign of university principal preparation programs.* Atlanta, GA: Southern Regional Education Board and the Wallace Foundation.

Green, R. L. (2006). *Leadership behavior inventory.* Memphis, TN: University of Memphis.

Green, R, Fee, C. , & Diaz, B. (n. d.). *Standards informing leadership preparation* (Unpublished report). University of Memphis, Tennessee.

Instructions to Implement Standards for Advanced Programs in Educational Leadership. (2002), National Policy Board for Educational Administration.

Kouzes, J. M, & Posner, B. Z. (2012). *The leadership challenge: How to make ex-*

traordinary things happen in organizations (5th ed.). San Francisco, CA: Jossey – Bass.

Lashway, L. (1999). Preparing school leaders: Research roundup. *National Association of Elementary School Principals*, 15(3), 1 – 4.

Leithwood, K. , Seashore, K. , Anderson, S. , & Wahlstrom, K. (2004). *Review of research: How leadership influences student learning.* Minneapolis, MN: University of Minnesota, Center for Applied Research and Educational Improvement.

Mai, R. (2004). Leadership for school improvement: Cues from organizational learning and renewal efforts, *Education Forum*, 68(3), 211 – 221.

Marzano, R. J. (2003). *What works in schools: Translating research into action.* Alexandria, VA: Association for Supervision and Curriculum Development

Maxwell, J. (2005). *The 360 degree leader: Developing your influence from anywhere in the organization.* Nashville, TN: Thomas Nelson.

National Policy Board for Educational Administration(NPBEA). (2002). *Standards for advanced programs in educational leadership for principals, superintendents, curriculum directors, and supervisors.* Arlington, VA: Author.

National Policy Board for Educational Administration(NPBEA). (2008). *Instructions to implement standards for advancement in educational leadership for principals, superintendents, curriculum directors, and supervisors.* Arlington, VA: Author.

National Policy Board for Educational Administration(NPBEA). (2015). *Professional Standards for Educational Leaders.* Arlington, VA: Author.

Reeves, D. B. (2002). *The leader's guide to standards: A blueprint for educational excellence and equity.* San Francisco, CA: Jossey – Bass.

Riley, R. (2002). Educational reform through standards and partnerships, 1993 – 2000. *Phi Delta Kappa*, 83(9), 700.

Routman, R. (2012). Mapping a pathway to schoolwide highly effective teaching. *Phi Delta Kappan*, 93(5), 56 – 61.

Sergiovanni, T, & Green, R. (2015). *The principalship: A reflective practice perspective. Upper Saddle River, NJ: Pearson Education, Inc.*

Strategic Initiatives of NPBEA Board. Retrieved from http://www. npbea. org/

Wallace Foundation. (2012). *The making of the principal: Five lessons in leadership training. Perspective.* New York: Author.

Wallace Foundation. (2013). *The school principal as leader: Guiding schools to better teaching and learning. Perspective*(Expanded ed.) New York: Author.

Williams, A. (2011). A call for change: Narrowing the achievement gap between white and minority students. *The Clearing House: A Journal of Educational Strategies, Issues, and Ideas* 84(2),65 – 71.

第二章

Cartwright, D. , & Zander, A. (1968). *Group dynamics: Research and theory* (3rd ed.) New York: Harper & Row.

Barth, R. S. (1990). *Improving schools from within: Teachers, Parents, and principals can make the difference.* San Francisco, CA: Jossey – Bass.

Bass, B. M. (1985). *Leadership and performance beyond expectation.* New York, NY: Free Press.

Bass, B. M. (2005). *Transformational leadership*(2nd ed.). Mahwah,NJ: Erlbaum.

Bass, B. , & Avolio, J. (1994). *Improving organizational effectiveness through transformational leadership.* Thousand Oaks, CA: Sage.

Bennis, W. (1995a). The art form of leadership. In T. Wren(Ed.), *The leader's companion: Insights on leadership through the ages* (pp. 377 – 378). New York: Free Press.

Blake,R. R. ,& Mouton, J. S. (1985). *The managerial grid* Ⅲ: *The key to leadership excellence.* Houston, TX: Gulf.

Bryk, A. S. (2010). *Organizing schools for improvement: Lessons from Chicago.* Chicago, IL: University of Chicago Press.

Burns, J. M. (1978). *Leadership.* New York: Harper.

Ciancutti, A, & Steding, T. (2001). *Built on trust: Gaining competitive advantage in any organization.* Chicago, IL: Contemporary Books.

Collins, J. (2001). *Good to great: why some companies make the leap. . . and others don't.* New York: HarperCollins.

Combs, A. W. (1974). Humanistic goals of education in educational accountability: A humanistic perspective. San Francisco CA: Shields。

Daft, R. (1999). *Leadership: Theory and practice.* Fort Worth, TX: Harcourt College.

Deal, T. E., & Peterson, K. D. (1998). How leaders influence the culture of schools. *Educational Leadership*, 56(1), 28 – 30.

Deal, T. E., & Peterson, K. D. (2009). *Shaping school culture: pitfalls, paradoxes, and promises.* San Francisco, CA: Jossey – Bass.

Despain, J., & Converse, J. (2003). . . . *And dignity for all: Unlocking greatness with values – based leadership.* Upper Saddle River, NJ: Pearson Education.

DuFour, R., DuFour, R., Eaker, R., & Many, T. (2010). *Learning by doing: A handbook for professional learning communities at work* (2nd ed.) Bloomington, IN: Solution Tree.

Educational Leadership Policy Standards, © Copyright 2010 National Governors Association Center for Best Practices and Council of Chief State School Officers. All rights reserved.

Elmore, R. (2003). *Knowing the right thing to do: School improvement and performance – based accountability.* Washington, DC: NGA Center for Best Practices.

Evans, R. (2001). *The human side of school change: Reform, resistance, and the real – life problems of innovation.* San Francisco, CA: Jossey – Bass.

Fiedler, F. E. (1967). *A theory of leadership effectiveness.* New York: McGraw – Hill.

French, J. R. (1993). *A formal theory of social power.* New York: Irvington.

Fullan, M. G. (1993). *Change forces.* New York: Falmer Press.

Fullan, M. G. (2002). The change leader. *Educational Leadership*, 59(8),16 – 20.

Gardner, J. (1993). *On leadership.* New York: Free Press.

Getzels, J. W. , & Guba, E. G. (1957). Social behavior and the administrative process. *School Review*, 65, 423 – 441.

Getzels, J. W. , Lipham, J. M. , & Campbell, R. F. (1968). *Educational adminis-tration as a social process.* New York: Harper & Row.

Gibbs, C. A. (1954). Leadership. In G. Lindzey(Ed.), *Hand book of social psychol-ogy* (Vol 2, pp. 877 – 920). Reading, MA: Addison – Wesley.

Goleman, D. (2006). The socially intelligent leader. *Educational Leadership*, 64(1), 76 – 81.

Green, R. L. (2010). *The four dimensions of principal leadership: A framework for leading 21st century schools.* Boston, MA: Allyn & Bacon.

Green, R. L. , & Cooper, T. (2012/2013). An identification of the most preferred dis-positions of effective school leaders. *National Forum of Applied Educational Research Journal* 26 (1 & 2), 55 – 76.

Halpin, A. W. (1966). *Theory and research in administration.* New York: Macmillan.

Hanson, M. (2002). *Educational administration and organizational behavior* (5th ed.). Needham Heights, MA: Allyn& Bacon.

Hersey, P. , & Blanchard, K. H. (1996). *Management of organizational behavior: U-tilizing human resources*(7th ed.). Upper Saddle River, NJ: Prentice Hall.

Hersey, P. , & Blanchard, K. H. (2012). *Management of organizational behavior: Leading human resources*(10th ed.). Upper Saddle River, NJ: Prentice Hall.

Hersey, P. , Blanchard, K. H. , & Natemeyer, W. E. (1979). Situational leadership, perception, and the impact of power. *Group & Organization Management*, 4(4), 418 – 428.

Horton, L. D. H. , Green, R. L. , & Duncan, B. (2009). The usage of the Southern

Regional Education Board(SREB)'s critical success factors in developing teacher leaders to assume instructional leadership responsibilities. *International Journal of Teacher Leadership*, 2(2), 69 – 88.

House, R. J. (1971). A path – goal theory of leader effectiveness. *Administrative Science Quarterly*, *16*, 331 – 333.

Kirkpatrick, S. A., Locke, E. A. (1991). Leadership: Do traits matter? *Academy of Management Executive*, 5(2),48 – 60.

Lashway, L. (2002). *Developing instructional leaders.* Eugene, OR: ERIC Clearinghouse on Educational Management.

Lewin, K., Lippitt, R., & White, R. K. (1939). Patterns of aggressive behavior in experimentally created "social climates" *Journal of Science Psychology*, 10, 271 – 299.

Lezotte, L. (1997). *Learning for all.* Okemos, MI: Effective Schools Products.

Likert, R. (1961). *New patterns of management.* New York: McGraw – Hill.

Likert, R. (1967). *The human organization: Its management and value.* New York: McGraw – Hill.

Lunenberg, F. C., & Ornstein, A. C. (2004). *Educational administration: Concepts and practices.* Belmont, CA: Wadsworth.

Marzano, R. J., Waters, T., & McNulty, B. A. (2005). *School leadership that works: From research to results.* Alexandria, VA: Association for Supervision and Curriculum Development.

Maxwell, J. C. (2005). *The 360 degree leader: Developing your influence from anywhere in the organization*, Nashville, TN: Thomas Nelson.

Mintzberg, H. (1983). *Power in and around organizations*, Englewood Cliffs, NJ: Prentice – Hall.

Mintzberg, H. (1995). *Visionary leadership: Creating a compelling sense of direction for your organization.* San Francisco, CA: Jossey – Bass.

National Council for Accreditation of Teacher Education (NCATE). (2002). NCATE/ CEC Program Standards: Washington. DC. : Author.

National Policy Board for Educational Administration (NPBEA). (2015). *Professional Standards for Educational Leaders.* Arlington, VA: Author.

Newstrom, J. W, & Davis, K. (2014). *Organizational behavior: Human behavior at work* (14th ed.) New York: McGraw – Hill.

Owens, R. , & Valesky, T. (2014). *Organizational behavior in education Leadership and school reform* (11th ed.). Boston, MA: Pearson Education.

Perkins, D. (1995). *Outsmarting I. Q. : The emerging science of learnable intelligence.* New York: The Free Press.

Phillips, A. S. , & Bedeian, A. G. (1994). "Leader – follower exchange quality: The role of personal and interpersonal attributes. " *Academy of management Journal*, 37(4), 990 – 1001.

Protheroe, N. (2011). What do effective principals do? *Principal*, 90(5):26 – 30.

Reavis, C. (2008). *Dispositions of educational leaders.* Unpublished manuscript.

Robbins, S, & Judge, T. (2013). *Essentials of organizational behavior* New York: Pearson.

Ryan, K. D, & Oestreich, D. K. (1998). *Driving fear out of the workplace: Creating the high – trust high – performance organization* (2nd ed.). San Francisco, CA: Jossey – Bass.

Schulte, L. E. , & Kowal, P. (2005). The validation of the administrator dispositions index. *Educational Leadership and Administration: Teaching and Program Development*, 17, 5 – 87.

Seibert, S. E. , Sparrowe, R. T. , & Liden, R. C. (2003). A group exchange structure approach to leadership in groups. In C. L. Pearce and J. A. Conger (Eds), *Shared leadership: Reframing the hows and whys of leadership* (pp. 173 – 192). Thousand Oaks,

CA: Sage.

Senge, P. M. (2006). *The fifth discipline: The art and practice of the learning organization* (Rev. ed.) New York: Doubleday.

Sergiovanni, T. , & Green, R. (2015). *The principalship: A reflective Practice perspective.* Upper Saddle River, NJ: Pearson Education, Inc.

Stogdill, R. M. (1948). Personal factors associated with leadership: A survey of the literature. *Journal of psychology*, 25, 35 – 71.

Stogdill, R. M. , & Coons, A. E. (1957). *Leader behavior: Its description and measurement.* Columbus, OH: Ohio State University.

Trilling, B. , FadeL, C. (2012). *21st century skills: Learning for life in our times.* San Francisco, CA: Jossey – Bass.

Usher, D. (2002, November). *Arthur Combs' five dimensions of helper belief reformulated as five dispositions of teacher effectiveness.* Paper presented at the meeting of the First Annual Symposium on Educator Dispositions, Richmond, KY.

Vroom, V. H. (1969). Industrial social psychology. In G. Lindzey & E. Aronson (Eds) *Handbook of social psychology* (2nd ed. , pp. 196 – 268). Reading, MA: Addison – Wesley.

Vroom, V. H. , & Jago, A. G. (1988). *The new leadership: Managing participation in organizations.* Upper Saddle River, NJ: Prentice Hall.

Vroom V. H. , & Yetton, P. W. (1973). *Leadership and decision making.* Pittsburgh, PA: University of Pittsburgh Press.

Wallace Foundation. (2007). *Preparing school leaders for a changing world: Lessons from exemplary leadership development programs.* New York: Author.

Wallace Fundation. (2012). *The making of The principal: Five lessons in leadership training. Perspective.* New York: Author.

Wallace Foundation. (2012). *The making of the principal: Five lessons in leadership training. Perspective.* New York: Author.

Wallace Foundation. (2013). *The school principal as leader: Guiding schools to better teaching and learning. Perspective*(Expanded ed.) New York: Author.

Wallace Foundation. (2015). *Building principal pipelines: A strategy to strengthen education leadership, Update.* New York: Author.

Walton, S. , & Huey J. (1993). *Sam Valton: Made in America.* New York: Doubleday.

YukL, G. A. (2012). *Leadership in organizations*(8th ed.). Upper Saddle River, NJ: Prentice Hall.

第三章

Bandura, A. (2000). Exercise in human agency through collective efficacy. *American Psychological Society*, 9(3), 75 – 78.

Barth,R. S. (1990). *Improving schools from within: Teachers, parents, and principals can make the difference.* San Francisco, CA: Jossy – Bass.

Bennis, W. (1995a). The art form of leadership. In T. Wren(Ed.), *The leader's companion: Insights on leadership through the ages* (pp. 377 – 378). New York: Free Press.

Bennis, W. (1995b). The four competencies of leadership. In D. A. Kolb, J. S. Osland, & I. M. Rubin(Eds.), *The organizational behavior reader*(pp 395 – 401). Upper Saddle River, NJ: Prentice Hall.

Bolman, L. G. , & Deal, T. E. (2003). *Reframing organizations Artistry, choice, and leadership.* Hoboken, NJ: John Wiley & Sons.

Bryk, A. S. (2010). *Organizing schools for improvement: Lessons from Chicago.* Chicago, IL: University of Chicago Press.

Bryk, A. S. , Sebring, P. , Allensworth, E. , Luppescu, S. , Easton, J. (2010). Organizing schools for improvement. *Phi Delta Kappan* 91(7), 23 – 30.

Burns, J. M. (1978). *Leadership.* New York: Harper.

Ciancutti, A., & Steding, T. (2001). *Built on trust: Gaining competitive advantage in any organization.* Chicago, IL: Contemporary Books.

Clemens, E. M., Milsom, A, 7 Cashwell, C. (2009). Using leader – member exchange theory to explain principal – school counselor relationships, school counselors' roles, job satisfaction, and turnover intentions. *Professional School Counseling*, 13,75.

Conley, D. T. (1997). *Roadmap to restructuring: Charting the course of change in American education.* Eugene, OR: ERIC Clearing house on Educational Management.

Covey, S. R. (1992). *Principle – centered leadership.* New York: Simon & Schuster.

Covey, S. R. (2013). *The 7 habits of highly effective people: Powerful lessons in personal change.* New York: Simon & Schuster.

Daft, R. (1999). *Leadership: Theory and practice.* Fort Worth, TX: Harcourt College.

Danzig, R. J. (2000). *The leader within you.* Deerfield Beach, FL: Danzig Insight services.

DuFour, R. (2002). The learning – centered principal. *Educational Leadership*, 59 (8), 12 – 15.

DuFour, R., & Eaker, R. L. (1998). *Professional learning communities at work: Best practices for enhancing student achievement.* Bloomington, IN: National Education Service.

Du Four, R., Du Four, R., Eaker, R, & Many, T. (2010). *Learning by doing: A handbook for professional learning communities at work* (2nd ed.). Bloomington, IN: Solution Tree.

Educational Leadership Policy Standards, © Copyright 2010. National Governors Association Center for Best Practices and Council of Chief State School Officers. All rights reserved.

Elmore, R. (2003). *Knowing the right thing to do: School improvement and performance – based accountability.* Washington, DC: NGA Center for Best Practices.

Farmer, E. (2010). *The perception of teachers and principals on leaders' behtavior in-*

formed thirteen core competencies and its relationship to teacher motivation (Unpublished doctoral dissertation). University of Memphis, Tennessee.

Fee, C. (2008). *Teachers' and principals' perceptions of leader behavior: A discrepancy study* (Unpublished doctoral dissertation). University of Memphis, Tennessee.

Fullan, M. G. (1993). *Change forces.* New York: Falmer Press.

Fullan, M. G. (1999). *Change forces: The sequel.* New York: Routledge.

Fullan, M. G. (2002). The change leader. *Educational Leadership*, 59(8), 16 – 20.

Fullan, M. G. (2007). *The new meaning of educational change.* London: Routledge.

Goddard, R. D. , Hoy, W. K, & Hoy, A. W. (2000). Collective teacher efficacy: Its meaning, measure, and impact on student achievement. *American Educational Research Journal*, 37(2), 479 – 507.

Goodlad, I. (1998). *Educational renewal: Better teachers, better schools.* San Francisco, CA: Jossey – Bass.

Green, R. L. (2010). *The four dimensions of principal leadership: A frame work for leading 21st century schools.* Boston, MA: Allyn & Bacon.

Green, R. , McNeaL, L. , Cypress, S. (2009). *Building leadership capacity for instructional enhancement in Jackson – Madison County School District: Soaring to new heights.* Memphis, TN: University of Memphis.

Greenleaf, R. K. (2002). *Servant leadership: A journey into the nature of legitimate power and greatness.* (25th ed.), New York: Paulist Press.

Hanson, M. (2002). *Educational administration and organizational behavior* (5th ed.), Needham Heights, MA: Allyn & Bacon.

Hersey, P. , & Blanchard, K. H. (2012). *Management of organizational behavior: Leading human resources* (10th ed.), Upper Saddle River, NJ: Prentice Hall.

House, R. J. (1971). A path – goal theory of leader effectiveness, *Administrative Science Quarterly*, 16, 331 – 333.

Hoy, W. K. , & Miskel, C. G. (2012). *Educational administration: Theory, research and practice*(9th ed.) New York: McGraw – Hill.

Hull, J. (2012). *The principal perspective: Full report.* Alexandria, VA: Copyright Center for Public Education.

Hunter – Heaston, T. (2010). *An exploration of the four dimensions of leadership as used by middle school leaders in transforming low performing schools into schools that meet and / or exceed local, state, and national standards*(Unpublished doctoral dissertation). University of Memphis, Tennessee.

Institute for Educational Leadership. (2006). *Leadership for student learning: Reinventing the principalship.* Washington, DC: Author.

Irby, B. , Brown, G. , & Yang, L. (2009). *The synergistic leadership theory: A 21st century leadership theory.* Huntsville, TX.

Lashway, L. (1999). Preparing school leaders: Research roundup. *National Association of Elementary School Principals*, 15(3), 1 – 4.

Lashwvay, L. (2002). *Developing instructional leaders.* Eugene, OR: ERIC Clearinghouse on Educational Management.

Leithwood, K. (1993, October). *Contributions of transformational leadership to school restructuring.* Paper presented at the annual meeting of the University Council for Educational Administration, Houston, TX. (ERIC Reproduction Service No. ED367061).

Leithwood, K, McAdie, P. , Bascia, N. , & Rodriguez, A. (Eds.). (2006). *Teaching for deep understanding: What every educator should know.* Thousand Oaks, CA: Corwin.

Leithwood, K. , Seashore, K, , Anderson, S. , & Wahlstrom, K. (2004). *Review of research: How leadership influences student learning.* Minneapolis, MN: University of Minnesota, Center for Applied Research and Educational Improvement.

Leonard, N. , Jones, A. (2009). *Synergistic Leadership Theory*, Retrieved from http:// cnx. org/content/m27130/1. 1.

Lezotte, L. (1997). *Learning for all.* Okemos, MI: Effective Schools Products.

Lezotte, L. & McKee, K. (2006). *Stepping up: Leading the change to improve our schools.* Okemos, MI: Effective Schools Products. Ltd.

Marzano, R. J., Waters, T, & MCNulty, B. A. (2005). *School leadership that works: From research to results.* Alexandria, VA: Association for Supervision and Curriculum Development.

Nanus, B. (1995). *Visionary leadership: Creating a compelling sense of direction for your organization.* San Francisco, CA: Jossey – Bass.

National Association of Elementary School Principals(NAESP) . (2007). *Leading learning communities: Standards for what principals should know and be able to do.* Alexandra, VA: Author.

National Policy Board for Educational Administration(NPBEA). (2015). *Professional Standards for Educational Leaders.* Arlington, VA: Author.

Owens, R., & Valesky, T. (2014). *Organizational behavior in education Leadership and school reform*(11th ed.). Boston, MA: Pearson Education.

Pepper, K. (2010). Effective principals skillfully balance leadership styles to facilitate student success: A focus for the reauthorization on ESEA. *Planning and Changing*, 41(1 – 2), 42 – 56.

Protheroe, N. (2011). What do effective principals do? *Principal*, 9(05):26 – 30.

Senge, P. M. (2006). *The fifth discipline: The art and practice of the learning organization* (Rev. ed.) . New York: Doubleday.

Sergiovanni, T. J. (1996). *Moral leadership: Getting to the heart of school improvement.* San Francisco, CA: Jossey – Bass.

Sergiovanni, T. J. (2007). *Rethinking leadership: A collection of articles.* Thousand Oaks, CA: Corwin Press.

Sergiovanni, T., & Green, R. (2015). *The principalship: A reflective practice perspec-*

tive. Upper Saddle River, NJ: Pearson Education, Inc.

Spillane, J. (2005). Distributed leadership. *The educational forum.* Retrieved from www. findarticles. com/p/articles/mi_qa4013/is_200501/ai_n9473825.

Strike, K. A., Haller, J., & Soltis, J. F. (2005). *The ethics of school administra-tion.* New York: Teachers College Press, Columbia University.

Vroom, V. H. (1969). Industrial social psychology. In G. Lindzey & E. Aronson (Eds.), *Handbook of social psychology* (2nd ed., pp. 196 – 268). Reading, MA: Addison – Wesley.

Wallace Foundation. (2012). *The making of the principal: Five lessons in leadership training. Perspective.* New York: Author.

Wallace Foundation. (2013). *The school principal as leader: Guiding schools to better teaching and learning. Perspective*(Expanded ed.) New York: Author.

Williams – Griffin, S. P. (2012). *The transformation of a low performing middle school into a high performing middle school: An autoethnography* (Dissertation). The University of Memphis, Tennessee.

第四章

Barth, R. S. (1990). *Improving schools from within: Teachers, parents, and principals can make the difference.* San Francisco, CA: Josse Bass.

Barth, R. S. (2006). Improving relationships within the school – house. *Improving Professional Practice* 63(6),8 – 13.

Bass, B. M. (2005). *Transformational leadership*(2nd ed.). Mahwah, NJ: Erlbaum.

Bennis, W. (1995b). The four competencies of leadership. In D. A. Kolb, J. S. Os-land, & I. M. Rubin(Eds.) *The organizational behavior reader*(pp 395 – 401). Upper Sad-dle River, NJ: Prentice Hall.

Bennis, W., & Biederman, P. (1997). *Organizing genius: The secrets of creative col-*

laboration. Reading, MA: Addison Wesley Longman.

Bolman, L. G. , & Deal, T. E. (2003). *Reframing organizations: Artistry, choice, and leadership.* Hoboken, NJ: John Wiley & Sons.

Boyatzis, R. E. , & Skelly, F. R. (1995). The impact of changing values on organizational life: The latest update. In D. A. Kolb, J. S. Osland, & I. M. Rubin(Eds .) , *The organizational behavior reader*(pp. 1 – 17). Upper Saddle River, NJ: Prentice Hall.

Brewer, J. H. , Ainsworth, J. M, & Wynne, G. E. (1984). *Power management: A three – step program for successful leadership.* Upper Saddle River, NJ: Prentice Hall.

Buckley, W. (1967). *Sociology and modern systems theory.* Upper Saddle River, NJ: Prentice Hall.

Changing Minds. (n. d.) *Participative leadership.* Retrieved from http://changingminds. org/disciplines/leadership/styles/participativeleadership. htm.

Ciancutti, A. , & Steding, T. (2001). *Built on trust: Gaining competitive advantage in any organization.* Chicago, IL: Contemporary Books.

Clay, M. , Soldwedel, P. , & Many, T. (2011). *Aligning school districts as PLCS.* Bloomington, IN: Solution Tree.

Conley, D. , & Goldman, P. (1994). *Facilitative leadership: How principals lead without dominating.* Eugene, OR: Oregon School Study Council.

Connerley, M. L. , & Pedersen, P. B. (2005). *Leadership in a diverse and multicultural environment: Developing awareness, knowledge, and skills.* Thousand Oaks, CA: Sage Publications.

Covey, S. R. (1992). *Principle – centered leadership.* New York: Simon & Schuster.

Cypress, S. (2003). *A comparative analysis of the characteristics of probationary and non – probationary Title I schools and the instructional analysis used by those principals*(Unpublished doctoral dissertation). University of Memphis, Tennessee.

Deal, T. E. , & Peterson, K. D. (1998). How leaders influence the culture of schools. *Educational Leadership*, 56(1), 28 – 30.

Deal, T. E. ,& Peterson, K. D. (2009). *Shaping school culture: pitfalls, paradoxes, and promises.* San Francisco, CA: Jossey – Bass.

DuBrin, A. J. (2013). *Human relations for career and personal success* (10th ed.) Upper Saddle River, NJ: Prentice Hall.

DuFour, R. (2000 – 2001). *Professional learning community.* Jefferson City, MO: The Leadership Academy Developer, Missouri Department of Elementary and Secondary Education.

DuFour, R. (2002). The learning – centered principal. *Educational Leadership*, 59 (8), 12 – 15.

DuFour, R. , & Fullan, M. (2013). Cultures built to last: Making PLCS systemic. Bloomington, IN: Solution Tree.

DuFour, R. , DuFour, R. , Eaker, R. , & Many T. (2010). *Learning by doing: A handbook for professional learning communities at work* (2nd ed.) Bloomington, IN: Solution Tree.

Dunlap, D. , & Goldman, P. (1990, April). *Power as a "system authority" vs power as a "system of facilitation. "* Paper presented at the annual meeting of the American Educational Research Association. Boston. MA.

Educational Leadership Policy Standards, © Copyright 2010 National Governors Association Center for Best Practices and Council of Chief State School Officers. All rights reserved.

Etheridge, C. P. , & Green, R. (1998). *Union district collaboration and other processes related to school district restructuring for establishing standards and accountability measures* (Technical report for the 21st Century Project). Washington, DC: National Educational Association.

Fayol, H. (2013[1949]). *General and industrial management.* Eastford. CT: Marino Fine books.

Fullan, M. , & Hargreaves, A. (1996). *What's worth fighting for Working together for your school.* (Rev. ed.) Ontario, Canada: Ontario Public Schools Teacher's Federation.

Garvin, D. A. (1995). Building a learning organization. In D. A. Kolb, J. S. Osland, & I. M. Rubin(Eds.), *The organizational behavior reader* (pp. 96 – 109). Upper Saddle River, N]: Prentice Hall.

Getzels, J. W. , & Guba, E. G. (1957). Social behavior and the administrative process. *School Review*, 65, 423 – 441.

Gorton, R. A. (1987). School leadership and administration: Important concepts, case studies, and simulations(3rd ed.) Dubuque, IA: McGraw – Hill.

Gorton, R. A. , & Schneider, G. T. (1994). *School – based leadership: Challenges and opportunities.* Upper Saddle River, NJ: Prentice Hall.

Green, R. L. (1997). In search of nurturing schools: Creating effective learning conditions. *NASSP Bulletin*, 81(589), 17 – 26.

Green, R. L. (1998). Nurturing characteristics in schools related to discipline, attendance, and eighth grade proficiency test scores. *American Secondary Education*, 26(4), 7 – 14.

Green, R. L. (2010). *The four dimensions of principal leadership: A frame work for leading 21st century schools.* Boston, MA: Allyn & Bacon.

Habegger, S. (2008). The principal's role in successful schools: Creating a positive school culture. *Principal*, 88(1), 42 – 46.

Halpin, A. W. (1966). *Theory and research in administration.* New York: Macmillan.

Halpin, A. , & Croft, D. (1963). The organizational climate and individual value systems upon job satisfaction. *Personnel Psychology*, 22, 171 – 183.

Hanson, M. (2002). *Educational administration and organizational behavior* (5th ed.). Needham Heights, MA: Allyn & Bacon.

Hersey, P. , Blanchard, K. H. , & Johnson, D. E. (1996) *Management of organiza-*

tional behavior: *Utilizing human resource* (6th ed.) Upper Saddle River, NJ: Prentice Hall.

Herzberg, F. (1987[1968]). One more time: How do you motivate employees? *Harvard Business Review*, 65(5), 507 –512.

Hirsch, S. (2012). A professional learning community's power lies in its intentions. *Journal of Staff Development*, 33(3), 64.

Hord, S. M. (1997). *Professional learning communities*: *Communities of continuous inquiry and improvement.* Austin, TX: Southwest Educational Development Laboratory.

Hord, S. M. (2009). Professional learning communities: Educators work together toward a shared purpose. *Journal of Staff Development*, 30(1), 40 –43.

Jacobides, M. G. (2007). The inherent limits of organizational structure and the unfulfilled role of hierarchy: Lessons from a near – war. *Organization Science*, 18(3), 455 – 477.

Jones, E. & Green, R. L. (2015). The existence of characteristics of professional learning communities in schools and its influence on teacher job satisfaction. *Schooling* 6 (1), n. p.

Katz, D. , & Kahn, R. L. (1978). *The social psychology of organizations*(2nd ed.) New York: Wiley.

Lashway, L. (1999). Preparing school leaders: Research roundup. *National Association of Elementary School Principals*, 15(3), 1 –4.

Levine, D. , & Lezotte, L. (1990). *Unusually effective schools*: *A review and analysis of research and practice.* Madison, WI: National Center for Effective Research and Development.

Lunenberg, F. C. , & Ornstein, A. C. (2004). *Educational administration*: *Concepts and practices.* Belmont, CA: Wadsworth.

Manz, C. C. ,& Sims, H. P. , Jr. (1990). *Superleadership.* New York: Berkley.

Maslow, A. (1987). *Motivation and personality*(3rd ed.). London: longman.

McGregor, D. (1960). *The human side of enterprise.* New York: McGraw – Hill.

National Policy Board for Educational Administration (*NPBEA*). (2015). *Professional Standards for Educational Leaders.* Arlington, VA: Author.

O'Toole, J. (1995). *Leading change: Overcoming the ideology of comfort and the tyranny of custom.* San Francisco, CA: Jossey – Bass.

Owens, R. (1995). *Organizational behavior in education.* Boston MA: Alyn & Bacon.

Owens, R. , & Valesky, T. (2014). *Organizational behavior in education: Leadership and school reform* (11th ed.) Boston, MA: Pearson Education.

Phillips, G. , & Wagner, C. (2003). *School culture assessment.* Vancouver, BC: Mitchell Press.

Pondy, L. R. , & Mitroff, I. I. (1979). Beyond open system models of organization. In B. M. Staw (Ed.), *Research in organizational behavior* (Vol. 1, pp. 3 – 39). Greenwich, CT: JAI Press.

Protheroe, N. (2011). What do effective principals do? *Principal* , 90 (5): 26 – 30.

Robbins, S. , & Judge, T. (2014). *Organizational behaviour* (16th ed.). New York: Pearson.

Ryan, K. D. , & Oestreich, D. K. (1998). *Driving fear out of the workplace: Creating the high – trust high – performance organization* (2nd ed.) San Francisco, CA: Jossey – Bass.

Schein, E. H. (1979). *Organizational psychology* (3rd ed.). New York: Pearson.

Schein, E. H. (1984). Coming to a new awareness of organizational culture. *Sloan Management Review*, 25, 3 – 16.

Schein, E. H. (1992). Facing the complexities of cultural change: A case study In E. H. Schein (Ed.), *Organizational culture and leadership* (2nd ed. , pp. 334 – 359). San Francisco, CA: Jossey – Bass.

Scott, W. (2003). *Organizations: Rational, natural, and open systems* (5th ed.) . Upper Saddle River, NJ: Prentice Hall.

Senge, P. (2010). *The fifth discipline: The art and practice of the learning organization* (Rev. ed.). New York: Doubleday.

Sergiovanni, T. J. (1999). *Building community in schools.* San Francisco, CA: Jossey – Bass.

Sergiovanni, T. J., & Green, R. (2015). *The principalship: A reflective practice perspective.* Upper Saddle River, NJ: Pearson Education. Inc.

Tagiuri, R. (1968). The concept of organizational climate. In R. Tagiuri & G. H. Litwin(Eds.), *Organizational climate: Exploration of a concept*(pp. 11 – 32). Boston, MA: Graduate School of Business Administration, ·Harvard University.

Taylor, F. W. (1911). *The principles of scientific management.* Ithaca, NY: Cornell University.

Thielfoldt, D., & Scheef, D. (2004). Generation x and the millennials: What you need to know about mentoring the new generation. *Law Practice Today.* Retrieved from http://www. abanet. org/lpm/lpt/articles/nosearch/mgt08044_print. html.

Wagner, K. (2007). Leadership theories: 8 major leadership theories. About. com: Psychology Retrieved from http://psychology. about. com/od/leadership/p/leadtheories. htm.

Wallace Foundation. (2013). *The school principal as leader: Guiding schools to better teaching and learning. Perspective*(Expanded ed.). New York: Author.

Weber, M. (2009[1947]). *The theory of social and economic organization*(T. Parsons & A. M. Henderson, Trans.). New York: Simon and Schuster.

Williams – Griffin, S. P. (2012). *The transformation of a low performing middle school into a high performing middle school: An autoethnography* (Dissertation). The University of Memphis, Tennessee.

第五章

Altman, I., & Taylor, D. (1973). *Social penetration: the development of interpersonal relationships.* New York: Holt, Rinehart and Winston.

Arnold, H. . J. , Feldman, D. C. , & Hunt, G. (1992). *Organizational behavior.* New York: McGraw – Hill.

Barge, J. K. (1994). *Leadership: Communication skills for organizations and groups.* New York: St. Martin's Press.

Barth, R. S. (1990). *Improving schools from within: Teachers, Parents, and principals can make the difference.* San Francisco, CA: Jossey – Bass.

Bormann, E. G, & Bormann, N. C. (1972). *Effective small group communication.* Minneapolis, MN: Burgess Publishing.

Ciancutti, A. , & Steding, T. (2001). *Built on trust: Gaining competitive advantage in any organization.* Chicago, IL: Contemporary Books.

Covey, S. R. (2013). *The 7 habits of highly effective people: Powerful lessons in personal change.* New York: Simon & Schuster.

Cunningham, W. C. , & Cresco, D. W. (1993). *Cultural leadership: The culture of excellence in education.* Boston, MA: Allyn & Bacon.

Cusella, L. P. (1987). Feedback, motivation, and performance. In F. M. Jablin, L. L. Putnam, K. Roberts, & L. W. Porter(Eds.), *Handbook of organizational communication: An interdisciplinary perspective*(pp. 130 – 164). Newbury Park, CA: Sage.

Deming, W. E. (2000). *Out of the crisis.* Cambridge, MA: The MIT Press.

Educational Leadership Policy Standards, © Copyright 2010 National Governors Association Center for Best Practices and Council of Chief State School Officers. All rights reserved.

Festinger, L. , Riecken, H. , & Schachter, S. (1954). *When prophecy fails: A social and psychological study of a modern group that predicted the end of the world.* London: Harper – Torchbooks.

Gibbs, J. R. (2007). Defensive communication. In D. A. Kolb, J. S. Osland, & I. M. Rubin(Eds.) , *The organizational behavior reader*(pp. 225 – 229). Upper Saddle River, NJ: Prentice Hall.

Gibson, J. L., Ivancevich, J. M., & Donnelly, J. H., Jr. (2011) *Organizations: Behavior, structure, and progress*(14th ed.). New York: McGraw – Hill/Irwill.

Gladwell, M. (2002). *The tipping point: How little things can make a big difference.* New York: Little, Brown.

Gorton, R. A., & Schneider, G. T. (1994). *School – based leadership: Challenges and opportunities.* Upper Saddle River, NJ: Prentice Hall.

Grant, R. W. (1996). The ethics of talk: Classroom conversation and democratic politics. *Teachers College Record*, 97(3) ,470 – 482.

Greenberg, J. , & Baron, R. A. (2010). *Behavior in organizations* (10th ed.) Upper Saddle River, NJ: Prentice Hall.

Guarino, S. (1974). *Communication for supervisors.* Columbus, OH: Ohio State University.

Hersey, P, & Blanchard, K. H. (2012). *Management of organizational behavior: Leading human resources*(10th ed.) . Upper Saddle River, NJ: Prentice Hall.

Hoy, W. K. , & Tarter, J. C. (2007). *Administrators solving the problem of practice: Decision – making concepts, cases, and consequences* (3rd ed.). New York: Pearson. Lewis, P. V. (1987). *Organizational communication: The essence of effective management*(3rd ed.) New York: Wiley.

Lunenburg, F. C. , & Ornstein, A. C. (1996). *Educational administration: Concepts and practices.* Belmont, CA: Wadsworth.

lunenburg, F. C. , & Ornstein, A. C. (2004). *Educational administration: Concepts and practices.* Belmont, CA: Wadsworth.

McCann, R. , & Giles, H. (2006). Communication with people of different ages in the workplace: Thai and American data. *Human Communication Research*, 32(1) , 74 – 108.

McCaskey, M. B. (1979). The hidden messages managers send. *Harvard Review*, 57,

135 – 148.

McPhee, R. D. , & Thimpkins, P. (1985). *Organizational communication: Tradition-al themes and new directions.* Thousand Oaks, CA: Sage.

Myers, M. T. , & Myers, G. E. (1982). *Managing by communication An organiza-tional approach.* New York: McGraw – Hill.

National Association of Elementary School Principals (NAESP). (2007). *Leading learning communities: Standards for what principals should know and be able to do.* Alexan-dra, VA: Author.

Osland, J. , Turner, M. , Kolb, D. , & Rubin, I. (2007). *The organizational behavior reader*(8th ed.). Upper Saddle River, NJ: Prentice – Hall.

Rogers, C. R. , & Farson, R. E. (2001). Active listening. In D. A. Kolb, J. S. Osland, & I. M. Rubin (Eds.), *The organizational behavior reader*(8th ed, pp. 203 – 214). Upper Saddle River, NJ: Prentice Hall.

Rowe, M. P. , & Baker, M. (1984) Are you hearing enough employee concerns? *Har-vard Business Review*, 62(3) ,127 – 135.

Ryan, K. D. , & Oestreich, D. K. (1998). *Driving fear out of the workplace: Creating the high – trust high – performance organization* (2nd ed.). San Francisco, CA: Jossey – Bass.

Sergiovanni, T. , & Green, R. (2015). *The principalship: A reflective practice perspec-tive.* Upper Saddle River, NJ: Pearson Education, Inc.

Sobel, D. S. , & Ornstein, R. (1996). *Mind and body health handbook*(2nd ed.) Los Altos, CA: DRx.

Sobel, D. S. , & Ornstein, R. (1998). *Mind and body health handbook*(2nd ed. Los Altos, CA: DRx.

Stech, E. L. (1983). *Leadership communication.* Chicago, IL: Nelson – Hill.

Weick, K. (1996). *Sensemaking in organizations.* Newbury Park, CA: Sage.

第六章

Amit, R. , & Wernerfelt, B. (1990). Why do firms reduce business risk? *Academy of Management Journal*, 25, 443 – 451.

Barge, J. K. (1994). *Leadership: Communication skills for organizations and groups*. New York: St. Martin's Press.

Barth, R. S. (1990). *Improving schools from within: Teachers, parents, and principals can make the difference*. San Francisco, CA: Jossy – Bass.

Bolman, L. G. , & DeaL, T. E. (2003). *Reframing organizations Artistry, choice, and leadership*. Hoboken, NJ: John Wiley & Sons.

Branson, C. M. , & Gross, S. J. (2011). *Handbook of ethical leadership*. New York: Routledge Publishers.

Bridges, E. A. (1967). A model for shared decision – making in the school principalship. *Educational Administrative Quarterly*, 3, 49 – 61.

Cohen, D. K. , March, J. G. , & Olsen, J. P. (1972). A garbage can model of organizational choice. *Administrative Science Quarterly*, 17, 1 – 25.

Dalkey, N. (1969). *The delphi method: An experimental study of group decisions*. Santa Monica, CA: Rand Corporation.

Delbecq, A. L. , Van de Ven, A. , & Gustafsen, D. H. (1986) *Group techniques for program planning: A guide to nominal group and elphi processes*. Middleton, WI: Green Briar Press.

Educational Leadership Policy Standards, © Copyright 2010 National Governors Association Center for Best Practices and Council of Chief State School Officers. All rights reserved.

Etzioni, A. (1967). Mixed scanning: A third approach to decision making. *Public Administration Review*, 27, 385 – 392.

Good, T. L. , & Brophy, J. E. (2007). *Looking in classrooms* (10th ed.). Upper Saddle, NJ: Pearson.

Gorton, R. A. (1987). School leadership and administration Important concepts, case studies, and simulations(3rd ed.) Dubuque, IA: McGraw – Hill.

Green, R. L. (2010). *The four dimensions of principal leadership: A frame work for leading 21st century schools*. Boston, MA: Allyn & Bacon.

Hammond, J. S., Keeney, R. L., & Raiffa, H. (1998, September/ October). The hidden traps in decision – making. *Harvard Business review*, 76(5), 47 – 58.

Harrison, E. F. (1998). *The managerial decision – making process* (5th ed.). Boston, MA: Houghton Mifflin.

Hersey, P., Blanchard, K. H., & Johnson, D. E. (1996) *Management of organizational behavior: Utilizing human resources* (6th ed.). Upper Saddle River, NJ: Prentice Hall.

House, R. J., & Dessler, G. (1974). The path – goal theory of leadership: Some post hoc and a priori tests. In J. G. Hunt & L. L. Larson(Eds.), *Contingency approaches to leadership* (pp. 29 – 55). Carbondale, IL: Southern Illinois University Press.

Hoy, W. K., & Miskel, C. G. (2012). *Educational administration Theory, research and practice*(9th ed.). New York: McGraw – Hill.

Hoy, W. K., & Tarter, J. C. (2007). *Administrators solving the problem of practice: Decision – making concepts, cases, and consequences* (3rd ed.). New York: Pearson.

Johnson, D. W., & Johnson, F. P. (2012). *Joining together: Group theory and group skills*(3rd ed.). New York: Pearson.

Kamlesh, M., & Solow, D. (1994). *Management science: The art of decision – making*. Upper Saddle River, NJ: Prentice Hall.

Kanter, R. M. (1982, July/August). The middle manager as innovator. *Harvard Business Review*, 60(4), 95 – 105.

Kim, C., & Mauborgne, R. (1997, July/August). Fair process Managing in the knowledge economy. *Harvard Review*, 75(4), 65 – 75.

Kotter, J. P. (2008). *Power and influence: Beyond formal authority.* New York: Free Press.

Lindblom, C. E. (1959). The science of muddling through. *Public Administrative Review*, 19, 79 – 99.

Maier, N. R. (1963). *Problem solving discussions and conferences Leadership methods and skills.* New York: McGraw – Hill.

March, J. G. (1982). Emerging developments in the study of higher education. *Review of Higher Education*, 6, 1 – 18.

National Policy Board for Educational Administration (NPBEA) . (2015). *Professional Standards for Educational Leaders.* Arlington, VA: Author.

Osborn, A. F. (1979). *Applied imagination: Principles and procedures of creative thinking*(3rd Rev. ed.) New York: Scribner's.

Parkay, E. W. (2015). *Becoming a teacher*(10th Rev. ed.). New York: Pearson.

Schoemaker, P. J. H. (1980). *Experiments on decisions under risk: The expected utility hypothesis.* Boston, MA: Martinus Nijhoff.

Sergiovanni, T, & Green, R. (2015). *The principalship: A reflective practice perspective.* Upper Saddle River, NJ: Pearson Education, Inc.

Shapiro, J. P. , & Stefkovich, J. A. (2016). *Ethical leadership and decision making in education: Applying theoretical perspectives to complex dilemmas.* London: Routledge.

Simon, H. A. (1984). *Models of bounded rationality. Volume* I : *Economic analysis and public policy.* Cambridge, MA: MIT Press.

Vroom, V. H, & Jago, A. G. (1988). *The new leadership: Managing participation in organizations.* Upper Saddle River, NJ: Prentice Hall.

Vroom, V. H. , & Yetton, P. W. (1973). *Leadership and decision making.* Pittsburgh, PA: University of Pittsburgh Press.

Willower, D. J. (1991). Micropolitics and the sociology of school organizations. *Edu-*

cation and Urban Society, 23(4), 442 – 454.

Yukl, G. A. (2012). *Leadership in organizations*(8th ed.). Upper Saddle River, NJ: Prentice Hall.

第七章

Barge, J. K. (1994). *Leadership: Communication skills for organizations and groups.* New York: St. Martin's Press.

Barth, R. S. (1990). *Improving schools from within: Teachers, par nts, and principals can make the difference.* San Francisco, CA: Jossey – Bass.

Berger, J. , Zelditch, M. , Anderson, B. , & Cohen, B. P. (1972) Structural aspects of distributive justice: a status – value formulation In J. Berger, M. Zelditch, & B. Anderson(Eds.), *Sociological theories in progress*(Vol. 2, pp. 21 – 45). Boston, MA: Houghton Mifflin.

Burton, J. (1991). *Conflict: Resolution and prevention.* New York St. Martins Press.

Carrell, M. , Jennings, D, & Heavrin, C. (2000). *Fundamentals of organizational behavior, 1 colour version.* Upper Saddle River, NJ: Prentice Hall.

Ciancutti, A. , & Steding, T. (2001). *Built on trust: Gaining competitive advantage in any organization.* Chicago, IL: Contemporary Books.

Covey, S. R. (2013). *The 7 habits of highly effective people: Powerful lessons in personal change.* New York: Simon & Schuster.

Cunningham, W. (1982). *Decision making and systematic planning for educational change.* Palo Alto, CA: Mayfield.

Daft, R. (1999). *Leadership: Theory and practice.* Fort Worth, TX: Harcourt College.

David, G. (1994). School – based decision making: Kentucky's test of decentralization. *Phi Delta Kappa*, 75, 706 – 712.

DuFour, R. , Du Four, R. , Eaker, R. , & Many, T. (2010). *Learning by doing: A hand-*

book for professional learning commities at Work (2nd ed.). Bloomington, IN: Solution Tree.

Dunnette, M. D. , & Campbell, J. P. (1968). Laboratory education: Impact on people and organizations. *Industrial Relations: A Journal of Economy and Society*, 8(1), 1 – 27.

Educational Leadership Policy Standards, © Copyright 2010. National Governors Association Center for Best Practices and Council of Chief State School Officers. All rights reserved.

Freedman, S. M. , & Montanari, J. R. (1980). An integrative model of managerial rewards allocation. *Academy of Management Review.* 5, 381 – 390.

Fullan, M. G. (1999). *Change forces: The sequel.* New York: Routledge.

Getzels, J. W. (1958). Administration as a social process. In A. Halpin (Ed.), *Administrative theory in education* (p. 153 Chicago, IL: University of Chicago Midwest Administration Center.

Getzels, J. W, & Guba, E. G. (1957). Social behavior and the administrative process. *School Review*, 65, 423 – 441.

Gorton, R. A. (1987). School leadership and administration important concepts, case studies, and simulations (3rd ed.) Dubuque, IA: McGraw – Hill.

Greenberg, J. (1996). *The quest for justice on the job: Essays and experiments.* Thousand Oaks, CA: Sage.

Greenberg, J. , & Baron, R. A. (2010). *Behavior in organizations* (10th ed.). Upper Saddle River, NJ: Prentice Hall.

Greenhalgh, L. (1986). SMR forum: Managing conflict. *Sloan Management Review*, 27, 45 – 51.

Gross, N. (1958). *Explorations in role analysis: Studies of the school superintendency role.* New York: Wiley.

Hanson, M. (2002). *Educational administration and organizational behavior* (5th ed.). Needham Heights, MA: Allyn & Bacon.

Hoy, W. K. , & MiskeL, C. G. (2012). *Educational administration Theory, research and practice*(9th ed.). New York: McGraw – Hill.

Katz, N. H. , & Lawyer, J. W. (1993). *Conflict resolution: Building bridges.* Thousand Oaks, CA: Corwin.

Leventhal, G. S. (1976). The distribution of rewards and resources in groups and organizations. *Advances in Experimental Social Psychology*, 9, 91 – 131.

Lindelow, J. , Scott, J. (1989). Managing conflict. In S. C. Smith & P. K. Piele (Eds.), *School leadership: Handbook for excellence* (pp. 339 – 355). Eugene, OR: Clearinghouse on Educational Management.

Lunenburg, F. C.. & Ornstein, A. C. (2004). *Educational administration: Concepts and practices.* Belmont, CA: Wadsworth.

Luthans, F. (2010). *Organizational behavior* (12th ed.). Princeton, NJ: McGraw – Hill.

Lynch, D. B. (2004). *Five habits of highly effective conflict resolvers.* Retrieved from http://ezineArticlescom/expert = Dina_Beach_Lynch_Esq.

March, J. G. , & Simon, H. A. (1993). *Organizations*(2nd ed.). New York: Wiley – Blackwell.

Martin, J. (1981). Relative deprivation: A theory of distributive injustice for an era of shrinking resources. In B. M. Staw & L. L. Cummings(Eds.), *Research in organizational behavior* (Vol. 3, PP. 53 – 107. Greenwich, CT: JAI Press.

Owens, R. , & Valesky, T. (2014). *Organizational behavior in education: Leadership and school reform*(11th ed.). Boston, MA: Pearson Education.

Pondy, L. R. (1967). Organizational conflict: Concepts and models. *Administrative Science Quarterly*, 14, 499 – 505.

Putnam, L. L. , & Poole, M. S. (1987). Conflict and negotiation. *In Handbook of organizational communication: An interdisciplinary perspective.* Beverly Hills, CA: Sage.

Rahim, A. (2015). *Managing conflict in organizations* (4th ed.). Piscatawney, NJ:

Transaction Publishers.

Sashkin, M. , & Morris, W. C. (1984). *Organizational behavior*: *Concepts and experiences*. Reston, VA: Reston.

Schaps, E. (2009). Creating caring school communities. *Leadership*, 38(4), 8 – 11.

Sergiovanni, T. , & Green, R. (2015). *The principalship*: *A reflective practice perspective*. Upper Saddle River, NJ: Pearson Education, Inc.

Snowden, P. , & Gorton, R. (2011). *School leadership and administration*: *Important concepts*, *case studies*, *and simulations*(9th ed.). Boston MA: McGraw – Hill.

Thomas, K. (1976). Conflict and conflict management In M. D. Dunnette(Ed.) , *Handbook of industrial and organizational psychology*(p. 890). Chicago, IL: Rand McNally.

Wallace Foundation(2013). *The school principal as leader*: *Guiding schools to better teaching and learning. Perspective*(Expanded ed.). New York: Author.

Witteman, H. (1990). Conflict and cohesion in small groups. In S. Phillips(Ed.) , *Teaching how to work in groups*(pp. 84 – 111) . Norwood, NJ: Ablex.

第八章

Barth, R. S. (1990). *Improving schools from within*: *Teachers*, *parents and principals can make the difference*. San Francisco, CA: Jossey – Bass.

Blase, J. , & Blase, J. (2000). Effective instructional leadership: teachers' perspectives on how principals promote teaching and learning in schools. *Journal of Educational Administration*, 38(2), 130 – 141.

Bowman, R. (1999). Change in education: connecting the dots. *The Clearing House*, 72, 298 – 299.

Brown, A. (2012). *Turnaround schools*: *Practices used by nationally recognized principals to improve student achievement in high poverty schools*(Dissertation). The University of Memphis, Tennessee.

Bryk, A. S. (2010). *Organizing schools for improvement: Lessons from Chicago*. Chicago, IL: University of Chicago Press.

Chin, R. , & Benne, K. D. (1969). General strategies for effective changes in human systems. In W. G. Bennis, K. D. Benne, & R. Chin(Eds.) , *The planning of change* (2nd ed. , pp. 24 – 45) New York: Holt, Rinehart and Winston.

Conley, D. T. (1997). *Roadmap to restructuring: Charting the course of change in American education*. Eugene, OR: ERIC Clearing house on Educational Management.

Costner, S. , & Peterson, K. (2003, May – June). Building a learning community: Instructional leadership is a thoughtful that builds and sustains learning cultures as well as learning structures. *Leadership*, pp. 18 – 25.

DuFour, R. (2003). Building a professional learning community. *School Administrator*, 60(5), 13 – 18.

DuFour, R. , Du Four, R. , Eaker, R. , Many, T. (2010). *Learning doing: A handbook for professional learning communities at work* (2nd ed.). Bloomington, IN: Solution Tree.

Educational Leadership Policy Standards, © Copyright 2010 National Governors Association Center for Best Practices and Council of Chief State School Officers. All rights reserved.

Etheridge, C. P, & Green, R. (1998). *Union district collaboration and other processes related to school district restructuring for establishing standards and accountability measures* (Technical report for the 21st Century Project). Washington, DC: National educational Association.

Findley, B. , & Findley, D. (1999). Effective schools: The role of the principal. *Contemporary Education*, 63(2), 102 – 104.

Frye, B, O'Neill, K. , & Bottoms, G. (2006). *Schools can't wait. Accelerating the redesign of university principal preparation programs*. Atlanta, GA: Southern Regional Education Board and the Wallace Foundation.

Fullan, M. G. (1992). Overcoming barriers to educational change. In Office of Policy and Planning(Eds.) , *Changing schools insights*(pp. 11 – 19). Washington, DC: Office of Policy and Planning.

Fullan, M. G. (1993). *Change forces.* New York: Falmer Press.

Fullan, M. G. (1999). *Change forces: The sequel.* New York: Routledge.

Fullan, M. G. (2009). *The challenge of change: Start school improvement now!* (2nd ed.). Thousand oaks, CA: Corwin.

Green, R. L. (2010). *The four dimensions of principal leadership: A framework for leading 21st century schools.* Boston, MA: Allyn & Bacon.

Green, R. , & Cypress, S. (2009). Instructional leadership: A model for change in alternative middle schools. *Middle grade Research Journal*, 4(3), 19 – 40.

Hoy A. W. , & Hoy, W. K. (2006). *Instructional Leadership: A learning centered guide.* Boston, MA: Allyn & Bacon.

King, D. (2002). The changing shape of leadership. *Educational Leadership*, 59(8), 61 – 63.

Lashway, L. (2002). *Developing instructional leaders.* Eugene, OR: ERIC Clearinghouse on Educational Management.

Leithwood, K. , McAdie, P. , Bascia, N. , & Rodriguez, A. (Eds). (2006). *Teaching for deep understanding: What every educator should know.* Thousand Oaks, CA: Corwin.

Lewin, K. (1951). *Field theory in social science.* New York: Harper & Row.

Lindblom, C. E. (1959). The science of muddling through. *Public Administrative Review*, 19, 79 – 99.

Marshall, C. , & Hooley, R. (2006). *The assistant principal Leadership choices and challenges* (2nd ed.). Newbury Park, CA : Corwin.

Marzano, R. J. , Waters, T. , & MCNulty, B. A. (2005). *School leadership that works: From research to results.* Alexandria. VA: Association for Supervision and Curriculum Development.

McEwan, E. K. (2003). *7 steps to effective instructional leadership*. Thousand Oaks, CA: Cor win.

National Policy Board for Educational Administration (*NPBEA*). (2015). *Professional Standards for Educational Leaders*. Arlington. VA: Author.

Reeves, D. B. (2002). *The leader's guide to standards: A blueprint for educational excellence and equality*. San Francisco, CA: Jossey – Bass.

Riley, R. (2002). Educational reform through standards and partnerships, 1993 – 2000. *Phi Delta Kappa*, 83(9), 700.

Sarason, S. (1996). *Revisiting "the culture of the school and the problem of change. "* New York: Teachers College Press, Columbia University.

Schmidt, W. , & Finnigan, J. (1992). *The race without a finish line: America's quest for total quality*. San Francisco, CA: Jossey – Bass.

Schwvahn, C. J. , & Spady, W. G. (2010). *Total leaders 2. 0: Leading in the age of empowerment*. Arlington, VA: American Association of School Administrators.

Seikaly, L. , Thomas, R. (2004). *Leading your school through school improvement*. Retrieved from www. mdk12. org/process/leading/leading. html.

Senge, P. M. (2006). *The fifth discipline: The art and practice of the learning organization* (Rev. ed.) . New York: Doubleday.

Senge, P. M. (2010). *The fifth discipline: The art and practice of the learning organization* (Rev. ed.). New York: Doubleday.

Sergiovanni, T. J. (1996). *Moral leadership: Getting to the heart of school improvement*. San Francisco, CA: Jossey – Bass.

Sergiovanni, T. , & Green, R. (2015). *The principalship: A reflective practice perspective*. Upper Saddle River, NJ: Pearson Education, Inc.

Spillane, J. (2005). Distributed leadership. *The educational forum*. Retrieved from www. findarticles. com/p/articles/mi_qa4013/is_200501/ai_n9473825.

Supovitz, J. A. , & Poglinco, S. M. (2001). *Instructional leadership in standards - based reform.* Philadelphia, PA: Consortium for Policy Research in Education.

Tichy, N. M. , & Urich, D. O. (1984). The leadership challenge: A call for the transformational leader. In D. A. Kolb, J. S. Osland, & I. M. Rubin(Eds.), *The organizational behavior reader*(6th ed. , pp.476 - 486). Upper Saddle River, NJ: Prentice Hall.

Trilling, B. , Fadel, C. (2012). *21st century skills: Learning for life in our times.* San Francisco, CA: Jossey - Bass.

Wallace Foundation. (2013). *The school principal as leader: Guiding schools to better teaching and learning. Perspective*(Expanded ed.). New York: Author.

Waters, J. T. , Marzano, R. J. , & McNulty, B. A. (2003). *Balanced leadershipTM: What 30 years of research tells us about the effect of leadership on student achievement.* Aurora, CO: Mid - continent Research for Education and Learning.

Woolfolk, A. , & Hoy, W. K. (2012). *Instructional leadership: A research - based guide to learning in schools.* Boston, MA: Allyn & Bacon.